高校教材
建设和管理研究报告

（2023）

GAOXIAO JIAOCAI
JIANSHE HE GUANLI YANJIU BAOGAO

主编
田慧生

副主编
潘信林　袁　帅

北京师范大学出版集团
BEIJING NORMAL UNIVERSITY PUBLISHING GROUP
北京师范大学出版社

本报告为教育部课程教材研究所重点研究项目

"新时代高校哲学社会科学教材评价研究"

（项目批准号：JCSZDXM2022012）的阶段性研究成果。

编 委 会

前言：切实加强新时代高校教材研究的关键着力点

建设教育强国，龙头是高等教育。新时代教材事业发展取得了历史性成就，发生了格局性变化，教材研究也日趋活跃，在教材建设中发挥着越来越重要的作用。党的二十大报告明确提出"加强教材建设和管理"，凸显了教材工作在党和国家事业发展全局中的重要地位，指明了教材事业发展的方向。教材研究是教材建设和管理治理体系的重要组成部分，是教材事业蓬勃发展的重要支撑，是加快推进自主知识体系构建的重要保障。当前，教材建设面临一系列新问题、新挑战，一些重大问题的解决迫切需要科学合理的学理性阐释和高水平研究成果的支撑。在某种程度上，甚至可以说，教材研究的厚度、广度、深度决定了未来教材建设和管理的前途命运。为此，必须切实加强新时代高校教材研究，为教材建设和管理提供基础性、战略性专业支撑。

一、切实加强教材中国化问题研究

教材建设的中国化事关教材建设的政治方向和价值导向，是自主知识体系构建的迫切要求。解决好教材建设的中国化问题，就是要在强调学习吸收人类优秀文明成果的同时，更加注重扎根中国、融通中外、立足时代、面向未来，在教材中形成鲜明的中国特色、中国风格、中国气派。近年来，无论在教材政策领域还是研究领域，大家都已经开始关注这一重大问题。当前推进这方面的建设或者研究，重点要把握好以下几个方面。

深入研究教材如何全面贯彻习近平新时代中国特色社会主义思想。习近平新时代中国特色社会主义思想是新时代教材建设的根本指针，思想本身就是马克思主义与中国实践相结合，与中华优秀传统文化相结合的产物，是在中国大地、中国实践中产生的时代化、中国化的马克思主义。当前如何结合不同学段、不同学科、不同类型教材的特点以及学生的学习规律，全面系统有机融入新思想，这既是教材建设的重大政治任务，也是教材研究领域的重大学术问题，因为这种融入不能生搬硬套，不能简单贴标签。如何做到有机融入，贴近学生思想、学习和生活实际，让进入教材的内容可认知、可理解，能够入脑入心，必须从规律上深入探索，学理上系统阐释。

深入研究教材如何全面反映改革开放特别是新时代以来中国经济社会建设各方面取得的巨大成就、发展经验以及在此基础上提炼形成的具有中国特色的相关理论。改革开放 40 多年来，我国在经济社会发展各方面、各领域取得的巨大成就举世瞩目，由此形成的中国经验、中国方案、中国实践以及中国理论丰富多彩。但这些具有中国特色的成就、经验、理论等还没有充分系统地反映在大中小学教材中，其中一个重要原因就是研究支撑不够，没有从学理上讲清楚针对不同学段、不同类型教材进什么、进多少、如何进等关键问题。因此，加快推进这方面的研究工作，是今后教材研究领域的一项重大任务。

深入研究教材如何传承中华优秀传统文化。中华优秀传统文化是我们的根脉所在，是我们民族基因传承的重要载体。中华民族五千多年文明发展中孕育的优秀传统文化，积淀着中华民族最深层的精神追求，是中华民族独特的精神标识。要把这些中华优秀精神文化、物质文化、制度文化系统全面融入教材当中，教育学生不断增强文化认同和文化自信，坚定做中国人的志气、骨气、底气。2021 年，教育部印发了《中华优秀传统文化进中小学课程教材指南》，明确了中华优秀传统文化进中小学课程教材的基本原则和主题内容，为中华优秀传统文化进教材提供了基本依据。高校教材在这个问题上应当何为，面对博大精深、内容极其丰富的中华优秀传统文化，如何根据不同学段、不同学科以及学生的学习特点，有针对性地选取合适的学习内容，准确把握内容的难度、深度以及科学的呈现方式等，仍需要进一步深入研究以提供指导。

深入研究教材特别是哲学社会科学教材建设如何彰显中国特色。党的十八大以来，以马克思主义为指导的高校哲学社会科学教材建设取得重大进展。习近平总书记高度重视哲学社会科学教材建设，指出"要抓好教材体系建设，形成适应中国特色社会主义发展要求、立足国际学术前沿、门类齐全的哲学社会科学教材体系"。当前推进中国特色哲学社会科学教材建设的关键，就是要扎根中国大地，紧密结合中国特色社会主义建设的伟大实践，在教材中充分提炼、吸收、反映在这一伟大实践中生长出来的具有中国特色的多方面理论成果，要深刻揭示中国特色社会主义建设的基本规律，注重自主知识体系建设和话语体系创新，要通过教材建设的中国化切实纠正很长一段时期以来照搬西方概念体系、话语体系、教材体系的现象，加快构建具有中国特色、中国风格、中国气派的哲学社会科学教材体系。而这一切，都需要浩大的理论研究做支撑，需要在深入研究的基础上构建自主知识体系，不断实现由理论体系、学科体系向教材体系的转化。

二、切实加强教材科学化问题研究

建设高质量教材体系是当前教材建设的重要目标和核心任务。教材是育人的核心载体，教材的质量影响着人才培养的质量，而教材的质量根本上取决于它的科学化水平。教材建设科学化的关键就是要解决好如何使教材更符合教育教学规律、学生学习规律以及身心发展规律，使教材更有利于学习，更有利于促进学生的整体发展。在推进科学化方面，内容的合理性、体系的科学化、呈现的规范性等几个突出问题需要进一步研究解决。

深入研究教材的容量、难度、梯度等问题。教材编写过程中经常会遇到这样一些问题：究竟什么样的知识应当进入教材，学生应该掌握多少知识，难度达到什么样的程度是恰当的，不同学段的内容如何有效衔接，等等。客观讲，这些既是我们长期以来面临的难题，也是始终没有解决好的世界性难题。这些问题 160 年前英国著名教育家、哲学家斯宾塞就提出过，但时至今日，它们依然摆在我们面前。20 世纪以来西方不少国家积极推进课程改革，在不同历史阶段或强调回到基础，强化知识教育，或陷入困境后又强调减轻学业负担，精简知识内容，反复折腾，形成了西方课改史上著名的"钟摆现象"。究其原因，除了改革立场的偏颇，主要还是缺少科学理论的支撑。在当前知识急速增长和国家大力推行"双减"政策的背景下，如何解决好知识增长的无限性和学习时间、教材容量的有限性这一基本矛盾，为学生适应未来社会生活打下坚实知识基础，是教材研究工作必须面对和解决好的一个重大课题。

深入研究教材体系化问题，这是解决单个教材科学性基础上，对系统集成科学性的要求。体系化问题主要体现在两个大的方面：一方面是科学体系向学科体系和教材体系转化的问题。科学体系是基于理论生长逻辑构建的知识体系，学科体系和教材体系是基于教与学逻辑构建的知识体系，这两大体系既有联系，又有区别。科学体系涵盖的知识内容广泛而全面，更新速度快。学科体系是根据学生学习和成长需要，经过系统的加工、提炼、简化，从科学体系演化而来的，它具有经典性、基础性、稳定性。而教材体系则是学科体系框架下针对特定学习阶段、学习群体的学习需求，对学科知识进行再设计、再组织、再加工而形成的学习资源体系。所以一本教科书到学生手里，要经过几次大的转化。长期以来，我们对科学体系向学科体系和教材体系转化这一重大基础性问题的关注和研究不够，对于科学转化的目标、要求、机制、方法及其背后的基本规律缺少必要的研究。这也是我们教材质量不高、原创性不强的内在原因，必须引起高度重视。另一方面是各级各类教材建设的体系化，也就是教材本体的体系化。各级各类教材都有一个体系化建设问题，中小学教材不同学科、职业院校和高校不同专业教材建设都要是成体系的，不能是割裂的、零散的。当前教材建设的总体目标就是要建设中国特色的高质量教材体系，高等教育教材、职业教育教材、基础教育教材怎样形成体系，在价值导向、培养目标、内容建构上能够最大限度地保持一致，这就是体系化要解决的问题，也是从育人层面上和在教材建设本体上要深入研究解决好的问题。

深入研究教材建设的规范化问题。教材建设规范化的重点是要解决教材建设有序、有效、合规的问题。大家知道，目前我国的教材体制正处在一个新旧体制转变的过程中，过去教材管理存在局限性，现在教材建设各环节均已被纳入教材管理范围，建立必要的管理规范就成为当务之急。要落实好教材是国家事权这一要求，就必须从各个方面充分研究教材管理的边界在哪里，教材管理的内容、方法、手段、工具是什么，教材管理相关的制度、政策制定的基本依据是什么，等等，这些都需要充分的研究来提供支撑。教材以什么方式呈现，也就是教材呈现的规范性是目前始终没有解决到位的问题。教材呈现方式，主要涉及教材内容如何有效表述，以何种手段、工具、方法具体表达和呈现。其关键是如何使不同学段、不同学科、不同类型的教材呈现方式既充分体现学科、学段特点，同时又有利于学生的学习，有利于学生的发展。长期以来，这方面缺少系统化、专门化研究，缺少系统的学理支撑，这个问题依然值得深入研究。基本工作规范也需要系统研究、不断总结。概括起来，教材建设大的方面涉及编写、审核、研究、管理、应用多个环节。每个环节主体不同，要求不同，基本的工作规范是什么，工作机制是什么，都需要在深入研究的基础上尽快建立和完善起来。当前教材建设工作推进很快，管理要求越来越精细化，在这种情况下教材建设的实践迫切需要加大研究力度来回应实践需求并解决相关问题。

三、切实加强教材数智化问题研究

当前我们正处在一个信息化、数字化、智能化的时代，深入研究数字技术、人工智能技术等对教材建设带来的多方面挑战，探索面向未来的应对策略，这必然又是教材研究面对的一个重大课题。2021 年 3 月国家发布的《中华人民共和国国民经济和社会发展第十四个五年规划和 2035 年远景目标纲要》，特别提出要加快数字化发展，建设数字中国，以数字化转型整体驱动生产方式、生活方式和治理方式变革。国家的数字化发展战略、教育的数字化转型、人工智能的跨越式发展必然要求教材建设跟上去，因此教材建设的数智化或者数智化教材的建设管理问题已经突出而迫切地摆在我们面前。

深入研究数字教材的内容标准体系。比如首先要回答的就是什么是数字教材。数字教材作为一种新样态教材，一定程度上已引起各方面的高度重视，实践中也进行了大量探索和应用。但是，究竟数字教材的边界在哪里，数字教材的内涵内容、基本特征、使用要求等是什么，迫切需要我们从理论上、学理上进行研究和回答。通过实证研究、比较研究，科学、准确地讲清楚什么是数字教材，数字教材的科学内涵、基本内容到底是什么，与传统纸质教材有什么区别和联系，与传统纸质教材的电子化、数字化有什么区别和联系，与数字教学资源有什么区别和联系，做到概念科学、边界清晰、画像准确，这是极其重要的时代课题。

深入研究数字教材的技术平台标准体系。深入探讨数字教材编写、出版、发行以及相应的技术标准、平台标准，以标准引领和规范数字教材发展、数字教材平台建设和数字教材服务生态建立。这些基础性的问题还有待我们深入思考研究，为相关政策的制定提供可靠的依据。

深入研究数字教材的管理问题。要立足时代前沿，紧跟技术发展，研究数字教材编写、审校、应用等各个环节的管理措施和手段如何改革创新，如何以数字教材管理推动教材管理体系和数字出版物出版管理体系的不断完善。这些既是重要的理论研究问题，也是重要的实践工作问题。

四、切实加强对教材研究的研究

习近平总书记指出:"基础研究是整个科学体系的源头,是所有技术问题的总机关。"基础研究引领支撑着理论创新和实践发展。实践证明,基础研究的"蝴蝶效应"极其明显,基础研究前进的一小步,往往会带来理论与实践发展的一大步。近年来,随着教材建设事业的蓬勃发展,教材实践已经走在理论研究前面,理论建设相对滞后。许多重大的教材基础性问题需要作出系统的理论解释,一些普遍的、共性的问题需要进行规律性的探索和总结。可以说,时代在呼唤中国自主知识体系的教材学的产生,丰富生动的教材实践正在催生新的、系统的教材理论的形成。作为教材理论工作者,应积极回应时代的迫切需要,立足基础理论、关键问题、实践成果、国际经验,系统研究回答教材是什么、为什么、怎么建、如何管、如何有效使用及保障等重大基础性问题,由此来建构有中国特色的教材的基本概念、范畴、方法、原理、体系,尽快形成自己的教材学,这是学科发展的迫切需要,也是教材建设政策实践的迫切需求。另外,就是要关注教材相关政策的落地转化工作。近年来,教材建设的政策体系初步形成,国家教材委员会印发的《全国大中小学教材建设规划(2019—2022年)》《加强教材建设和管理行动计划》,教育部印发的《普通高等学校教材管理办法》《学校选用境外教材管理办法》等基本管理政策已付诸实施。但是很多政策落地转化过程中面临困难,成效大打折扣,这种情况就需要我们从研究的角度深入调查、发现并分析政策如何转化,加强政策落实的跟踪等基础研究,坚持脚踏实地,一切从实际出发。

对教材中国化、科学化、数智化的深入研究,为精心打造培根铸魂、启智增慧、符合时代要求的精品教材提供坚实的研究支撑、专业支撑、学理支撑。这是当前高校教材研究所担负的时代使命。强化基础研究前瞻性、战略性、系统性布局是做好教材研究的重中之重,对教材研究的研究就是这样一项基础性研究工作。课程教材研究所联合首都师范大学共同推出的《高校教材建设和管理研究报告(2023)》是教材研究工作中具有重要里程碑意义的标志性成果。研究报告通过高校教材研究总报告、哲学社会科学教材研究分报告、自然科学教材研究分报告、重点学科教材建设调研分报告、代表省市教材研究分报告、代表性大学教材研究分报告、教材发展趋势分报告、大事记等,全面梳理了2023年度高校教材研究领域的重要成果,是对教材研究展开的立体式、全景式扫描，系统勾勒了高校教材领域"谁在研究、研究什么、如何研究以及研究成果是什么、有什么特点、发展趋势如何"等教材研究基本画像，为全面了解 2023 年度高校教材研究的总体情况提供了一份翔实、具体、具有一定深度的报告，其中不乏极其宝贵的研究数据和真知灼见。通过这份报告，我们深知教材研究要不断深化对教材建设的重大问题，包括但不限于中国化、科学化、数智化等基本问题的研究，同时还要加强对研究本身的研究。

通过对研究的研究，我们可以了解教材研究的现状，从而准确把握教材研究所处的历史方位；我们可以理解教材研究过去所取得的成就，从而站在"巨人的肩膀上"更进一步；我们还可以预测教材研究的未来趋势，从而引领教材理论创新和实践发展的方向，把握教育发展趋势和国家战略需求，加强教材基础研究重大项目可行性论证和遴选评估，把握大趋势、下好"先手棋"，为教材建设和管理奠定坚实的研究基础。这也是教材研究的意义和价值所在，也是报告编写组的努力和目标所在。

进一步加强教材研究，要注重发挥国家级专业研究平台的引领示范作用。课程教材研究所、国家教材建设重点研究基地等教材领域的国家级平台应当围绕教材建设和管理的重大理论和实践问题加强有组织的研究，加快推出一批高质量研究成果。要壮大教材研究人才队伍。研究工作归根结底要靠人才，要靠高水平的研究人才。党的二十大报告指出，"教育、科技、人才是全面建设社会主义现代化国家的基础性、战略性支撑"。千方百计加大各类教材研究专业人才计划的培养培育力度，加大人才支持力度，鼓励教育家培养并支持青年人才挑大梁、担重任，不断壮大教材建设领军人才队伍和一流创新团队，加强后备队伍建设，培育具备教育家潜质、愿意献身教材研究事业的青少年群体，为建设教材强国的人才队伍打好基础。要大力弘扬教材研究的科学精神。教材工作既是政治性很强的工作，又是专业性很强的工作，必须弘扬科学精神，把握教材工作基本规律、把握教材研究的内在规律。

田慧生

2024 年 6 月于首都师范大学

目　录

第一部分　高校教材建设和管理研究总体情况

第一篇　高校教材建设和管理研究情况总报告　　003

第二篇　哲学社会科学教材建设和管理研究情况分报告　　084

第三篇　自然科学教材建设和管理研究情况分报告　　121

第二部分　重点学科教材建设和管理研究情况

第一篇　马克思主义理论学科教材建设和管理研究报告　　147

第二篇　法学学科教材建设数据分析报告　　168

第三篇　新闻传播学学科教材使用情况分析报告　　189

第四篇　公共管理学学科教材建设和管理研究报告　　208

第五篇　物理学教材建设和管理研究情况分报告　　220

第三部分　代表省区教材建设和管理研究情况

第一篇　上海市高校教材建设和管理年度报告　　233

第二篇　浙江省高校教材建设和管理年度报告　　241

第三篇　四川省高校教材建设和管理年度报告　　255

第四篇　陕西省高校教材建设和管理年度报告　　268

第五篇　甘肃省高校教材建设和管理年度报告　　283

第四部分　代表高校教材建设和管理研究情况

第一篇　北京大学教材建设和管理年度报告　　301

第二篇　首都师范大学教材建设和管理年度报告　　314

第三篇　中国传媒大学教材建设和管理年度报告　　324

第四篇　浙江大学教材建设和管理年度报告　　341

第五篇　中山大学教材建设和管理年度报告　　358

第五部分　高校教材建设和管理发展趋势

第一篇　高校教材建设和管理发展报告　　371

第二篇　大事记　　401

第六部分　教材建设和管理名家名篇

第一篇　新时代高校哲学社会科学教材建设的指导思想和基本遵循　　421

第二篇　学习贯彻党的二十大精神　加强教材建设和管理　　434

第三篇　构建有组织科研的长效机制　开展课程教材重大理论和实践问题研究
　　——以课程教材研究所开展有组织的重大项目研究为例　　449

第四篇　完善高校教材体系　充分发挥中国特色哲学社会科学育人功能　　458

第五篇　加快构建服务高质量发展的现代职业教育体系　　461

第六篇　以健全机制推动落实《规划》和《四个教材管理办法》　　466

第七篇　新时代高等学校教材的"中国特色"和"世界水平"　　471

第八篇　深化教育领域综合改革的行动指南　　477

后　记　　482

01

第一部分

高校教材建设和管理研究
总体情况

第一篇　高校教材建设和管理研究情况总报告

一、高校教材研究主题相关论文情况

(一)2023年相关文献总体情况

课题组在中国知网平台以"(教材＋教科书)×高校"为组合主题词，对发表时间在2023年1—12月的相关文献进行检索，检索到主题为"教材"或"教科书"，且有关"高校"的不同类型文献合计1177篇。总体来看，相关文献呈现以下四方面特点。

1. 从文献类型看，学术期刊论文和学位论文较多，有关高校教材的整体研究学术性较强

其中，学术期刊论文704篇，学位论文257篇(含硕士学位论文241篇，博士学位论文16篇)，特色期刊论文129篇，会议论文52篇(含国内会议论文45篇，国际会议论文7篇)，学术辑刊论文23篇，报纸文章11篇，中文图书1种。经过比对，如分析1177篇文献的主要主题分布，与704篇学术期刊论文的主要主题分布大致趋同。因此，从研究的合理性与可行性出发，本报告重点选取学术期刊论文作为主要分析的文献类型对象，对学位论文、会议论文等类型文献研究情况作简要介绍。

2. 从文献水平看，学术期刊论文质量较高，四分之一获得国家级或省部级基金支持

704篇学术期刊论文中，有54篇文献来自CSSCI核心期刊，其中49篇同属北大核心期刊。另有 24 篇来自北大核心期刊。总计 78 篇核心期刊论文，占全部学术期刊论文的 11％。有 176 篇论文标注获得国家级、教育部或其他省级基金项目支持，所占比例为四分之一。具体情况见图 1-1-1。其中 32 篇属于"国家社会科学基金"项目，7 篇属于"国家自然科学基金"项目，5 篇为"全国教育科学规划"项目，国家级基金项目占所有基金支持项目的 25％。"教育部产学合作协同育人项目"论文有 15 篇，"教育部人文社会科学研究项目"论文 9 篇，合计 24 篇，占 14％。此外，获得安徽、河南、广西、江苏四省省级基金支持的高校教材研究论文较多，数量均在 10 篇及以上。

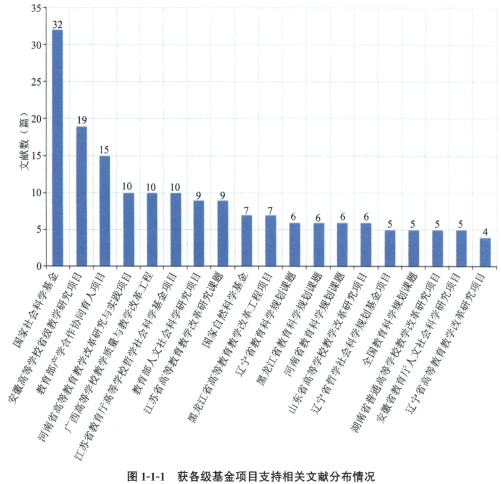

图 1-1-1　获各级基金项目支持相关文献分布情况

3. 从主要主题看，"思政"出现频次最高，研究方向集中在四大方面

根据中国知网系统自动生成的主要主题分布情况，经过相近主题词的合并处理，

有四类主题论文的研究方向比较集中。一是课程思政与高校思政课教育教学研究。主题词为"课程思政"的相关论文最多，有 66 篇。同时，以"高校思政课""高校思想政治理论课""高校思政课教学""思政课""思政教学""思政教育""思政建设"等为主题的论文有 116 篇，共 182 篇。二是高校教材建设研究。"教材建设""新文科""地方高校""实践路径"等主题词可以归类为高校教材建设相关主题，合计 73 篇论文。三是高校学科教育教学研究。包括主题词含有教学改革、教学以及大学英语课程教材等方面的研究，相关论文共有百余篇。四是高校教材与人才培养研究。有 16 篇论文的主题与人才培养相关，研究关注高校教材在育人育才方面的作用。主题分布情况见图 1-1-2。

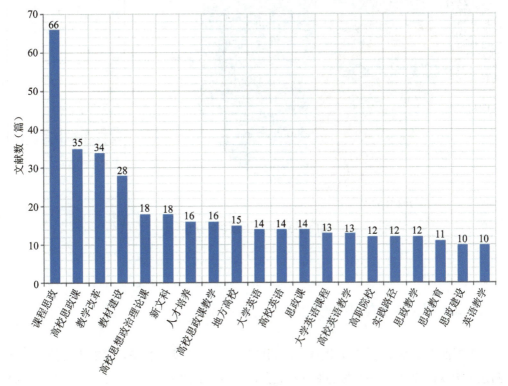

图 1-1-2　相关文献主要主题分布情况

4. 从研究层次及学科专业分布情况看，以学科教育教学研究为主，涉及专业领域较为分散

根据中国知网系统显示，704 篇学术期刊论文中有 121 篇的研究层次为学科教育教学类,数量最多,占 17% 左右。有 32 篇标注为开发研究,还可细分为管理研究、政策研究、行业研究、业务研究四种类型。此外,还有应用研究 20 篇,技术研究 1 篇。学科分布情况显示,除近一半论文为"高等教育"领域之外,其他学术期刊论文的所属学科或专业分布比较分散,涉及 19 个类别。其中,教育学、语言文字、艺术学、计算机、体育等领域教材研究论文居多。如图 1-1-3 所示。

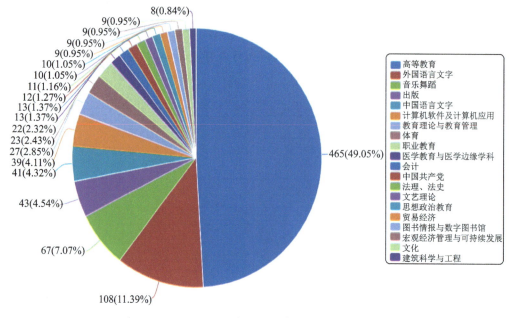

图 1-1-3　相关文献学科分布

(二)2023 年高校教材研究核心期刊论文情况

根据前文梳理情况所述,因部分期刊同属多种核心期刊目录,存在重叠情况,共筛选出 78 篇发表在 CSSCI 核心期刊和北大核心期刊上的论文。经人工筛选,其中 4 篇属于教材出版宣传的资讯类文章(无作者信息),4 篇属于继续教育、高职教育和基础教育领域。相对而言,这些核心期刊论文研究水平高,比较具有代表性,将进一步重点分析介绍。以下载量由多至少排序,具体论文题名、作者、期刊来源等信息见表 1-1-1(信息检索时间为 2024 年 3 月 13 日)。

表 1-1-1　2023 年高校教材研究核心期刊论文一览表

序号	题名	作者/主编	期刊来源	发表时间	被引	下载
1	课程思政背景下的大学英语教材内容重构实践——以"大学英语课程思政数字资源包"建设项目为例	肖维青；赵璧	外语界	2023-02-25	13	3848
2	提升大学生数字素养的创新路径	周海涛；朱元嘉	中国电化教育	2023-05-09	15	3727
3	观念"筑基"：高校有形有感有效铸牢中华民族共同体意识研究	李建军；郭远	西南民族大学学报（人文社会科学版）	2023-03-10	7	1795
4	档案学科建设与人才培养的数字转型——基于图书情报与档案管理一级学科更名为信息资源管理的思考	杨文；姚静	图书情报工作	2023-02-23	13	1690
5	习近平关于学史知史重要论述融入高校思政课教学的价值、原则与路径	崔华滨	思想理论教育导刊	2023-02-20	1	1459
6	"大思政课"视域下高校思政课改革的三个着力点	王震	思想理论教育导刊	2023-07-20	2	1303
7	新高考背景下高中生涯教育实施现状与政策期许	王新凤；杨玉春	中国教育学刊	2023-05-10	2	1262
8	"中国式现代化"融入高校思政课教学的理论审思与实践探索	刘力波；张子釜	马克思主义与现实	2023-09-26	1	1233
9	高校美育教材建设：政策导向、现实诉求与创新思路	郭声健；聂文婧	湖南师范大学教育科学学报	2023-04-12	0	1203
10	民族地区高校铸牢中华民族共同体意识"三进"研究	褚远辉	中国教育科学（中英文）	2023-01-10	3	919
11	高校跨学段思政课一体化建设：价值、挑战与路径——以推进马克思主义大众化为视角	李延太；徐国亮	社会科学家	2023-11-10	0	856

续表

序号	题名	作者/主编	期刊来源	发表时间	被引	下载
12	关于中共党史党建学一级学科建设的调研报告	吴志军	中共党史研究	2023-06-05	1	819
13	讲深、讲透、讲活：高校思想政治理论课教学设计提升的三个着力点	于赫	思想教育研究	2023-06-25	1	788
14	关于"习近平新时代中国特色社会主义思想概论"课教学的几个问题	肖贵清	思想理论教育导刊	2023-12-20	0	760
15	高校思想政治理论课讲道理的叙事逻辑与语言转换	张会峰	思想教育研究	2023-05-25	1	731
16	口腔医学教材-课程思政融合育人的探索与实践	李刚；刘红霞；方毅；周学东；杜贤	四川大学学报（医学版）	2023-03-20	6	669
17	面向新工科的校本特色大学英语课程体系建设：框架设计与内容拓展	王宗华；肖飞	外语界	2023-10-25	0	667
18	着眼立德树人 形成更高水平的高校人才培养体系	吴红	中国高等教育	2023-04-03	1	622
19	高校教材建设治理现代化的逻辑理路与发展路向	杨柳；罗生全	教育科学	2023-01-15	2	607
20	高校外语教师教育者在教材编写中的专业发展研究	杨姗姗；束定芳；王蓓蕾	外语教学	2023-11-09	1	606
21	新时代我国高等学历继续教育政策文本的语义网络分析	穆卫军；关庆镐；吕宪君；毛燕梅	成人教育	2023-07-04	0	547
22	西班牙中文教学资源发展特征、现实挑战及提升策略	李乾超；杨湫晗；陈晨	民族教育研究	2023-03-07	2	544
23	当前马克思主义理论研究与教学情况调研报告	崔友平；吕增奎；刘仁胜；吕楠；晏荣；宋学增	马克思主义与现实	2023-09-26	1	529

续表

序号	题名	作者/主编	期刊来源	发表时间	被引	下载
24	从高校外语教材出版看新形态教材建设如何讲好中国故事	李润珍	科技与出版	2023-12-08	0	528
25	瑞典中文教育现状及发展策略研究	李晓露；高嫚	华文教学与研究	2023-02-20	2	446
26	高校思政课教材体系向教学体系转化的逻辑建构	王秀娟；李忠祥；刘婷婷	黑龙江高教研究	2023-09-05	0	439
27	优秀传统儒学资源在高校思政课的运用	张三萍；徐小丰	学校党建与思想教育	2023-10-23	2	434
28	"典"说法治：将民法典融入思想道德与法治课	蔡荣；武卉昕	中学政治教学参考	2023-04-25	0	426
29	新时代高校教材建设高质量发展的历史逻辑和实践指向——基于南京大学教材建设经验的考察	施佳欢；秦安平；阎燕	中国大学教学	2023-06-15	1	405
30	新文科背景下对语言学教材建设的思考	王乐；王晓滢	外语研究	2023-06-15	2	401
31	新工科背景下高校工程技术人才培养研究——中国矿业大学(北京)城市地下空间工程专业实例分析	江华；胡皓	中国高校科技	2023-05-25	2	389
32	美育视角下高等院校舞蹈形体课程的创新	胡晓	北京舞蹈学院学报	2023-04-30	0	381
33	以共研一架飞机为牵引的跨学科创新人才培养模式探索	罗明强	高等工程教育研究	2023-03-01	2	380
34	高校辅导员工作室"四位一体"思想引领工作体系探索与实践——以江西师范大学马克思主义学院付妍妍工作室为例	付妍妍	中学政治教学参考	2023-11-25	0	349

续表

序号	题名	作者/主编	期刊来源	发表时间	被引	下载
35	新农科背景下实践教学体系的建设与实践	张旭；杨国庆；姚拥军；徐斌；陈志艳；张惠芹	实验室研究与探索	2023-02-25	5	342
36	指向高质量的高校教材建设论析	朱文辉；许佳美	教育科学	2023-05-15	0	337
37	新时代高校精品教材建设现状及培育路径研究——基于首届全国教材建设奖（高等教育类）获奖教材的实证分析	陈书洋；秦炜炜	出版科学	2023-09-20	0	337
38	高校思想政治理论课教材的出版历程、内容特色和现实启示	周蔚华；邹韵婕	马克思主义理论学科研究	2023-07-15	0	330
39	"思想道德与法治"数字课程		思想理论教育导刊	2023-06-20	0	328
40	科学学教育在中国：历程、挑战与对策	姜春林；王丽呈；陈悦	科学学与科学技术管理	2023-03-13	0	327
41	加强国际传播能力视域下高校外语专业教材建设目标定位和实现路径	张文超	中国出版	2023-05-01	0	327
42	新时代高校美育教材融合出版探析	赵思童	中国出版	2023-02-16	2	318
43	自主选购教材背景下大学出版社高校教材建设再思考	李海涛	科技与出版	2023-01-17	2	315
44	在高校通识教材中推动中华优秀传统文化的守正创新——兼评《中华优秀传统文化》	张伟	湖南科技大学学报（社会科学版）	2023-01-20	2	311
45	多视角下大学出版社教材出版的思考与实践	臧延新	科技与出版	2023-05-25	0	299

续表

序号	题名	作者/主编	期刊来源	发表时间	被引	下载
46	高中与高校思政课教材衔接研析	翁丽；刘炫烨	中学政治教学参考	2023-04-20	0	290
47	新时代行业特色型大学出版社服务母体学校"双一流"学科建设路径分析	李锋	科技与出版	2023-02-20	1	281
48	教育高质量发展背景下高校教材建设的五个维度	刘静	出版广角	2023-07-15	0	272
49	质量强国战略背景下数字出版标准化人才培养路径	丛挺；夏莹莹	编辑学刊	2023-07-15	1	261
50	高校教材出版推进课程思政建设理念与路径	韩福娜；王星	中国出版	2023-07-16	0	250
51	马克思主义理论研究和建设工程重点教材高校思想政治理论课2023年版教材正式出版		思想理论教育导刊	2023-02-20	0	235
52	高校课程思政特色数字化教材出版实策研究	叶静	中国出版	2023-11-01	0	234
53	高校出版社教材思政的内在逻辑与实践路径	余兴发；宋海玲	现代出版	2023-05-20	0	196
54	学生主体归位：高校思政课主体性教学的主旨	谢勇	中学政治教学参考	2023-12-20	0	189
55	凉山彝族舞蹈的教育价值与实践路径	李小芳；罗木散	四川戏剧	2023-12-07	0	181
56	民族传统音乐教学中的文化艺术精神传承	董艺鸣	山西财经大学学报	2023-10-28	0	151
57	机械类专业英语教学模式改革	王桂贤	内燃机工程	2023-04-13	0	139
58	高等护理职业教育国家规划教材立项数据信息外部特征分析	胡高波；陈月卿；饶和平	中华护理教育	2023-04-15	0	139

续表

序号	题名	作者/主编	期刊来源	发表时间	被引	下载
59	融媒体时代高校出版社融合出版发展的思考	冯莉	出版广角	2023-03-15	2	136
60	我国高等学校教师课程权利范畴、边界与禁区	彭虹斌；李阳琇；曹慧萍	中国人民大学教育学刊	2023-12-28	0	128
61	打破"孤岛"的思政课"四个空间"建构	钟瑞	中学政治教学参考	2023-05-10	0	127
62	课程思政视阈下高校媒介素养类教材开发路径	李建森；常益敏	中国出版	2023-11-01	0	127
63	生态文明建设思想在高校思想政治教育中的渗透	陈晓雯	环境工程	2023-01-22	1	125
64	跨学科视域下舞蹈专业课程建设的探索与实践	于雪	文艺争鸣	2023-09-25	0	117
65	中国特色出版学高校教材建设的思考与实践	周娴；许洁	出版广角	2023-10-15	0	112
66	自学考试与普通高校两种教育形式的实质等效问题研究	向冠春；宋学玲	中国考试	2023-12-10	0	107
67	以学定教，定位一流的高校实验室安全课程建设	马庆；柯红岩；金仁东	实验室研究与探索	2023-06-25	0	101
68	新时代高校英语思政教育的革新意义与路径探索——评《高校英语思政教育理论与实践》	赵翔宇	领导科学	2023-11-01	0	89
69	浅议双碳背景下高校碳审计实验室建设	张哲；叶邦银	实验室研究与探索	2023-09-25	0	86
70	建筑学在高校公共艺术设计教学中问题及对策	冯大康；冯默墨	建筑结构	2023-05-10	0	85
71	大学出版助推母体大学学术高质量发展	滕俊平	高教发展与评估	2023-07-25	0	69

续表

序号	题名	作者/主编	期刊来源	发表时间	被引	下载
72	高校轨道交通专业英语教学模式探讨	杨建波	城市轨道交通研究	2023-07-10	0	69
73	新时代下高校化工类英语教学创新办法研究	王春辉	日用化学工业（中英文）	2023-05-22	0	65
74	高校现当代文学专题选读教学研究——评《中国现当代文学专题研究第2版》	宋秋芬	人民长江	2023-06-27	0	65
75	高校化学与应用化学专业英语教学思考——评《化学与应用化学专业英语》（第二版）	吴晓	化学工程	2023-09-15	0	54
76	化工英语翻译教学实践探索	翟莹莹	塑料工业	2023-05-20	0	46
77	社会主义核心价值观协同创新西安峰会召开		社会主义核心价值观研究	2023-04-20	0	43
78	创刊主编冯增昭教授荣获第二届中国沉积学终身成就奖		古地理学报	2023-06-01	0	23

1. 来源分析

78篇论文共来自55种核心期刊（见表1-1-2）。其中10份期刊上刊发的高校教材相关论文在2篇及以上，其余均发表1篇。《思想理论教育导刊》《中国出版》《中学政治教学参考》3份期刊刊发高校教材相关研究的论文数量达到了5篇。值得注意的是，发文量排名前10位的期刊中有3份与出版领域相关，为《中国出版》《科技与出版》《出版广角》，合计刊发12篇论文。此外，还有《编辑学刊》《出版科学》《现代出版》3份期刊分别刊发1篇相关论文。这反映出教材研究与出版研究的强关联性。78篇学术论文的发表时间比较均匀分散，除5月发表12篇，8月无相关论文发表，其余月份的发表量均在4～8篇。

表 1-1-2　2023 年高校教材研究核心期刊论文来源

序号	来源	计数
1	思想理论教育导刊	5
2	中国出版	5
3	中学政治教学参考	5
4	科技与出版	4
5	出版广角	3
6	实验室研究与探索	3
7	教育科学	2
8	马克思主义与现实	2
9	思想教育研究	2
10	外语界	2
11	北京舞蹈学院学报	1
12	编辑学刊	1
13	成人教育	1
14	城市轨道交通研究	1
15	出版科学	1
16	高等工程教育研究	1
17	高教发展与评估	1
18	古地理学报	1
19	黑龙江高教研究	1
20	湖南科技大学学报(社会科学版)	1
21	湖南师范大学教育科学学报	1
22	华文教学与研究	1
23	化学工程	1
24	环境工程	1
25	建筑结构	1

续表

序号	来源	计数
26	科学学与科学技术管理	1
27	领导科学	1
28	马克思主义理论学科研究	1
29	民族教育研究	1
30	内燃机工程	1
31	人民长江	1
32	日用化学工业(中英文)	1
33	山西财经大学学报	1
34	社会科学家	1
35	社会主义核心价值观研究	1
36	四川大学学报(医学版)	1
37	四川戏剧	1
38	塑料工业	1
39	图书情报工作	1
40	外语教学	1
41	外语研究	1
42	文艺争鸣	1
43	西南民族大学学报(人文社会科学版)	1
44	现代出版	1
45	学校党建与思想教育	1
46	中共党史研究	1
47	中国大学教学	1
48	中国电化教育	1
49	中国高等教育	1
50	中国高校科技	1

续表

序号	来源	计数
51	中国教育科学（中英文）	1
52	中国教育学刊	1
53	中国考试	1
54	中国人民大学教育学刊	1
55	中华护理教育	1

2. 可视化分析

（1）指标分析。利用中国知网的可视化分析功能，我们能够清晰了解所选 78 篇核心期刊论文的参考文献及下载、引用等指标情况。例如，每篇论文平均参考 8 篇文献，总参考数为 635 篇。篇均下载数较高，达到 511 次以上，总下载数近 40000 次。总被引数为 100 次，下载被引比为 0，被引情况不多。见图 1-1-4。

图 1-1-4　2023 年高校教材研究核心期刊论文各项指标分析

（2）文献互引网络分析。通过文献互引网络可以直观地看到原始文献、参考文献以及引证文献之间的关联与被引次数的高低。线条越密集，说明相关联的文献越多；线条延展得越长，说明该话题的关注度越高，研究程度越深。图 1-1-5 反映出 78 篇核心期刊论文原始文献的被引次数较少，关联文献不多，研究话题相对分散，同一话题的研究深度有限。原始文献被引频次在 10 次以上的有 3 篇，包括《提升大学生数字素养的创新路径》《课程思政背景下的大学英语教材内容重构实践——以"大学英语课程思政数字资源包"建设项目为例》《档案学科建设与人才培养的数字转型——基于图书情报与档案管理一级学科更名为信息资源管理的思考》。参考文献被引频次最高的 3 篇分别是《邓小平文选》，以及两篇《人民日报》文章——《把思想政治工作贯穿教育教学全过程　开创我国高等教育事业发展新局面》和《高举中国特色社会主义伟大旗帜 为全面建设社会主义现代化国家而团结奋斗——在中国共产党第二十次全国代表大会上的报告（2022 年 10 月 16 日）》。

■原始文献 ■参考文献 ■引证文献

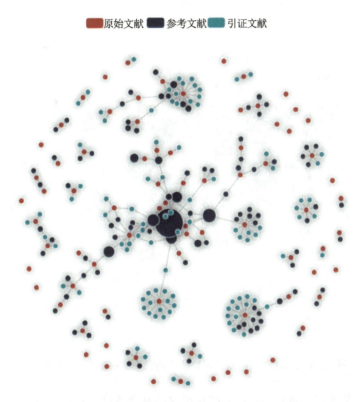

图 1-1-5　2023 年高校教材研究核心期刊论文文献互引网络分析

（3）关键词共现网络分析。关键词共现网络分析是通过可视化的方式分析所选文章的主题以及各个主题之间的关系。节点大小表示该节点出现频次的高低，连接线的粗细表示两个节点词共现次数的多少。从论文集中出现的关键词来看，"思政课"共现次数最多，有 10 次，"习近平""人才培养""英语"各为 8 次，"思政""马克思主义""政治理论课""路径"等均有 7 次。此外，还有"教材出版""教材编写""高校教材""高等教育"等主题词，其共现次数均在 5 次以上。与学术期刊论文主要主题分布情况类似，关键词有相近相似项，合并归类后依然是"思政"相关关键词的出现频率最高。同时，有关英语教材的研究以及教材建设实践路径的研究相对较多。见图 1-1-6。

（4）作者合作网络分析。作者合作网络分析反映的是所选文章作者之间的合作关系。作者发表论文的数量通过节点的大小表示，节点越大，发表论文越多。节点之间

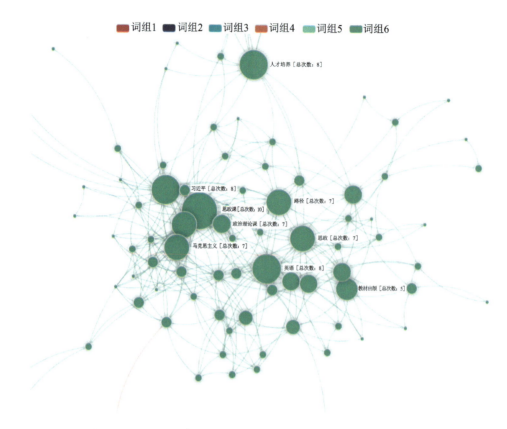

图 1-1-6　2023 年高校教材研究核心期刊论文关键词共现网络分析

的连线代表了作者间的合作关系，连线宽度说明合作程度。在这 78 篇论文中，发文量最高的五位作者分别是：四川大学华西口腔医院的周学东教授，发文 714 篇；空军军医大学口腔医院的李刚教授，发文 601 篇；清华大学的肖贵清教授，发文 287 篇；西南大学的罗生全教授，发文 235 篇；中国葛洲坝集团第一工程有限公司的饶和平教授，发文 186 篇。整体来看，大部分作者发文数量少于 100 篇，且作者之间的合作关系较为简单，合作作者相对较少。见图 1-1-7。

3. 研究内容分析

课题组根据 78 篇核心期刊论文的研究内容将其进行了归类，剔除资讯类和其他学段文章后，重点分析与高等教育相关、学术性较强的 70 篇论文。它们的主题可以大致分为五类，部分论文的研究涉及多类主题。

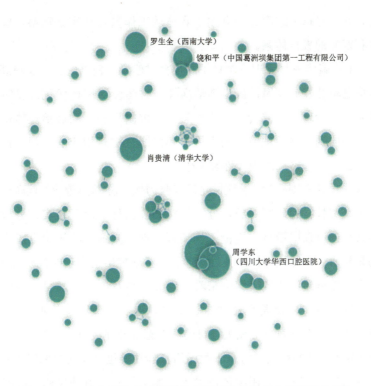

罗生全（西南大学）

饶和平（中国葛洲坝集团第一工程有限公司）

肖贵清（清华大学）

周学东
（四川大学华西口腔医院）

图 1-1-7　2023 年高校教材研究核心期刊论文作者合作网络分析

（1）高校教材建设和管理研究

有 15 篇左右的论文重点探讨高校教材建设相关问题，还有近 20 篇在研究学科建设或专业课程教学过程中涉及教材建设相关内容。大致分为三种情况，其中一些是对教材建设和管理的总体性研究，一部分是涉及某一学科或某一专业类教材的研究，还有另外一个较为集中的研究视角是从出版社工作层面看待高校教材建设。

①高校教材高质量发展研究。部分作者聚焦新时代背景下如何建设高质量的高校教材展开研究。

朱文辉等[1]分析了高校教材建设高质量发展的三重意境，即价值论层面的铸魂育人理念先导、方法论层面的内涵式发展动力和本体论层面的拔尖创新型人才培养驱动力，并明确了加强价值导向、优化组织方法、丰富教材形态等具体策略。刘静[2]提出高校教材建设应注重五个维度，包括方向与定位、管理与评价、内容与技术、创新与融合、

---

① 朱文辉，许佳美．指向高质量的高校教材建设论析[J]．教育科学，2023，39(3)：44-50.

② 刘静．教育高质量发展背景下高校教材建设的五个维度[J]．出版广角，2023(13)：63-66.

服务与平台，并针对每个维度详细阐述了具体的工作重点和实施策略，旨在构建与高等教育强国相匹配的教材体系。

杨柳等①重点聚焦教材管理，阐释了高校教材建设应遵循的三大逻辑理路，包括认知逻辑、生成逻辑和发展逻辑；认为推动高校教材建设治理现代化需要实现从确定性管理思维到协同式治理思维的转变，从静态管理体制机制到动态治理体系的生成，以及从一般管理倾向到公共治理取向的发展；建议通过构建相应的治理评估体系，全面推动高校教材建设治理格局的现代性要义生成。

此外，施佳欢等②以南京大学教材建设经验为例，陈书洋等③以首届全国教材建设奖高等教育类获奖教材为研究对象，分别针对高校教材建设开展实证分析，提出高校应通过加强教材建设顶层设计、规范工作流程、创新激励保障机制等措施，进一步推进有组织的教材研究，并积极探索教材新形态，不断推出适应新时代要求的精品教材。

②学科专业教材建设研究。综合来看，论文中涉及语言学教材，特别是英语教育教材和中文教育教材，以及美育教材的研究相对较多。部分作者从数字化背景出发，对语言学外语教材、美育教材等相关教材的新形态资源建设进行了探讨。

王乐等④分析了新文科建设背景下我国语言学教材建设面临的挑战和机遇，发现存在系列教材规划滞后、交叉应用特色待深入、本土开发与引进失衡、数字技术赋能程度低和非通用语种教材紧缺等问题，并提出了具体优化对策。

张文超⑤、李润珍⑥重点研究外语教材如何讲好中国故事，特别是如何培养能够讲述中国故事的外语人才问题；论文发现当前高校外语教材存在中国元素内容占比较低，

① 杨柳，罗生全．高校教材建设治理现代化的逻辑理路与发展路向[J]．教育科学，2023，39(1)：21-27.

② 施佳欢，秦安平，阎燕．新时代高校教材建设高质量发展的历史逻辑和实践指向：基于南京大学教材建设经验的考察[J]．中国大学教学，2023(6)：83-89.

③ 陈书洋，秦炜炜．新时代高校精品教材建设现状及培育路径研究：基于首届全国教材建设奖（高等教育类）获奖教材的实证分析[J]．出版科学，2023，31(5)：41-50.

④ 王乐，王晓泠．新文科背景下对语言学教材建设的思考[J]．外语研究，2023，40(3)：42-46.

⑤ 张文超．加强国际传播能力视域下高校外语专业教材建设目标定位和实现路径[J]．中国出版，2023(9)：12-15.

⑥ 李润珍．从高校外语教材出版看新形态教材建设如何讲好中国故事[J]．科技与出版，2023(12)：78-86.

且传统纸质教材在讲述中国故事方面存在局限性。翟莹莹[①]和王春辉[②]、吴晓[③]、杨建波[④]、王桂贤[⑤]、王宗华等[⑥]分别围绕化工专业、化学与应用化学专业、轨道交通专业、机械类专业的英语教学和新工科校本特色大学英语课程教学改革展开研究，论文基本上均强调了教材在专业英语教学中的重要性，指出教材内容应与行业发展和技术进步保持同步，同时应注重英语教材的实践性和学生易接受性。

李晓露等[⑦]和李乾超等[⑧]分别对瑞典和西班牙不同学段的中文教育教材进行了梳理。论文都强调了本土化教材的重要性，指出存在的共性问题是中小学阶段本土教材数量有限、教材与教学大纲不对应、教材难度跨度大等，高等教育阶段中文教材资源的专业性特征显著。

郭声健等[⑨]认为高校美育教材建设应把握三大关键词——育人为本、注重实践、学科融合，强调美育教材内容应与学生的个性化需求相适应，创新性地提出"三艺教学模式"，以期建设能够融通艺术基础知识基本技能、艺术审美体验和艺术专项特长教学模式的新形态教材。赵思童[⑩]分析了 2000 年至 2022 年出版的 50 多种《大学美育》课程教材，认为高校美育教材融合出版在内容和形式上均取得了一定成果，但仍存在质量不高、互动性不强等问题，可以通过提升技术支持和改进教学互动方式让美育教材融合

---

① 翟莹莹.化工英语翻译教学实践探索[J].塑料工业，2023，51(5)：193-194.

② 王春辉.新时代下高校化工类英语教学创新办法研究[J].日用化学工业(中英文)，2023，53(5)：619-620.

③ 吴晓.高校化学与应用化学专业英语教学思考：评《化学与应用化学专业英语》(第二版)[J].化学工程，2023，51(9)：106.

④ 杨建波.高校轨道交通专业英语教学模式探讨[J].城市轨道交通研究，2023，26(7)：296-297.

⑤ 王桂贤.机械类专业英语教学模式改革[J].内燃机工程，2023，44(2)：116.

⑥ 王宗华，肖飞.面向新工科的校本特色大学英语课程体系建设：框架设计与内容拓展[J].外语界，2023(5)：16-22.

⑦ 李晓露，高嫚.瑞典中文教育现状及发展策略研究[J].华文教学与研究，2023(1)：60-68.

⑧ 李乾超，杨湫晗，陈晨.西班牙中文教学资源发展特征、现实挑战及提升策略[J].民族教育研究，2022，33(6)：156-163.

⑨ 郭声健，聂文婧.高校美育教材建设：政策导向、现实诉求与创新思路[J].湖南师范大学教育科学学报，2023，22(3)：18-26.

⑩ 赵思童.新时代高校美育教材融合出版探析[J].中国出版，2023(4)：55-57.

出版质量更高。董艺鸣①、胡晓②、于雪③、李小芳等④在探讨民族音乐和舞蹈课程教学等问题时都强调了教材的重要性，指出现有教材存在内容单一、缺乏互动性和实践性等问题，建议增强教材的多样性、互动性、文化性、实践性，并利用现代技术提升教材质量。

此外，还有一些论文涉及的学科较为分散，如马克思主义理论、中共党史党建学、科学学、建筑学、文学、档案学领域各有1篇相关研究。

崔友平等⑤的调研报告发现，马克思主义理论研究和建设工程（以下简称马工程）成果丰硕，特别是在教材方面，已出版中宣部马工程重点教材36种、教育部马工程重点教材80种。报告强调了马克思主义理论研究和建设工程重点教材在高校马克思主义学院建设和理论研究中的重要性，以及教材对于培养马克思主义理论研究与教学人才发挥的重要作用。吴志军⑥认为，当前中共党史党建学一级学科建设面临的问题包括教材短缺，需要加快推动一批中共党史党建学科统编教材的编写工作。有学者建议应尽快出台一个分层次、分类别、立体化发展的课程体系，并推动中共党史党建学科统编教材的编写工作，以支撑学科建设和教学质量的提升。姜春林等⑦在研究梳理科学学教育发展历程时，发现我国早期科学学教材和图书的出版高潮集中在20世纪80年代，这一时期出版的科学学教材包括国外译作与自主编撰的图书，如《科学学——问题·结构·基本原理》《普通科学学导论》《元科学导论》等。近年来，科学学相关著作与教材逐渐增多，但缺少带有科学学通论性质的本科和研究生教材。冯大康等⑧讨论了《房屋建

---

① 董艺鸣. 民族传统音乐教学中的文化艺术精神传承[J]. 山西财经大学学报，2023，45(S2)：300-302.

② 胡晓. 美育视角下高等院校舞蹈形体课程的创新[J]. 北京舞蹈学院学报，2023(2)：120-125.

③ 于雪. 跨学科视域下舞蹈专业课程建设的探索与实践[J]. 文艺争鸣，2023(9)：189-193.

④ 李小芳，罗木散. 凉山彝族舞蹈的教育价值与实践路径[J]. 四川戏剧，2023(10)：130-132.

⑤ 崔友平，吕增奎，刘仁胜，等. 当前马克思主义理论研究与教学情况调研报告[J]. 马克思主义与现实，2023(5)：123-129.

⑥ 吴志军. 关于中共党史党建学一级学科建设的调研报告[J]. 中共党史研究，2023(3)：117-135.

⑦ 姜春林，王丽呈，陈悦. 科学学教育在中国：历程、挑战与对策[J]. 科学学与科学技术管理，2023，44(3)：120-130.

⑧ 冯大康，冯默墨. 建筑学在高校公共艺术设计教学中问题及对策[J]. 建筑结构，2023，53(9)：161.

筑学》这本建筑学教材，认为它以"建筑学"为核心，运用优秀建筑学和建筑学案例资源中的元素，丰富了公共艺术设计的教学内容。宋秋芬①深入研究了《中国现当代文学专题研究(第 2 版)》教材，通过分析其内容、结构和教学效果，强调专题研究性教材对于提高大学生文学素养具有重要作用。杨文等②认为，教材在档案学科建设和人才培养中具有重要意义，但目前国内关于档案信息化的教材较为匮乏且年久失修。建议高校开展有组织的教材编写工作，由相关教学共同体牵头进行档案学教材规划和编写，同时要结合数字化转型，教材内容应当与时俱进，增加关于新兴信息技术的研究和应用，如区块链、云存储、人工智能、机器学习等前沿知识，以更好地适应档案学科建设和人才培养的数字化转型需求。

③出版社助力高校教材建设研究。大学出版社是高校教材的主要出版机构，出版社管理者、教材编辑等专业人士也是高校教材研究的一支重要队伍。

李海涛③提出在自主选购教材背景下，学生获取教材的途径产生了变化，对大学出版社的教材建设提出了更高更新的要求。大学出版社首先要注重打造精品教材，提高教材内容质量，同时通过预测教材发行量、强化教材版权保护、拓展多元化教材营销渠道等途径适应变化。还探讨了教材租赁作为一种新的教材获取渠道，为大学出版社创收提供新思路。臧延新④也从新时代如何构建具有竞争优势的教材出版生态和出版格局角度，提出大学出版社应通过守正创新、加强规划、注重质量、丰富营销等措施，全面推动建设高质量教材。

滕俊平⑤、李锋⑥均探讨了大学出版社通过专业出版、特色学术出版、教材品牌建设，可以有效地支持和促进母体大学的学术研究和人才培养，进而推动"双一流"大学建设。

---

① 宋秋芬．高校现当代文学专题选读教学研究：评《中国现当代文学专题研究第 2 版》[J]．人民长江，2023，54(6)：242-243.

② 杨文，姚静．档案学科建设与人才培养的数字转型：基于图书情报与档案管理一级学科更名为信息资源管理的思考[J]．图书情报工作，2023，67(1)：99-107.

③ 李海涛．自主选购教材背景下大学出版社高校教材建设再思考[J]．科技与出版，2023(2)：41-47.

④ 臧延新．多视角下大学出版社教材出版的思考与实践[J]．科技与出版，2023(5)：88-94.

⑤ 滕俊平．大学出版助推母体大学学术高质量发展[J]．高教发展与评估，2023，39(4)：113-118＋124.

⑥ 李锋．新时代行业特色型大学出版社服务母体学校"双一流"学科建设路径分析[J]．科技与出版，2023(2)：48-53.

此外，周娴等①专门研究了如何建设具有中国特色的出版学高等学校教材体系以推动出版学科高质量发展，提出了出版学教材建设面临的主要问题，包括教材内容滞后性、缺乏统一数字资源平台、教材体系结构不合理性等，认为要加强教材内容的自主性与原创性，以及实现教材形式的立体化与数字化转型。向冠春等②在比较自学考试与普通高校两种教育形式时，将教材的差异性作为一项重要分析要素，从普通高校使用的众多《基础会计学》教材中选择了 5 本教材与自学考试教材进行比较，进一步反映了两种教育形式在课程标准、评价标准层面的差异。

（2）思政课与课程思政相关研究

通过前述相关文献的整体分析我们了解到，无论是全部学术期刊论文的主要主题词，还是核心期刊论文的共现关键词，"思政"一词都是出现频次最高的。70 篇核心期刊论文中共 21 篇与"思政"研究密切相关，其内容主要包括三方面：一是思政课教学研究，二是思政课教材研究，三是课程思政研究。

①思政课教学研究。相关论文普遍提出深化改革高校思想政治理论课（简称思政课）教学内容、教学方式的建议及思路，并且重点围绕正确处理好思政课系统融入新时代党的创新理论，推动教材体系向教学体系转化，提升教学实践效果等方面开展研究。肖贵清③针对如何上好"习近平新时代中国特色社会主义思想概论"课提出了应注意的几点问题，从构建行之有效的教学体系出发，阐述了理论体系、教材体系、教学体系、知识体系、价值体系之间的转化关系，凸显了教材体系在这一环节链条中的关键作用，同时强调教师要发挥重要作用，准确把握习近平新时代中国特色社会主义思想理论体系的框架结构、主要内容、立场观点方法，讲清楚其与马克思主义理论、中华优秀传统文化等的关系，与毛泽东思想、中国特色社会主义理论体系之间的关系，以及新时代党的理论创新与实践创新的关系。崔华滨④提出坚持全面、系统、具体、动态融入原则，确保习近平总书记关于学史知史的重要论述完整、准确、深入地融入高校思政课

---

① 周娴，许洁．中国特色出版学高校教材建设的思考与实践[J]．出版广角，2023(19)：31-36.

② 向冠春，宋学玲．自学考试与普通高校两种教育形式的实质等效问题研究[J]．中国考试，2023(12)：25-34.

③ 肖贵清．关于"习近平新时代中国特色社会主义思想概论"课教学的几个问题[J]．思想理论教育导刊，2023(12)：4-12.

④ 崔华滨．习近平关于学史知史重要论述融入高校思政课教学的价值、原则与路径[J]．思想理论教育导刊，2023(2)：98-104.

教学，路径上建议从提升教师能力、依托统编教材、创新教学方式、丰富实践教学四个方面着手，特别强调注重把握各门思政课教材内容的具体特点，以青年学生在各门思政课中所涉及的历史方面的具体思想困惑为出发点，有针对性地将习近平总书记关于学史知史重要论述分专题、分类别、有侧重地融入各门思政课相关教学内容，持续优化思政课教材体系，及时修订统编教材内容，不断提升习近平总书记关于学史知史重要论述的铸魂育人效果。

刘力波等①、蔡荣等②、张三萍等③、陈晓雯④分别探讨了如何将中国式现代化最新理论成果、民法典法治教育内容、优秀传统儒学资源以及生态文明建设思想融入高校思想政治理论课教学中，并深入分析了融入这些重要思想成果和优秀文化等对于新时代高校思政课高质量发展的意义和作用。

王震⑤提出在"大思政课"建设背景下，应布局全新的课程群、培育课堂新形态、形塑教材新格局，该文章的研究亮点在于强调了教材使用的监测反馈机制，应构建立体化教材体系，深化教材与课程、教学、评价之间关系的研究。

张会峰⑥、于赫⑦从教师主体性层面强调思政课教学设计的重要性，明确指出，教材与教学在叙事逻辑和语言风格上的差异，要通过教师对教材的深入研究理解，进行生动、贴切、多样的教学语言转换，最终目的是讲深、讲透、讲活。谢勇⑧认为思政课主体性教学的主旨在于激发学生的主体意识、落实学生的主体地位，提出通过主题式、

---

① 刘力波，张子鉴."中国式现代化"融入高校思政课教学的理论审思与实践探索[J]. 马克思主义与现实，2023(5)：137-143.

② 蔡荣，武卉昕."典"说法治：将民法典融入思想道德与法治课[J]. 中学政治教学参考，2023(16)：35-38.

③ 张三萍，徐小丰. 优秀传统儒学资源在高校思政课的运用[J]. 学校党建与思想教育，2023(20)：52-55.

④ 陈晓雯. 生态文明建设思想在高校思想政治教育中的渗透[J]. 环境工程，2023，41(1)：310.

⑤ 王震."大思政课"视域下高校思政课改革的三个着力点[J]. 思想理论教育导刊，2023(7)：104-109.

⑥ 张会峰. 高校思想政治理论课讲道理的叙事逻辑与语言转换[J]. 思想教育研究，2023(5)：106-110.

⑦ 于赫. 讲深、讲透、讲活：高校思想政治理论课教学设计提升的三个着力点[J]. 思想教育研究，2023(6)：111-116.

⑧ 谢勇. 学生主体归位：高校思政课主体性教学的主旨[J]. 中学政治教学参考，2023(47)：48-50.

互动式、体验式等教学方法，促使学生从教学活动的参与者转变为学习的主人。

②思政课教材研究。周蔚华等①系统回顾了新中国成立以来高校思想政治理论课教材的演进和变化历程，总结了思政课教材建设的基本经验，为未来的马克思主义理论教育改革提供了借鉴和启示。王秀娟等②阐释了思政课教材体系向教学体系转化的内在逻辑，提出教师应主动把握创新性发挥空间。李延太等③、翁丽等④从思政一体化角度探讨了跨学段思政课教材的衔接问题，针对内容重复和教学方法创新不足等问题，提出了完善管理体制机制、优化教学环节、加强师资队伍建设和丰富社会实践活动等具体措施，有利于有效实现一体化建设的目标。

余兴发等⑤提出了"教材思政"的定义，认为教材思政是将思想政治教育元素融入专业课与综合素养课教材建设的各环节，并且从马克思主义人的全面发展理论、中国式教育现代化、出版高质量发展三个维度分析了教材思政的内在逻辑，提出了在组织机制、内容设计、多媒体设计与教育共同体四个层面构建教材思政的实践路径。

③课程思政研究。韩福娜等⑥分析了课程思政建设中高校教材的现状，指出了存在的问题，如思政元素零散呈现、组织规划不足、出版创新不足等，建议通过出版坚持育人为本、体现创新性实效性的高校教材来推进课程思政建设。叶静⑦、李建森等⑧结合国家政策文件对课程思政的要求，对数字教材以及数字化资源在课程思政中的重要作用、机遇、问题进行了分析，并提出了具体实践策略和开发路径，包括建议结合学科特色积累思政育人元素、加强数字出版治理、促进数字出版健康发展等方面。付妍妍⑨从做

---

① 周蔚华，邹韵婕.高校思想政治理论课教材的出版历程、内容特色和现实启示[J].马克思主义理论学科研究，2023，9(7)：109-120.

② 王秀娟，李忠祥，刘婷婷.高校思政课教材体系向教学体系转化的逻辑建构[J].黑龙江高教研究，2023，41(9)：126-133.

③ 李延太，徐国亮.高校跨学段思政课一体化建设：价值、挑战与路径：以推进马克思主义大众化为视角[J].社会科学家，2023(9)：147-154.

④ 翁丽，刘炫烨.高中与高校思政课教材衔接研析[J].中学政治教学参考，2023(15)：41-43.

⑤ 余兴发，宋海玲.高校出版社教材思政的内在逻辑与实践路径[J].现代出版，2023(3)：21-27.

⑥ 韩福娜，王星.高校教材出版推进课程思政建设理念与路径[J].中国出版，2023(14)：53-57.

⑦ 叶静.高校课程思政特色数字化教材出版实策研究[J].中国出版，2023(21)：56-60.

⑧ 李建森，常益敏.课程思政视阈下高校媒介素养类教材开发路径[J].中国出版，2023(21)：50-55.

⑨ 付妍妍.高校辅导员工作室"四位一体"思想引领工作体系探索与实践：以江西师范大学马克思主义学院付妍妍工作室为例[J].中学政治教学参考，2023(44)：2+121.

好高校辅导员思想政治工作的角度出发，强调通过红色经典阅读、红色专题讲座、红色微课等多样化的红色文化教育活动来增强学生的思想认知和红色基因传承，打造"四位一体"工作体系。

肖维青等①、赵翔宇②、李刚等③分别以高校英语教材、口腔医学教材为研究对象，探寻课程思政背景下相关教材存在的问题，讨论了教材内容重构与实现课程思政育人的理论依据和实践意义，一致认为立德树人的教育目标需要综合考虑课程设置、高质量教材编写、教师专业培训等全方位的支持。

上述研究显示出一个重要特征：教材作为教学内容的载体和基本依据，是实现教学效果提升的关键要素，一方面要科学、清晰地呈现理论框架体系，另一方面要为教学实践提供生动素材。教师应充分发挥主体性作用，关注学生学习兴趣及需求，在教学过程中做好教材语言的转换和教学设计，以深切打动学生。这些文章共同认识到教材是推动实现思想政治教育内化于人的重要渠道，同时课程、教材、教学是相互交融的有机整体，是育人育德育才的系统工程，需要做好顶层设计，统筹考虑，一体推进。

（3）教材推动文化自信研究

一些论文从教材如何铸牢中华民族共同体意识、推动中华优秀传统文化守正创新等方面加强探索。

褚远辉④研究了民族地区高校铸牢中华民族共同体意识"三进"的实施路径，其中"进教材"是起始环节。国家统编教材对于国家通用语言文字的推广普及和在民族地区高校铸牢中华民族共同体意识中具有重要作用，地方教材和校本教材也要根据所在区域实际和多元民族文化分布特点，编写具有适应性与针对性的教材。李建军等⑤在讨论高校有形有感有效铸牢中华民族共同体意识的路径时，提出了教材的体系化建设问题，包括编写传统的纸质教材和开发数字化教材，同时应将统编教材、教辅资料和专题读

① 肖维青，赵璧.课程思政背景下的大学英语教材内容重构实践：以"大学英语课程思政数字资源包"建设项目为例[J].外语界，2023(1)：57-65.
② 赵翔宇.新时代高校英语思政教育的革新意义与路径探索：评《高校英语思政教育理论与实践》[J].领导科学，2023(6)：154.
③ 李刚，刘红霞，方毅，等.口腔医学教材-课程思政融合育人的探索与实践[J].四川大学学报(医学版)，2023，54(2)：328-333.
④ 褚远辉.民族地区高校铸牢中华民族共同体意识"三进"研究[J].中国教育科学(中英文)，2023，6(1)：96-104.
⑤ 李建军，郭远.观念"筑基"：高校有形有感有效铸牢中华民族共同体意识研究[J].西南民族大学学报(人文社会科学版)，2023，44(3)：1-9.

本相互结合使用。教材内容的合理架构、教材语言的通俗易懂、教材知识的融会贯通更有助于提升育人效果。目前，我国义务教育和高中教育阶段已经取得了教材建设的突破，如《中华民族大家庭》《中华民族大团结》等教材的编撰和出版，高校开展中华民族共同体意识教育的教材正在加紧建设中。

张伟①以《中华优秀传统文化》教材为评价对象，探讨了如何在高校通识教材中推动中华优秀传统文化的守正创新。高校是传承与弘扬中华优秀传统文化的重要阵地，教材是实现这一目标的主要抓手。《中华优秀传统文化》的创新之处在于突破了专业主义的局限，体现了通识教育的本质。教材坚持马克思主义指导，聚焦传统文化精髓，实现了内容设置上的精而不简、叙事话语上的深入浅出、呈现形式上的全景立体，使得教材生动有力，让学生在学习过程中培养兴趣、树立文化自信意识。

（4）人才培养、教师素质提升与教材研究

70篇核心期刊论文中有一部分涉及高校人才培养、教师提升教材编写和课程教学能力方面的相关研究。

吴红②认为立德树人是教育的根本任务，是民族复兴的基础，是高校的核心使命。高校人才培养体系应整合学科体系、教学体系、教材体系和管理体系，以思想政治工作体系为核心，打造全过程的教育模式，同时强调教材体系建设应坚持正确的政治方向和价值导向，强化文化自信和民族特色。江华等③、罗明强④主要对工程技术人才的创新培养模式进行研究探索，其文章都提出现有教材的教学内容过于传统，亟须加快推动教材更新迭代，应紧扣工业界进展与需求增加新的案例、技术和思想。新工科教材和跨学科实践类教材的编写要充分结合产、学、研、用多层次多角度，拓展开发多样化的案例式教学资源，融入教师科研成果和学生的设计成果等装备实例，让知识从抽象到具体，提升知识的理解与运用水平。

---

①　张伟. 在高校通识教材中推动中华优秀传统文化的守正创新：兼评《中华优秀传统文化》[J]. 湖南科技大学学报（社会科学版），2023，26（1）：172-176.

②　吴红. 着眼立德树人形成更高水平的高校人才培养体系[J]. 中国高等教育，2023（7）：37-40.

③　江华，胡皓. 新工科背景下高校工程技术人才培养研究：中国矿业大学（北京）城市地下空间工程专业实例分析[J]. 中国高校科技，2023（5）：90-96.

④　罗明强. 以共研一架飞机为牵引的跨学科创新人才培养模式探索[J]. 高等工程教育研究，2023（2）：38-44.

杨姗姗等[①]的研究聚焦于高校外语教师教育者在教材编写中的专业发展，这是较少被关注的领域。作者认为教师教育者通过教材编写实践，能够有效提升理论应用能力、教学设计能力、合作能力和文化身份认同。彭虹斌等[②]系统地研究了高校教师的课程权利范畴、特征及其边界与禁区，填补了学术界在该领域的研究空白。根据《中华人民共和国高等教育法》第 34 条的规定，高校在制定本校的教学计划、教材选编以及教学活动方面有自主权，高校教师对教材有一定的选用权，但必须确保教材内容、教材选用程序等符合国家有关规定，尤其是教材的政治性、思想性方面必须由学校党委进行政治把关。这两篇文章将教师作为关注主体，创新性地研究了教师在教材编写、选用等方面发挥的重要作用，同时也指出了能够通过教材建设和管理提升教师的专业素养。

（5）新形态教材、融合教育资源开发研究

前述部分有关学科建设、课程教学和出版方面的论文也探讨了数字教材等新形态教学资源的技术手段革新问题。还有些对数字出版和数字教材建设对新时代人才培养提出了新的要求进行了论述。周海涛等[③]强调高质量数字教材是建构学生知识体系的基础，也是建设数字化教育强国的保证。文章指出教材的内容、形式与功能需随技术的进步而不断变革，以适应数字时代教师教学和学生学习的需求，提出了延展数字教材内容、丰富数字教材形式、强化数字教材功能的建议。丛挺等[④]指出，当前迫切需要加强数字出版标准化的人才培养，数字教材建设与数字出版专业的知识理论建构密切相关，强调高校要科学规划数字出版标准化课程，开发编写相应的教材项目，同时建议课程和教材建设与专业设置、行业需求密切对接，引导学生了解现行行业标准与制定规则。这两篇文章都强调了教材在教育和人才培养中的核心作用，特别是在数字时代背景下，教材的更新和创新对于提升学生的数字素养和标准化知识至关重要。通过教材的建设和改进，可以更好地服务于教育目标，培养符合时代需求的高素质人才。

冯莉[⑤]发现融媒体环境对外语教材的立体化建设提出了更高要求，包括内容建设、

① 杨姗姗，束定芳，王蓓蕾.高校外语教师教育者在教材编写中的专业发展研究[J].外语教学，2023，44(6)：49-55.

② 彭虹斌，李阳琇，曹慧萍.我国高等学校教师课程权范畴、边界与禁区[J].中国人民大学教育学刊，2024(2)：54-65.

③ 周海涛，朱元嘉.提升大学生数字素养的创新路径[J].中国电化教育，2023(5)：49-55.

④ 丛挺，夏莹莹.质量强国战略背景下数字出版标准化人才培养路径[J].编辑学刊，2023(4)：13-19.

⑤ 冯莉.融媒体时代高校出版社融合出版发展的思考[J].出版广角，2023(5)：64-67.

渠道建设、同步策划、内容复用与智能审校、思政元素融入以及提供立体化的服务。高校出版社应积极应对融媒体时代的挑战，通过平台建设、合理设置工作流程和制度、提高教材编辑的专业素质和水平、实施"双策划"机制等措施，推动融合出版，以做好外语立体化教材的策划出版工作。

张旭等[1]认为新农科相关专业十分需要加强实践教材体系建设，学校应当鼓励教师和企业技术人员共同编写内容新颖、体系科学、特色鲜明的农科实践教学教材，尤其强调要创新建设新形态教材、学科交叉教材、模块化教材、项目式教材等，以适应新农科背景下农科人才培养的需求。马庆等[2]、张哲等[3]研究了高校实验室相关课程的配套教材建设问题，如强调实验室教材的选用与设计是碳审计实验室发展的重要方面，应根据自身的实验教学需要，选择国内权威性教材，并在必要时邀请业内专家共同编写适用的碳审计实验教材；教材对于提高实验室安全教育效果具有重要作用，需要依托互联网和多媒体技术，建成集电子教材、电子教案、新闻案例等微视频、微课、慕课、虚拟仿真实验操作、试题库等元素构成的一流立体化教材体系。

二、高等教育教材出版情况

2023年，受教育部教材局委托，课程教材研究所面向全国出版单位发布通知，通过系统平台填报教材出版信息。填报时间截至2023年11月30日。根据填报数据显示的版次日期，经过相同书号去重后，2023年出版教材数据共8057条，包括本科教育教材7811条，研究生教育教材246条。其中52种本科教育教材和2种研究生教育教材被出版单位标注"已不使用"，由于本研究重点分析2023年高等教育教材的出版情况，因此仍将这部分教材纳入数据统计范畴。

---

① 张旭，杨国庆，姚拥军，等.新农科背景下实践教学体系的建设与实践[J].实验室研究与探索，2023，42(2)：263-267.

② 马庆，柯红岩，金仁东.以学定教，定位一流的高校实验室安全课程建设[J].实验室研究与探索，2023，42(6)：312-318.

③ 张哲，叶邦银.浅议双碳背景下高校碳审计实验室建设[J].实验室研究与探索，2023，42(9)：229-234＋274.

（一）2023 年本科教育教材出版情况

1. 教材覆盖 12 个学科门类，工学教材数量最多，占比近 37%

2023 年出版的本科教育教材共有 7811 种，其中工学教材多达 2870 种，位居第一。其次是管理学、理学、文学教材，在 1000 种左右，其中管理学教材 1096 种，占比约 14%；理学教材 852 种，占比近 11%；文学教材 821 种，占比约 10%。医学、教育学、艺术学三个学科的教材数量分别接近 500 种，占比均在 6% 左右，包括医学教材 491 种，教育学教材 481 种，艺术学教材 467 种。同时，经济学教材 372 种，法学教材 215 种，农学教材 106 种，哲学和历史学教材最少，仅有 20 种左右。具体见图 1-1-8。

从自然科学与哲学社会科学大类来看，两类教材出版数量较为均衡，其中理工农医教材略多，合计 4319 种，占比约 55%。哲学社会科学类教材合计 3492 种，占比近 45%。

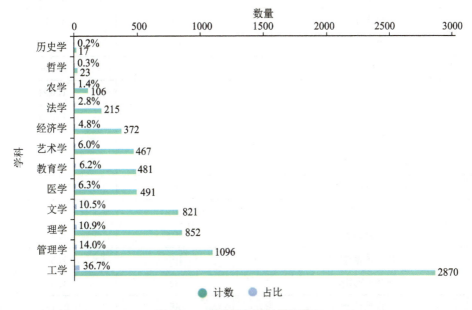

图 1-1-8　本科教育教材出版情况

2. 根据专业细分情况看，计算机类教材最多

各专业本科教育教材具体出版数量情况见表 1-1-3。

表 1-1-3　2023 年各专业本科教育教材出版情况

专业类	计数	占比
计算机类	1024	13.1％
工商管理类	659	8.4％
外国语言文学类	604	7.7％
教育学类	396	5.1％
数学类	337	4.3％
电子信息类	297	3.8％
机械类	272	3.5％
设计学类	243	3.1％
土木类	223	2.9％
化学类	163	2.1％
物理学类	158	2.0％
经济学类	157	2.0％
法学类	157	2.0％
金融学类	122	1.6％
中国语言文学类	117	1.5％
基础医学类	111	1.4％
管理科学与工程类	108	1.4％
临床医学类	102	1.3％
电气类	101	1.3％
公共管理类	101	1.3％
新闻传播学类	100	1.3％
旅游管理类	89	1.1％
自动化类	88	1.1％
体育学类	87	1.1％
材料类	87	1.1％

续表

专业类	计数	占比
音乐与舞蹈学类	79	1.0%
交通运输类	77	1.0%
经济与贸易类	67	0.9%
药学类	67	0.9%
戏剧与影视学类	67	0.9%
化工与制药类	65	0.8%
食品科学与工程类	65	0.8%
环境科学与工程类	63	0.8%
中医学类	63	0.8%
生物科学类	62	0.8%
建筑类	62	0.8%
力学类	55	0.7%
水利类	54	0.7%
电子商务类	54	0.7%
护理学类	52	0.7%
物流管理与工程类	52	0.7%
美术学类	52	0.7%
心理学类	45	0.6%
航空航天类	45	0.6%
植物生产类	43	0.6%
纺织类	41	0.5%
能源动力类	38	0.5%
矿业类	37	0.5%
测绘类	34	0.4%
安全科学与工程类	34	0.4%
统计学类	33	0.4%
公共卫生与预防医学类	29	0.4%
财政学类	26	0.3%

续表

专业类	计数	占比
艺术学理论类	26	0.3%
医学技术类	24	0.3%
哲学类	23	0.3%
中药学类	22	0.3%
地理科学类	20	0.3%
地质类	20	0.3%
地质学类	19	0.2%
中西医结合类	19	0.2%
社会学类	18	0.2%
马克思主义理论类	18	0.2%
动物生产类	18	0.2%
历史学类	17	0.2%
轻工类	17	0.2%
仪器类	15	0.2%
海洋工程类	15	0.2%
动物医学类	15	0.2%
林学类	14	0.2%
图书情报与档案管理类	14	0.2%
兵器类	13	0.2%
政治学类	12	0.2%
生物医学工程类	12	0.2%
公安学类	10	0.1%
自然保护与环境生态类	10	0.1%
农业经济管理类	10	0.1%
工业工程类	7	<0.1%
大气科学类	6	<0.1%
农业工程类	6	<0.1%
生物工程类	5	<0.1%

续表

专业类	计数	占比
海洋科学类	4	<0.1%
核工程类	3	<0.1%
林业工程类	3	<0.1%
水产类	3	<0.1%
草学类	3	<0.1%
口腔医学类	2	<0.1%
天文学类	1	<0.1%
信息与通信工程	1	<0.1%
公安技术类	1	<0.1%
交叉工程类	1	<0.1%

3. 以普通本科教育教材为主，四分之一为继续教育教材

7811 种教材中，75%是普通本科教育教材，共 5858 种，其余为继续教育教材，有 1953 种，占 25%。工学教材的数量在两种类型教材中所占比重均居第一位，其中普通本科教育教材中的工学教材有 2066 种，占 35%，继续教育教材中工学教材为 804 种，占 40%。文学教材主要在普通本科教育中使用，有 764 种，居第二位，仅有 57 种在继续教育阶段使用。医学教材也呈现出相似特点，主要用于本科教育阶段。此外，管理学、理学、教育学、艺术学教材的使用数量排序在普通本科教育和继续教育阶段大致相同，与所有教材的学科分布情况相吻合。

4. 绝大多数是境内出版的中文教材，境外引进教材的作者主要来自美国

7811 种教材中，绝大部分教材为境内出版社出版的中文教材，共 7711 种，占 98.7%。有 65 种教材为境外翻译版教材，属于境内出版社购买版权后翻译成中文的教材。翻译版教材以工学、文学、经济学、管理学四大学科门类教材为主，还有少数理学、法学、教育学和历史学教材。第一作者国籍为美国的有 37 种，占比近 60%，仅有少量为英国、德国作者。还有 35 种为境外影印版教材，属于境内出版社购买版权后直接影印出版的外文教材。从语种来看，这 35 种影印版教材均为英文教材，主要涉及管理学、工学、文学、经济学、理学五个学科门类。第一作者国籍为美国的有 23 种，占比近 70%。由此来看，境外引进教材主要为美国作者编撰。

5. 名称为《概率论与数理统计》《大学物理实验》《线性代数》的教材最多

相同教材名称在 5 种及以上的共涉及 48 个，具体情况见表 1-1-4。实际上，除《大学物理实验》有 22 种，还有《大学物理实验(第二版)》6 种，《大学物理实验教程》5 种，合计 33 种，数量最多。同时，《线性代数》有 22 种，《线性代数(第二版)》有 5 种，合计 27 种。此外，还有《高等数学》8 种，《高等数学(上册)》8 种，《高等数学(下册)》7 种，合计 23 种。名为《概率论与数理统计》的教材也较多，有 23 种。

表 1-1-4　2023 年本科教育教材同名情况(相同名称在 5 种及以上者)

序号	教材名称	计数
1	概率论与数理统计	23
2	大学物理实验	22
3	线性代数	22
4	大学生心理健康教育	15
5	管理会计	9
6	中级财务会计	9
7	C 语言程序设计	8
8	财务管理	8
9	高等数学	8
10	高等数学(上册)	8
11	Python 程序设计	7
12	大学计算机基础	7
13	大学生就业指导	7
14	大学体育	7
15	大学体育与健康	7
16	高等数学(下册)	7
17	高级财务会计	7
18	审计学	7

续表

序号	教材名称	计数
19	物理化学实验	7
20	有机化学	7
21	有机化学实验	7
22	大学计算机基础教程	6
23	大学生职业生涯规划与就业指导	6
24	大学物理实验(第二版)	6
25	工程力学	6
26	会计学原理	6
27	机械制图	6
28	机械制图习题集	6
29	基础会计	6
30	生理学	6
31	市场营销学	6
32	数值分析	6
33	土木工程材料	6
34	新时代大学生劳动教育	6
35	材料力学	5
36	大学生劳动教育	5
37	大学物理实验教程	5
38	大学语文	5
39	电子商务概论	5
40	工程经济学	5
41	会计学	5
42	机械设计	5
43	计算机应用基础	5

续表

序号	教材名称	计数
44	建设法规	5
45	设计素描	5
46	无机化学实验	5
47	无机及分析化学实验	5
48	线性代数（第二版）	5

6. 从教材出版时间来看，集中于寒暑假期，满足学期教学需求

8月出版教材数量最多，占比18%。其次为6月、1月、7月和3月，占比分别在10%以上。具体情况见图1-1-9。教材的集中出版时间与高校每学期的教学安排十分契合，考虑了教师假期前后选择备课教材，以及开学后学生的使用需求。同时，第四季度10—12月的教材出版数量最少，这与出版单位的图书定位、考核标准等有关。一般情况下，图书在出版当年可以算作新书，可获得的宣传推广资源较多，更受市场营销部门重视。而年底才出版上市的教材，仅有不到3个月的时间被视为新书，不利于营销周期的延长利用。

图 1-1-9　2023 年本科教育教材月度出版数量①

---

① 按出版数量降序排列，后同。

7. 从教材版次情况看，再版教材数量相对较少

7811 种教材中共有 5225 种教材为初版教材，占比近 67%。第 2 版教材 1247 种，约占 16%；第 3 版教材 691 种，约占 9%，合占四分之一左右。再版 5 次及以上教材合计 305 种，仅占不足 4% 的份额。再版 10 次及以上教材仅有 10 种，含 2 种境外影印教材和 1 种翻译版教材。具体见图 1-1-10。这 10 种教材主要来自 3 家出版单位，其中 5 种由中国人民大学出版社出版，3 种由电子工业出版社出版，还有 2 种由中国石油大学出版社出版。教材内容主要涉及税法、税收、现代控制系统和计算机文化。具体见表 1-1-5。此外，根据填报信息，再版书的第 1 版出版时间跨度较大，超过了 60 年。其中最早的一本为 1961 年出版的《理论力学》，2023 年出版的为《理论力学（第 9 版）》。同时，2023 年再版的教材，其第 1 版的出版时间主要集中在 2010—2019 年这 10 年间，其中 2017 年最多。

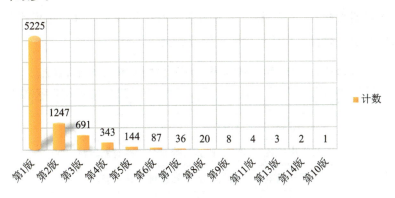

图 1-1-10　2023 年本科教育教材版次情况

表 1-1-5　2023 年再版 10 次及以上的本科教育教材

序号	教材名称	版次	出版单位
1	税法（第十版）	第 10 版	中国人民大学出版社
2	税法（第 11 版·立体化数字教材版）	第 11 版	中国人民大学出版社
3	国际税收（第十一版）	第 11 版	中国人民大学出版社
4	税收筹划（第十一版）	第 11 版	中国人民大学出版社
5	模拟电子技术（英文版）	原书第 11 版	电子工业出版社
6	现代控制系统（第十三版）	第 13 版	电子工业出版社
7	计算机文化基础实验教程（第十三版）	第 13 版	中国石油大学出版社

续表

序号	教材名称	版次	出版单位
8	计算机文化基础（第十三版）	第 13 版	中国石油大学出版社
9	政治经济学教程（第 14 版）	第 14 版	中国人民大学出版社
10	现代控制系统（英文版）	原书第 14 版	电子工业出版社

8. 丛书系列教材出版情况

7811 种教材中有 1072 种带有丛书名，属于系列教材之一，占比不足 15%。根据填报数据，2023 年出版了 5 种以上教材的丛书系列共计 43 个。其中，上海外语教育出版社有限公司策划出版的"新世纪高等院校英语专业本科生系列教材（修订版）"数量最多，有 35 种，除 1 种为现代外语教育学教材外，其余 34 种均为外国语言文学类的英语教材。其次为中国科技出版传媒股份有限公司策划出版的"科学出版社'十四五'普通高等教育本科规划教材"，共 27 种，主要为理工农医类教材，其中医学类教材 13 种，大部分为中医学类教材。具体出版数量情况参见表 1-1-6。

表 1-1-6　2023 年本科教育丛书系列教材出版情况（5 种及以上）

序号	丛书项	计数
1	新世纪高等院校英语专业本科生系列教材（修订版）	35
2	科学出版社"十四五"普通高等教育本科规划教材	27
3	高等学校电子信息类专业系列教材·新形态教材	18
4	全新版大学高阶英语	18
5	面向新工科专业建设计算机系列教材	16
6	全新版大学英语（第二版）	16
7	"互联网＋"融媒体系列教材	13
8	全新版大学进阶英语	12
9	新编 21 世纪新闻传播学系列教材	12
10	新目标大学英语系列教材（第二版）	12
11	普通高等教育临床医学专业"5＋3"	11
12	高等院校特色规划教材	10

续表

序号	丛书项	计数
13	21世纪大学本科计算机专业系列教材	9
14	21世纪高等学校计算机类课程创新系列教材·微课版	9
15	大学英语(第三版)	9
16	高等院校经济管理类专业"互联网＋"创新规划教材	9
17	国家级一流本科专业建设点系列教材	9
18	石油高等院校特色规划教材	9
19	普通高等教育"十四五"规划教材	8
20	塔里木大学"十四五"规划特色教材	8
21	网络空间安全学科系列教材	8
22	新世纪商务英语专业本科系列教材	8
23	21世纪实用礼仪系列教材	7
24	创意写作书系	7
25	高等院校土建类专业"互联网＋"创新规划教材	7
26	高等院校艺术与设计类专业"互联网＋"创新规划教材	7
27	计算机科学与技术丛书·新形态教材	7
28	计算机系列教材	7
29	普通高等学校应用型教材·数学	7
30	产品设计基础课	6
31	高等院校物流专业"互联网＋"创新规划教材	6
32	计算机科学与技术丛书	6
33	普通高等教育教材	6
34	普通高等学校应用型教材·新闻传播学	6
35	新编英语教程(第三版)	6
36	新国标英语专业核心教材	6
37	财经类专业"十四五"规划教材	5
38	高等学校电子信息类专业系列教材	5

续表

序号	丛书项	计数
39	高等院校经济管理类系列教材	5
40	高等院校汽车专业"互联网＋"创新规划教材	5
41	普通高等教育经管类专业系列教材	5
42	小学教育一流专业建设教材	5

9. 从出版单位来看，大学出版社是高校教材的主要出版单位，且出版力量相对集中

7811 种本科教育教材分别来自 162 家出版单位，其中 80 家为大学出版社，占比近 50%。出版教材种数在 100 种以上的出版单位共有 15 家，其中 8 家为大学出版社。同时，这 15 家出版单位合计出版的教材共 4231 种，占全部教材的 55% 左右。具体情况见图 1-1-11。出版教材种数在 50 种以上的出版单位共 43 家，合计出版 6247 种教材，占比近 80%。具体情况见表 1-1-7。如此看来，大约十分之一的出版单位承担了一半以上的教材出版数量，四分之一的出版单位承担了 80% 的教材出版数量，反映出高校教材的出版力量较为集中。依据 2023 年的填报数据，出版高校本科阶段教材最多的三家出版单位分别是清华大学出版社、高等教育出版社、科学出版社。

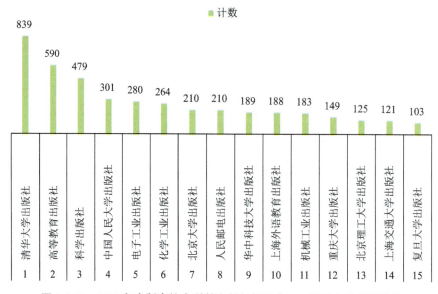

图 1-1-11　2023 年出版高校本科教育教材数量在 100 种以上的出版单位

表 1-1-7 2023 年出版高校本科教育教材数量在 50 种以上的出版单位

序号	出版单位	计数
1	清华大学出版社	839
2	高等教育出版社	590
3	科学出版社	479
4	中国人民大学出版社	301
5	电子工业出版社	280
6	化学工业出版社	264
7	北京大学出版社	210
8	人民邮电出版社	210
9	华中科技大学出版社	189
10	上海外语教育出版社	188
11	机械工业出版社	183
12	重庆大学出版社	149
13	北京理工大学出版社	125
14	上海交通大学出版社	121
15	复旦大学出版社	103
16	中国水利水电出版社	99
17	浙江大学出版社	97
18	中国铁道出版社	94
19	南京大学出版社	93
20	西安交通大学出版社	91
21	立信会计出版社	90
22	中国纺织出版社	87
23	外语教学与研究出版社	83

续表

序号	出版单位	计数
24	西南大学出版社	80
25	西安电子科技大学出版社	77
26	中国建筑工业出版社	77
27	中国农业出版社	77
28	北京邮电大学出版社	73
29	大连理工大学出版社	71
30	武汉大学出版社	70
31	北京师范大学出版社	65
32	人民交通出版社	62
33	冶金工业出版社	62
34	哈尔滨工业大学出版社	61
35	华东师范大学出版社	61
36	人民卫生出版社	61
37	西北工业大学出版社	59
38	北京首都经济贸易大学出版社	58
39	国家开放大学出版社	58
40	东北财经大学出版社	55
41	中国中医药出版社	54
42	上海财经大学出版社	51
43	中国轻工业出版社	50

清华大学出版社出版的高校教材最多，有839种，含20种境外影印版、翻译版教材。其中544种为第1版教材，占65%左右，出版新编教材的体量较大。出版继续教育教材386种，占46%，接近全部教材的一半，体现出清华大学出版社对继续教育教材的关注和重视。教材覆盖学科也较广泛，涉及理、工、医、经、管、法、文学、艺

术、教育、哲学十大类。其中 485 种为工学教材，约占 60%。此外，出版管理学教材 175 种，经济学教材 48 种，与清华大学的优势学科密切相关。从国家级立项情况来看，共 18 种属于国家规划教材，10 种为"十一五"普通高等教育本科国家级规划教材，7 种为"十二五"普通高等教育本科国家级规划教材，还有 1 种为"十四五"职业教育国家规划教材。

高等教育出版社出版本科教育教材 590 种，位居第二。其中仅 2 种境外影印版教材。309 种为第 1 版教材，还有 105 种第 2 版教材，57 种第 3 版教材，74 种第 4 版教材，再版教材比例接近 50%。继续教育教材 47 种，占比不足 8%，反映出高等教育出版社教材的市场定位还是普通高等教育领域。教材覆盖学科要更为广泛，涉及理、工、农、医、经、管、法、文、史、哲、艺术、教育十二大类。理学教材最多，有 169 种；第二位为工学教材，156 种；第三位为管理学教材，55 种。除历史、哲学、艺术学、农学教材数量较少外，其他各学科门类教材数量差异不大。高等教育出版社出版的 590 种教材中，共 116 种获得国家级立项，占比近 20%。其中 63 种为"十二五"普通高等教育本科国家级规划教材，数量最多。同时，高等教育出版社在 2023 年新编、修订出版 9 种马克思主义理论研究和建设工程重点教材（以下简称马工程重点教材）。具体情况见图 1-1-12、表 1-1-8。此外，还有 11 种教材获得首届全国教材建设奖，均为再版次数在 3 次以上的经典教材（表 1-1-9）。

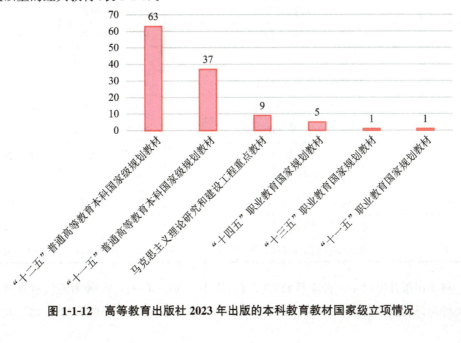

图 1-1-12　高等教育出版社 2023 年出版的本科教育教材国家级立项情况

表 1-1-8　高等教育出版社 2023 年新编、修订出版的马工程重点教材情况

序号	2023 年新编、修订出版的马工程重点教材名称	ISBN	版次
1	思想道德与法治（2023 年版）	9787040599022	第 2 版
2	习近平新时代中国特色社会主义思想概论	9787040610536	第 1 版
3	毛泽东思想和中国特色社会主义理论体系概论（2023 年版）	9787040599039	第 8 版
4	马克思主义基本原理（2023 年版）	9787040599008	第 2 版
5	中国近现代史纲要（2023 年版）	9787040599015	第 9 版
6	人力资源管理	9787040574425	第 1 版
7	国际私法学	9787040588835	第 1 版
8	刑法学（上册·总论）（第二版）	9787040590449	第 2 版
9	刑法学（下册·各论）（第二版）	9787040609165	第 2 版

表 1-1-9　高等教育出版社获得首批全国教材建设奖教材情况

序号	获得首批全国教材建设奖教材名称	ISBN	版次
1	机械原理（第 4 版）	9787040600384	第 4 版
2	高等数学（第八版）下册	9787040588682	第 8 版
3	高等数学（第八版）上册	9787040589818	第 8 版
4	概率极限理论基础（第三版）	9787040607031	第 3 版
5	理论力学（第 5 版）	9787040582901	第 5 版
6	理论力学（第 9 版）（Ⅱ）	9787040598544	第 9 版
7	理论力学（第 9 版）（Ⅰ）	9787040598551	第 9 版
8	计算机网络（第 4 版）	9787040599909	第 4 版
9	英国文学选读（第五版）	9787040602678	第 5 版
10	水污染控制工程（第五版）下册	9787040607581	第 5 版
11	水污染控制工程（第五版）上册	9787040600544	第 5 版

科学出版社出版 479 种本科教育教材，排第三位。其中仅 10 种为继续教育教材，无境外翻译版或原版教材。第 1 版教材 293 种，占 60% 左右，再版教材占 40% 左右。

教材所属学科以医学、工学、理学、管理学为主，此外少量为农学、经济学、教育学类教材，法学和文学各 1 种教材，共涉及 9 种学科门类。其中，前 3 位分别是医学教材（135 种）、工学教材（132 种）、理学教材（125 种）。科学出版社出版的 479 种教材中，共 50 种获得国家级立项，占 10％以上。其中，30 种为"十二五"普通高等教育本科国家级规划教材，20 种为"十一五"普通高等教育本科国家级规划教材，未获得职业教育规划教材立项。

10. 从教材作者著录情况来看，同一主编出版数量最多的主要是外国语言文学和工学类教材

以著录方式看，教材最主要和常见的编写形式是团队共同合作，通常由主编或编者主持一本教材的编辑工作，负责围绕一个特定的内容或主题，遵循一定的逻辑和体例等，组织、整合并编辑他人作品。独著情况较少，存在一种情况可能为学术专著被高校选用为教材。根据填报数据，2023 年出版的教材中，5729 种教材著录方式为"主编"，占 73％以上；1395 种为"编著"，占比近 18％；371 种为"著"，占比近 5％；159 种为"编"，约占 2％；还有少量教材为"总主编""译""分册主编"。2023 年，中华人民共和国海事局共"编"教材 23 种，数量最多，均为海事管理教材，由人民交通出版社出版。作为主编或总主编出版教材数量在 10 种以上的作者共 8 人，都来自高校，以北京、上海高校居多。他们合计出版 95 种，其中 55 种为外国语言文学类的英语教材，其余 40 种均为计算机、电子电气、机械自动化等教材。以第一作者所属地区来看，覆盖全国 31 个省（市、区）及新疆生产建设兵团，还有来自香港特别行政区、台湾地区的作者。青海省、香港特别行政区、西藏自治区、新疆生产建设兵团、台湾地区作者数量最少，仅为个位数。国外作者占 1％。作者所属地区排序前 10 位的具体情况见表 1-1-10。

表 1-1-10 2023 年本科教育教材第一作者所属地区情况（前 10 位）

排序	作者地区	计数	占比
1	北京	1234	15.8％
2	江苏	705	9.0％
3	上海	549	7.0％
4	湖北	503	6.4％
5	广东	457	5.9％
6	陕西	411	5.3％

续表

排序	作者地区	计数	占比
7	山东	406	5.2%
8	辽宁	381	4.9%
9	浙江	371	4.7%
10	四川	329	4.2%

11. 从立项获奖情况看，获得国家级立项和教材建设奖的教材为少数，教材整体质量有待提升

仅 455 种教材属于"十一五""十二五"普通高等教育本科国家级规划教材，16 种教材属于"十一五""十二五""十三五""十四五"职业教育国家规划教材，9 种教材为马克思主义理论研究和建设工程重点教材。合计 480 种，占 2023 年出版本科教育教材的 6%。6484 种教材未获任何级别立项，占 83%。还有其他 1327 种教材分别获得了 300 余种省部级、校级、行业协会、科研机构、出版单位等的立项支持，其中支持教材立项在 10 种以上的项目情况见表 1-1-11。

表 1-1-11　2023 年本科教育教材获省部级等立项支持情况(10 种以上)

序号	项目名称	计数
1	全国中医药行业高等教育"十四五"规划教材	54
2	河南省"十四五"普通高等教育规划教材	38
3	工业和信息化部"十四五"规划教材	35
4	国家卫生健康委员会"十四五"规划教材	33
5	普通高等教育农业农村部"十三五"规划教材	25
6	"十四五"普通高等教育本科部委级规划教材	24
7	"十三五"江苏省高等学校重点教材	22
8	住房和城乡建设部"十四五"规划教材	22
9	普通高等教育农业农村部"十四五"规划教材	18
10	财政部规划教材	15
11	江苏省高等学校重点教材	14

续表

序号	项目名称	计数
12	教育部高等学校材料类专业教学指导委员会规划教材	13
13	华中科技大学校级立项教材	13
14	科学出版社"十四五"普通高等教育本科规划教材	12
15	浙江省普通高校"十三五"新形态教材	12

2023 年出版的本科教育教材中，有 42 种教材获得"全国教材建设奖"，230 种教材获得省部级教材奖，合计占比 4%，获奖教材在整体中所占份额较少。具体见图 1-1-13。

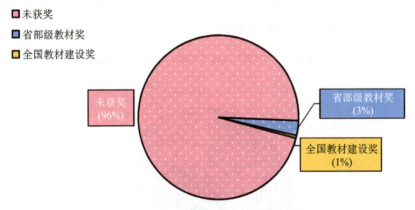

图 1-1-13　2023 年本科教育教材获奖情况

全国教材建设奖是由国家教材委员会主办、教育部承办的国家级教材评奖。总体目标是为深入贯彻落实习近平总书记关于教材建设的重要指示批示精神，总结展示我国教材建设特别是党的十八大以来大中小学教材建设取得的重大成就，表彰奖励优秀教材和对教材建设作出突出贡献的集体、个人，调动各方面的积极性，带动教材质量水平整体提升。2020 年启动了首届全国教材建设奖评选，每 4 年评选一次。分设全国优秀教材、全国教材建设先进集体、全国教材建设先进个人三个奖项。其中，全国优秀教材分为基础教育、职业教育与继续教育、高等教育三个大类。全国教材建设奖是教材领域的最高奖，是检阅、展示教材建设服务党和国家人才培养成果，增强教材工作者荣誉感、责任感，推动构建中国特色、世界水平教材体系的一项重大制度。这些优秀获奖教材基本反映着目前教材领域的最高水平。

12. 教材形态绝大部分以纸质版呈现，近三分之一为与数字资源相结合的教材

随着信息技术、人工智能等创新科技发展，为教育领域综合改革提供了一些新思路新动力。教材作为承载知识、传播知识的重要载体，纸质教材仍是适合大部分学校、教师、学生使用的学习工具。以 2023 年的 7811 种本科教育教材为例，其中 5203 种为单一形式的纸质教材。有 2569 种为纸质教材与数字资源结合教材，占比近 33%，纸质形态教材合计数量占 99.5%(图 1-1-14)。仅 39 种为数字教材，以工学(26 种)、理学(6 种)教材为主，高等教育出版社的数字教材最多(25 种)，具体教材名称及出版单位情况见表 1-1-12。因出版单位报送信息有限，我们无法确认这些数字教材的具体呈现载体和样式。同样，纸质教材与数字资源结合的情况我们也暂未获取到相关的具体信息。但是，根据出版单位报送数据中 2013 年的本科教育教材情况看，5752 种教材中仅 2 种为数字教材，纸质教材与数字资源结合教材为 415 种，只占 7% 左右，反映出近十年教材编写注重与数字资源相融合的趋势日益明显。

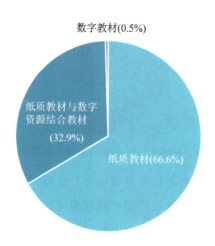

图 1-1-14　2023 年本科教育教材形态情况

表 1-1-12　2023 年本科教育数字教材情况

序号	数字教材名称	出版单位
1	让数据告诉你(第二版)	复旦大学出版社
2	线性代数及其应用	西安交通大学出版社
3	宇宙探索与发现	高等教育出版社

续表

序号	数字教材名称	出版单位
4	理论力学	高等教育出版社
5	中国茶文化与茶健康	浙江大学出版社
6	高等数学先修课程（数字教材）	浙江大学出版社
7	大学数学预备基础	浙江大学出版社
8	图说感控	浙江大学出版社
9	物理性污染控制工程（第2版）	中国建材工业出版社
10	机械原理	高等教育出版社
11	机械设计	高等教育出版社
12	大学计算机应用实践	清华大学出版社
13	大学计算机实验教程（第2版）	清华大学出版社
14	大学计算机（第2版）	清华大学出版社
15	温度测量及应用	石油工业出版社
16	山西省高校课程思政教学设计大赛优秀作品汇编（理学、工学类）	高等教育出版社
17	北京航空航天大学课程思政优秀案例汇编（航空航天篇）	高等教育出版社
18	数值分析	石油工业出版社
19	信号与系统	高等教育出版社
20	新时代大学生劳动教育教程（适用于师范类院校）	江西高校出版社
21	地基处理技术数字课程	高等教育出版社
22	混凝土结构设计原理数字课程	高等教育出版社
23	工程流体力学数字课程	高等教育出版社
24	农村电商数字课程	高等教育出版社
25	C语言程序设计——快速入门与提高数字课程	高等教育出版社
26	人工智能导论数字课程	高等教育出版社
27	集装箱运输与多式联运数字课程	高等教育出版社
28	城市轨道交通运营管理数字课程	高等教育出版社
29	通信工程专业认知数字课程	高等教育出版社
30	Python语言程序设计数字课程	高等教育出版社

续表

序号	数字教材名称	出版单位
31	计算课程思政教学案例汇编	高等教育出版社
32	电路(下)数字课程	高等教育出版社
33	创新大学英语综合教程 教师用书 2 第三版	华东师范大学出版社
34	软件测试数字课程	高等教育出版社
35	工程材料及材料成形工艺基础数字课程	高等教育出版社
36	电子线路基础数字课程	高等教育出版社
37	跨平台脚本开发技术数字课程	高等教育出版社
38	工业机器人数字课程	高等教育出版社
39	云计算技术及应用数字课程	高等教育出版社

(二)2023 年研究生教育教材出版情况

根据各出版单位报送的数据显示，2023 年共出版 246 种研究生教育教材，其中学术学位教材 183 种，专业学位教材 63 种。

1. 学术学位教材整体情况

从现有教材数据来看，研究生教育教材中学术学位教材数量居多，占比近四分之三，是专业学位教材数量的 3 倍左右。183 种学术学位教材共覆盖 11 个主要学科，工学、理学类教材最多，合计占 57％左右。具体情况见图 1-1-15。教材均为国内出版社出版，其中，中国科技出版传媒股份有限公司出版数量最多，共 48 种，主要为理、工、农、医类教材。第 1 版教材有 164 种，占 90％。第 2 版教材 10 种，第 3 版教材 5 种，第 4 版教材 3 种，仅 1 种为第 5 版教材，是东北财经大学出版社出版的《高级区域经济学》。19 种再版教材中，6 种教材的初次出版时间在 2003 年以前，时间跨度超过 20 年。从教材主编情况看，除《测度论基础与高等概率论》及《测度论基础与高等概率论学习指导》2 种教材编著者相同外，其他 181 种教材都为不同主编编写。这 183 种教材均为纸质形态，其中 27 种是纸质教材与数字资源结合教材。有 34 种教材获得了国家出版基金、工业和信息化部"十四五"规划教材、校级规划教材等项目的立项支持，4 种教材获得省部级教材奖。

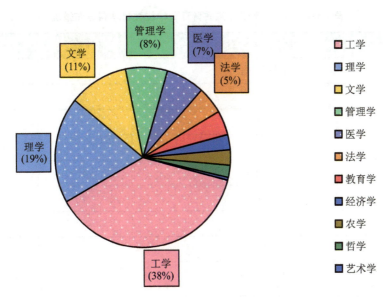

图 1-1-15　2023 年研究生教育学术学位教材主要学科分布情况

2. 专业学位教材整体情况

63 种专业学位教材覆盖了 24 类专业，生物与医药类教材数量最多，其次是工商管理类教材和医学技术类教材，其余 21 类专业的教材数量不足 5 种，其中 11 类专业的教材仅有 1 种。具体情况见表 1-1-13。4 种教材为境外引进的翻译版教材，包括中国人民大学出版社出版的 3 种社会工作专业教材，《社会工作治疗理论（第四版）》《老年社会工作：生理、心理及社会方面的评估与干预（第五版）》《小组工作导论（第八版）》，以及北京大学出版社出版的 1 种工商管理专业教材《管理经济学：原理与应用（第 6 版）》。63 种教材中有 43 种为第 1 版的初版教材，13 种第 2 版教材，3 种第 3 版教材，1 种第 4 版教材和 2 种第 5 版教材。更新至第 5 版的 2 种教材初版时间分别为 2004 年和 2007 年，时间跨度也在 20 年左右。除 1 位主编编写了《高级财务管理（第四版）》《会计学（第五版）》2 种教材外，其余 61 种教材分别由不同主编编写。其中，《高级财务管理（第四版）》为"'十一五'普通高等教育本科国家级规划教材"，还有 13 种教材获得"十四五"时期国家重点出版物出版专项规划项目、省级研究生课程教材项目，或者校级规划教材项目立项支持，2 种教材获得省部级教材奖。

表 1-1-13　2023 年研究生教育专业学位教材学科分布情况

序号	专业学位教材类型	计数	占比
1	生物与医药	10	15.9%
2	工商管理	8	12.7%
3	医学技术	5	7.9%
4	社会工作	4	6.3%
5	土木水利	4	6.3%
6	会计	4	6.3%
7	法律	3	4.8%
8	翻译	3	4.8%
9	电子信息	3	4.8%
10	应用伦理	2	3.2%
11	应用统计	2	3.2%
12	国际商务	2	3.2%
13	工程管理	2	3.2%
14	汉语国际教育	1	1.6%
15	博物馆	1	1.6%
16	建筑	1	1.6%
17	机械	1	1.6%
18	材料与化工	1	1.6%
19	资源与环境	1	1.6%
20	能源动力	1	1.6%
21	农业	1	1.6%
22	中医	1	1.6%
23	后勤与装备保障	1	1.6%
24	公共管理	1	1.6%

2024 年 3 月 1 日，在教育部介绍 2023 年全国教育事业发展基本情况的新闻发布会上，教育部发展规划司负责同志在谈及优化高等教育结构、高层次人才培养相关情况

时表示，从学位类型看，我国坚持推进学术创新型人才和实践创新型人才分类发展，增加专业学位研究生招生规模，注重加强工程技术领域高层次应用型领军人才培养，2023 年专业学位研究生招生比例已经接近 60%。为进一步满足研究生阶段人才培养需求，学术学位教材与专业学位教材建设应更加突出自身的教育教学目标和定位，面向紧缺专业领域，丰富拓展教材的层次品种，打造针对性更强、更加适应我国研究生阶段教育、支撑国家重大战略发展的教材体系。教材体系建设要同高等教育综合改革方向相一致，充分考虑当前的科技发展趋势与社会发展需求，与学科专业的优化调整相匹配，更好地服务于人才培养，不断激发人才的创新能力等优秀潜质。

三、高校教材研究平台建设情况

（一）高校国家教材建设重点研究基地建设情况

1. 第二批设立 14 个国家教材重点研究基地，其中 9 个涉及高等教育教材研究

2023 年 7 月 14 日，教育部公开发布了《教育部关于第二批国家教材建设重点研究基地认定结果的通知》(教材函〔2023〕1 号)。根据《教育部办公厅关于组织申报第二批国家教材建设重点研究基地的通知》(教材厅函〔2021〕8 号)，经有关单位自主申报，第三方专业机构组织资格审核、专业评审、审核确认和公示，教育部认定北京师范大学申报的大中小学数学教材研究基地等 14 个基地为第二批国家教材建设重点研究基地(名单见表 1-1-14)。

表 1-1-14　第二批国家教材建设重点研究基地名单

序号	认定基地名称	所在单位
1	大中小学数学教材研究基地	北京师范大学
2	大中小学外语教材研究基地	北京外国语大学
3	大中小学外语教材研究基地	上海外国语大学
4	中小学艺术教材研究基地	上海音乐学院
5	中小学化学教材研究基地	北京师范大学

续表

序号	认定基地名称	所在单位
6	中小学地理教材研究基地	华东师范大学
7	中小学通用技术教材研究基地	南京师范大学
8	高等学校政治学教材研究基地	北京大学
9	高等学校法学教材研究基地	中国政法大学
10	高等学校社会学(含人口学)教材研究基地	中国人民大学
11	高等学校文学教材研究基地	北京大学
12	基础教育教材综合研究基地	北京师范大学
13	高等教育教材综合研究基地	高等教育出版社
14	港澳台教材综合研究基地	华南师范大学

其中9个基地涉及高等教育教材，涵盖大学数学、大学外语、政治学、法学、社会学、文学等学科，还包括高等教育综合研究及港澳台教材综合研究基地。

国家教材建设重点研究基地按教育部印发的《国家教材建设重点研究基地管理办法》(教材〔2020〕1号)进行管理。通知要求各地和学校要高度重视教材建设研究工作，加强与国家教材建设重点研究基地的沟通，争取对本地教材建设提供专业支持。同时要把握教材建设方向和重点要求，结合实际，合理规划地方、学校教材建设研究基地，努力构建教材建设的专业支撑体系，不断提升教材建设科学化、专业化水平。

2. 2023年，6家高等教育教材相关基地举办了揭牌仪式及教材研究论坛活动

(1)9月22日，第五届中国外语教材研究高端论坛在北京举办。

论坛主题为"数字化外语教材建设与研究：挑战与机遇"，由北京外国语大学(以下简称北外)中国外语教材研究中心主办，英语学院、教材处、外语教学与研究出版社(以下简称外研社)协办。教材管理和研究专家在论坛上从宏观政策、理论方法、应用实践等多元视角，深入探讨外语教材建设的新方向，着力推动新时代中国特色高质量外语教材体系建设与创新。论坛期间，国家教材建设重点研究基地"大中小学外语教材研究基地"揭牌仪式举行。

北外党委书记王定华在致辞中强调，党的十八大以来，党中央高度重视教材建设。北外将教材建设工作作为重中之重，通过"把方向、强机构、担重任、出精品、重监管、改评价、设经费"等举措着力推动教材建设工作高质量发展。北外中国外语教材研究中心在教材研究与交流、著作引进与出版、人才培养与建设等方面取得了长足进步。此次获批"大中小学外语教材研究基地"，北外深受鼓舞，将继续以"教材育人、促学促教"为宗旨，充分发挥示范引领作用，从人才培养、科学研究、教材数据库建设、成果传播、社会服务等方面为中国外语教育高质量发展提供有力支撑。

教育部教材局负责同志对基地建设提出了四点要求：一是提高站位，充分认识基地建设在新时期党和国家全局中的重要意义及其在教材事业全局中的重要意义。二是明确定位，紧扣国家教材建设面临的重大需求与问题。三是基地建设任务要落实到位，充分吸纳人才，全方位推进教材建设与研究，发挥好智库作用。四是保障机制要到位，学校要高度重视，提供人财物全方位支持，确保基地高效运转。

上海外国语大学校长李岩松通过视频祝贺北外获批重点研究基地，高度认可北外在教材建设方面作出的成绩与贡献，并表示两所大学应携手为中国外语教材建设共同努力，将教材建设推向新的高度。

北外党委常委、副校长，国家"大中小学外语教材研究基地负责人，北外中国外语教材研究中心主任孙有中回顾了北外教材建设发展历程与所获成就，总结了中心在加强教材编写、推进教材研究、加大人才培养、促进学术交流与推动资源建设方面的重要举措与创新成果。他以基地建设必须回答的时代之问为主线规划未来建设思路，呼吁外语界同仁共同推动建设中国特色外语教材及其学科体系。

国家教材委员会委员、"大中小学德育一体化教材研究基地"主任、北京师范大学韩震教授认为北外的教材建设在我国外语教育领域发挥了重要作用，"大中小学德育一体化教材研究基地"将与"大中小学外语教材研究基地"相互支持、交流与学习，共同为大中小学教材建设作出新的贡献。

国家教材委员会委员、北外文秋芳教授对基地获批表示热烈祝贺，并对教材研究者表示衷心感谢。她对基地未来研究提出三点期望：一是推进教材创新，特别是新形态教材的研发；二是推动教材与教学的良性循环；三是积极拓展国际交流与合作。

论坛设置 6 场主旨发言和 2 场圆桌论坛，围绕新兴交叉学科教材建设、外语教材创新与一流课程建设、人工智能时代的外语教育与外语教材等主题共同探讨新形势下外语教材建设与研究的新机遇和新路径。

北外党委副书记、校长杨丹在主旨发言中表示，区域国别学科发展进入了新阶段，北外适时抓住机遇，建设了区域和国别研究基地，实现了从区域国别研究到区域国别学的平台跨越。同时，他强调区域国别学系列教材应顺应时代之需、文明互鉴之需、教育强国之需、学科发展之需、外语院校创新发展之需。北外布局新时代区域国别学系列教材建设，力图实现团队融合，内外协同，全球参与；学科融合，问题导向，一以贯之；视角融合，本土资料，全球视野。

北京师范大学申继亮教授表示，教材建设的根本目的在于培养德智体美劳全面发展的社会主义建设者和接班人。教材体现国家意志，教材改革要坚持核心素养立意。教材改革创新要明确根本要求，始终坚持教材落实培根铸魂、启智增慧的根本功能；厘清统一规范与自主灵活，共同要求与个性多样，相对稳定与与时俱进三组关系；将综合化教材内容体系、立体化数字化教材呈现方式、加强教材事业专业队伍建设以及转变升级管理手段作为教材改革创新着力点。美国西雅图大学孙以琳教授强调在课程和教材的开发及评估过程中实施文化回应教学法（culturally responsive pedagogies）非常重要，并详细介绍了编写教材时实施文化回应教学法的关键策略与挑战。北京师范大学余胜泉教授讲解了基于学习元的新一代数字教材技术模型与流程，学习元是泛在学习环境下资源组织模型及关键技术，具有情境性、社会性以及进化性等核心特征。基于学习元的下一代数字教材技术模型应该有多态性、可监管性和生态性等特征，重构教材开发流程，建立适应性数字教材资源生产机制，并将革新数字教材监管模式、出版机制模型、出版机制。上海外国语大学陈坚林教授指出数字赋能教材关键在于"赋能"，赋能在于为教材给予、补充、加强能力，使教学更加有效，使教学任务能够高质量地完成，同时明确了赋能的主体是信息技术，回顾了历史上各个阶段互联网技术赋予人类的不同能力，并提出数字化信息技术要赋予教材延伸、完善和强化的能力。北外唐锦兰教授从在线外语教学设计与外语数字化课程建设实践两个方面，总结了提升外语数字化教材有效性的理论与实践方法，针对不同阶段的语言学习者提出了不同外语教材的设计原则，总结了外语数字化学习活动的不同类型，并以多语种移动学习课程和虚拟仿真外语学习系统为例，展示了人工智能实验室研发团队开发数字化课程的过程。主旨发言分别由孙有中、王芳、石坚、北外杨鲁新教授和北外教材处处长张文超主持。

圆桌论坛一由北京大学王丹教授和北外张莲教授主持。北京语言大学王立非教授、中国人民大学王建华教授、广东外语外贸大学张欣教授、湖南师范大学邓杰教授、云南师范大学杨健教授、北外杨莉芳副教授、北外博士后陈秀秀、北京外研在线数字科技有限公司首席内容官兼高等教育事业部总经理徐一洁分享了国家一流虚拟仿真课程的建设经验、新形态教材建设理念、研究热点等，为虚拟仿真课程建设及新形态教材研发提供了启发和借鉴。

圆桌论坛二由北外许家金教授和夏登山教授主持。中国人民大学郭英剑教授、北外顾曰国教授、香港理工大学黄居仁教授、东北大学肖桐教授、北外李佐文教授、科大讯飞 AI 研究院竺博副院长围绕人工智能，特别是生成式人工智能及其与外语教育、外语教材之间的关系展开了交流研讨，对新时代外语专业建设、教材建设、教师发展提出了具体建议。

此次高端论坛的召开恰逢其时、意义深远。论坛形式合理、内容翔实，论坛交流的思想观点、实践方案和前沿成果为后续外语教材的建设和创新发展进行助推。

(2)11 月 4 日，教育部高等学校法学国家教材建设重点研究基地启动仪式暨首届法学教材建设论坛在中国政法大学举行。

教育部相关司局领导、中国政法大学校领导、中国法学会等学术机构，以及来自北京大学、清华大学、中国人民大学、武汉大学、吉林大学、西南政法大学等国内各高校的专家学者 60 余人出席了教材基地启动仪式和论坛。

启动仪式由中国政法大学副校长常保国主持。他根据相关文件介绍了基地的性质和任务："高等学校法学国家教材建设重点研究基地"是教育部认定的第二批国家教材建设重点研究基地，是国家级教材研究专业机构，也是法学领域唯一的教材研究基地，将服务国家法学教育发展和教材建设重大战略，推动提高教材建设科学化水平，为教材建设、管理政策制定提供理论支持和智力支撑。

教育部分管负责同志对基地启动和首届法学教材建设论坛举行表示祝贺。指出，习近平总书记高度重视法学建设，多次就法学学科建设、教材建设作出重要指示，提出明确要求。高校法学教材建设，要持续深入推进习近平法治思想进教材，梳理总结提炼中国法治建设的成就和经验，加快构建中国法学理论体系、知识体系，重点推进中国法学教材和法学类马工程重点教材建设，带动和促进高校法学教材建设和教材整体质量提升，更好地发挥教材育人作用。基地要在法学教材研究和建设方面发挥示范、引领作用，一是要谨记"国家"一词，为国家教材建设献计献策；二是要紧扣"教材"主业，一体化、系统化研究教材，建设教材；三是团结、汇聚全国法学专家学者，打造人才高地，共同推进法学教材建设。

中国政法大学党委书记胡明在致辞中向教育部的信任和支持表示衷心感谢，并向与会的教育部、司法部、中国法学会和有关兄弟院校对中国政法大学事业发展的关心帮助表示感谢。他指出，党的十八大以来，以习近平同志为核心的党中央高度重视教材建设，出台了一系列重要文件，发表了一系列重要讲话，体现了对"尺寸教材、国之大者"的殷切期望。他表示，中国政法大学党委一直高度重视法学教材建设，坚持正确政治方向和价值导向，紧紧围绕用习近平新时代中国特色社会主义思想铸魂育人主题主线，积极推进习近平法治思想"三进"工作，一体推进教材选用、编写、落实、执行、监管、出版等各环节工作。他强调，教材是培养时代新人的重要载体，在立德树人中发挥着核心作用。基地肩负着新时代加强教材建设的历史重任，寄托着广大法学师生对优秀教材的殷切期盼，中国政法大学将举全校之力、汇学界之智持续加强教材基地建设，充分发挥平台的聚集效应和研究优势，聚焦开展教材建设研究、教材研究队伍建设、创新基地运行机制等方面下功夫，打造更多培根铸魂、启智增慧的高质量法学教材，在服务新时代法学教育和法治中国建设中作出新的贡献。

国家教材委员会委员、中国法学会学术委员会主任张文显在致辞中回顾了我国法学教材的发展历程及其意义。他指出，国家教材委员会自成立以来，认真落实中央部署，推进法学教材体系建设。面对当前法学教材建设亟须解决的问题，他强调必须深入学习领会习近平总书记关于法学建设的重要指示精神，认真落实中央和相关部门对法学教材建设的整体规划和具体要求，弘扬中国特色社会主义法治思想，培养高素质法学人才，推动教材现代化。他提出要坚持自上而下带动与自下而上创新相结合，鼓励高校教师创作高质量、有特色的教材，确保法学教育与国家发展同步。

中国法学会副会长、教育部高等学校法学类专业教学指导委员会主任委员徐显明在致辞中强调了教材在传承核心价值观、指导教学、体现学术水平、建构知识框架和反映教学管理实践方面的核心作用，指出教材在高等教育和人才培养中具有基础性和关键性地位。他提出建立"五大体系"，以更好地反映中国特色和推动自主原创的法学发展。他特别提到，《习近平法治思想概论》是成功构建中国特色教材的典范，有效融合了历史与现实、国际经验与本土实践，坚持守正与创新，充分体现了中国特色社会主义法治道路的深刻内涵，要总结好经验，做好推广。

中国政法大学校长马怀德代表学校对与会领导和专家学者表示热烈欢迎和衷心感谢。他介绍了法学国家教材建设重点研究基地建设情况。他表示，教材是体现教学内容和教学方法的知识载体，是解决培养什么人、怎样培养人、为谁培养人这一根本问题的重要抓手，是立德树人的重要保障，直接关系到党的教育方针和教育目标的实现。法学教材基地要团结汇聚法学理论界和法律实务部门的力量，共同做好国家法学教材建设重点研究基地的各项工作，把习近平法治思想有机融入法学教材，把社会主义法治国家建设实践的最新经验和生动案例带进课堂教学中，把握教材建设规律，提升教材建设质量，加快构建体现中国特色、中国智慧、中国价值的法学教材体系。

启动仪式后，高等学校法学国家教材建设重点研究基地举行了"首届法学教材建设论坛"，专家们围绕"中国法学系列教材建设的路径与方法"主题进行了深入探讨与交流。

中国社会科学院大学常务副书记、副校长王新清，西南政法大学校长林维，中南财经政法大学副校长刘仁山，中国政法大学副校长时建中分别主持了论坛第一单元、第二单元、交流环节和闭幕式。北京大学法学院教授潘剑锋、刘剑文，西北政法大学副校长王健，黑龙江大学校长王敬波，沈阳师范大学校长杨松，湘潭大学副校长廖永安，以及中国政法大学孔庆江教授、刘艳红教授、许身健教授围绕"中国法学系列教材建设的路径与方法"主题进行了发言。

吉林大学常务副校长蔡立东对论坛进行了总结发言，他高度肯定了专家学者们的建言对基地建设和中国法学教材体系建设的特殊价值与重要意义。

(3)12月8日，高等教育教材综合研究基地在北京召开工作交流会。

教材基地聘请了来自国内各高校和研究机构、覆盖不同学科领域的26位知名专家学者组建学术委员会，作为基地各项学术事务的智力支撑。国家教材委员、北京大学教授顾海良担任学术委员会主任委员，国家教材委员、中国法学会党组成员张文显，中山大学党委副书记、校长高松院士担任副主任委员。

高等教育出版社党委书记、社长，教材基地主任刘超在致辞中指出，教材基地将切实以习近平新时代中国特色社会主义思想为指导，按照教育部提出的"建设高等教育教材综合研究机构和高水平专业智库"总体目标，全面服务立德树人根本任务，准确把握教材基地职责任务，系统开展课程教材理论与实践研究，打造专业化、权威性教材研究品牌，为高等教育教材建设和管理提供支撑与服务。与此同时，为系统推进党的创新理论有机融入各类课程教材，高等教育出版社专门成立党的创新理论进教材研究中心，旨在整合"智能＋"教育融合出版创新与应用重点实验室、国家新闻出版署出版智库、教材发展研究所、博士后科研工作站等研究力量，明确主线，汇集智慧，全面加强教材研究与成果应用，积极推进建构中国特色自主知识体系教材体系。会议举办了高等教育教材综合研究基地揭牌暨高等教育出版社党的创新理论研究中心成立仪式。与会专家围绕"新时代党的创新理论有机融入高等教育教材的实践与探索"开展主题研讨与交流。

中宣部、教育部相关司局和处室负责同志，课程教材研究所、中国教育出版传媒集团、习近平新时代中国特色社会主义思想相关研究机构和高校思想政治理论课、经济学、新闻学、政治学、法学、文学等国家教材建设重点研究基地负责同志，以及高等教育出版社专兼职研究员共 140 余人参加会议。

(4)12 月 8 日，大中小学数学国家教材建设重点研究基地第一届学术论坛暨北京师范大学第三届教材建设高质量发展论坛分论坛在北京师范大学举办。

论坛由北京师范大学数学科学学院、北京师范大学教材研究院联合主办。教育部教材局、教育部基础教育课程教材研究所、全国教育科学规划领导小组有关负责同志，以及来自高校和出版机构的专家学者 800 余人参会。

教育部教材局分管负责同志在讲话中指出，建设国家教材建设重点研究基地是落实习近平总书记关于教育的重要论述、落实党的二十大精神、培养时代新人、服务教育高质量发展的要求，是落实教材建设国家事权的重要举措。国家教材建设重点研究基地应该建成理论研究高地、成果高地、人才高地和数据高地。为此，基地建设主体单位要高度重视，明确时间表、路线图和任务书，为基地建设发展做好充分保障，研究制定管理办法和实施细则，把基地建设纳入单位发展总体规划，把建设成果纳入绩效考核，研究部署好相关工作。

时任北京师范大学校长马骏表示，北京师范大学作为我国最早的现代师范教育的高等学府，从建校之初就高度重视教材的编写工作，形成了一大批优秀的教材和教材研究成果。数学学科是北师大建校以来的传统优势学科，在学科建设、人才培养和教材编研方面取得了丰硕成果。进入新时期，学校积极服务国家战略，成立教材研究院，持续完善和加强教材研究体制机制建设。学校将从各方面做好保障，支持国家教材建设重点研究基地的各项工作，助力基地以高水平研究成果为服务国家教育发展和教材建设重大战略提供理论支持和智力支撑。

中国科学院院士、北京大学讲席教授田刚指出，教材建设是国家事权，数学教材是大中小学数学教育的核心载体，是建设高质量大中小学数学课程教育体系的重要依托，编制高质量的数学教材是一项庞大的系统性工程，需要全面深入统筹规划和深入研究，更需要研究者的务实创造和奉献精神。

活动期间，马骏为基地学术委员会主任田刚颁发聘书并共同为基地揭牌，基地负责人、北京师范大学教授曹一鸣向与会代表介绍了基地整体情况和发展规划，与会专家学者针对基地建设的发展规划进行了深入研讨。2023 年度国家社会科学基金教育学重点项目"义务教育教材难度、容量的国际比较研究"开题报告会同期举办。

大中小学数学国家教材建设重点研究基地于 2023 年 7 月正式通过教育部认定,是北京师范大学第二批获批的 3 个国家级教材建设重点研究基地之一。自 2017 年以来,团队成员主编国家规划大中小学数学教材多个系列共 72 册和其他高等教育数学教材 80 余册,在基础研究、教材编研、数据建设和合作交流等方面具有良好的工作基础。

(5)12 月 23 日,北京大学"高等学校文学、政治学国家教材建设重点研究基地"揭牌仪式在中关新园 1 号楼科学报告厅举行。

此次活动由北京大学教务部、中国语言文学系、政府管理学院联合主办,旨在推动国家教材建设,为高等教育提供更加优质的支持与资源。

教育部相关司局领导、北京大学校领导、文学教材研究基地负责人、政治学教材研究基地负责人,以及近百位来自相关领域的专家学者参加了本次揭牌仪式。仪式由北京大学教务部副部长、地球与空间科学学院教授刘建波主持。

北京大学党委常委、副校长、教务长王博表示,教材在塑造人才、传播知识方面扮演着至关重要的角色,北京大学作为国家教材建设重点研究基地之一,在文学和政治学领域具有独特优势与历史底蕴,在教材建设方面已取得了显著的成果。他强调,新成立的文学、政治学教材建设重点研究基地要以习近平新时代中国特色社会主义思想为指导,推动教材内容的优化与更新,为培养德智体美劳全面发展的社会主义建设者和接班人贡献力量。

文学教材研究基地负责人、北京大学中文系主任杜晓勤表示,基地要不断传承历史合作精神,在广泛调研的基础上与全国各大高校及中文学科著名学者共同编写具有中国特色的新教材,为中国语言文学学科发展贡献力量,完成教育历史使命。

政治学教材研究基地负责人、北京大学政府管理学院院长燕继荣表示,政治学教材建设要注重深入理论研究,尊重教育教学规律,在灵活高效的管理与运行机制基础上,集聚全国优秀人才,开展一系列科学研究、人才培养和学术交流活动。

文学教材研究基地学术委员会主任、北京大学哲学社会科学一级教授陈平原着重强调了教材编写的重要性和必要性,教材编写者、研究者要重视教材在科技发展时代面临的挑战,在适应新时代学生需求、避免教材内容的重复、提升教材的实用性和吸引力等方面进行深入研究和实践。

政治学教材研究基地学术委员会主任、北京大学政府管理学院教授关海庭指出,教材建设是国家意识形态阵地和培养社会主义建设者的关键途径,基地要把好政治关,牢记教材建设的重要性，在政策咨询、成果传播、队伍培养等方面发挥积极作用，推动教材建设与时代发展同步。

揭牌仪式结束后，文学、政治学教材建设重点研究基地分别举行了专题研讨会，围绕教材建设与研究进行了深入讨论。

(二)高校教材建设和管理研究相关会议情况

1. 学科发展与教材建设专题研讨会

2023 年，教育部课程教材研究所与重点高校合作召开三场学科发展与教材建设专题研讨会。会议的核心宗旨是深入贯彻落实党的二十大精神和习近平总书记关于教材建设重要指示批示精神，加强教材建设和管理，适应新时代学科建设与发展需要，深入研究相关重大理论与实践问题，加快推进中国自主知识体系构建，为推动科教兴国战略实施、打造现代化教育强国提供重要研究支撑。

（1）首届公共管理学科发展与教材建设研讨会

2023 年 11 月 11—12 日，由教育部课程教材研究所、中南财经政法大学主办的首届公共管理学科发展与教材建设研讨会在中南财经政法大学召开。会议采取以文参会的方式。会议期间除主旨报告环节外，还举办了公共管理教材建设、公共管理学科建设、公共管理课程建设三个分论坛。

中南财经政法大学党委书记侯振发、湖北省教育厅高等教育处处长崔锋、教育部课程教材研究所副所长江嵩参加开幕式并致辞。来自国内公共管理学科领域的专家学者汇聚一堂，凝聚共识，共同探讨如何进一步推进公共管理学科发展与教材建设，为加快建构中国自主知识的体系建言献策。

中南财经政法大学党委书记侯振发在致辞中介绍了中南财经政法大学近年来在教材建设方面取得的成绩，并表示学校不断完善教材工作的领导体制和工作机制，持续规范教材选用程序，加强教材选用全流程管理和境外教材的审核选用，进一步擦亮学校教材品牌，推进中国系列教材和财经政法深度融通系列教材建设。

为加快推进教育现代化、建设教育强省，湖北省教育厅高等教育处处长崔锋提出三点建议：一是要加快推进世界一流大学和一流学科建设，二是要加快建构中国自主的知识体系，三是要加快推进高质量教材建设。

教育部课程教材研究所副所长江嵩介绍，教育部课程教材研究所一直坚持"政治建所、研究立所、服务兴所、人才强所"的发展方向。他表示，举办此次研讨会的目的，一是要加强有组织的研究，围绕各学科的重大理论和实践问题展开交流研讨。从总结新实践、凝练新概念、提炼新范畴、探索新范式等方面着手，逐步催生重大研究成果，推动我国自主知识体系建构。二是要凝聚研究队伍，通过搭建学术平台、营造研究氛围、会聚各学科领域的大专家和顶级学者，打造具有影响力的学术研究平台。

（2）首届哲学学科发展与教材建设研讨会

2023 年 11 月 25—26 日，教育部课程教材研究所、南京大学共同举办首届哲学学科发展与教材建设研讨会。全国各地哲学学科教育教学领域的众多专家学者相聚南京，凝聚共识，共同探讨新时代哲学学科发展和教材建设方法路径。来自北京大学、中国人民大学等高校的知名专家学者围绕哲学教材编写、哲学教材的方法论创新、哲学教材规范等主题进行主旨报告。会议期间还举办了哲学学科与教材建设和哲学课程与教材建设两个分论坛。

南京大学党委常务副书记杨忠表示，举办此次研讨会是深入学习贯彻习近平文化思想的重要行动，对更好推动哲学学科发展以及教材建设具有重要意义。他介绍，南京大学特别是南京大学哲学系瞄准学科发展前沿和哲学知识普及需要，积极服务各类国家级教材的编写工作，全力推进"江苏省高等学校重点教材"和"哲学素质教育系列读本"等教材建设计划，在哲学学科的多个领域均出版了具有影响力的重要教材，在全国发挥了引领示范作用。

江苏省教育厅高等教育处二级调研员郭新宇介绍，长期以来，江苏高度重视教材建设，充分激发教育大省、教育强省优势，结合新文科建设、基层教学组织建设、教育数字化建设等多方面深入推动本科教材建设与管理，取得长足进步。此次研讨会涉及学科建设、人才培养、教师队伍建设、评价改革等多方面，是新文科建设和教材建设的有力融合。

教育部课程教材研究所副所长江嵩表示，举办"学科发展与教材建设"系列研讨会，是为了进一步加强有组织科研、不断凝聚研究队伍，使高校学科发展与教材建设相互促进、共同发展，推动学术话语体系创新，构建我国自主知识体系建设。哲学学科发展可以为推进党的创新理论体系化、学理化、科学化，科学解答时代课题发挥关键作用，为建设具有强大凝聚力和引领力的社会主义意识形态、坚定文化自信提供重要支撑，在拔尖创新人才培养、建设教育强国等方面作出更大贡献，有义务为各学科发展提供世界观、方法论支撑，为知识创新指明前进方向。希望与会专家通力合作，为推进哲学学科发展和教材建设贡献智慧。

（3）首届历史学科发展与教材建设研讨会

2023年12月9日，首届历史学科发展与教材建设研讨会在济南召开。教育部课程教材研究所副所长江嵩，山东省教育厅总督学王浩，山东大学副校长、全国新文科教育研究中心执行主任曹现强出席会议开幕式并致辞，教育部高等学校历史学类专业教学指导委员会秘书长、中山大学副校长谢湜线上致辞。江嵩在致辞中强调了教材工作的重要性。他阐述了我国教材建设与管理的顶层设计和长远规划，希望通过组织相关会议，加强有组织的研究，围绕各学科的重大理论和实践问题展开交流研讨，催生重大研究成果。他表示，要凝聚研究队伍，搭建学术平台，汇聚各学科领域的顶尖专家，打造具有影响力的学术研究品牌，形成多元参与、协同推进、深度合作的教材研究新格局。

王浩表示，加强教材建设对于提升教育质量、落实立德树人根本任务具有重要意义。山东省树立重视教材建设的鲜明导向，持续加大优秀教材建设力度，努力推出更多培根铸魂、启智增慧的精品教材，为推进山东省"双一流"高校建设，提升人才自主培养质量提供重要支撑。今后将继续深化国家高等教育战略实施，持续加大支持力度，加强整体谋划，整合优势资源，全面提升山东省历史学科与教材建设能力水平，开创教育工作新局面。

曹现强介绍了山东大学发展历程和办学成就，以及山东大学历史学科的特色与成绩，表示山东大学始终高度重视教材建设，把教材建设作为战略工程和铸魂育人的基础工程，积极探索学科发展与教材建设互促互动、创新发展路径，赋能新文科建设，深化立德树人成效。希望会议为打造高质量历史学科教材定基调、明方向、找路径、添动力，为加快构建中国特色历史学学科体系、学术体系、话语体系贡献力量。

谢湜表示，历史学专业教材规划和建设工作是本届教指委的重要任务。他介绍了近年教指委围绕历史学教材建设制定的规划以及开展的工作，强调历史学教材建设是一项久久为功的事业，需要不断沉淀、研讨、检验，希望通过教材委和教指委以及各个层级教材建设研究机构的共同努力，推动教材建设结出丰硕成果。

山东大学历史文化学院院长、教育部高等学校历史学类专业教学指导委员会副主任委员方辉主持会议开幕式。研讨会分为主旨报告和分组会议两个主要环节。来自北京大学、中国人民大学、北京师范大学、复旦大学、南开大学等近50所高等院校和杂志社的 80 余名代表参加研讨会。主旨报告环节，北京大学历史学系党委书记、教授何晋，南开大学历史学院教授王先明，上海师范大学副校长、教授陈恒，湖南大学岳麓书院院长、教授肖永明，北京师范大学历史学院世界近现代史研究中心主任、教授张建华，中国人民大学历史学院院长、教授朱浒，厦门大学历史与文化遗产学院院长、教授张侃，华东师范大学历史学系教授章义和，北京大学考古文博学院院长、教授沈睿文，西北大学文化遗产学院教授陈洪海，四川大学历史文化学院院长、教授吕洪亮，山东大学历史文化学院院长、教授方辉，南开大学历史学院教授刘毅 13 位专家，围绕中国史、世界史、考古学教材建设的历史传统与优势，面临的机遇与挑战，发展路径与举措，打造经典案例等内容，展开深入交流和积极探索。在分组会议环节，来自全国各地的历史学科一线高校教师围绕教材编纂、课程建设等总结经验，提出问题，并就改进措施和未来发展等展开充分交流。研讨会在提炼问题、凝聚共识和聚焦发展上下功夫，呈现了当下历史学科发展与教材建设的整体面貌，多篇报告引起与会专家的共鸣。

研讨会由教育部课程教材研究所、教育部高等学校历史学类专业教学指导委员会、山东大学、全国新文科教育研究中心主办，教育部课程教材研究所高校教材研究中心、山东大学历史文化学院承办，是教育部课程教材研究所系列学科发展与教材建设研讨会的第三场，前期已在中南财经政法大学、南京大学分别召开了公共管理学科和哲学学科研讨会。2024 年还将陆续召开教育学等学科系列研讨会，以加快推动我国高校教材体系建设和自主知识体系构建。

2. 其他高校教材研究相关学术研讨会

根据在中国知网国内会议论文数据库中的论文检索情况，以"教材"为主题检索到 2023 年相关会议论文 880 篇，以"教科书"为主题的会议论文有 31 篇。经过人工判断筛选，其中 54 篇为高校教材相关的研究论文，仅占当年全部教材相关会议论文的 6% 左右，比重较小。

整合汇总后发现这些论文来自 21 类不同名称的学术会议论文集，组织召开的相关会议主要围绕"创新教育""智慧教育""生活教育""教学实践""体育科学"等议题开展。《第十三届全国体育科学大会论文摘要集》收录的高校教材相关论文最多，共 10 篇，论文研究的主题方向集中在大学体育教材、足球教材、教材中的课程思政等方面。2023 年，第三届与第四届创新教育与发展学术会议论文集合计收录相关会议论文 6 篇，其中 3 篇涉及课程思政研究。此外，广东省教师继续教育学会也召开多个主题研讨会，共收录 6 篇高校教材相关会议论文，有 2 篇围绕思政课教学开展研究。

通过中国知网提供的关键词共现网络分析显示，"思政教育"作为关键词出现的总次数为 10 次，"思想政治教育"出现总次数为 6 次，"教学效果"出现总次数为 7 次。从研究内容看，54 篇会议论文中，有 15 篇以"课程思政"为切入点研究高校相关教材、课程、教学等方面。还有 10 篇围绕教材"新形态"或"数字化"开展研究，部分论文题目提及活页式、手册等教材形态。除第十三届全国体育科学大会收录的 10 篇论文外，还有 2 篇与体育教育相关，反映出体育教育教学研究受到一定关注和重视。具体论文名称及会议情况见表 1-1-15 和表 1-1-16。

表 1-1-15　2023 年各高校教材研究相关会议及论文情况

序号	论文名称	会议论文集名称
1	应用类院校《统计应用文写作》教材建设探索与实践	第十届创新教育学术会议论文集——课程建设篇
2	课程思政融入旅游专业教育牵引"三教"改革	第九届创新教育学术会议论文集——思政教育篇
3	高等教育通识化实践研究——《论语》课程教材与教法改革	第十八届海峡两岸（粤台）高等教育论坛论文集
4	我国运动训练学教材的回顾与展望	第十三届全国体育科学大会论文摘要集
5	培养时代新人视域下大学体育教育再出发——大学体育教育的"三进"策略	第十三届全国体育科学大会论文摘要集
6	大学体育新形态教材图像系统隐性教育资源研究	第十三届全国体育科学大会论文摘要集
7	新时代中国特色《学校体育学》教材建设研究	第十三届全国体育科学大会论文摘要集
8	机械工况检测与故障诊断课程建设的探索与实践	2023 机电创新与产教融合新思考论文集
9	工程教育认证背景下的"电力电子技术"课程教学改革	2023 机电创新与产教融合新思考论文集
10	基于卓越教师培养的高校《武术》教材的适应性发展研究	第十三届全国体育科学大会论文摘要集
11	体能训练专业核心课程群数字教材建设：内涵、体系建构与关键维度	第十三届全国体育科学大会论文摘要集

续表

序号	论文名称	会议论文集名称
12	高校足球教材课程思政建设的价值意蕴与实践路径	第十三届全国体育科学大会论文摘要集
13	"体教融合"背景下民办高校足球教材建设问题与改进思路	第十三届全国体育科学大会论文摘要集
14	《体育教材教法》课程思政元素挖掘及融入研究	第十三届全国体育科学大会论文摘要集
15	基于语料库的《泛读教程》课文词汇分析	外语教育与翻译发展创新研究(14)
16	在《大学英语教学指南(2020版)》指导下开发教材深度挖掘点——以 The Humanities: Out of Date 中修辞手法教学为例	外语教育与翻译发展创新研究(14)
17	教育数字化转型信息赋能教材建设	北京大学出版社2023年教育数字化转型与智能教育发展研讨会论文集
18	探讨"1+X"证书制度下新能源汽车技术专业课程体系的构建	2023高等教育科研论坛论文集
19	推动高校思想政治工作体系贯通人才培养体系的研究	2023高等教育科研论坛论文集
20	某高校营养专业学生食物重量估算能力调查及训练教材设计	Abstract Book of the 14th Asian Congress of Nutrition-Nutrition Education
21	中华文化符号在对外汉语教材中的传播研究	中国陶行知研究会 2023年第八届生活教育学术论坛论文集
22	系统科学视域下数据结构精品课程的建设与管理	广东省教师继续教育学会《教育与创新融合》研讨会论文集(一)
23	大中小学思政课一体化教学衔接：价值溯源、现实困境与破解之道	广东省教师继续教育学会《教育与创新融合》研讨会论文集(一)
24	《理解当代中国》多语种系列教材的应用研究——以朝鲜语教材为例	中国陶行知研究会 2023年第五届生活教育学术论坛论文集
25	基于复合教材的单片机课程实践教学优化设计分析	2023年第六届智慧教育与人工智能发展国际学术会议论文集(第三卷)
26	新媒体时代背景下高校美术鉴赏教学改革创新路径研究	2023年第六届智慧教育与人工智能发展国际学术会议论文集(第三卷)
27	中华体育精神融入高校思想政治教育的路径研究	第一届陕西省体育科学大会论文集(一)

续表

序号	论文名称	会议论文集名称
28	基于课程思政理念对大学英语教材进行二次加工——以《全新版大学进阶英语综合教程》为例	2023 教育理论与管理第二届"高效课堂和有效教学模式研究论坛"论文集（三）
29	德育与飞行共融的理论力学课程建设实践初探	第四届创新教育与发展学术会议论文集（二）
30	以电影为载体的大交通专业群第二课堂课程思政综合读本建设	第四届创新教育与发展学术会议论文集（一）
31	国际中文教育巴蜀文化移动交互式数字教材开发研究	2023 对外汉语博士生论坛暨第十六届对外汉语教学研究生学术论坛论文集
32	高校马克思主义哲学教学改革策略研究	广东省教师继续教育学会第一届教学与管理研讨会论文集（二）
33	应用型本科经济法课程的教学改革研究	广东省教师继续教育学会第一届教学与管理研讨会论文集（二）
34	民族传统体育"课程思政"对提升少数民族大学生文化认同的研究	2023 智慧城市建设论坛深圳分论坛论文集
35	"积微成著 笃行致远 惟实励新"："建筑类型学"研究生课程思政建设与改革思考	2022 中国高等学校建筑教育学术研讨会论文集
36	教材的文本之误与应对之策——中国文化英语教材分析的内部评价范式	外语教育与翻译发展创新研究（13）
37	校企"双元"合作新型活页式教材的开发研究	2023 教育信息化与学科建设研讨会论文集（Ⅰ）
38	高校思政课"讲好中国故事"的路径探析	中国陶行知研究会 2023 年第一届生活教育学术论坛论文集
39	现代教育技术环境下高等数学教学改革的实践与思考	中国陶行知研究会 2023 年第一届生活教育学术论坛论文集
40	产教融合下工作手册式教材建设探索	广东省教师继续教育学会教师发展论坛学术研讨会论文集（十四）
41	从印刷世界到元宇宙——数字时代教材编辑的媒介认知与教材革命	创新行业人才培养机制 打造骨干编辑审校队伍——中国编辑学会第 23 届年会获奖论文（2022）
42	新时代高等教育教学与教材数字化研究	创新行业人才培养机制 打造骨干编辑审校队伍——中国编辑学会第 23 届年会获奖论文（2022）

续表

序号	论文名称	会议论文集名称
43	知识服务驱动下高等教育融合出版的思考	创新行业人才培养机制 打造骨干编辑审校队伍——中国编辑学会第23届年会获奖论文（2022）
44	新型活页式教材开发探索与实践	2023年教学方法创新与实践科研学术探究论文集（二）
45	应用型本科高校使用同济大学高等数学教材的教学探索——以吉利学院为例	2023年教学方法创新与实践科研学术探究论文集（二）
46	高等师范院校长笛专业教学模式改革研究	2023年教学方法创新与实践科研学术探究论文集（三）
47	高校民族乐器教学中传承性与时代性的融入分析	2023年教学方法创新与实践科研学术探究论文集（三）
48	试议如何构建《写作与沟通》新形态一体化教材	广东省教师继续教育学会第六届教学研讨会论文集（三）
49	微课在高校差异化教学中的实践与应用	第三届创新教育与发展学术会议论文集
50	分析应用数学教育中的问题发现与问题解决能力培养策略	第三届创新教育与发展学术会议论文集
51	医学免疫学课程思政育人体系的构建及其教学方法探究	第三届创新教育与发展学术会议论文集
52	组织学与胚胎学课程融入思政教育的实践和探讨	第三届创新教育与发展学术会议论文集
53	CBI教学理念指导下高校双语课程设计的对策分析	聚焦新课改推动教育高质量发展论文集（二）
54	新时代体育教科书国家认同建构的概念厘定、时代价值与实施路径研究	第十三届全国体育科学大会论文摘要集

表 1-1-16 2023 年各高校学术研讨会中教材研究论文数量

序号	会议论文集名称	高校教材研究论文数量
1	第十三届全国体育科学大会论文摘要集	10
2	创新教育与发展学术会议论文集	6
3	广东省教师继续教育学会研讨会论文集	6
4	2023年教学方法创新与实践科研学术探究论文集	4

续表

序号	会议论文集名称	高校教材研究论文数量
5	中国陶行知研究会　生活教育学术论坛论文集	4
6	创新行业人才培养机制 打造骨干编辑审校队伍——中国编辑学会第23届年会获奖论文（2022）	3
7	外语教育与翻译发展创新研究论文集	3
8	2023高等教育科研论坛论文集	2
9	2023机电创新与产教融合新思考论文集	2
10	2023年第六届智慧教育与人工智能发展国际学术会议论文集（第三卷）	2
11	创新教育学术会议论文集	2
12	2022中国高等学校建筑教育学术研讨会论文集	1
13	2023对外汉语博士生论坛暨第十六届对外汉语教学研究生学术论坛论文集	1
14	2023教育理论与管理第二届"高效课堂和有效教学模式研究论坛"论文集（三）	1
15	2023教育信息化与学科建设研讨会论文集（Ⅰ）	1
16	2023智慧城市建设论坛深圳分论坛论文集	1
17	北京大学出版社2023年教育数字化转型与智能教育发展研讨会论文集	1
18	第十八届海峡两岸（粤台）高等教育论坛论文集	1
19	第一届陕西省体育科学大会论文集（一）	1
20	聚焦新课改推动教育高质量发展论文集（二）	1
21	*Abstract Book of the 14th Asian Congress of Nutrition-Nutrition Education*	1

四、高校教材建设和管理主题课题立项情况

2019年至2022年，国家社会科学基金（简称国家社科基金）、国家自然科学基金、全国教育科学规划立项中有关学科、课程、教材的研究合计近80项。根据教育部课程教材研究所连续两年面向全国普通高校开展调研的数据来看，2020年、2021年分别有

500 所左右的高校设立了校级教材研究项目。整体来看，近几年有关教材研究的课题立项数量明显增多，重点聚焦教材建设基本规律和重大理论与实践问题，研究的广度和深度都有所拓展，并取得阶段性研究成果。相较而言，关于教材相关的研究立项多围绕中小学阶段教材，对高校教材的研究立项数量不多。此外，教育部课程教材研究所自 2021 年起设立 16 个重点项目，专项研究课程教材领域关键问题，每个项目每年支持经费 200 万元。其中有 2 个项目专门围绕高等教育教材展开研究，分别是"马克思主义理论研究与建设工程重点教材使用研究"和"新时代高校哲学社会科学教材评价研究"。

课题组以"教材""教科书"为关键词检索 2023 年相关课题立项名单，同时对所有包含书名号的课题名称进行人工判断，确定其是否属于教材研究立项。由于未搜集到国家自然科学基金 2023 年有关于教材的相关课题立项，同时地方各省、各高校教材研究课题立项信息难以完整获取，我们重点研究分析国家社科基金及教育部公开的课题立项名单。具体情况如下。

(一)国家社科基金立项名单分类立项情况

1. 全国教育科学规划 2023 年课题立项名单(非教育部项目)

2023 年全国教育科学规划国家级课题立项共 350 项，教材相关研究共 16 项，立项数约占总数的 4.6%。项目名称中含"教材"的有 12 项，含"教科书"的有 4 项。其中，包含笼统性全学段教材研究在内的高校教材相关研究有 7 项，占 2%，专门聚焦高校教材的研究仅 2 项。

从项目分类看，国家重点项目 1 项：

义务教育教材难度、容量的国际比较研究

国家一般项目 12 项：

百年来中国《教育社会学》教材建设研究

统编教材中的中华民族共同体意识建构及教学效果评估研究

中小学数字教材评价指标体系构建研究

基础教育数字教材选用监测研究

统编教材的中华民族共同体意识建构及其教学实现研究

新中国成立以来中小学教科书建构人民形象研究

百年语文教科书编排体系研究

语文教科书乡土中国形象建构及其课程价值的百年变迁研究

高质量数字教材建设机制及政策研究

百年中国教科书与中华民族共同体意识建构研究

20世纪中国教育史教材中孔子形象变迁的国家认同研究

新时代义务教育数字教材应用的教学支持服务体系构建研究

国家青年项目2项：

事权承接视域下义务教育教材管理机制及优化路径研究

中小学数字教材的风险评估模型建构与监测机制研究

西部项目1项：

民族地区国家统编教材使用过程的难点评估与解决路径研究

从学段分布看，其中9项聚焦义务教育或中小学阶段教材研究；5项笼统涉及全学段教材，其中3项关于国家统编教材研究，1项关于百年中国教科书研究，1项关于高质量数字教材研究；仅2项专门研究高等教育阶段教育学类的教材，一是关于教育社会学教材，二是关于中国教育史教材。

从研究主题看，有两类较为集中。一是数字教材研究，二是中华民族共同体意识研究。16项教材相关课题中有5项都是关于数字教材的研究，还有4项是关于教材中构建中华民族共同体意识的研究。其中2项课题均是关于统编教材中的中华民族共同体意识构建和教学实践研究，可见此类问题是教材建设中亟须通过加强研究进一步破解的关键难题。

从课题负责人的工作单位来源看，有14个项目的负责人来自高校，其中包含8所师范类大学。这一方面反映出高校的科研力量较强，另一方面体现了师范院校对于教材研究的关注度更高。还有2个项目的负责人来自研究机构，分别为中国教育科学研究院和课程教材研究所。中国教育科学研究院是中华人民共和国教育部直属的国家级综合性教育科学研究机构，设有教育理论研究所等20个研究所，其中的课程与教学研究所研究方向重点涉及教材领域。全国教育科学规划领导小组办公室（以下简称"全规办"）设在中国教育科学研究院。课程教材研究所同为中华人民共和国教育部直属事业单位，是国家级高水平课程教材专业研究平台。国家教材委员会专家委员会秘书处设在课程教材研究所。课程教材研究所下设中小学课程研究中心等10个研究中心，其中包括专门的高校教材研究中心，重点聚焦普通高等教育教材理论与实践问题，开展高校教材内容和特点研究、高校教材建设工作研究等研究工作。

2. 2023 年国家社科基金年度项目立项名单

2023 年国家社科基金年度项目共立项 3578 项。教材相关研究立项 5 项：

统编语文教材中的中华文化认同建构及教学实现路径研究

吉尔吉斯斯坦历史教科书中的涉华史实与叙事研究

宗教心理学前沿《APA 心理、宗教与精神性手册》翻译和研究

基于数据库的中国内地与港澳中小学外语教材国家认同研究

朝鲜半岛 1910—1945 年间汉语会话教材注音研究

课题名称中含"教材"的有 3 项，含"教科书"的有 1 项，还有一项是对 1 种专业领域教材的研究。从立项题目的研究对象来看，其中 2 项为国内的中小学教材研究，且同为价值观认同性研究。1 项聚焦统编语文教材中的中华文化认同建构研究，1 项关于中小学外语教材中的国家认同研究。另外 3 项课题为国外教材研究，分别关注的是吉尔吉斯斯坦历史教科书、宗教心理学方向的外版书翻译研究，以及朝鲜半岛的汉语会话教材注音研究。

3. 2023 年国家社科基金后期资助项目立项名单

2023 年国家社科基金后期资助项目共立项 924 项，不包含军事学。教材相关研究立项 2 项：

从社会文本到教学文本：民国时期中学国文教科书翻译作品选文研究（文学）

外语教材开发的界面研究（语言学）

4. 2023 年国家社科基金青年项目立项名单

2023 年国家社科基金青年项目共立项 1212 项。教材相关研究立项 1 项：

新中国基础教育英语教科书视觉元话语建构研究

5. 2023 年国家社会科学基金西部项目立项名单

2023 年国家社会科学基金西部项目共立项 427 项。教材相关研究立项 1 项：

抗战时期革命根据地教科书中的中国共产党形象塑造研究

6. 国家社科基金中国历史研究院重大历史问题研究专项 2023 年度重大招标项目立项名单

2023 年国家社科基金中国历史研究院重大历史问题研究专项共立项 31 项。教材相关研究立项 1 项：

近代史地教科书与中华民族认同研究

7. 2023 年度国家社科基金重大项目立项名单

2023 年度国家社科基金重大项目共立项 336 项。教材相关研究立项 1 项：

百年来我国大学教材建设史料整理与研究

此外，国家社科基金其他 7 类项目立项名单中，不涉及教材研究。具体如下：

2022—2023 年度国家社科基金中华学术外译项目立项名单，无教材研究相关立项。

2023 年度国家社科基金冷门绝学研究专项学术团队项目立项名单，无教材研究相关立项。

2023 年度国家社科基金冷门绝学研究专项学者个人项目立项名单，无教材研究相关立项。

2023 年度国家社科基金艺术学项目立项名单，无教材研究相关立项。

2023 年国家社科基金优秀博士论文出版项目立项名单，无教材研究相关立项。

研究阐释党的二十大精神国家社科基金重大项目立项名单，无教材研究相关立项。

2023 年度国家社科基金高校思政课研究专项拟立项名单，无教材研究相关立项。

(二)国家社科基金教材研究立项总体情况

截至 2023 年 12 月 15 日，课题组共搜集到 2023 年度公布的 14 份国家社科基金立项名单。有 7 份名单包含教材相关研究，共计 27 项课题。对这些课题进行汇总分析，呈现六个方面的主要特点。

1. 相对而言，针对"教科书"的研究范畴略窄于"教材"

全部 27 个立项课题中，17 项课题的名称中有"教材"字样，9 项课题名称中有"教科书"字样，1 项课题名称涉及《APA 心理、宗教与精神性手册》，属于专业教材研究。

从概念着手，"教科书"和"教材"是两个相近相关但又不同的概念，它们在教育领域中有着一些区别。"教科书"是一种专门为教学目的而编写的书籍，通常由学科专家、教育专家或相关领域的专业人士创作、编写。教科书的写作目标是提供结构化、系统化的知识，以便学生能够习得理论、概念、方法等学科知识或主题内容。教科书一般是在特定学科领域中被教师、学生广泛使用的，如语文、数学、历史、科学等。它们可能包括练习题、案例、图表等，旨在支持学生的学习。"教材"则是一个更广泛的概念，包括用于教学的各种材料和资源，不仅限于书籍。教材可以包括教科书，也可以包括其他形式的教育资源，如工作簿、指导手册、实验手册、多媒体资料、在线模块等。教材的使用范围和受众更为广泛，它可以适应不同的教学方法和学习风格，可以用于课堂内授课，也可以用于一般读者自学。教材的选择取决于教育目标、人才培养目标、学科要求和学生的需求等方面。

总的来说，教科书是教材的一种形式，是专门为学科教学而设计的书籍。而教材是一个更通用的术语，包括任何用于教学的资源和材料，不仅限于书籍。在实际教学中，教师可能会选择多种教材来满足学生的需求，包括教科书以及其他形式的教育资源。概念上，教科书既可以用于基础教育，也可以用于高等教育。然而，在实际应用中，教科书更常见于基础教育，尤其是中小学教育。基础教育中的教科书通常覆盖广泛的学科，如语言、数学、科学、社会科学等，而且它们的设计更注重对学生基础知识的系统传授。这些教科书往往是学生学习的主要参考资料，帮助他们建立基本的学科知识和技能。在高等教育中，尤其是在大学和研究机构，学生可能更多地依赖专业性的教材、学术论文、原始文献和其他类型的学术资料。高等教育的课程可能更加灵活，注重研究性学习、批判性思维和实践技能的培养。因此，在高等教育中，学生可能不再像在基础教育中那样完全依赖教科书。然而，一些专业领域仍然使用教科书，特别是对于基础概念和理论的介绍。此外，一些教授和学者可能会选择在高等教育中使用他们自己编写的教科书或其他类型的教材。总体而言，高等教育更强调深入的学科理解、独立思考和研究能力的培养，相对于基础教育，使用的教育资源可能更加多样化。

2. 从项目类别来看，一般项目类的立项最多

27 项课题中有 17 个"一般"项目，3 个"青年"项目，2 个"西部"项目，2 个后期资助项目，还有 2 个"重大"和 1 个"重点"项目。其中，2023 年国家社科基金重大项目"百

年来我国大学教材建设史料整理与研究"是专项研究高校教材建设的重大课题，从加强史料梳理研究起步，为推进高校教材相关研究奠定重要基础。

国家社科基金是为了支持哲学社会科学研究而设立的国家级基金。它旨在促进哲学社会科学学科体系、学术体系和话语体系的建设，推动中国特色哲学社会科学的发展，服务于党和国家的工作大局，以及繁荣发展哲学社会科学事业。国家社科基金涵盖多个学科领域，包括但不限于马克思主义·科学社会主义、党史·党建、哲学、理论经济学、应用经济学、政治学、社会学、法学、国际问题研究、中国历史、世界历史、考古学、民族问题研究、宗教学、中国文学、外国文学、语言学、新闻学与传播学、图书馆·情报与文献学、人口学、统计学、体育学、管理学等。教育学、艺术学、军事学三类属于单列学科。基金资助项目包括重大项目、年度项目、特别委托项目、后期资助项目、西部项目、中华学术外译项目等多个类别。国家社科基金还特别注重扶植青年社科研究工作者和边远、民族地区的社会科学研究。后期资助项目和优秀博士论文出版项目的基本宗旨是鼓励广大哲学社会科学工作者弘扬优良学风，潜心治学，扎实研究，努力推出具有学术传承创新价值的精品力作，培养一批优秀青年学者。主要资助对象为已基本完成且尚未出版的哲学社会科学研究的优秀学术成果。以资助学术专著为主，也少量资助学术价值较高的资料汇编、调研报告和工具书。资助额度方面，重点项目一般为35万元人民币，一般项目和青年项目为20万元人民币，优秀博士论文出版项目主要资助研究深入、创新程度较高、具有较大发展潜力的优秀博士论文，突出对优秀青年学者的科研支持，每项资助金额为20万元左右。项目的完成时限通常为基础理论研究3～5年，应用对策研究2～3年。

3. 从作者单位来看，师范类大学获得立项最多

27个国家级项目的课题负责人分别来自24家单位，包含22所高校和2个研究机构（课程教材研究所和中国教育科学研究院）。其中，有11所高校为师范类大学，分别是北京师范大学、东北师范大学、陕西师范大学、上海师范大学、天津师范大学、杭州师范大学、湖北师范大学、湖南师范大学、河南师范大学、云南师范大学、西华师范大学。24家单位中除北京师范大学、宁波大学、大理大学3所高校分别获得2个课题立项外，其余21家单位各获得1个课题立项。

北京师范大学获得2个课题立项，并且课题级别最高，分别属于"全国教育科学规划2023年国家重点项目"和"国家社科基金中国历史研究院重大历史问题研究专项2023

年度重大项目"。全规办立项的国家重点项目为教育学类课题，题目是"义务教育教材难度、容量的国际比较研究"，重点围绕义务教育教材开展国际比较研究，课题负责人为北京师范大学数学科学学院曹一鸣教授。中国历史研究院重大历史问题的专项立项为历史学类课题，题目是"近代史地教科书与中华民族认同研究"，课题负责人为北京师范大学历史学院李帆教授。虽然项目的题目没有明确研究的学段范畴，但一般意义上"教科书"概念多用于基础教育领域，而且对于中国近代的教育来讲，中小学历史、地理教科书的体量应当要多于高等教育。因此，暂不能确定该课题研究对象是否涉及高校教材。

4. 从研究的学科分类看，教材研究集中于教育学、语言学、历史学等学科

27个课题共涉及7个学科。教育学类立项课题17个，其中1个为国家社科基金重大项目，其余16个为全国教育科学规划课题。语言学类立项课题4个，其中2个是国家社科基金年度一般项目，1个是青年项目，还有一个是后期资助项目。历史学类立项课题2个，包括1个国家社科基金年度一般项目和1个中国历史研究院重大历史问题研究专项重大项目。还有1个为党史·党建学类课题，属于西部项目。此外，还涉及3个学科，外国文学类课题1项、民族学类课题1项、宗教学类课题1项。

5. 从研究教材的学段看，有关基础教育领域的教材研究明显多于高等教育领域

27项课题中有16项关于基础教育教材，6项关于高等教育教材，还有5项虽未明确教材涉及学段，但其中4项为"教科书"相关，研究重点可能以基础教育教材为主。6项高等教育教材研究分别为：百年来我国大学教材建设史料整理与研究、百年来中国《教育社会学》教材建设研究、20世纪中国教育史教材中孔子形象变迁的国家认同研究、宗教心理学前沿《APA心理、宗教与精神性手册》翻译和研究、朝鲜半岛1910—1945年间汉语会话教材注音研究、外语教材开发的界面研究。研究内容类型较为多样、分散。

6. 从研究对象及主题看，以国内教材研究为主流，关注教材与意识形象建构、数字教材等主题的研究较多

23项课题的研究对象为国内教材，3项课题以国外教材为研究对象，还有1项课题属于义务教育教材的国际比较研究。有10项课题是关于教材中"中华民族共同体意识""中国形象""人民形象"等特定形象或意识建构的研究，尤其是涉及中华民族共同体意识和国家认同、民族认同的研究较多，共有 6 项。还有 5 项课题以数字教材为研究主题，除《高质量数字教材建设机制及政策研究》是从政策层面研究全学段教材外，其余 4 项均针对基础教育领域的数字教材开展研究。此外，有 4 项课题为语文教材研究。外语(英语)教材研究有 3 项，2 项涉及中小学教材，包括英语教材的"视觉元话语建构"研究和外语教材中的"国家认同"研究。有 1 项是关于外语教材开发的界面研究，属于教材建设的应用类研究。

(三)教育部立项名单分类立项情况

1. 全国教育科学规划 2023 年课题立项名单(教育部项目)

2023 年全国教育科学规划的教育部立项课题共有 174 项，其中教材相关研究 4 项，立项数约占总数的 2.3%。项目名称含"教材"的有 3 项，含"教科书"的有 1 项。其中，中小学教材研究 2 项，职业教育教材研究 1 项，1 项为智慧数字教材建设研究(未明确区分学段)。此外，没有专门针对高校教材的研究。按项目类别看，教育部重点项目 3 项，分别为：高质量职业教育教材体系的标准建设与实践路径研究、小学数学教材插图质量评价指标体系构建及应用研究、基于知识图谱的智慧数字教材建设研究。其中前两项研究重点针对职业教育阶段教材和小学学段教材，第三项"基于知识图谱的智慧数字教材建设研究"属于数字教材建设研究，不局限于某一学段。教育部专项课题 1 项，"香港中小学《中国语文》教科书中文化认同教育的现状、问题与对策"，为香港地区中小学语文教材中的文化认同教育研究。

2. 2023 年度教育部人文社会科学研究规划基金、青年基金、自筹经费项目立项名单

2023 年度教育部人文社会科学研究规划基金、青年基金、自筹经费项目共立项 3028 项。教材相关研究立项 9 项：

外语教材中的国家意识话语建构及其育人功能研究

跨文化视域下东南亚五国本土汉语教材中国形象比较研究

中法对外语言教材融入国家情怀的互鉴研究

近代南洋教科书整理与研究

新制度主义视角下中小学教材制度综合改革路径研究

新中国中小学教科书主流意识形态话语体系嬗变与进阶研究

大数据时代教科书舆情风险的防治研究

数字时代教材建设和管理的意识形态问题研究

"一带一路"国际化视域下中医教材英译与传播策略研究

3. 2023 年度教育部人文社会科学研究西部和边疆地区项目立项名单

2023 年度教育部人文社会科学研究西部和边疆地区项目共立项 200 项。教材相关研究立项 3 项：

中小学英语教材学科知识与意识形态建构研究

新加坡中学历史教材的国家安全书写研究

改革开放以来中国近现代音乐史教科书知识体系建构研究

4. 2023 年度高校思想政治理论课教师研究专项一般项目立项结果

2023 年度高校思想政治理论课教师研究专项一般项目共立项 206 项。教材相关研究立项 2 项：

基于《思想道德与法治》的中华优秀传统文化资源教学转化研究

高校思政课教材体系向教学体系转换研究

此外，教育部其他 8 类项目立项名单中，不涉及教材研究。具体如下：

2023 年度教育部哲学社会科学研究后期资助项目立项一览表，无教材研究相关立项。

2023 年度教育部人文社会科学研究西藏项目立项一览表，无教材研究相关立项。

2023 年度教育部人文社会科学研究新疆项目立项一览表，无教材研究相关立项。

2023 年度教育部人文社会科学研究专项任务项目（高校辅导员研究）立项一览表，无教材研究相关立项。

2023 年度教育部人文社会科学研究专项任务项目（中国特色社会主义理论体系研究）立项一览表，无教材研究相关立项。

2023 年度教育部高校思政课教师研究专项重大课题攻关项目评审结果一览表，无教材研究相关立项。

2023 年教育部哲学社会科学研究重大攻关项目评审结果一览表，无教材研究相关立项。

中华优秀传统文化专项课题（A 类）立项一览表，无教材研究相关立项。

(四)教育部立项课题总体情况

截至 2023 年 12 月 31 日，课题组共搜集到 12 份教育部立项名单，包括全国教育规划教育部项目、教育部人文社会科学项目、教育部哲学社会科学研究后期资助项目等相关立项名单在内。

教育部人文社会科学项目是教育部面向全国普通高等学校设立的各类人文社会科学研究项目的总称。主要包括：①重大课题攻关项目。指以课题组为依托，以解决国家经济建设与社会发展过程中具有前瞻性、战略性、全局性的重大理论和实际问题，以及人文社会科学基础学科领域以重大问题为研究内容的项目。选题由教育部向全国高等学校、科研院所及实际应用部门征集，面向全国高等学校招标。②基地重大项目。指为普通高等学校人文社会科学重点研究基地设立的、围绕基地学术发展方向进行研究的重大项目。选题由重点研究基地根据基地中长期规划确定，并经基地学术委员会审议通过后，报教育部统一组织招投标。③一般项目。分两类：一是规划项目，含规划基金项目、博士点基金项目、青年基金项目，经费由教育部资助；二是专项任务项目，经费由申请者从校外有关部门和企事业单位自筹。选题由申请人根据教育部社科研究中长期规划和个人前期研究积累自行设计。鼓励申请人从实际应用部门征得选题并获得经费资助。

2023 年度教育部人文社会科学研究一般项目共 6 份名单。其中，规划基金、青年基金、自筹经费项目共 3028 项；西部和边疆地区项目 200 项，新疆项目 20 项，西藏项目 3 项。中国特色社会主义理论体系研究专项 27 项，高校辅导员研究专项 202 项。此外，教育部"高校哲学社会科学繁荣计划专项"中设立的高校思想政治理论课教师研究专项，已纳入教育部人文社会科学研究项目。2023 年度高校思想政治理论课教师研究专项一般项目共有 206 项被批准立项。

全部 12 份教育部立项名单中，有 4 份含有教材相关立项，另外 8 份名单不涉及教材研究。共计 18 项教材研究课题，含重点项目 3 项，专项 1 项，一般项目 2 项，规划基金项目 5 项，青年基金项目 7 项。

从学段分类来看，18 项课题中有 7 项专门研究高等教育教材，6 项研究基础教育教材，1 项研究职业教育教材，还有 4 项研究未具体区分学段，主要涉及教材管理和数字教材研究。相比较而言，教育部立项课题中有关高等教育教材的研究数量略多于基础教育教材研究。特别是教育部对高校思想政治理论课教师设立了研究专项予以支持，强化了思想政治教材的研究力量。从学科分类来看，其中 10 项属于教育学类课题，4 项属于语言学类，3 项属于交叉学科/综合研究，还有 1 项属于历史学类。从研究教材的来源看，13 项有关国内教材，4 项针对国外教材，1 项涉及中外教材比较研究。从作者单位来看，18 项课题的项目负责人来自 17 家单位，包括 15 所高校，含 5 所师范类专业院校、3 所医科类专业院校。此外还有两个课题负责人分别来自课程教材研究所和人民教育出版社。除东北师范大学获得 2 项教材相关课题立项外，其他单位均获得 1 项教材相关课题立项。

通过对 18 项教育部立项课题的研究主题进行归类分析，我们发现教材研究相对集中的问题与国家社科基金立项课题具有相似性。虽然这些课题没有明确关于"中华民族共同体意识"的构建研究，但 18 项课题中有 6 项是关于教材中"国家意识""中国形象""意识形态"等问题的研究，特别是中外语言教育类教材，其重点关注教材表述和教材内容在意识形态、文化认同层面的影响。有 4 项课题为数字教材或大数据时代背景下的教材研究，包括数字教材建设、评价、管理和舆情防控。还有 2 项课题是关于高校思想政治教材，均是有关教材如何向教学转化的研究。

（执笔人：课程教材研究所高校教材研究中心潘信林、袁帅）

第二篇 哲学社会科学教材建设和 管理研究情况分报告

一、本年度高校哲学社会科学教材建设和 管理的研究概述

本报告以学术论文成果为主分析 2023 年度高校哲学社会科学教材建设和管理的研究情况。在"中国知网"中以主题词"高校教材"OR"哲学社会科学教材"OR"人文社会科学教材"进行交叉检索，时间设置为 2023 年 1 月 1 日至 2023 年 12 月 31 日，所得结果经人工判断、筛选和补充，梳理出高校哲学社会科学教材建设和管理相关论文百余篇。研究主题大致可以分为六类：第一，探析高校教材建设和管理思路；第二，研究地方高校的教材建设形势、问题和对策；第三，从课程、专业、学科层面分析相关教材的改进和建设；第四，以教材出版助力高质量教材体系建设研究；第五，高校思政课教材建设及课程思政研究；第六，探索哲学社会科学的新形态教材建设。

(一)高校哲学社会科学教材建设研究

1. 高校教材建设思路研究

高校教材建设思路研究大致可以分为两类：一是从宏观层面对如何建设中国特色高质量高校哲学社会科学教材体系进行思辨研究，二是通过对全国教材奖进行实证分析，从而探索高校精品教材的建设路径。

一是推进高质量高校教材建设的宏观思路研究。谭方正[①]认为加快建设中国特色高质量教材体系的根本遵循在于坚持马克思主义指导地位，坚持中国共产党的全面领导，彰显中国特色和中华民族风格。以围绕立德树人根本任务建设教材体系，高质量打造精品教材，强化教材体系建设的制度保障为核心向度。张振[②]认为新时代教材体系建设应扩展为一种对不同学科、不同学段和不同类型教材的整体架构。推进教材体系整体架构的关键在于遵循价值、理论和实践三重逻辑。朱文辉、许佳美[③]认为加快推进指向高质量的高校教材建设具有三重意境：在价值论层面为高校教材建设提供铸魂育人的理念先导；在方法论层面为高等教育输送内涵式发展的强劲动力；在本体论层面为高等教育培养拔尖创新型人才提供驱动力。刘静[④]提出教育高质量发展背景下高校教材建设的五个维度，分别是明确教材方向与定位，体现党和国家意志；落实教材管理职责，做好教材评价建设；重视内容与技术在教材中的结合；注重教材的创新和多元化融合；建设资源丰富的教材服务平台。李虹[⑤]在回溯我国高校教材建设研究的基础上，提出高校教材建设研究应以发生学为基本理念，凸显立德树人的重要意涵；以角色论为破题思路，着力构建多维协同的建设机制；以实践论为主要范式，重视调查研究，以保障高校教材建设质量。潘信林、骆枳[⑥]则在深入研究哲学社会科学教材评价的目标向度、价值向度、内容向度、实践向度的基础上，提出坚持政治性与价值性统一、学理性与教学性统一、继承性与创新性统一、系统性与针对性统一、中国化与国际化统一的新时代高校哲学社会科学教材评价指标。

二是基于首届全国教材建设奖的实证研究。陈书洋、秦炜炜[⑦]对首届全国教材建设奖（高等教育类）399本获奖优秀教材进行了实证分析，发现优秀教材具有坚持立德树人、关注学术创新、服务国家战略、社会影响广泛、团队合作共建、信息技术融合、

① 谭方正.加快建设中国特色高质量教材体系的根本遵循、核心向度与实践理路[J].中国编辑，2023(6)：4-10.

② 张振.新时代教材体系建设的三重逻辑：价值、理论与实践[J].课程·教材·教法，2023，43(4)：34-41.

③ 朱文辉，许佳美.指向高质量的高校教材建设论析[J].教育科学，2023，39(3)：44-50.

④ 刘静.教育高质量发展背景下高校教材建设的五个维度[J].出版广角，2023(13)：63-66.

⑤ 李虹.我国高等学校教材建设的研究回溯与展望[J].教育文化论坛，2023，15(5)：21-30.

⑥ 潘信林，骆枳.新时代高校哲学社会科学教材评价的重要向度及指标设计[J].探求，2023(6)：58-69+86.

⑦ 陈书洋，秦炜炜.新时代高校精品教材建设现状及培育路径研究：基于首届全国教材建设奖（高等教育类）获奖教材的实证分析[J].出版科学，2023，31(5)：41-50.

出版机构专业等共性特征，并依此提出对精品教材建设的路径建议。龙海涛[①]也通过对首届全国教材建设奖高等教育类获奖教材的分析，提出加快构建中国特色高质量教材体系的发展建议。

2. 地方高校教材建设形势、问题和对策研究

在构建新时代高质量教材体系的背景下，地方高校的教材建设发展一方面充满机遇，另一方面也面临诸多挑战。研究多以某地方高校教材建设为例，分析其教材建设的经验、现状和问题，有针对性地提出发展对策。

何建[②]从"三全育人"的视角分析了地方高校教材的编写质量、支持保障、管理机制及使用等方面存在的问题，并从教材编写的意义、人员的要求、教材思政、教材的审查、评价和使用等方面提出了解决教材建设问题的对策和建议。施佳欢等[③]基于对南京大学教材建设经验的考察，回顾其发展阶段，探寻高校教材建设发展的历史逻辑，以此提出新时代高校教材建设高质量发展的实践指向，要坚持正确方向，突出思想引领，落实教材建设国家事权，进一步推进有组织的教材建设，并积极探索教材新形态。纪宏璠等[④]通过分析中南民族大学当前教材建设的现状与问题，发现民族院校教材建设虽取得一定成绩，但仍存在诸多问题，尝试以新形态教材建设为契机，探索解决民族院校教材建设困境的策略，通过突出教材思政建设特色、完善教材监测评价机制等路径促进教材高质量发展。万明[⑤]通过分析地方高校教材建设中存在的问题，提出推进地方高校新时代教材建设的高质量发展，必须抓好"六化"建设，即规划科学化、队伍专业化、教材精品化、建设立体化、管理规范化、评价标准化。秦玉莲[⑥]通过调研总结了地方应用型本科高校学生使用的专业课教材存在的三大问题，这些问题使得教材无法满

---

① 龙海涛.新时代高等教育教材现状分析与发展慎思：基于首届全国教材建设奖的分析研究[J].湖北师范大学学报（哲学社会科学版），2023，43(6)：90-97＋156.

② 何建."三全育人"视角下地方高校教材建设思考[J].吉林工程技术师范学院学报，2023，39(5)：80-83.

③ 施佳欢，秦安平，阎燕.新时代高校教材建设高质量发展的历史逻辑和实践指向：基于南京大学教材建设经验的考察[J].中国大学教学，2023(6)：83-89.

④ 纪宏璠，杨春洪，杨兵.以新形态教材建设助推民族院校教材高质量发展：以中南民族大学为例[J].科教导刊，2023(5)：1-3.

⑤ 万明.推进地方高校教材建设高质量发展的探讨[J].科技风，2023(20)：160-162.

⑥ 秦玉莲.应用型本科高校专业课教材存在问题及出版对策[J].传播与版权，2023(16)：20-23.

足应用型人才培养的需要。由此提出应用型本科高校专业课教材的出版对策，打造具有地方特色、理实一体化和数字化的动态教材。孙笑琰等①以某地方应用型本科高校为例，在分析教材编、审、用问题的基础上，提出规范教材选用流程，多维度选用优质教材；制定教材建设规划，完善激励政策；分层审核，严把审核流程的思路和对策。

3. 特定课程、专业、学科教材建设研究

特定课程、专业和学科教材建设的研究可大致分为三类。有的学者基于单本教材编写，结合教学实践，对具体教材的编写、使用情况及效果进行研究。有的学者通过纵向回溯某本教材历史沿革，梳理发展历程，指出存在的问题，展望今后的建设方向。特定学科的教材建设研究则集中在外语类和美育类学科。

一是某课程教材评介、教学效果研究。张明②、周溯源③、张义④、张伟⑤分别对《习近平新时代中国特色社会主义思想概论》《社会治理法学概论》《影排对照古代汉语教程＋》《中华优秀传统文化》等教材进行评述和介绍。魏薇⑥、唐灿灿⑦、汤道霞⑧、朱柳等⑨、曾越⑩则分别以"理解当代中国"系列教材、《艺术学概论》教材、《实用汉语综合教程(高级)》教材、《博雅汉语》教材、《设计美学》教材为例，分析其使用路径和教学

---

① 孙笑琰，郭雅静，袁宝华，等．新时代地方高校教材建设与管理的现实问题及对策分析：以某地方应用型本科高校为例[J]．嘉兴学院学报，2023，35(6)：137-140．

② 张明．全面系统的权威教材[J]．中国纪检监察，2023(18)：62．

③ 周溯源．习近平法治思想指导创建社会治理法学新兴学科：《社会治理法学概论》评介[J]．中南民族大学学报(人文社会科学版)，2023，43(11)：189．

④ 张义．新文科教材建设的一次积极探索：《影排对照古代汉语教程＋》编撰札记[J]．汉江师范学院学报，2023，43(5)：129-134．

⑤ 张伟．在高校通识教材中推动中华优秀传统文化的守正创新：兼评《中华优秀传统文化》[J]．湖南科技大学学报(社会科学版)，2023，26(1)：172-176．

⑥ 魏薇．依托"理解当代中国"教材提升高校本科学生国际传播能力的路径研究[J]．校园英语，2023(4)：48-50．

⑦ 唐灿灿．高校艺术理论课教材《艺术学概论》教学效果实证研究[J]．沈阳大学学报(社会科学版)，2023，25(4)：71-79＋102．

⑧ 汤道霞．高校教材《实用汉语综合教程(高级)》的实用性研究[J]．汉字文化，2023(10)：83-85．

⑨ 朱柳，谭力．泰国高校汉语教材《博雅汉语》的使用情况对比研究：以泰国艺术大学和宋卡王子大学为例[J]．汉字文化，2023(23)：99-101．

⑩ 曾越．高校《设计美学》课程改革研究：以教材建设为中心[J]．设计，2023，36(15)：94-96．

效果。

二是某专业教材的纵向、历史研究。徐冰鸥、张旭芳①梳理了新中国成立以来教育研究方法教材的建设历程，总结了教育研究方法教材建设的经验，提出了对我国教育研究方法教材未来发展的前瞻思考。祁东方②梳理了新中国成立以来我国教育社会学教材建设历程，由此总结了教育社会学教材建设的成就和经验启示。谭好哲③梳理了百年来中国现代性文学理论教材编著历程和经验。段友文、石怀庆④回顾了20世纪以来的民间文学教材建设历程，以展望民间文学教材的可能拓展方向。李卯、刘立德⑤总结了改革开放以来中国特色教育学教材研究的阶段、特点，从而展望未来的发展方向。崔庆林⑥对2000—2020年我国正式出版的高校信息素养通识教材进行调查统计和内容分析，梳理了我国高校信息素养通识教材的建设现状，并指出了存在的主要问题，提出了发展建议。綦亮⑦梳理了新世纪我国英国文学教材的编写情况，总结了其特点，提出了发展建议。杨伟、段晓霞⑧对20世纪五六十年代周扬主持的"文科统编教材"进行了文学史与学术史的"现象"考察。薛刚、梁超前⑨梳理了高校历史教材关于高句丽问题的书写研究。

三是外语类学科教材建设研究。李富军⑩以商学导论课程教材的使用为例，探讨了

---

① 徐冰鸥，张旭芳. 新中国教育研究方法教材建设：回顾、审思与前瞻[J]. 中国教育科学（中英文），2023，6(1)：134-144.

② 祁东方. 新中国教育社会学教材建设的回顾与反思[J]. 中国教育科学（中英文），2023，6(4)：131-142.

③ 谭好哲. 教材编著：马克思主义文论同中华传统文论相结合的一条重要路径[J]. 济南大学学报（社会科学版），2023，33(6)：14-24＋175.

④ 段友文，石怀庆. 民间文学教材建设的百年回眸[J]. 民间文化论坛，2023(2)：44-60.

⑤ 李卯，刘立德. 中国特色教育学教材研究：历程、议题、特征及展望[J]. 中国教育科学（中英文），2023，6(3)：61-76.

⑥ 崔庆林. 我国高校信息素养通识教材建设状况分析（2000—2020年）[J]. 四川图书馆学报，2023(5)：51-58.

⑦ 綦亮. 新世纪高校英国文学教材述评[J]. 江苏外语教学研究，2023(3)：58-61.

⑧ 杨伟，段晓霞. 周扬主持"文科统编教材"史事述略[J]. 新文学史料，2023(4)：83-89.

⑨ 薛刚，梁超前. 高校历史教材关于高句丽的书写[J]. 黑河学院学报，2023，14(11)：99-101＋180.

⑩ 李富军. 地方高校商科类英语教材的创客式开发及实践：以商学导论课程教材的使用为例[J]. 创新创业理论研究与实践，2023，6(18)：172-178.

地方高校商科类英语教材的创客式开发策略及实践。张文超[①]着眼于国际传播首先要解决好中国故事"讲什么""跟谁讲""如何讲"的三个基本问题,分析了高校外语专业教材建设的目标定位和实现路径。徐锦芬[②]立足于新时代背景下外语教材建设的内涵,提出了外语教材建设应该考虑其思政性、跨学科性和智能化等实践思路。陈燕文[③]通过对许国璋英语教材编写思想的分析,提出了英语教材的编写的意见建议。王铭玉、袁鑫[④]在分析新时代外语教材内涵的基础上,探讨了我国外语教材建设的使命、机遇、挑战与任务,并展望了未来外语教材建设方向。邓世平[⑤]系统整合了新文科与课程思政对教材编写的要求,明确了该视域下理工类 ESP 教材应遵循的编写原则,提出了新背景下理工类 ESP 教材研究的分析框架。全馨[⑥]则对高校英语专业教师教材观进行了个案研究。

四是美育类学科教材建设研究。郭声健、聂文婧[⑦]认为在国家政策导向下,高校美育教材建设是高校美育发展的重要抓手,并基于现实诉求提出了改革建议。夏爽[⑧]在简要阐述横山老腰鼓在陕北秧歌教材体系中的传承价值的基础上,系统总结出其教材创作原则、内容和方法,以高校舞蹈教育的方式推动传承。夏聪旭[⑨]从实操角度入手,提出了一系列高校湘西苗族鼓舞教材构建的策略。季鲁玉[⑩]分析了艺术类院校教材育人功能方面存在的四类常见问题,提出发展建议。陈美静[⑪]针对目前地方高校音乐专业校本

---

① 张文超. 加强国际传播能力视域下高校外语专业教材建设目标定位和实现路径[J]. 中国出版,2023(9):12-15.

② 徐锦芬. 新时代高校外语教材建设路径[J]. 外语教材研究,2023(0):1-11.

③ 陈燕文. 试论许国璋的英语教材编写思想及其借鉴意义[J]. 河北开放大学学报,2023,28(2):93-96.

④ 王铭玉,袁鑫. 新时代我国外语教材建设的使命、任务与展望[J]. 外语界,2023(6):2-6.

⑤ 邓世平. 新文科与课程思政视域下理工类 ESP 教材编写:原则、现状与路径[J]. 外语教材研究,2023(0):24-43.

⑥ 全馨. 高校英语专业教师教材观个案研究[D]. 北京外国语大学,2023.

⑦ 郭声健,聂文婧. 高校美育教材建设:政策导向、现实诉求与创新思路[J]. 湖南师范大学教育科学学报,2023,22(3):18-26.

⑧ 夏爽. 横山老腰鼓在陕北秧歌教材体系中的融入及其落实到高校传统文化教育的策略[J]. 陕西教育(高教),2023(7):92-94.

⑨ 夏聪旭. 高校湘西苗族鼓舞教材构建思考[J]. 时代报告(奔流),2023(10):59-61.

⑩ 季鲁玉. 艺术类院校教材育人功能探究[J]. 北京教育(高教),2023(8):55-57.

⑪ 陈美静. 地方高校音乐专业校本教材开发探析:以"曲式与作品分析"课程为例[J]. 湖南大众传媒职业技术学院学报,2023,23(1):92-95.

教材开发中存在的问题提出了相关建议。盛夏等[①]通过问卷调查法等对河南省 45 所民办高校的足球教材和教学用书进行研究，提出了问题和改进建议。另外还有对高校公共体育教材建设[②]、应用型本科商科专业教材评估指标体系构建[③]、"双一流"背景下高校创新创业教材建设[④]的研究，思路和结构基本与上述一致。

本年度的学位论文也集中在美育类学科教材建设的研究上。闫姝璇[⑤]通过综合运用文献资料法、专家访谈法、比较研究法以及统计分析法，对高等教育版《体操》教材在我国高校体育教育专业中的发展历程进行梳理，总结成果、经验及特点，提出了新时期的发展策略。肖万才[⑥]对我国体育教育专业足球教材建设，廖娜[⑦]对普通高校舞蹈通识课程教材建设，范琳[⑧]对高校流行舞专业踢踏舞教材建设，窦志勇[⑨]对高校体操教材建设也做了类似研究。

4. 以教材出版助力高质量教材体系建设研究

从教材出版的角度助力支撑高质量的教材体系建设，可以大致分为四个模块：一是综合探讨推进高质量教材出版的实践路径，二是探索中国特色出版学学科体系建设路径，三是新形势下大学出版社在高校教材建设中的发展出路研究，四是教材出版新动向、出版环节研究。

---

① 盛夏，韩潇，陈琦明．"体教融合"背景下民办高校足球教材建设研究[J]．内江科技，2023，44(4)：133-134.

② 姜艳艳．高校公共体育教材高质量发展研究[J]．传播与版权，2023(13)：25-27.

③ 宋静静，刘彬，郭欣然，等．应用型本科商科专业教材评估指标体系构建[J]．现代职业教育，2023(4)：97-100.

④ 张诗菡，朱佳露，彭雅婧．"双一流"背景下高校创新创业教材建设研究[J]．新闻研究导刊，2023，14(21)：225-227.

⑤ 闫姝璇．我国高校体育教育专业体操教材比较研究：以高等教育版《体操》为例[D]．华东师范大学，2023.

⑥ 肖万才．体育院校体育教育专业足球教材分析研究[D]．成都体育学院，2023.

⑦ 廖娜．普通高校舞蹈通识课程教材建设与实践探究：以龟兹乐舞为例[D]．新疆艺术学院，2023.

⑧ 范琳．高校流行舞专业踢踏舞教材建设的思路与实践[D]．四川音乐学院，2023.

⑨ 窦志勇．新中国 70 年高校体操教材内容演变与新时代发展趋向研究[D]．山西大学，2023.

一是推进高质量教材出版的实践路径研究。苏雨恒[①]从教育出版机构和教育出版工作者的角度，针对当前精品教材数量不足、自主原创水平不高等问题，探讨了推进中国特色高质量教材体系建设、编研出版更多精品教材、融合创新推动教材建设现代化的实践路径。宋亦芳[②]结合习近平总书记对全国宣传思想战线提出的"四力"(脚力、眼力、脑力、笔力)要求，立足高校课程教材出版需求，从选题策划、教材编写、编校出版、配套资源建设和营销工作全流程分析了出版开放教育新型高校课程教材的实践路径。刘超、谭方正[③]指出，高等教育出版社在自身优势和发展历史的基础上，不断推动党的创新理论进课程教材、进学术出版、进在线教育；通过成立进教材研究机构、健全进教材长效机制、落实进教材人才保障，使党的创新理论有机融入各级各类教材落到实处，由此推动教育出版高质量发展。章集香[④]认为，我国高校教材出版工作进入新的阶段，出版社竞争激烈，目前存在教材重复建设、"大"课多书、"小"课无书等问题，提出以国家教育发展战略为引领，以全国优秀教材与马工程重点教材为范本，组建专业的出版团队推进高质量教材出版。李晓冬[⑤]从学科编辑的角度指出，在当前高校哲学社会科学教材出版工作中要持续增强两种核心素养，即意识形态政治把关能力和数字融合能力，以最大程度确保哲学社会科学教材的育人效果，适应现代数字信息技术对教育出版产生的深刻变革。

二是中国特色出版学学科体系建设路径研究。周娴、许洁[⑥]指出了在构建中国特色社会主义出版学学科体系的要求下，我国出版学专业教材建设现状及突出问题，针对性地提出了出版学专业教材建设路径。朱田子、范军[⑦]重新审视 20 世纪 80 年代以来中国出版类高校教材的发展轨迹，探索出版类高校教材与出版学科发展的阶段性成果与

① 苏雨恒.从教育出版的角度看建设高质量教材体系的重大课题与挑战[J].中国大学教学，2023(10)：4-7.

② 宋亦芳."四力"在开放教育新型高校课程教材出版中的实践路径[J].新闻研究导刊，2023，14(4)：212-214.

③ 刘超，谭方正.新时代党的创新理论推动教育出版高质量发展的战略重点和实现路径[J].中国编辑，2024(1)：4-10.

④ 章集香.浅谈新时代下高校教材的高质量出版[J].中国报业，2023(20)：162-163.

⑤ 李晓冬.论哲学社会科学教材编辑的核心素养[J].闽南师范大学学报(哲学社会科学版)，2023，37(2)：153-156.

⑥ 周娴，许洁.中国特色出版学高校教材建设的思考与实践[J].出版广角，2023(19)：31-36.

⑦ 朱田子，范军.出版类高校教材与出版学科建设[J].出版参考，2023(1)：13-16.

不足，指出在进一步加强基础理论研究的同时，要重构学科体系、探索出版学基本规律、构建出版学基础理论体系。

三是新形势下大学出版社在高校教材建设中的发展出路研究。杜军和等①梳理和分析了高校教材建设与管理中存在的问题，明确和强调了大学出版社在高校教材建设中的主要作用——提倡"讲道德、讲科学"的出版理念和学术风气，针对性地提出在新形势下大学出版社在高校教材建设中的路径建议。何春梅②通过参与式观察法、深度访谈法调研梳理了近年来西南财经大学出版社教材出版转型升级的实践情况，以此分析中小型大学出版社在教材出版转型升级中存在的问题，提出了"聚焦""强基""赋能"三条转型升级路径。臧延新③总结了改革开放以来大学出版社教材出版的发展经验，分析了当前高校教材建设所面临的问题，以体系化的思维提出了新时代高校教材发展路径。李海涛④在当前我国高校普遍采用学生自主选购教材模式的背景下，提出了大学出版社教材建设的四条实践路径，即打造精品，重视版权，优化折扣，尝试租赁。

四是高校教材融合出版及具体出版环节研究。黄瑞明⑤探讨在信息技术与出版行业深入融合的背景下，提出了高校教材融合出版的概念、表现形式和重要性，以及融合出版视角下高校教材出版创新的有效措施。赵思童⑥梳理了2000年以来高校美育教材融合出版的基本情况及其特征，分析了其中存在的问题，提出了在"遵循美育特点"的基础上高校美育教材融合出版的提升路径。刘荣、于明⑦以管理沟通课程为例，探索了数字媒体时代高校教材有声出版的研发路径。余海钊、唐天赋⑧则关注了互联网资源图

---

① 杜军和，马瑞，孔庆勇. 大学出版社在高校教材建设中的作用与路径探究[J]. 新闻研究导刊，2023，14(11)：172-175.

② 何春梅. 融合发展背景下高校教材出版转型升级路径：以四川地区大学出版社实践为例[J]. 科技传播，2023，15(8)：16-18.

③ 臧延新. 多视角下大学出版社教材出版的思考与实践[J]. 科技与出版，2023(5)：88-94.

④ 李海涛. 自主选购教材背景下大学出版社高校教材建设再思考[J]. 科技与出版，2023(2)：41-47.

⑤ 黄瑞明. 论融合出版视角下高校教材出版创新[J]. 文化产业，2023(4)：25-27.

⑥ 赵思童. 新时代高校美育教材融合出版探析[J]. 中国出版，2023(4)：55-57.

⑦ 刘荣，于明. 数字媒体时代高校教材有声出版研发路径探析：以管理沟通课程有声书为例[J]. 传播与版权，2023(15)：54-56.

⑧ 余海钊，唐天赋. 图书增强出版平台搭建及其在高校教材中的应用：以"扫码通"数字出版平台为例[J]. 传播与版权，2023(1)：56-58.

书增强出版平台对高校教材出版发行的促进作用。魏智如[①]根据高校教材的特点以及《中华人民共和国著作权法》等相关法律法规的规定，指出了高校教材在编写与出版过程中，作者及所在高校应该注意的法律问题。

5. 高校思政课教材建设及课程思政研究

本部分按照研究内容可大致分为三类，分别是课程思政融入专业教材建设研究，高校思政课教材建设研究和高校思政课教材体系向教学体系的转化研究。

一是课程思政融入专业教材建设研究。唐检云、卢瑞琳[②]认为思政理念下教材建设的原则遵循是坚持知识传授与价值观塑造相结合、理论创新与理论应用相结合、系统介绍与正确引导相结合、思想教育与情感培育相结合，并以此提出了教材建设的实践要求。陈巧兰[③]通过对近段时间暴露出的教材管理问题进行难点分析，认为在教材建设过程中应该融入专业课程思政建设，改变以往的教材编写模式，让思政教育与立德树人理念融入专业知识教学中。韩宏文[④]借鉴出版物、图书编校的经验和研究成果，分析了高校自编教材建设和真实素材使用存在的隐患，并以习近平新时代中国特色社会主义思想为指导，探索了自编教材建设和真实素材使用的管理体系、治理体系。余兴发、宋海玲[⑤]通过剖析高校教材思政的内在逻辑，基于整体性、结构性与有机性原则，针对高校出版社，从组织机制、内容设计、多媒体设计与教育共同体四个层面构建教材思政的实践路径。韩福娜、王星[⑥]认为，高校教材出版要注重价值塑造，坚持育人为本，避免空洞泛化，教材的编写者、出版者、使用者应协同合作，共同在教材出版中推进课程思政建设。韩笑[⑦]通过挖掘当下声乐教材中存在的问题，指出要将课程思政元素融

① 魏智如.高校教材编写与出版中的法律问题探析[J].中国地质教育，2023，32(2)：11-15.

② 唐检云，卢瑞琳.课程思政理念下教材建设再思考[J].中国出版，2023(3)：55-58.

③ 陈巧兰.基于课程思政育人理念的高校教材建设与管理[J].产业与科技论坛，2023，22(14)：154-156.

④ 韩宏文.高校自编教材使用真实素材的政治保障探析[J].外语教育与应用，2023(0)：10-17.

⑤ 余兴发，宋海玲.高校出版社教材思政的内在逻辑与实践路径[J].现代出版，2023(3)：21-27.

⑥ 韩福娜，王星.高校教材出版推进课程思政建设理念与路径[J].中国出版，2023(14)：53-57.

⑦ 韩笑.课程思政元素融入高校声乐教材建设的探索实践[J].数据，2023(1)：63-64.

入高校声乐教材的建设中，编纂出理论性与实践性统一、思想性与艺术性统一的高校声乐教材。苏爱[①]通过分析在推进长征精神和大学生党史教育融合进程中出现的诸多现实问题，提出将长征精神融入高校思政课程、高校教材建设、网络载体建设和校园文化建设的发展建议。

二是高校思政课教材建设研究。魏崇辉、王悦[②]认为循序渐进的教学内容、一以贯之的价值引领与坚定不移的政治信仰是大中小学思政课一体化建设的基本维度，应当坚持教学内容、教师队伍与教学资源一体化的实践路径。周蔚华、邹韵婕[③]通过系统回顾新中国成立以来高校思政课教材演进和变化的历程，总结了高校思政课教材建设的基本经验，及其对马克思主义理论教育改革的启示作用。贾璐菲[④]也做了类似研究。翁丽、刘炫烨[⑤]聚焦高中与高校思政课教材的衔接情况，指出了二者衔接的现状及存在问题，提出了可行性的实践路径。杨珊、李琼[⑥]聚焦高校思政课教材中的榜样问题，以高校《思想道德与法治（2021版）》教材为例进行数学统计与文本分析，提出了关注榜样性别均衡化、榜样类型多样化、榜样选取生活化与时代化的建议。宋保仁、苏娜[⑦]则以高校马克思主义基础原理教材为例，剖析了在马克思主义原理教学中的语境不对称问题，提出了针对性的教学建议。

三是高校思政课教材体系向教学体系的转化研究。沈慧[⑧]认为推进高校思想政治理论课教材体系向教学体系转化意义重大，但转化过程面临着认知困境、动力困境和匹

① 苏爱．长征精神融入大学生党史教育探微[J]．河北开放大学学报，2023，28(6)：97-99.
② 魏崇辉，王悦．大中小学思政课一体化建设的基本维度与实践路径[J]．现代中小学教育，2023，39(11)：12-15.
③ 周蔚华，邹韵婕．高校思想政治理论课教材的出版历程、内容特色和现实启示[J]．马克思主义理论学科研究，2023，9(7)：109-120.
④ 贾璐菲．高校思想政治理论课教材建设的经验探究[J]．大学，2023(23)：89-92.
⑤ 翁丽，刘炫烨．高中与高校思政课教材衔接研究[J]．中学政治教学参考，2023(15)：41-43.
⑥ 杨珊，李琼．榜样在高校思政课教材中的运用探析：以《思想道德与法治（2021版）》为例[J]．西藏教育，2023(1)：55-58.
⑦ 宋保仁，苏娜．高校思想政治理论课教材中的非对称语境现象及转化研究：以马克思主义基础原理教材为例[J]．黑龙江教育（高教研究与评估），2023(3)：75-77.
⑧ 沈慧．高校思想政治理论课教材体系向教学体系转化的路径思考[J]．思想政治理论与实践，2023(1)：103-109.

配困境，就此提出了转化路径的基础、前提和目标。王秀娟等①认为教材体系向教学体系转化是高校思政课建设的关键环节，高校思政课教材体系有明确的逻辑空间，教师在转化过程中应基于此发挥创新性。黄平②提出，高校思政课教材体系向教学体系转化可通过优化教学内容体系、构建课程教学话语体系、创新教学方法与手段、转化实践教学体系等路径来实现。张祎③则以"毛泽东思想和中国特色社会主义理论体系概论"为例，提出了教材体系向教学体系转化的五条路径。蒙良秋、唐晓君④探讨了教育数字化背景下高校思政课教材体系向教学体系的转化，以"马克思主义基本原理"课为例，提出应从把握转化规律、重构转化内容、变革转化话语、创新转化方法四个方面协同推进。

6. 哲学社会科学新形态教材建设研究

我国高校新形态教材的发展状况以及存在的问题是一些学者关注的重点，意在提出高校新形态教材建设的方向和策略。此外，也有学者关注到地方高校在教育数字化转型背景下如何走出高质量的新形态教材建设之路。思政课数字教材建设也是高校新形态教材建设的一个关注重点。

一是高校新形态教材建设路径研究。毛芳、李正福⑤梳理了我国高等教育教材数字化转型发展过程，发现其中存在跨部门协同管理机制不顺畅、标识不确定、资质不明确、标准缺位等问题，针对性地提出了加强数字教材建设和管理的对策。刘沛泽等⑥梳理了国内新形态教材的发展现状，分析了发展过程中存在的问题，从加强国家统一规划、充分调动"双一流"高校教师的积极性、增强出版发行单位的参与度等方面提出了

---

① 王秀娟，李忠祥，刘婷婷. 高校思政课教材体系向教学体系转化的逻辑建构[J]. 黑龙江高教研究，2023(9)：126-133.

② 黄平. 高校思政课教材体系向教学体系转化路径探究[J]. 教书育人，2023(24)：100-103.

③ 张祎. 高校思政课教材体系向教学体系有效转化的要素与路径：以"毛泽东思想和中国特色社会主义理论体系概论"为例[J]. 高教论坛，2023(9)：1-5.

④ 蒙良秋，唐晓君. 教育数字化背景下高校思政课教材体系向教学体系转化创新探讨：以"马克思主义基本原理"课为例[J]. 高教论坛，2023(8)：36-39.

⑤ 毛芳，李正福. 我国高等教育数字教材发展的现状、问题与对策[J]. 出版参考，2023(5)：11-16.

⑥ 刘沛泽，邱雅，田夏. 信息化背景下高校新形态教材建设探索[J]. 高教论坛，2023(5)：30-33.

相关建议。田曦等①探讨了高校立体化教材的内涵，指出了立体化教材具有多功能性、便捷性、实用性等特点，并提出了对立体化教材建设的意见建议。张姿炎②从新形态教材的内涵、特征出发，重点阐述了高校新形态教材的表现形式，提出了"互联网＋"背景下高校新形态教材建设策略。卢敏、杜婷婷③以新形态高职教材为例，探讨新形态高校教材的策划与开发策略。王建虹④通过对高校数字化教材开发工作的必要性及存在的问题进行分析，提出了应对路径。徐丽芳等⑤横向比较了中美高校数字教材发展情况和特点，提出了数字教材的四阶段发展论，指出在开放教育环境下如何找准自身定位和发展方向，是两国高校数字化教材发展需要长期考量的问题。魏欣⑥、牟琳琳⑦分别对高校电子教材参考平台的建设和依托高校虚拟教研室建设新形态教材提出了具体建议。李然⑧、钱宇⑨、王磊⑩、李润珍⑪分别以具体课程和教材为例，总结探讨了高校新形态教材建设的有益经验和发展路径。

二是地方应用型高校数字化教材转型研究。任鹏等⑫指出，应用型高校建设数字教材面临诸多挑战，应用型高校应主动抓住数字化转型发展机遇，多举并行建设高质量

① 田曦，李红艳，刘红波，等．浅谈高校立体化教材建设[J]．互联网周刊，2023(23)：48-50．

② 张姿炎．"互联网＋"背景下高校新形态教材建设策略探究[J]．辽宁科技学院学报，2023，25(5)：60-63．

③ 卢敏，杜婷婷．新形态教材出版的探索与实践[J]．全国新书目，2023(1)：148-151．

④ 王建虹．高校数字化教材开发策略研究[J]．教育教学论坛，2023(2)：21-24．

⑤ 徐丽芳，李静涵，刘蓁．中美高校数字教材发展比较研究[J]．数字出版研究，2023，2(1)：99-106．

⑥ 魏欣．高校图书馆电子教材教参平台建设[J]．教育教学论坛，2023(1)：17-20．

⑦ 牟琳琳．依托高校虚拟教研室建设新形态教材研究[J]．出版参考，2023(6)：37-39．

⑧ 李然．民办高校新形态教材建设研究：以《报关单证》课程为例[J]．办公自动化，2023，28(10)：30-32．

⑨ 钱宇．高校物流专业"岗课赛证"的新形态教材探索研究[J]．中国储运，2023(5)：106-107．

⑩ 王磊．新形态教材在应用型高校的建设与实践：基于摄影艺术与技术课程的分析[J]．旅游与摄影，2023(18)：155-157．

⑪ 李润珍．从高校外语教材出版看新形态教材建设如何讲好中国故事[J]．科技与出版，2023(12)：78-86．

⑫ 任鹏，罗金光，戴红芳．数字时代高校数字教材建设的挑战与应答[J]．办公自动化，2023，28(9)：39-42．

数字教材，通过建设和应用数字教材推动教育教学方法改进。欧椅华、杜玉霞①也通过剖析地方高校在数字教材发展中的诸多问题，提出了地方高校发展数字教材的主要策略，包括做好顶层设计、加大数字教材建设力度、建设完善网络信息服务平台、建立健全数字教材数据库、构建数字教材共建共享平台、提升高校相关人员智能教育素养等。

三是思政课教材数字化建设研究。周良发②指出，思政课数字教材建设呈现出建设主体多元化、建设资源共享性、建设过程协同性等显著特征，针对思政课数字教材建设的现实梗阻，从加强顶层设计、重视理念驱动、夯实价值引领、注重主体培育、构建规章制度等方面入手提出了应对策略。周良发、年晨曦③厘清了思政课数字教材质量评价的基本理据，指出要从思想政治引领、教材内容编排、教材呈现样态、教学过程适用、数字技术应用等维度构建思政课数字教材建设质量评价的指标体系。

(二)高校哲学社会科学教材管理研究

1. 关于高校教材管理主体的研究

刘静④指出，党中央始终高度重视教材管理，为我国高质量教材管理提供了系统性、规划性的制度框架，强调明确教材管理主体责任、落实各方职责、做好教材工作机制建设。陈淑清⑤总结新时代十年我国推进教材治理体系现代化的历史成就和经验，指出全面落实教材建设国家事权、抓好中国特色教材体系建设、构建教材管理制度体系是新时代教材治理现代化的基本逻辑，在此基础上提出教材治理现代化的实践路径，展望未来走向。

---

① 欧椅华，杜玉霞. 新时代地方高校发展数字教材的策略[J]. 教育信息技术，2023(Z1)：8-12.

② 周良发. 高校思政课教材数字化建设的内涵特征、现实梗阻与应对策略[J]. 甘肃开放大学学报，2023，33(5)：1-6.

③ 周良发，年晨曦. 新时代高校思政课数字教材质量评价的多维探析[J]. 现代教育科学，2023(6)：144-150.

④ 刘静. 教育高质量发展背景下高校教材建设的五个维度[J]. 出版广角，2023(13)：63-66.

⑤ 陈淑清. 新时代教材治理现代化的十年探索：基本逻辑、实践路径和未来走向[J]. 课程·教材·教法，2023，43(1)：20-28.

相关文献反映出高校教材管理主体存在的主要问题为落实教材治理责任不到位，主要体现在以下三方面。一是对高校教材在党和国家事业发展全局中的重要地位认识不足。党的十八大以来，教材工作格局发生历史性变化。一些高校和出版社没能跟上新时代教材建设新步伐，尚未转变固有思想，对高校教材极端重要性的认识明显不足，对教材建设国家事权、教材领域意识形态斗争、教材培根铸魂育人功能的认识还不够深刻全面，对教材的认识仍停留在一般的教学层面。二是教材领导机构不够健全。一些部门、地方和高校的教材工作力量薄弱，压力传导不够，这主要体现在地方管理组织机构不够健全。一些高校教材领导机构负责人不见学校主要领导，甚至出现由教务处处长、副处长负责本校教材工作的情况。三是教材工作组织机构不健全。部分高校还没有成立教材委员会，还有个别高校没有明确教材工作的牵头机构，找不到主责人员。部分高校的教材组织机构管理职能仅由教务处等部门代为行使，教材管理职能发挥不畅，在一定程度上制约了高校教材治理的效率和质量的提升。虽然有些地方成立了教材委员会，但是大部分地方教材管理工作仍由教育厅高教处负责。在三级责任主体联动建设教材的制度框架中，地方教育行政部门和高校应以基层执行主体的身份来落实国家关于教材建设的相关政策法规，但有些基层主体只是有选择地执行命令，主观能动性发挥不足。

针对教材管理主体存在的问题，学者建议完善权责划分，科学确定各项工作的主责部门，压实各方责任。有学者指出，教材建设国家事权划分的核心途径是法治化，通过法律合理界定各级政府事权，并通过制度约束使法定事权得到积极履行，实现权能统一、权责同构。

2. 关于高校教材管理对象的研究

赵丹[1]从非传统安全视域的角度指出，教材使用和评价机制面临挑战，教材中的国家安全理念是否能有效落地，需借助科学、系统的教材评价机制，对教材内容和使用状况展开评估。孙笑琰等[2]从新时代地方高校教材管理存在的现实问题入手，指出了新版教材和优质教材选用不规范问题。由于教材出版种类多、更新快，教师很难系统性

① 赵丹.非传统安全视域下高校外语教材建设：内容、使用和开发[J].品位·经典，2023(24)：149-152.

② 孙笑琰，郭雅静，袁宝华，等.新时代地方高校教材建设与管理的现实问题及对策分析：以某地方应用型本科高校为例[J].嘉兴学院学报，2023，35(6)：137-140.

地掌握全部出版信息，对于好的教材也缺乏统一的评判标准。陈巧兰[①]通过对近段时间暴露出的教材管理问题进行难点分析，指出由于高校专业课等教材的准入门槛不够高，导致很多无资质的出版机构进入教材市场，缺乏相应的管理。刘静[②]建议完善教材选用的相关环节，深入研究教材评价的规则和方法，并提出具体可行的措施。

研究显示，在教材的选用方面缺乏科学的选用标准。首先，在外国教材引进方面，缺乏操作性强的引进标准，导致个别存在偏离价值导向和危害国家安全等内容的国外教材流入高校课堂。其次，教材选用机制不够健全。部分高校教材选用版本过多，低水平重复。少数学校出于不同的利益考虑，选用低水平教材或者高价格教材的现象还在一定程度上存在。同时，也存在教师选择教材的自主性和多样性带来的少数教师选择教材的随意性。最后，高校教材淘汰标准缺位。由于淘汰标准的缺失，导致高校淘汰劣质教材难度大，有质量问题的低劣教材出不去，优质教材进不来，抑制了教材间的良性竞争和教师参与教材编写的积极性，不利于提升教材质量和丰富性。

研究显示，在教材使用方面，尚未形成教材使用跟踪评价常态化机制，教材工作没有实现闭环管理，问题发现和改进不及时。用好教材是教材建设的"最后一公里"。如果从闭环的角度，实现教材、教、学的良性互动，就能更好地提高育人效果。目前，高校马工程重点教材育人功能尚未得到充分发挥，基层在使用教材的过程中，存在目标不明、职责不清、方法不当等问题。有的高校开设了马工程重点教材对应课程，但未使用马工程重点教材。有的高校虽然使用了教材，但是使用效果不佳。同一本马工程重点教材在专科、本科、研究生的不同课程中同时使用，存在"水土不服"问题。还有研究者指出，部分人"把马工程重点教材排除在本学科专业选用的核心教材体系之外"，甚至通过在网络上故意打低分、写差评等方式对其肆意贬损歪曲。

研究建议，高校对教材的选用要遵循学术标准，契合人才培养定位。首先，学校党委是教材选用的责任主体，应当深入贯彻党和国家对教育的基本要求，结合学校办学定位和人才培养特点，加强教材审核、选用职能建设，严把教材选用关和使用关。其次，加强系统性教材评价。系统性教材评价分为内部评价和外部评价两方面，内部评价指教材本身或内容的科学性、合理性和有效性的评价；外部评价指评价教材是否适用于某个特定的使用对象群体。在分析教材编、审、用问题的基础上，加快教材评

① 陈巧兰. 基于课程思政育人理念的高校教材建设与管理[J]. 产业与科技论坛，2023，22（14）：154-156.

② 刘静. 教育高质量发展背景下高校教材建设的五个维度[J]. 出版广角，2023（13）：63-66.

价标准的研制，提出规范教材选用流程，多维度选用优质教材。最后，强化依法治教。制定学校教材审核、选用和使用办法，实行分层审核，严把审核流程的思路和程序关。

3. 关于高校教材管理体制机制的研究

何建[①]从"三全育人"的视角分析了地方高校教材管理机制存在的问题，并从人员的要求、教材的审查、评价和使用等方面提出了解决教材建设问题的对策和建议。赵屹冰[②]针对当前高校教材管理中存在的问题，提出了优化高等教育教材管理的建议：厘清部门教育职责，制定明确规范、坚持培养培训并举，拔高选用门槛、加快教学信息化建设，建立合作机制、搭建民主反馈平台，完善评价制度、建立追责追究机制，形成整改闭环。王博[③]分析了当前高校教材管理工作中存在的问题，并从教材管理工作队伍建设、教材选用制度、教材管理信息化水平等六个方面探索了解决问题的对策。

体制机制是教材治理的动力源，体制机制的薄弱往往造成一些应该设立的机构未设立、应该配备的人员未配备、应该制定的制度未制定、应该加强的审核未加强、应该修订的教材未修订，导致教材管理职能散、机制弱、力量小。研究显示，当前高校教材管理的制度体系和结构体系主要存在以下问题：一是教材制度不够健全。大部分高校尚未出台教材建设规划和管理办法实施细则，对《普通高等学校教材管理办法》等相关政策文件落实不到位。二是专家机构不够健全。一些地方和高校存在教材审核人员不固定、一线教师少的情况，故而审核把关质量不高。部分高校的教材审核流于形式，对教材的思想性、科学性、适用性等缺乏有效审核，审核质量难以保证。三是教材管理整体规划和工作统筹不够规范。部分高校教材的管理缺乏统筹指导和系统设计，存在明显的随意性。四是教材工作专业化程度比较低。部分学校虽然明确了教材工作机构，但尚未配备专门人员。由于缺乏专门的教材管理组织机构的依托，导致其管理职能难以发挥，上令下达的渠道不够畅通，难以形成合力。

研究建议，从管理过程的结构体系和规则体系入手，完善体制机制。有学者建议各高校制定好本校的教材建设规划和管理细则，让上位文件落下来。结合国家重大战

---

① 何建."三全育人"视角下地方高校教材建设思考[J].吉林工程技术师范学院学报，2023，39(5)：80-83.

② 赵屹冰.新时代高等教育教材管理中的难点与建议探究[J].国家通用语言文字教学与研究，2023(5)：27-29.

③ 王博.高校教材管理工作存在问题及对策[J].河南农业，2023(33)：4-5.

略需求，制定教材规划的时间表、路线图、任务书。制定并完善定期总结制度、重大选题的专家论证制度、编写人员的资质审核制度等。高校教材建设需要政府、高校、出版社等各有关单位发挥协同效应，形成建设合力。理顺政府与市场的主体责任关系，引导市场主体积极参与教材建设，为高校供给更为丰富的教材。出版部门要将教材的社会效益放在首位，密切联系高校及教材主管部门，做好调查研究。坚持教材的思想性、科学性、先进性、适用性相统一，切实保证教材选题质量、内容质量和出版质量持续提升。

4. 关于高校教材管理逻辑、思路的研究

杨柳、罗生全[1]认为新时代语境下的高校教材治理现代化应遵循三大逻辑理路：从确定性管理思维到协同式治理思维的认知逻辑的转变、从静态管理体制机制到动态治理体系的生成逻辑的转变、从一般管理倾向到公共治理取向的发展逻辑的转变。韩宏文[2]借鉴出版物、图书编校的经验分析高校自编教材建设和真实素材使用存在的隐患，探索了自编教材建设和真实素材使用的管理体系、治理体系。杜军和等[3]梳理和分析了高校教材管理中存在的问题，如引领性政策亟须落实、顶层设计有待加强等，针对性地提出在新形势下大学出版社应密切结合高校及教材主管部门，做好教材整体规划，提倡"讲道德、讲科学"的出版理念和学术风气。余兴发、宋海玲[4]通过剖析高校教材思政的内在逻辑，基于整体性、结构性与有机性原则，针对高校出版社，从组织机制、内容设计、多媒体设计与教育共同体四个层面提出了构建教材思政的实践路径。

研究显示，高校教材管理逻辑、管理思路的不足主要体现在两个方面。其一，从教材管理转化为教材治理的逻辑需要进一步理顺。教材治理结构尚需优化、教材治理效能有待进一步提高。其二，高校教材管理的思路未能与时俱进。一些教材的顶层设计存在国际视野不足、文化自信不够、没有站在科技前沿等问题。

研究建议，提高教材质量，迫切需要以治理思维取代传统的管理理念，应将治理

① 杨柳，罗生全. 高校教材建设治理现代化的逻辑理路与发展路向[J]. 教育科学，2023，39(1)：21-27.

② 韩宏文. 高校自编教材使用真实素材的政治保障探析[J]. 外语教育与应用，2023(0)：10-17.

③ 杜军和，马瑞，孔庆勇. 大学出版社在高校教材建设中的作用与路径探究[J]. 新闻研究导刊，2023，14(11)：172-175.

④ 余兴发，宋海玲. 高校出版社教材思政的内在逻辑与实践路径[J]. 现代出版，2023(3)：21-27.

体系和治理能力现代化的交互运作及实践效能充分反映在高校教材建设过程之中。首先，在认知逻辑上，从确定性管理思维转化为从关系思维范式中衍生出的协同式治理，充分发挥地方教育行政部门和高校在自主治理、参与服务、协同管理等方面的作用，形成国家、地方和高校协同共建的新格局。其次，在生成逻辑上，从静态管理体制机制到动态治理体系，需通过科学制定专业的法律法规和相关的行政法规以及配套的制度，保障高校教材建设有序推进。最后，在发展逻辑上，从一般管理倾向转为公共治理取向，以构建优质教材体系作为治理的公共价值取向，实现不同主体在建设高质量高校教材上的态度、信念、价值观念与行为方式的意向融通。

5. 关于高校教材管理条件保障的研究

高水平的教材管理需要有一流的、专业化的队伍做保证。万明[1]通过分析地方高校教材建设中存在的问题，提出了推进地方高校新时代教材建设的高质量发展，需要专业化的队伍作保障。李建森等[2]从课程思政视角出发，提出应组建媒介素养类高校教材的"国家队"，建议国家教育行政部门加强对编者队伍的人才选拔和管理，按照吸收、选拔和培养的方式，形成编纂人才库，按照教材要求抽调相关专家组成专班。

研究显示，教材管理队伍建设任重道远。高水平专家参与教材审核的积极性不高，缺乏兼备政治性和专业性的复合型专家，教材工作基础仍然薄弱。教材研究深度和质量不够，现有的各支队伍中，长期、稳定、专业从事教材建设的人员比例较低等问题制约着教材队伍的发展。

研究建议，第一，培养和培训并举，打造高素质专业化队伍。一方面要加强教材专家队伍建设。研究者建议高校教材的管理部门未雨绸缪、通力合作，设立教材人才库，以促进教材编写、审核工作的校际合作。另一方面要加强有针对性的培训。有专家建议，对参与教材审核工作的教师进行政治理论、政策法规、业务能力等方面的培训，使其对教材审核工作有全局性的认识，从而打造一支立场坚定、业务精湛、结构合理、学风优良的高素质专业化教材管理队伍。第二，完善激励保障，激发内生动力。有研究者建议强化教材建设激励保障，根据教材建设规划和管理办法的有关要求，完善教师激励机制，包括制定和完善教材方面工作量统计、科研成果统计，优化教学、

---

① 万明．推进地方高校教材建设高质量发展的探讨[J]．科技风，2023(20)：160-162.

② 李建森，常益敏．课程思政视阈下高校媒介素养类教材开发路径[J]．中国出版，2023(21)：50-55.

科研、教材三类成果之间的转换机制，扭转"重论文、轻教材"倾向，加强教材工作成果在绩效考核评价、职务职称评聘方面的认定，加强版权保护、设立国家级教材建设与研究成果奖等，从而进一步鼓励更多人才参与教材建设，构建教材质量保障机制。

(三)本年度高校哲学社会科学教材建设和管理研究的可视化分析

本节对本年度高校哲学社会科学教材建设和管理的研究论文进行可视化分析，通过指标分析、网络分析、分布分析，从篇均参考文献数、总被引数、总下载数、篇均被引数、篇均下载数、下载被引比、文献互引、关键词共现、作者合作、学科机构等多个角度梳理分析本年度研究文献的集群、分布情况，为总结概括本年度的研究亮点、短板、展望未来的研究思路提供数据基础。

1. 指标分析

本年度哲学社会科学教材建设和管理的研究文献共 109 篇，总参考文献 999 篇，篇均参考文献为 9.25 篇，总被引数为 31 次，总下载数为 18515 次，篇均被引数为 0.29 次，篇均下载数为 171.44 次，下载被引比为 0。

整体来看，本年度高校哲学社会科学教材建设和管理研究论文篇数不少，参考文献丰富，但总被引数和篇均被引数都比较低，研究成果的影响力有限；然而总下载数和篇均下载数相对较高，表明该研究领域较为活跃，研究主题有一定热度。

2. 网络分析

(1)文献互引网络

由图 1-2-1 可见，本年度哲学社会科学教材建设和管理研究文献的相互引用比较丰富，呈多点散发态势。文献互引网络线条密集，相互交叉，原始文献、参考文献以及引证文献之间的关联较为紧密，话题集中度高。线条延展较长，说明该研究话题的关注度较高，研究程度不断加深。网络中有多个直径较大的中心点，是共引次数较多的文献，《人民日报》以及《习近平谈治国理政》是重要参考文献来源，其中习近平总书记在《人民日报》刊登的文章《高举中国特色社会主义伟大旗帜 为全面建设社会主义现代化国家而团结奋斗》和《在哲学社会科学工作座谈会上的讲话》是该领域研究文献的重要理论基础。除此之外，两篇及以上原始文献共同引用的参考文献也大多来自《课程·教材·教法》《教育研究》《中国高教研究》《黑龙江高教研究》《学位与研究生教育》等核心期刊。这说明该领域的权威文献比较集中，有明确的政策依循。

图 1-2-1　本年度哲学社会科学教材建设和管理研究文献互引网络图

（2）关键词共现网络

本年度哲学社会科学教材建设和管理研究文献中，共同出现频次在 5 次以上的关键词依次有：“立德树人”20 次，“教材出版”14 次，“路径”14 次，“高等教育”13 次，“高校教材建设”12 次，“教材质量”12 次，“思政”11 次，“纸质教材”11 次，“人才培养”10 次，“思政课”9 次，“教材编写”9 次，“德育”9 次，“信息技术”8 次，“数字化转型”7 次，“新形态教材”6 次，“理论课教材”6 次，“应用型高校”5 次。关键词组间的连线交叉密集，同色圆的聚集程度较高，研究热点集中度就较高。由图 1-2-2 可见，本年度的相关研究主要围绕立德树人根本任务、教材思政、高校教材建设路径、教材出版、教材新形态展开。

（3）作者合作网络

由图 1-2-3 可见，在本年度哲学社会科学教材建设和管理的研究文献中，大直径的圆圈表示该作者在知网中发文量较大，发文量最大的作者来自教育部课程教材研究所；

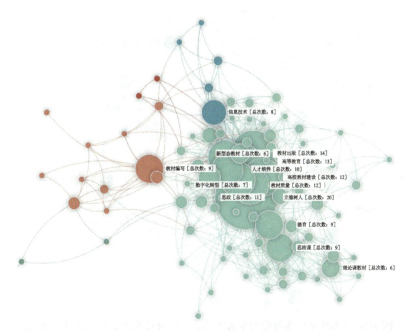

信息技术［总次数：8］

新型态教材［总次数：6］　教材出版［总次数：14］
高等教育［总次数：13］
教材编写［总次数：9］　人才培养［总次数：10］　高校教材建设［总次数：12］
数字化转型［总次数：7］　教材质量［总次数：12］
思政［总次数：11］　立德树人［总次数：20］
德育［总次数：9］
思政课［总次数：9］
理论课教材［总次数：6］

图 1-2-2　本年度哲学社会科学教材建设和管理研究文献中关键词共现网络图

其余小圆圈居多，说明大部分作者在该研究领域还处在初步探索阶段，缺少权威专家发文。另外，圆圈间的分布比较散乱，圆圈间连线稀疏，尤其是大圆圈之间几乎没有连接线，这表示该领域的研究普遍缺乏作者间合作。有 3 条及以上连接线的作者合作主要来自同校合作，包括西安财经大学、湖南工学院、长春工程学院等。连接线最为丰富的合作来自高等教育出版社和北京大学。由此可见，该研究领域的作者偏向"单打独斗"，尚未形成成熟多元的作者合作网络。

3. 分布分析

（1）学科分布

由图 1-2-4 可见，不排除重复计算，本年度哲学社会科学教材建设和管理的研究文献大部分来自高等教育学科（占 62.96％），其次是出版学科（占 27.78％）。计算机软件及应用学科占 8.33％，主要涉及新形态教材研究。教育理论与教育管理学科的文献占 5.56％。文献的学科集中程度比较高。

（2）来源分布

由图 1-2-5 可见，本年度哲学社会科学教材建设和管理的研究论文发文量在 2 篇及以上的期刊共 18 个，其中《传播与版权》《中国出版》各发文 4 篇，《出版参考》《高教论

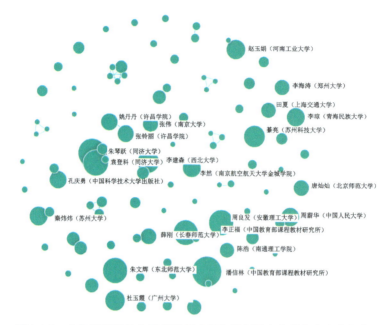

图1-2-3　本年度哲学社会科学教材建设和管理研究文献作者合作网络图

图1-2-4　本年度哲学社会科学教材建设和管理研究文献学科分布图

坛》《科技与出版》《新闻研究导刊》《中国教育科学》(中英文)各发文3篇,《外语教材研究》《办公自动化》《出版广角》《汉字文化》《河北开放大学学报》《教育教学论坛》《教育科学》《科教导刊》《课程·教材·教法》《中国编辑》《中国大学教学》各发文2篇,其余期刊均发文1篇。文献来源范围较广,主要集中在出版类、教育类期刊中。发表在CSSCI来源期刊上的文献共27篇,约占总文献数的四分之一。

(3)影响因子分布

由图1-2-6可见,本年度哲学社会科学教材建设和管理研究文献的影响力较为有限。复合影响因子大于4的文献共8篇,复合影响因子大于2的文献共计20篇,占比接近总文献数的五分之一,复合影响因子在1以下的文献是主体部分,占总文献数的70%。由此可见,本年度的研究精品文献较少,文献的影响力有限。

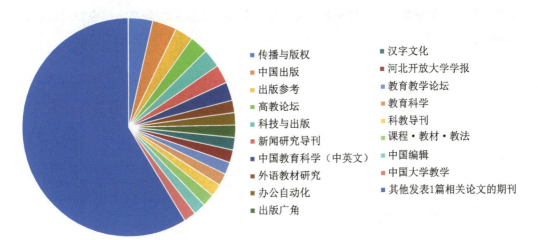

图 1-2-5　本年度哲学社会科学教材建设和管理研究文献来源期刊分布图

文献复合影响因子区间占比

■5～6　■4～5　■3～4　■2～3　■1～2　■1以下

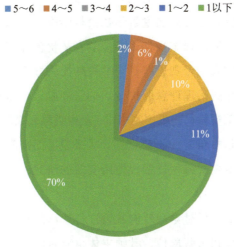

图 1-2-6　本年度哲学社会科学教材建设和管理研究文献影响力分布图①

　　通过以上可视化数据分析，可以得知本年度哲学社会科学教材建设与管理研究文献的关联性较强，文献互引较为频繁，重点论题的热度较高，具有一定的集聚效应。反观作者间的相互合作比较少，独立探索的属性较强，作者的机构来源广泛，呈多点散发态势。在文献质量和影响力方面，本年度的研究主体较为薄弱，重量级文献相对

---

①　图例所示数字范围均含前不含后，余同。

欠缺，研究成果分散、系统性不强。但该研究领域受关注程度较高，研究领域的成长性较强。

二、本年度高校哲学社会科学教材建设和管理研究的经验及亮点

（一）以多元研究为基础

本年度哲学社会科学教材建设和管理研究的文献来源广泛，研究层次丰富，研究主体多样，研究方法结合了思辨与实证，研究对象涉及高校教材的多个面向。就研究层次来说，本年度的文献涉及高校教材建设与管理的宏观、中观、微观层面。如何从整体系统角度构建有中国特色的高质量哲学社会科学教材体系，协同落实高校教材建设治理现代化格局，是研究的根本指向。多位学者从价值导向、理论支撑和实践路径三重逻辑探索高校教材建设的宏观思路，同时将高校教材管理纳入高质量教材建设的体系化进程中，以现代化的治理理念取代传统的管理思维，厘清新时代教材治理现代化的根本逻辑，即全面落实教材建设国家事权。从中观层面来看，高校教材管理工作和地方高校教材建设工作是本年度的研究重点。从微观层面来看，则主要以具体教材为研究对象，既有针对特定教材编写过程或使用实效的研究，也有对某学科专业教材的纵向或横向研究。

本年度的研究主体既包括对党和政府政策进行解读的相关教材专家，也包括具体教材的编写者、编写单位和出版单位，教师主体也略有涉及，相对缺少学生主体对于高校教材的评价和使用研究。本年度的研究中，相关教材专家和学者发表了多数文献，是活跃在该领域的中坚力量。另一个突出的研究主体是出版单位，其中高等教育出版社所发表的文献最多，其次是各大学出版社，包括北京大学出版社、中国科学技术大学出版社、对外经济贸易大学出版社等多家大学出版单位，其主要从教材出版的多视角和全过程出发思考教材出版中的转型升级。

从研究方法来看，本年度的文献以思辨研究和政策研究为主。多数文章从国家政策和专业逻辑出发对构建高质量高校教材建设和管理体系进行分析和思考，有 2 篇文

献以国家教材奖获奖数据为基础进行实证研究，分析高质量教材的特点。地方高校和应用型本科高校的教材建设研究则多通过调研数据和工作实践提出改进建议。从研究内容来看，学科具体教材、高校教材建设思路、高校教材管理工作、教材出版、教材思政、教材的新形态是本年度的主要研究对象，涉及教材谋划、编写、出版、使用的各个环节。

(二)以立德树人为主线

本年度的研究文献以落实"立德树人"为根本任务，将其作为教材体系建设的根本逻辑，在其基础上打造高质量的具有中国特色和世界水平的高校教材体系。研究指出，高校教材是国家建构意识形态和文化认同的重要载体，也是高等教育知识选择的理念和逻辑生成的集中体现。教材体现党和国家对教育的基本要求，体现国家和民族的基本价值观。加快建设中国特色高质量教材体系必须坚持党的全面领导，牢牢掌握党对意识形态工作领导权，这是由教材的意识形态属性决定的。新时代的教材体系建设要落实立德树人根本任务，培养德智体美劳全面发展的社会主义建设者和接班人，必须用心打造培根铸魂、启智增慧、适应时代要求的精品教材，全面提升教材体系建设的思想性、科学性和时代性，为人才培养提供有力的智力支撑和有效的落实机制。

"思想政治理论课是落实立德树人根本任务的关键课程"[①]，肩负着"为党育人、为国育才"的重要使命，是本年度研究重点之一。研究指出，要把思想政治教育贯穿于高校日常专业课和素质教育当中，形成协同效应，从而充分发挥思政课教材的引领作用和各类课程教材的支撑、印证、浸润、深化、拓展作用，弘扬马克思主义和中国化时代化的马克思主义的立场、观点、方法和其蕴含的价值观内涵。在高校思政课建设中，教材体系向教学体系转化是关键环节。要通过教师能动地对教材体系再加工和再创造，完成教学体系对教材体系的扬弃，在这一过程中应坚持知识传授与价值观塑造相结合、理论创新与理论应用相结合、系统介绍与正确引导相结合、思想教育与情感培育相结合。

[①]　习近平：习近平谈治国理政：第 3 卷[M]. 北京：外文出版社，2020：329.

(三)以路径探索为指向

本年度的研究文献以高校教材路径探索或实践理路为最终指向,通过梳理分析高质量高校教材建设的应然意蕴与实然困境,以实践来实现"理想"对自身所面临的困境的超越,在二者的逻辑交叉点上为开辟具有中国特色的高质量高校教材建设路径建言献策。以实践路径为出口的高校教材建设研究,一方面体现了当前高校教材建设普遍面临诸多困境的现实情况,与国家政策和育人目标所要求的教材体系还存在较大差距。另一方面也说明高校教材建设实践正在初步开展过程中,有充足的探索空间,有利于新想法、新模式的落地和反馈。

研究指出,高校教材建设的实践路径应多管齐下、多线并进。在国家层面上,教育部门应制定严格的、科学合理的高校教材质量标准,建立健全高校教材审核制度,坚决落实教材使用持续抽查制度。从地方层面上看,地方教育部门应在行使教材建设权力的同时认清自身所处立场,彻底摒除"地方保护主义"的狭隘立场,坚定遵循国家教材委员会的顶层统筹,根据实际需要进行有地域特色的教材编写。在高校层面上,高校应在循序落实国家及地方政策的前提下,在做好教材的整体规划的基础上,紧紧围绕自身学科建设的需要,根据不同类型、不同专业、不同层次的实际与需求编写规范的、科学的、高质量的教材;地方高校要根据专业特色和专业优势,做好教材的科学化规划、专业化队伍、精品化教材、立体化发展、标准化评价、规范化管理。

(四)以技术创新为方向

本年度的研究重视技术创新在高校教材建设中的重要推动作用,将近三分之一的文献结合研究主题对"新形态教材""数字化教材"进行论述,涉及新形态教材的概念和范围、现实意义、现存问题、编写策略和开发建设路径等多个讨论话题。新形态教材作为教材研究的前沿领域,在学界尚未形成较为统一的定义表述和建设思路,虽然研究者各抒己见,但对于建设中国特色高质量教材体系必须适应教育数字化的要求共识程度高——新形态教材作为教育现代化和信息化背景下信息技术与传统教材深度融合的新型教材产物,对高校未来创新人才的培养具有重大的意义。新形态高校教材的研发及使用一方面可以推动高等教育的高质量发展,另一方面旨在通过教材形态的变化来满足创新人才多方面发展的真实所需。因此,高校教材建设要自觉融入教育数字化战略行动,创新教材内容呈现形式、传播渠道和服务模式。

为此,需要将新形态教材的建设放在教材建设和人才培养的优先位置,研究指出了以新形态教材推进高校教材建设的实践路径。一是加强对新形态教材建设的系统布局和统一规划,在现有教材建设与管理制度的基础上,建立专门的、系统完备的、科学规范的新形态教材建设与管理规章制度。二是组建多元化、高水平的教材研发团队,通过各项措施鼓励高水平教师积极参与新形态教材的编撰,为新形态高校教材的研发提供智力支撑。三是以纸质教材为参照、以数字信息技术为辅助,在保证教材质量稳定提升的基础上开发新形态高校教材,通过数字化教学资源平台的搭建、立体化新形态教材的开发,为教材资源体系的建设提供核心知识体系、多样教学资源和技术支撑。此外,新形态教材的大规模发展和常态化应用离不开国内各大出版社的高度参与和技术支持,要强化统一领导,细化落实国家出版行政部门的管理职责,建立工作协调机制,共同做好新形态教材的建设工作。

(五)以全过程监管为特色

本年度教材管理研究突出强调全过程监管。研究认为,完善中国特色教材建设质量保障体系,最根本的是加强党对教材的全面领导。教材在党和国家事业全局中的地位日益突出,党管教材的要求也更加明确,高校教材建设必须彰显国家意志,强化意识形态导向,把党的领导贯穿教材工作全过程各领域,覆盖编修、审定、使用、管理、评价等各环节。高校作为教材选用主体,高校党委应当对本校教材工作负总责。在哲学社会科学教材编写、审核和选用上,强调高校党委要从政治立场、政治方向、政治原则、政治道路等方面把关,还要从高校教学过程、科学研究、学科建设和人才培养等方面全面规划和加强教材建设。建议强化党建引领,加强自身建设,强化责任意识和阵地意识,树牢底线思维,加强风险防范,增强斗争本领,坚决建好守牢教材阵地。

加强全流程把关,要坚持多措并举。有研究指出,世界各国都未曾放松过教材管理,以确保国家的政治观点、意识形态、文化遗产的传递。所有国家都对教材内容进行审核或认定，并对审定人员、审定时间、审定内容和程序有明确的规定。把牢教材方向，研究建议做好以下几个方面。一是健全导向正确、责任明晰、程序规范的教材编修制度。明确教材编修的指导思想、责任主体、人员资质、编修程序、修订周期。特别要对意识形态属性较强的教材和涉及国家主权、安全以及民族、宗教等内容的教材，实行国家统一编修、统一审核、统一使用。二是加强教材源头管理。必须保证由可靠的人来编教材，尤其是教材主编，要有鲜明坚定的政治立场、深厚的专业造诣和丰富的教学经验，确保教材的思想性、科学性、时代性、系统性和适切性。三是完善教材审核选用制度规范。落实好编审分离，进一步健全教材审核、选用的标准和程序，研制教材审核标准和指南，形成操作性强的审核手册。

(六)以强化治理思维为关键

本年度高校教材管理研究认为，面对新时代新形势新要求，既有的管理思维已不能有力支撑我国从教材大国向教材强国迈进，需以治理思维取代传统的管理理念。教材属于公共治理范畴，即根据一定学科的任务编选和组织具有一定范围和深度的知识技能体系。[①] 在我国，教育治理已经具有一定的政策基础、实践基础、研究基础，是对一直在进行的教育管理改革的深化。教材治理的核心在于"通过分权和集权两种方式调整优化共治主体的权责关系，解决教育管理中社会参与不够……学校内部治理结构不完善等突出问题"[②]。教材治理的优越性在于各种不同群体的诉求能得到充分表达，各种管理决策可以得到充分讨论与论证。教材建设体制机制改革必须系统思考、统筹规划、多点突破、纵深推进，必须紧紧抓住编写、修订、审查、选用、出版、发行、奖励整个链条，以治理思维取代传统的管理理念，推进教材教学融合发展，从提供教材向提供教材服务转变。例如，有学者提出建立教材使用的第三方跟踪调查制度，通过广大一线教师和学生的反馈对教材的质量进行评估，促进教材质量的提升。

教材治理在扩大参与主体的同时，还要致力于完善教育行政机构与职能，以及更好地规范并促进教材建设与发展。有研究者建议进一步完善教材管理体制机制，明确主体责任。一是推进省级教育行政部门教材机构建设。压实省级教材管理责任，推行

---

① 中国大百科全书·教育卷[M].北京：中国大百科全书出版社，1993.

② 褚宏启.教育治理：以共治求善治[J].教育研究，2014，35(10)：4-11.

专人专管，打通上下级政策落实监管渠道，确保教材管理政策在不同地区不同层级落实精准到位。还有学者建议高校人文社科类教材实行目录制，严把入门关。二是进一步压实高校在教材修订和审核工作中的主体责任。督促高校主要领导亲自把关，明确教材工作机构，配备专门人员，全方位做好高校教材编、审、用、研等环节工作。三是建议实行出版准入制和上市准入制。设立高校教材出版的资质门槛，对出版、上市的教材进行审核与科学评估，坚决杜绝低水平重复、内容雷同或存在价值导向错误的教材堂而皇之地走进高校课堂。

(七)以数字教材管理为重点

本年度高校教材管理研究积极响应国家教育数字化战略行动的实施，数字教材相关研究成果显著。研究指出了教材管理数字化转型的必要性——依靠传统方式开展高校教材管理工作开始面临一系列问题，如基础数据量庞大、填报数据不规范、人工清理数据费工费时且难以避免人为误差、重要指标信息缺失等，严重制约着管理工作实效。毛芳、李正福[1]梳理了我国高等教育教材数字化转型发展过程，发现其中存在跨部门协同管理机制不顺畅、标识不确定、资质不明确、标准缺位等问题，针对性地提出了加强数字教材建设和管理的对策。谭方正[2]指出，随着教育与数字技术在广度和深度上进一步融合，建议按照应用为主、服务至上、示范引领的原则，加强数字化教材资源体系和平台内容与意识形态把关，加强资源知识产权管理，以优质资源建设为基础，大力推动网络育人。

总体而言，研究认为高校教材管理的数字化水平还不高。一些高校和地方对"推进教育数字化""加快推进教材管理信息化"的重要意义和紧迫性理解不充分，教材管理数字化程度还比较低。教育部直属高校、部省合建高校中，仅 23 所计划建设教材管理信息化平台，占比刚刚过四分之一。此外，数字化信息化平台的适切与否，决定了教师是否愿意使用、能否用好。目前，行政决策者只有财务审计要求而缺乏采买专业依据，

---

① 毛芳，李正福. 我国高等教育数字教材发展的现状、问题与对策[J]. 出版参考，2023(5)：11-16.

② 谭方正. 加快建设中国特色高质量教材体系的根本遵循、核心向度与实践理路[J]. 中国编辑，2023(6)：4-10.

教师作为使用者缺少决定权。如何帮助高校从教学应用、资源供给、建设运维、经费投入等方面整体考虑问题，完善信息化平台常态化应用的服务体系，是教材管理数字化转型中非常实际但又重大的挑战，也是下一步研究需要关注的重点。

当前，我国教材管理信息化迈向数字化转型新阶段。实施教育数字化战略行动是推动互联网、大数据、人工智能、第五代移动通信等新兴技术与教育教学深度融合，利用新兴技术更新教育理念、变革教育模式，全面推动教育数字化转型的过程。研究建议集合教育行政部门、高校、出版单位等多方力量，就如何构建多主体、多维度、深融合、交互性、协同式教材建设和管理开展实证调研和实践探索，打造研究、交流、共享的教材数字资源网站，开发相应的分析工具，为基于数据分析与理性证据的教育评估与决策提供支撑。

三、本年度高校哲学社会科学教材建设和管理存在的短板及不足

（一）研究成果影响力有限

通过可视化分析可以看出，本年度的高校哲学社会科学教材建设与管理研究文献数量较多，参考文献丰富，文献来源也比较广泛。但就研究成果的影响力来说有所欠缺，文献的总被引数和篇均被引数比较低，发表在 CSSCI 来源期刊上的文章仅占总数的四分之一，复合影响因子在 1 以下的文献是本年度研究成果的主体部分，占总文献数的 70%。从研究主题来看，不均衡的现象比较明显。以教材出版、新形态教材和教材思政为主题的文章加起来约占总发文量的二分之一，但关于高校教材审核、使用、评价的研究较少。学科教材建设也集中在英语、美育学科上，对其他学科的教材建设的思考和调研较少。文献主题的集中度高，但精品文献产出少。部分研究对热点的追踪流于表面，缺少重量级的有深度的时代性研究，这是限制研究成果影响力的一个重要方面。另外，缺少高校教材管理理论与方法的研究，尤其是新时代高校教材建设与管理的新模式、新路径等方面的研究。理论和方法对教材管理具有重要的指导意义，相关研究的缺失制约了教材管理结构和管理效能的提升。从研究的现实意义来看，大

部分高校教材研究缺少有效的落实机制。已有研究成果主要集中在提高重视、意义阐释等方面，而对如何建构优质的高校教材质量保证机制，如何在高校教材中体现党和国家对高等教育的基本方针和政策要求、体现中华优秀传统文化及价值观等方面，还缺乏具体的实践措施。高校新形态教材建设虽然势头正劲，但多数研究对如何编、如何审、如何出版等很多新的重大现实问题考虑不足。

(二)基础理论研究薄弱

本年度在高校教材建设规律方面的研究相对薄弱。学术界普遍承认"当前教材研究是教材工作的一个薄弱环节，教材建设仍然缺乏高层次的教学理论指导"[1]。一是部分研究陷于空泛化，要么单纯研究理论，缺少方法和数据支撑；要么局限在具体学科的教学经验上，简单地进行描述介绍或经验总结，没有深入到理论层面，研究的普遍性、科学性有所欠缺。叶澜指出："用一时的经验代替理论，不但使理论缺乏本身应有的深度和广度，也使它缺乏指导实践的功能。"[2]就此来看，将理论与现实问题有机结合，用理论指导高校教材建设和管理实践的文献少之又少。二是对教材编写修订规律的研究不足。例如，教材内容如何更新，更新的规律是什么，如何编写具有启发性的教材，如何在不同学科的教学和教材中体现启发性，等等。[3] 本年度文献对教材编写规律的总结和提炼尚显薄弱。另外，本年度的文献对构建体现中国自主知识体系的教材体系的研究稍显不足。当前哲学社会科学教材体系对"中国特色、中国风格、中国气派"的学科体系、学术体系、话语体系的支撑力欠佳，高水平原创性教材比较缺乏。如何提高高校教材融合转化中国特色新概念、新范畴、新理念的水平，从西方理论的"搬运工"中解放出来，充分反映和观照中国实践，提升正确解读中国现实和回答中国实际问题的学术创造力。这方面的研究，尤其是理论研究比较贫乏。

---

① 王俊琳. 改革开放四十年中国高校教材建设研究：历程、进展和趋势[J]. 黑龙江高教研究，2018，36(11)：16-22.

② 叶澜. 全面理解和贯彻理论联系实际的原则：编写《新编教育学教程》的一点体会[J]. 华东师范大学学报(教育科学版)，1991(2)：15-18.

③ 范印哲. 教材建设规律探讨[J]. 高等教育研究，1987(1)：83-88.

(三)研究方法比较局限

本年度的文献在研究方法上虽然涉及了历史研究方法、文献研究方法、量化研究方法等,但相应文献数量很少,且研究主题局限在某学科教材的建设与发展和"全国教材奖"分析上。本年度的文献集群多以教材建设与管理思路、教材思政和新形态教材为主题,就研究类型来说,基本上都属于思辨研究和政策研究。剩余的文献中,涉及地方高校和出版社发展问题的,多做案例研究,但在研究过程中并不注重实地调研数据的搜集和分析,而是泛谈其发展现状和所遇到的问题,提出发展建议。总的来看,本年度文献在实证研究上比较欠缺,量化研究很少,缺少质性研究,案例研究比较空泛。就本年度文献的发表层次来说,高水平期刊比较偏爱从宏观层面探讨高校教材建设和管理的重要性和发展思路的文献,这可能是研究方法断层的一个原因。这也从侧面反映出高校教材领域的研究文献追热点、贴政策的问题比较明显,多数文献的研究视角比较宏观,但文章质量参差不齐。实际上,在高校教材建设领域,实证研究大有可为。以教材使用和评价为例,有研究显示我国高校的层次、类型差异化显著,部分教材类型单一、同质化问题严重,在高校学生中使用情况并不理想。随着人才培养模式改革对通识课程的教材、交叉学科教材、实习实践教材、创新创业教材、国际化教材等提出更高要求,教材类型和形式单一的问题将变得更加突出。通过实证研究获取高校教材使用情况的大量数据和不同主体的使用体验和评价,从而科学有效地探讨研制教材的评价审定标准,抓取优秀教材的共性特征,提升高校教材满足不同类型、不同层次学生需要的能力,实现教材、教、学的良性互动,提高育人效果。

(四)问题和建议同质化

就写作逻辑来说,应然目标、实然困境、政策建议是多数文献串联其主体内容的重要线索。例如,地方高校教材建设形势和发展对策类的研究常见的问题类型有教材质量低、缺少地方特色、教材实践性差、管理水平落后、教材数字化水平低等,其政策建议多为提高对教材工作的重视程度,组建高质量编写团队,强化地方特色,健全教材编写、选用、管理机制等；教材出版方面的研究常见的问题为政策落实不到位、教材内容同质化严重、教材信息化建设滞后、教材编写与教学研究脱节、缺少高水平教材人才队伍、出版研究薄弱等，发展建议多为紧跟国家战略做好整体规划、加强教材编写队伍建设、提升教材数字化水平、推动教材融合出版等；新形态教材建设的主要问题为协同管理机制不顺畅，开发、审核和评价标准不统一，数字教材交互性和兼容性差等，政策建议多为完善新形态教材编、审、选、用标准，优化跨部门协同管理机制，优化数字化教材开发队伍等；教材管理方面的问题多为教材选用不够合理，教材审核难度较大，反馈机制不够健全，追责机制不够完善等，其建议为制定明确规范，提高选用门槛、加快教学信息化建设，完善评价制度，建立追责追究机制等。研究视角、研究方法的相似性以及基础理论的缺位给本年度的部分文献带来一种"熟悉感"，使得不同主体的教材研究缺少区分度，教材发展的实践路径千篇一律。由此也可以看出，高校教材领域的研究成熟度不高，缺少政策导向朝学术导向的转化，研究类型和核心方法的分化不明显，限制了多主体教材研究的发展空间。

四、下一步改进及发展思路

(一)坚持以马克思主义为指导开展研究

高校教材建设作为落实国家事权的基础工程，作为为党育人、为国育才的铸魂工程，在科教兴国战略、人才强国战略、创新驱动发展战略中发挥着关键作用。党的十八大以来，教材工作格局发生历史性变化，教材在党和国家事业全局中的地位日益突出。大学教材建设必须彰显国家意志，强化意识形态导向，把党的领导贯穿教材工作全过程各领域，覆盖编修、审定、使用、管理、评价等各环节。习近平总书记指出："坚持以马克思主义为指导，是当代中国哲学社会科学区别于其他哲学社会科学的根本标志，必须旗帜鲜明加以坚持。"所谓根本标志，就是一种事物"是其所是"的本质特征，失去了这种特征，事物将失去其独特性和唯一性，研究也是如此。高校教材研究必须始终坚持以马克思主义为指导，贯彻中国特色社会主义理论体系，核心要义是坚持和贯彻习近平新时代中国特色社会主义思想。① 在研究中坚持马克思主义的世界观和方法论,坚持历史唯物主义和辩证唯物主义,把马克思主义中国化时代化最新成果运用于哲学社会科学教材体系的建设和研究中。在研究中强化立德树人根本导向,坚定哲学社会科学教材体系建设和研究的文化自信,注重创新性发展和创造性转化工作。

(二)坚持问题导向以补齐研究短板

在研究方法、基础理论、研究主题等方面可以做相应的改进和完善。例如妥善利用社会科学的各类研究方法,超越空泛的经验描述,深入教材规律层面的研究。另外在研究方法上扩大视野,在政策研究和思辨研究之外,进行可靠翔实的实证研究。从案例研究入手,将高校教材建设细化到政府、高校、教师、学生、出版社五个层面,开展问卷调查、实地调研、访谈等,在综合数据的基础上把握教材建设的现状、问题、困难、挑战及意见建议等。在高校教材的使用和评价方面加大研究力度,立足学科实际,推进不同学科教材质量标准的研究,关注教材使用效果,以此研究推动建立科学高效的高校教材质量标准体系。为提高教材体系建设的科学性,应加强教材建设的重大理论和实践问题研究,统筹推进基础研究、应用研究、跨学科研究、综合研究和战略研究等。② 在研究中既不空谈理论,也不仅谈实践,避免理论与实践"两张皮"或者生搬硬套理论的现象。将理论与实践有机结合起来,需要立足当下实践,站稳中国立场,将马克思主义中国化的最新成果运用到高校教材建设与管理实践中,博采众长,吸收众多理论的有益之处,进行高校教材的跨学科研究,关注话语理论、媒体分析、知识社会学等对教材理论建构的重要性,深刻认识教材内涵的丰富性,扩大教材研究的国际视野。③ 另外关注高校教材的知识选择逻辑,教材知识选择作为教材建设的基本问题,不仅涉及学校教育应该选择什么知识供学生学习,更涉及在具体的教育教学情境中如何选择值得学生学习的知识。④ 教材体系建设关键在于知识体系的重构,把人类文化的知识成果根据教育的要求和教法的原理审慎地加工,转化为可以让学生吸收消化

① 张文显.新时代高等学校教材的"中国特色"和"世界水平"[J].教育研究,2020,41(3):11-14.
② 靳玉乐.努力构建中国特色教材体系[J].课程·教材·教法,2019,39(7):4-8.
③ 徐斌艳.教材内涵及其研究的国际视野[J].全球教育展望,2019,48(3):117-125.
④ 殷玉新,王丽华.论教材知识选择:从"选什么"到"如何选"[J].全球教育展望,2020,49(4):58-67.

的知识体系。不能忽视教材知识选择的研究，不仅要厘清教材知识选择的价值导向，还要探讨建立"选什么"和"如何选"的综合机制。教材基础理论研究的进一步深化将为高校教材研究领域注入新的持续活力，促进领域内的研究对话和思想交流，推动研究领域向纵深处发展，也有助于提升研究成果的影响力。最后在研究主题上，可进一步扩大研究视野，加强教材管理理论和方法的研究，持续深入开展教材管理体系研究、制度体系研究、待遇挂钩政策研究、信息化实施研究等。

(三)加强中国特色哲学社会科学学科体系和教材体系研究

中国特色是高等学校哲学社会科学教材的本质规定和时代特征。[①] 习近平总书记指出："哲学社会科学的特色、风格、气派，是发展到一定阶段的产物，是成熟的标志，是实力的象征，也是自信的体现。要按照立足中国、借鉴国外，挖掘历史、把握当代，关怀人类、面向未来的思路，着力构建中国特色哲学社会科学，在指导思想、学科体系、学术体系、话语体系等方面充分体现中国特色、中国风格、中国气派。"习近平总书记强调要从巩固马克思主义在意识形态领域指导地位的高度、从加强思想文化建设的高度，推进高校哲学社会科学及其学科体系和教材体系建设。如何把马克思主义理论资源、中华优秀传统文化资源和国外哲学社会科学的有益资源进行有机结合和有效配置，是中国特色哲学社会科学教材体系建设的必然路径，也是在高校教材研究中亟须攻克的重点和难点。哲学社会科学教材体系中基本理论原理、学术范畴和术语及研究方法，是学科体系和教材体系建设的基本构件和核心要素，是涉及学术话语体系和学术话语权的根本问题，是哲学社会科学教材体系建设的基础工程。在研究中要注重提炼"标识性概念"，进行"术语的革命"，这既是发现问题、筛选问题、研究问题、解决问题的过程，也是不断增强文化自信的过程。[②] 因此，高校教材研究要更加重视扎根中国大地，体现中国特色，推进党的理论创新最新成果进教材，用中国理论解读中国实践，体现中国立场、中国智慧、中国价值，加快构建新时代哲学社会科学自主知识体系和教材体系。

---

① 张文显. 新时代高等学校教材的"中国特色"和"世界水平"[J]. 教育研究，2020，41(3)：11-14.

② 顾海良. 新时代高校哲学社会科学教材体系建设的指导思想[J]. 中国编辑，2018(1)：4-10.

(四)推进高校教材信息化建设研究

新形态教材作为教育现代化和信息化背景下信息技术与传统教材深度融合的产物，对高校未来创新人才的培养具有重大的意义。为了更好地应对国家形势变化及网络信息化的迅速普及、服务国家战略需求，需要将新形态教材的建设放在教材建设和人才培养的优先位置，形成新思路，探索新路径，创建新模式，全方位提升新形态教材建设能力。针对新形态教材的研究要持续追踪新形态教材开发、在线教学资源与教材载体有机融合、数字教材建设与专业课程名师建设一体化发展等相关理论和实践问题。[①]在研究中关注数字化教育生态环境、探讨构建立体化发展模式、创建立体化教学模式、建立立体化评价机制。[②] 网络化时代产生了庞大的物理数据和行为数据，建议对这些数据进行实证分析，推动新形态教材编写、出版质量的提升。另外，建议集中专门力量，设立专业团队，聚焦创造力培养，开展多样化的新形态教材研究工作。只有教材的多样化，才能为学习者提供最大的可能性，才能塑造出千百万个不一样的大脑，其中也必然会涌现出极具创新力的人。在高校教材管理方面，建议集合教育行政部门、高校、出版单位等多方力量，就如何构建多主体、多维度、深融合、交互性、协同式教材建设和管理开展实证调研和实践探索。打造研究、交流、共享的教材数字资源网站，开发相应的分析工具，为基于数据分析与理性证据的教育评估与决策提供支撑。

(执笔人：课程教材研究所高校教材研究中心李超、马丽琳)

---

① 刘沛泽，邱雅，田夏. 信息化背景下高校新形态教材建设探索[J]. 高教论坛，2023(5)：30-33.

② 陈山漫，李强. 高校数字教材建设难题破解与立体化开发[J]. 中国出版，2019(5)：31-35.

第三篇　自然科学教材建设和管理研究情况分报告

一、本年度高校自然科学教材建设和管理的研究概述

2023 年度自然科学教材建设和管理的相关研究主要依托于立项课题、学术会议和学术论文三种形式，其中，以立项课题和学术会议形式呈现的研究成果较为有限，学术论文的研究成果相对丰富，下面分别进行介绍。

(一)本年度自然科学教材建设和管理的立项课题

本年度自然科学教材建设和管理的立项课题在级别上可分为国家级、省部级、高校及出版机构级。整体来看，项目数量较少，层级也普遍偏低，相关的国家级课题项目寥寥无几，省部级课题项目亦是屈指可数。

1. 国家级立项课题

关于自然科学教材建设和管理的国家级立项课题非常有限。2022—2023 年，国家社科基金教育学重大立项课题有"指向价值涵养：教材知识体系构建的本土经验研究""教师使用国家统编教材过程的监测研究""百年来我国大学教材建设史料整理与研究"。另外，国家社科基金教育学重大课题"教材建设中创新性发展中华优秀传统文化研究"于本年结题，该课题团队对标党中央决策部署及教育部党组工作要求，紧扣新时代中华优秀传统文化教育亟须破解的难题开展研究，创新性地研制形成了中华优秀传统文

化进课程教材的多维分析图谱，制定了相应的内容选择标准，为深入推进中华优秀传统文化进课程教材提供了理论依据和实践操作工具。

2. 省部级立项课题

教育部对自然科学教材的建设和管理也有课题立项，例如，以新一代信息技术、生物产业、新能源、新材料、智能及高端装备制造、智能网联和新能源汽车、绿色环保、航空航天、未来产业等领域为重点领域的 41 个"新兴领域教材研究与实践项目""高等教育中外教材比较研究重点项目（化学类专业核心课程教材国内外对比研究）"等。2023 年，依托国家教材建设重点研究基地，教育部规划项目中对自然科学教材的研究主要有"引进境外理工农医类教材实施路径研究""支撑拔尖创新人才培养的课程、教材建设研究"。各省也设立了相关的课题，例如，山西省教育创新计划"高等工程设计（环境与资源类）优秀教材建设项目"等。就笔者所知，教育部和省级的相关课题在数量上虽然比国家级课题略多，但也比较有限。

3. 高校及出版机构级立项课题

高校教师作为教材的重要编写者和主要使用者，对教材建设的研究通常以校级课题子课题的形式进行。与此同时，作为教材建设的重要参与方，出版单位出于自身业务的需要，也积极开展对教材建设和管理的研究。例如，高等教育出版社主动发挥高等教育出版国家队和主力军的作用，在社内持续组织教材研究的课题立项，本年度涉及自然科学教材的研究包括"工科出版物编校质量典型案例类型化研究与思考""教材（高等教育理科类）网络舆情风险研判和应对机制研究""基于高等数学数字教材的知识图谱构建研究""'新文科'背景下大学文科数学教材研究""'新医科'背景下药学类专业基础课程教学资源建设研究""国外高水平基础化学教材的引进与借鉴——以克莱恩有机化学为例""高等学校工程训练精品教材与优质数字资源建设的研究""新时代高等学校生理学教材的建设与更新研究""新农科背景下园艺专业课程调研与系列教材建设研究"。以出版单位推动的课题立项为研究教材建设和管理开辟了新路径，提供了新视角，注入了新动能。

(二)本年度自然科学教材建设和管理的学术会议

本年度以自然科学教材作为主题的学术会议和学术研讨较少，其中，由中国高等教育学会医学教育专业委员会、全国医学教育发展中心和人民卫生出版社共同主办的"全国高等医药教材建设与医学教育创新发展暨人民卫生出版社专家咨询 2023 年年会"较为瞩目。国家卫生健康委员会、教育部、中宣部(国家新闻出版署)、国家疾控局等国家主管部门领导，两院院士、各专业学会协会的领导、来自全国各地 400 多所医药院校和医疗科研单位的领导专家、人民卫生出版社战略合作伙伴，以及新闻媒体记者等近 900 人参加会议，近万人在线上同时参会，学术交流成果显著。

(三)本年度自然科学教材建设和管理的论文综述

相对于立项课题和学术会议，本年度自然科学教材建设和管理的论文研究成果比较丰富。在"中国知网"和"万方数据知识服务平台"中输入主题关键词"教材"，将时间限定为 2023 年 1—11 月，经过人工判断和筛选，最终梳理出高校自然科学教材建设和管理相关论文百余篇。分析这些论文并参考了部分 2023 年以前的内容，大致可以归纳出六个子主题：第一，研究单本自然科学教材的编写与建设；第二，从自然科学学科或专业层面分析相关教材的改进和建设路径；第三，探析应用型高校在教材选用、建设和管理方面的优化方案；第四，阐释课程思政在某自然科学教材中的融入与实践；第五，研究自然科学教材评价指标体系或建设效率；第六，开发并探索新形态教材等自然科学的数字化教材。

1. 研究单本自然科学教材的编写与建设

(1)横向比较

有的学者横向分析比较某学科教材国内外的不同版本，总结单本教材在具体内容、呈现方式、主要特点等编写过程中的经验教训，探索我国相关教材进一步的建设方向和改进思路。李娜和吴熙[1]比较了北京大学《定量化学分析简明教程》与国外主要分析化学教材中定量化学分析的一部分内容，得出了现有教材对化学分析部分的基本内容、方法与思路基本一致，对内容展示的方式、顺序、切入点有所不同等结论，对国内化学教材建设具有一定的启示和借鉴作用。侯文华和张树永[2]、王志勇和张树永[3]、原弘等[4]、姚加[5]、孙宏伟和万坚[6]、蔡苹等[7]、赵苹苹等[8]、惠新平等[9]也分别对物理化学、结构化学、无机化学、有机化学教材进行了类似的研究，这些研究为相关教材的编写提供了参考。另外，陈立群[10]通过三篇论文回顾和分析了欧美理科经典力学教材现代化的过程，他首先通过十部教材的分析研究了传统教学内容的形成，然后阐述了经典力学教学内容改革的动因，利用三部教材最新版的分析研究了传统教学内容的更新[11]，最后分析了六部经典力学现代教材的理念、内容和特点[12]。马明华等[13]从教材的

① 李娜，吴熙.《定量化学分析简明教程》与国外典型分析化学教材中定量化学分析主要内容的比较[J]. 大学化学，2023，38(6)：75-81.

② 侯文华，张树永. Levine、McQuarrie 和 Simon 编写的两本经典物理化学英文教材介绍[J]. 大学化学，2023，38(6)：129-133.

③ 王志勇，张树永. 国内外代表性物理化学教材电化学部分的比较[J]. 大学化学，2023，38(6)：142-145.

④ 原弘，尹林林，欧阳述昕，等. 国内外物理化学教材"界面与胶体化学"部分内容的比较研究[J]. 大学化学，2023，38(6)：134-141.

⑤ 姚加. 国内外典型教材的热力学教学内容及教学思路比较[J]. 大学化学，2023，38(6)：146-151.

⑥ 孙宏伟，万坚. 国内外代表性结构化学教材教学内容的比较[J]. 大学化学，2023，38(6)：182-188.

⑦ 蔡苹，赵苹苹，胡锴，等. 国外无机化学教材的研究——以 Housecroft & Sharpe 的 Inorganic Chemistry（5th edition）为例[J]. 大学化学，2023，38(6)：46-51.

⑧ 赵苹苹，蔡苹，胡锴，等. 中外无机化学教材的比较研究[J]. 大学化学，2023，38(6)：36-40.

⑨ 惠新平，王彦广，俞寿云，等. 国内外代表性有机化学教材知识体系与教学内容比较[J]. 大学化学，2023，38(6)：87-93.

⑩ 陈立群. 欧美理科经典力学教材的现代化（一）：传统教学内容的形成[J]. 力学与实践，2023，45(1)：157-162.

⑪ 陈立群. 欧美理科经典力学教材的现代化（二）：传统教学内容的更新[J]. 力学与实践，2023，45(2)：418-422.

⑫ 陈立群. 欧美理科经典力学教材的现代化（三）：现代教学内容的发展[J]. 力学与实践，2023，45(3)：651-658.

⑬ 马明华，李斌，王烨，等. 新工科背景下对国外微积分教材的分析及启示[J]. 高等数学研究，2023，26(5)：60-63＋89.

主导思想、框架结构、习题特点等多方面对国外的微积分经典教材进行了分析，得到了若干启示，同时也对新工科背景下的微积分教材建设提出了若干思考。

有的学者基于单本教材的建设现状，结合教学和学习实践，着重研究在当前背景下如何提高相关教材的编写水平，为教材工作提供了新的思路与建议。王莉等[1]结合教材修订的时代背景，总结回顾了吉林大学等三校编写的各版次《无机化学》的编写背景、特色和主要修订内容，提出教材内容必须紧扣教学大纲要求，注意与高中化学课程的衔接，始终保持可读性、可讲授性的教材建设理念。杨立群等[2]、邓明娍等[3]、张恒等[4]、高亚茹和赵军龙[5]、裴坚[6]、温鸣等[7]也分别针对《高分子结构与性能的现代测试技术》《高分子化学》《分子模拟》《基础有机化学》《生物化学》《普通化学》的建设情况贡献了自己的思考。

除了对化学教材的研究，黄修长等[8]基于现阶段新工科背景，对"振动学"课程的教学大纲和国内教材情况进行了调研，从架构体系、特色内容、工程案例、文献和习题的层次性、内容的广度和深度、跨学科和跨行业程度等方面进行了总结并开展了教学大纲和教材的发展趋势分析；冯颖[9]基于新工科理念，提出了高等数学教材坚持建设思政育人资源、拓展现代数学知识、创设工程问题情境、设计数学应用案例和开发新形

① 王莉，张丽荣，范勇，等.《无机化学》教材编写的实践与思考[J].大学化学，2023，38（6）：52-56.

② 杨立群，章明秋，朱芳，等.《高分子结构与性能的现代测试技术》教材的建设[J].大学化学，2023，38（6）：110-114.

③ 邓明娍，吕长利，孙海珠.关于《高分子化学》教材中聚酯化反应速率方程推导的探讨[J].大学化学，2023，38（5）：281-284.

④ 张恒，贾春江，宋其圣，等.《分子模拟》教材建设的探索与实践[J].大学化学，2023，38（6）：189-196.

⑤ 高亚茹，赵军龙.基础有机化学"模块化-微课式"教材建设的探索与实践[J].大学化学，2023，38（6）：104-109.

⑥ 裴坚.写一本跟得上时代的教材：《基础有机化学》(第三、四版)编后感[J].大学化学，2023，38（6）：99-103.

⑦ 温鸣，吴彤，石硕，等.新工科背景下的"普通化学"教材建设[J].大学化学，2023，38（6）：57-61.

⑧ 黄修长，张振果，华宏星.新工科背景下"振动学"大纲和国内教材的调研与分析[J].教育教学论坛，2023(31)：7-10.

⑨ 冯颖.新工科背景下高等数学教材建设研究[J].林区教学，2023(10)：33-36.

态数字教材的建设策略；朱韧之和秦江锋①提出，"双一流"背景下岩浆岩岩石学教材建设应该面向世界前沿、面向中国实际地质情况、面向立德树人总要求；俞勇②按照"101计划"重点建设12门计算机科学核心课程的要求，对数据结构课程建设中的教材建设、实践平台、教学资源、课程思政等重要环节进行了较详细的阐述，旨在打造一个良性循环的数据结构课程建设"生态圈"；吴胤歆和瞿书铭③结合健康中国背景，针对健康风险评估教材建设存在空白，从教材建设的编写思路、内容设计、使用建议3个方面进行了思考。

另外，吴仁协等④、何鹏等⑤、边浩志等⑥、陈江和裴瑾⑦、韦娟等⑧、杨琳燕等⑨、袁登科等⑩、丁文龙⑪、张海涛等⑫分别针对国内《海洋无脊椎动物学实验》《通信原理》《先进核反应堆》《药用植物遗传育种学》《地理信息系统》《药物分析实验实训》《永磁同步电动机变频调速系统及其控制》《系统解剖学》《生物化学》教材的现状，分析讨论

---

① 朱韧之，秦江锋."双一流"背景下"岩浆岩岩石学"课程教材的建设与思考[J].中国地质教育，2023，32(1)：38-45.

② 俞勇."101计划"中数据结构课程与教材建设的思考与实践[J].计算机教育，2023(11)：9-11.

③ 吴胤歆，瞿书铭.健康中国背景下健康风险评估教材建设存在的空白点与思考[J].中国高等医学教育，2023(4)：22-23＋28.

④ 吴仁协，梁镇邦，罗晓霞，等.《海洋无脊椎动物学实验》教材的编写与探索[J].科教文汇，2023(17)：95-98.

⑤ 何鹏，汪洋，蔡睿妍.《通信原理》应用型教材建设的思考与实践[J].现代职业教育，2023(30)：121-124.

⑥ 边浩志，丁铭，郭泽华.《先进核反应堆》教材建设与应用实践[J].科教导刊，2023(18)：72-74.

⑦ 陈江，裴瑾.《药用植物遗传育种学》教学思考及教材改革建议[J].中药与临床，2023，14(1)：85-88.

⑧ 韦娟，刘乃安，付卫红.地理信息系统教材建设研究[J].中国大学教学，2023(3)：80-82＋96.

⑨ 杨琳燕，张伟，李道稳，等.动物药学专业"药物分析实验实训"教材编写的探索与思考[J].天津农学院学报，2023，30(4)：95-98＋102.

⑩ 袁登科，张文豪，朱琴跃，等.高校电气传动控制专业课程教材建设探索[J].科技风，2023(1)：133-135.

⑪ 丁文龙.国家级规划教材《系统解剖学》第九版的建设与思考[J].解剖学杂志，2023，46(4)：277-279.

⑫ 张海涛，伍俊，汪宗桂，等.生物化学教材中氨基酸分类与理化性质的辨析[J].高教学刊，2023，9(16)：43-46.

了相关教材建设的具体问题，从教材内容、教学方式及课程思政等多方面进行了探索研究，以期增强教材的适用性，培养学生勇于创新的意识和能力，提升学生的责任意识和职业素养。

（2）纵向分析

有的学者通过纵向回溯某本教材历史沿革，梳理发展历程，指出存在的问题，展望今后的建设方向。李娜[1]介绍了北京大学化学分析教材《定量化学分析简明教程》的内容特色及各版次的内容演进，从分析化学工作者解决问题思路的角度出发实现各版次内容的演进。张韦等[2]统计了1984—2022年公开出版的医学文献检索教材，深度剖析了教材内容"编写队伍"出版和使用情况，认为目前医学文献检索教材存在医学信息素养认知停滞不前、"教学案例陈旧"、课程思政元素匮乏等问题并提出了改进意见。类似地，崔庆林[3]对2000—2020年我国高校信息素养通识教材、陶文铨等[4]对发生了三次改革高潮的高等理工科教学教材、王蕾[5]对2000—2022年面向来华留学生的12部中国概况教材、高新颜[6]对1—10版全国中医统编教材、裴伟伟[7]对有机化学教材、朱志昂[8]对物理化学教材分别提出了自己的思考和今后的提升方向。

2. 从自然科学学科或专业层面分析相关教材的改进和建设路径

有的学者依据某专业对人才培养的需要，通过调研分析现有教材的建设和使用情况，指出存在部分教材落后于专业教学等现实问题，提出专业学科教材的重构思路、建设方向和创新措施，期望通过编写更高质量的教材提升其对专业人才培养的贡献度。

---

① 李娜. 北京大学定量化学分析相关教材内容演进[J]. 大学化学，2023，38(6)：69-74.

② 张韦，刘菁菁，朱成燕. 医学文献检索课程教材建设：历史脉络、发展现状与展望(1984—2022年)[J]. 医学信息学杂志，2023，44(8)：12-18.

③ 崔庆林. 我国高校信息素养通识教材建设状况分析(2000—2020年)[J]. 四川图书馆学报，2023(5)：51-58.

④ 陶文铨，何雅玲，王秋旺，等. 试论改革开放后我国高等理工科教学教材改革的三个高潮：结合热学教材进行分析讨论[J]. 高等工程教育研究，2023(S1)：1-3+6.

⑤ 王蕾. 中国概况教材国土地理专题知识谱系解析[J]. 云南师范大学学报(对外汉语教学与研究版)，2023，21(6)：52-59.

⑥ 高新颜. 中医统编教材术语工作述略[J]. 中国中医药图书情报杂志，2023，47(3)：11-15.

⑦ 裴伟伟. 北京大学有机化学教材建设的历史发展与经验[J]. 大学化学，2023，38(6)：94-98.

⑧ 朱志昂. 我国物理化学教材建设回顾和40年教材建设的经验体会[J]. 大学化学，2023，38(6)：152-157.

刘杨和庄红权①分析了机械类专业教材的发展现状与不足，基于分析结果，提出了符合我国国情的"智能＋"背景下机械类专业教材建设发展建议。李伟红和雷杰②梳理了部分国内综合性院校本科化学类实验的课程设置及所用化学实验教材，针对各类化学实验教材中分析仪器部分的内容重复、更新不及时、深度不够等问题，给出了解决方案。季振亚等③根据当前电气类专业教材更新与交流存在的问题，提出了以"教材内容创新提升、教材体系拾遗补阙、教材形式守正创新"为径，以"教材交流以虚强实"为翼的"三径一翼"重构思路，介绍了通过聚合多所高校、出版社和电力行业企业，围绕电气类专业教材更新与交流开展的一系列实践。李靳元等④从化学外国教材中心的建设历史和建设内容出发，调研国外化学教材发展与现状，分析国外化学教材的建设情况、学科结构和教材技术特点等内容，揭示了我国在进行化学教材建设过程中存在的问题，提出了相应的建议。王艳⑤、陈蒙和甄珍⑥、杨玉芹⑦、田景春等⑧、袁梦婷等⑨、成怀刚等⑩也从自然科学学科或专业层面对相关教材作出了评判和分析。

另外，也有出版者从出版机构的角度出发探寻自然科学学科或专业教材建设。郭

---

① 刘杨，庄红权."智能＋"背景下的机械类专业教材发展建议[J].出版广角，2023(11)：60-63.

② 李伟红，雷杰.本科化学类专业化学实验教材中的分析仪器[J].大学化学，2023，38(6)：82-86.

③ 季振亚，胡秦然，马刚.电气类专业教材更新与交流机制的重构与实践[J].中国大学教学，2023(7)：92-96.

④ 李靳元，廖鹏飞，徐晓晨，等.国外化学教材建设的历史与现状[J].大学化学，2023，38(6)：27-35.

⑤ 王艳.基于工程教育专业认证的工科教材建设研究：以轮机工程专业教材为例[J].水运管理，2023，45(9)：39-41.

⑥ 陈蒙，甄珍.来华预科生医学汉语教材与本科生医学专业教材的词汇衔接度研究[J].医学教育研究与实践，2023，31(2)：194-199.

⑦ 杨玉芹.民航再版教材的路径探析[J].民航学报，2023，7(3)：124-127.

⑧ 田景春，文华国，梁庆韶，等.新时代沉积地质学高质量研究生教材知识体系构建及意义[J].中国地质教育，2023，32(1)：68-71.

⑨ 袁梦婷，曾伶俐，王芳，等.学制和学位改革背景下医学检验专业本科教材建设比较研究[J].医学教育管理，2023，9(3)：319-324.

⑩ 成怀刚，程芳琴，宋慧平.资源循环工程设计教材的适应性及对策分析[J].高等工程教育研究，2023(2)：96-101.

新华①详细回顾了新中国成立以来高等学校化学类专业基础课程教材编写与出版的历史，着重介绍了高等教育出版社所经历的教材建设阶段及具有代表性的建设成果，综合分析了多种教材出版形式对课堂教学模式的影响和信息技术的发展对传统纸质教材出版的影响与改变，对如何有效提升国内同类教材的编写和出版质量提出了若干建议。丁里和赵晓霞②围绕教材建设现状、教材创新、教材建设成绩和未来建设思路等方面，详细阐述了科学出版社化学类核心课程教材建设的历史经验，分析了面临的问题与挑战，为今后化学类核心课程教材建设提供了新的思路。刘晓东③依照目前科技出版行业的实际情况，以教育教材出版为例，剖析了科技出版行业实现高质量发展的可靠动力，并提出了具有可行性的发展策略。郝真真等④对高校生物科学专业教材、冷彬⑤对工程管理专业本科教材、余大品⑥对当前化工类教材、张映桥等⑦对当前药学专业教材、雷媛⑧对医学融合教材的现状和问题，也分别从出版者的角度给出了自己的思考和建议。

3. 探析应用型高校在教材选用、建设和管理方面的优化方案

有的学者站在应用型高校教材选用、建设与管理的高度，基于不同类型院校对教材的不同需求，针对有些教材并不适切应用型人才培养的问题，探索高校制定教材规划、推进教材建设、规范选用审核流程等方面的优化对策，同时对教材出版机构也提出了更高的要求。

---

① 郭新华 . 高等教育出版社化学类专业基础课程教材建设回顾与思考[J]. 大学化学，2023，38(6)：10-14.

② 丁里，赵晓霞 . 科学出版社化学类核心课程教材建设的历史经验和工作思考[J]. 大学化学，2023，38(6)：15-20.

③ 刘晓东 . 科技出版行业高质量发展：以教育教材出版为例[J]. 中国报业，2023(5)：140-141.

④ 郝真真，靳然，高新景，等 . 生物科学专业课程教材建设的调研与浅析[J]. 高校生物学教学研究(电子版)，2023，13(4)：3-7.

⑤ 冷彬 . 高等院校工程管理专业本科教材出版创新的思考与实践[J]. 采写编，2022(11)：116-119.

⑥ 余大品 . 新工科背景下化工类教材建设的几点思考[J]. 内蒙古石油化工，2023，49(6)：64-67.

⑦ 张映桥，瞿德竑，初瑞，等 . 新时代高校药学专业教材建设的思考与实践[J]. 高校医学教学研究(电子版)，2023，13(3)：10-14.

⑧ 雷媛 . 医学融合教材出版中增值内容建设的探索与实践[J]. 中国传媒科技，2023(5)：117-120＋138.

孙笑琰等①以某地方应用型本科高校为例，深入分析了教材编、审、用方面存在的问题，提出了包括规范教材选用流程，多维度选用优质教材；制定教材建设规划，完善激励政策；分层审核，严把审核流程的思路和对策。周悦②结合智能船舶技术的发展和智慧化教材发展的趋势，分析了目前我国航运类院校教材建设存在的问题，提出了推进航运类院校教材建设的对策。李民华等③介绍了首都医科大学在规范教材选用的分级管理基础上，形成学生对教材的评价机制，使学生的评价意见参与到教材管理中的做法和经验。周跃和宋雅丽④、赵屹冰⑤、秦玉莲⑥、赵临龙⑦、蔡喆等⑧也针对类似问题进行了深入研究。

4. 阐释课程思政在某自然科学教材中的融入与实践

党的十八大以来，党中央高度重视高校思想政治工作，提出了一系列新理念新举措，并全面推进思政课程建设、日常思想政治工作和课程思政。有的学者积极研究如何将课程思政融入专业学科教材的编写之中，探索教材体系与思政教育体系同向同行的实现路径，提升教材对学生的价值引领功能。

林晓珊和周泽寻⑨针对现阶段高校教师在信息技术教材教法课程教学中同步开展思政教育普遍存在的问题，从提升思政能力、深挖思政元素、创新教学方式、发挥表率

---

① 孙笑琰，郭雅静，袁宝华，等．新时代地方高校教材建设与管理的现实问题及对策分析：以某地方应用型本科高校为例[J].嘉兴学院学报，2023，35(6)：137-140.

② 周悦．新时代航运类院校教材建设问题的几点思考[J].水运管理，2023，45(3)：34-36.

③ 李民华，韩忠刚，叶萌，等．新医科背景下从学生视角探讨医学高校教材的选用[J].医学教育管理，2023，9(3)：314-318.

④ 周跃，宋雅丽．基于工作流的高校教材征订管理系统设计与实现[J].信息与电脑(理论版)，2023，35(11)：148-151.

⑤ 赵屹冰．新时代高等教育教材管理中的难点与建议探究[J].国家通用语言文字教学与研究，2023(5)：27-29.

⑥ 秦玉莲．应用型本科高校专业课教材存在问题及出版对策[J].传播与版权，2023(16)：20-23.

⑦ 赵临龙．应用型高校专业导论教材建设的实践与反思：以《数学与统计学专业导论》为例[J].产业与科技论坛，2022，21(21)：215-218.

⑧ 蔡喆，赵延永，周世婷．应用型高校专业性教材建设实践[J].新闻研究导刊，2022，13(21)：218-220.

⑨ 林晓珊，周泽寻．课程思政理念融入信息技术教材教法课程探索[J].教育信息化论坛，2023(3)：126-128.

作用、改革教学评价机制等多个方面，探索信息技术教材教法课程融入课程思政理念的路径。黄丽艳[①]通过剖析理工类教材思政建设的必要性，梳理在该方面存在的问题，从基于同向同行构建大思政育人格局、深化价值引领和理工类教材的融合、将思政教育基因融入教材文本选择、针对教材编写者实施思政培训及考核四个方面入手，分析理工类教材的思政建设路径，以强化其价值观引导作用。李刚等[②]介绍了课程思政的内涵，从课程设置、教材编写、教师培训、教学评价等方面论述了课程思政与口腔医学专业教材和课程融合育人的方法，从课堂讲授、临床实习、校园文化、社会活动等方面分析了课程思政与口腔医学专业教材和课程融合的路径。

5. 研究自然科学教材评价指标体系或建设效率

有学者分别从构建自然科学教材评价指标体系和优化教材建设效率的角度探讨自然科学教材的发展之路，丰富了高等教育教材建设理论。

朱光俊等[③]基于新时代背景下应用型本科高校教材建设的新要求及内涵特征分析，建立了应用型本科"三新"（新时代、新工科、新形态）、"一融"（将学生价值塑造、知识传授和能力培养融为一体）的教材建设评价指标体系，以期为加强应用型本科高校教材建设，保障应用型本科人才培养质量提供参考。李辉[④]通过博士毕业论文指出前人对教材建设的研究绝大多数是对一般教材的内涵建设和建设管理等方面的普遍性规律进行探讨，针对高等农业教育教材方面的研究成果甚显不足，该论文着力从宏观的高等农业教育教材建设体系设计和微观的院校教材建设体制建立、机制创新等方面，集成对高等农业教育教材建设的相关问题研究，形成一套体现农业教育自身特点的教材建设实践应用成果体系，丰富了我国高等农业教育的教材建设理论，通过发挥教材建设在人才培养中的基础性作用为培养高素质的农业科技人才服务。

6. 开发并探索新形态教材等自然科学的数字化教材

学者们积极回应时代发展和技术进步对教材提出的变革要求，研究在信息化、智

① 黄丽艳. 理工类教材的思政建设探究[J]. 传播与版权，2023(9)：104-106.

② 李刚，刘红霞，方毅，等. 口腔医学教材-课程思政融合育人的探索与实践[J]. 四川大学学报(医学版)，2023，54(2)：328-333.

③ 朱光俊，杨治立，尹建国，等. 应用型本科"三新一融"教材评价指标体系构建[J]. 中国冶金教育，2022(5)：16-19.

④ 李辉. 高等农业教育教材建设效率评价及优化研究[D]. 西北农林科技大学，2010.

能化、"互联网＋"背景下，新形态教材等数字化教材的开发与实践，明确数字化教材的重要作用，总结建设过程中的经验教训，并进一步探索可行的实施路径和有效的开发运营策略，拓展数字化教材的革新创新思路。

有的学者研究相对微观的自然科学具体专业或学科的新形态教材建设。例如，许伟等[1]介绍了《化学与人类社会》教研组探索和实践"新工科"视域下化学通识类新形态立体化教材建设的总体思路和主要举措，形成了"三个转变、四项措施、五个特色"的教材建设新范式体系。赵迪等[2]以沈阳农业大学线下一流本科课程电子显微镜技术新形态一体化教材的建设为例，以新农科建设为视角，探讨新形态一体化教材建设的实际意义与现实应用，并对该课程的总体规划、教学目的以及教学效果进行总结。赵欣杰等[3]介绍了南京林业大学以《园林规划设计》第四版教材修订为契机，构建学生、教师、社会从业者等多方主体参与的多元主体评价机制，从价值导向引领、学科前沿把握、学科交叉融合、信息技术联动及在线课程建设五个层面构建新形态风景园林专业教材建设体系。另外，李兴华等[4]对高等数学新形态教材、刘伟男和齐继东[5]对军事物流信息系统课程新形态教材、高赞[6]对高等院校石油天然气类教材、智春艳等[7]对大学物理课程教材、王晓彤等[8]对航空弹药储运管理课程教材、郝一鸣等[9]对中医诊断学教材、董立娟[10]对工科教材也分别进行了探索新形态建设之路的深刻思考。

---

[1] 许伟,胡宇芳,朱倩倩,等."新工科"视域下化学通识类新形态教材建设的探索和实践：以《化学与人类社会》为例[J].大学化学,2023,38(6)：62-68.

[2] 赵迪,吴正超,胡睿,等.电子显微镜技术课程新形态一体化教材建设：以沈阳农业大学为例[J].沈阳农业大学学报(社会科学版),2023,25(3)：368-372.

[3] 赵欣杰,董琳,汪辉,等.多元主体评价机制下新形态风景园林专业教材建构：以南京林业大学《园林规划设计》第四版教材建设为例[J].中国园林,2022,38(12)：52-57.

[4] 李兴华,罗来珍,程美玉.高等数学新形态教材教学延伸资源的设计与建设[J].佳木斯大学社会科学学报,2023,41(3)：177-179.

[5] 刘伟男,齐继东.新形态教材建设与实践应用[J].物流技术,2023,42(8)：153-156.

[6] 高赞."互联网＋"背景下工科类富媒体教材开发与实践：以高等院校石油天然气类教材开发为例[J].新闻研究导刊,2023,14(21)：228-230.

[7] 智春艳,刘金秋,邱文旭,等.大学物理课程云教材的编写探究[J].科技风,2023(20)：26-28.

[8] 王晓彤,孙靖杰,周运发.航空弹药储运管理课程智慧教材建设思路研究[J].中国教育技术装备,2023(12)：55-58.

[9] 郝一鸣,王忆勤,燕海霞,等.教育信息化背景下的立体化教材建设：以中医诊断学(数字课程)为例[J].中国中医药现代远程教育,2023,21(4)：186-188.

[10] 董立娟.云教材的开发与探索：以工科教材为例[J].中国传媒科技,2023(1)：145-148.

有的学者从相对宏观的角度探讨新形态教材等数字化教材建设的创新出路和策略。例如，刘超等①梳理了国内外新型教材推广政策与实践，尝试厘清"基于知识图谱的新型教材"的概念内涵、体系特征及价值意义，旨在探索其未来发展方向与路径。刘予佳和石鸥②阐释了数字教材媒介偏向的内涵与类型及数字教材媒介偏向的教育应对。牟琳琳③重点探讨了高校虚拟教研室在新形态教材建设方面的意义与特点，分析了现阶段依托高校虚拟教研室建设新形态教材存在的问题与挑战，并有针对性地提出了充分利用高校虚拟教研室做好新形态教材建设的相关建议。王金萍④从数字教材理论研究、建设研究和国内外比较研究三个方面对国内数字教材研究现状进行梳理，指出存在的问题并对未来发展进行研判。崔伟⑤、吴永和等⑥、陈静远等⑦、刘沛泽等⑧、陈浩⑨、何红等⑩、毛莹⑪、蔡喆和赵延永⑫、何春梅⑬、任刚和李秀艳⑭、陈

① 刘超，黄荣怀，王宏宇.基于知识图谱的新型教材建设与应用路径探索[J].中国大学教学，2023(8)：10-16.

② 刘予佳，石鸥.数字教材的媒介偏向及教育应对[J].全球教育展望，2023，52(10)：32-41.

③ 牟琳琳.依托高校虚拟教研室建设新形态教材研究[J].出版参考，2023(6)：37-39.

④ 王金萍.国内数字教材研究20年：总结与展望[J].中国教育技术装备，2023(3)：1-3＋14.

⑤ 崔伟.大学教材数字化出版创新探究[J].中国传媒科技，2023(3)：131-134.

⑥ 吴永和，颜欢，陈宇晴.教育数字化转型视域下的新型教材建设及其标准研制[J].现代远程教育研究，2023，35(5)：3-11＋21.

⑦ 陈静远，吴韬，吴飞.课程、教材、平台三位一体的"人工智能引论"育人基座能力建设[J].计算机教育，2023(11)：34-37.

⑧ 刘沛泽，邱雅，田夏.信息化背景下高校新形态教材建设探索[J].高教论坛，2023(5)：30-33.

⑨ 陈浩.以新形态教材建设助力应用型高校创新创业人才培养[J].科教导刊，2023(17)：1-3.

⑩ 何红，杨艳华，许文林，等.应用型本科新形态教材建设研究[J].中国冶金教育，2023(3)：55-57＋59.

⑪ 毛莹.教育数字化背景下新形态教材建设的思考与实践[J].新闻研究导刊，2023，14(8)：185-187.

⑫ 蔡喆，赵延永.新形态教材的策划与出版探析：以云教材为例[J].今传媒，2023，31(4)：63-66.

⑬ 何春梅.融合发展背景下高校教材出版转型升级路径：以四川地区大学出版社实践为例[J].科技传播，2023，15(8)：16-18.

⑭ 任刚，李秀艳.数字化教育背景下数字教材品牌建设探析：以人民卫生出版社医学整合课程数字教材打造为例[J].出版广角，2023(14)：21-26.

磊①、张姿炎②、雷媛③、赵屹冰④、张瑞和陈岩⑤也从不同视角、不同层面对数字化教材进行了研究。

二、本年度高校自然科学教材建设和
管理研究的可视化分析

本部分主要以自然科学教材建设和管理的研究论文为研究对象，利用可视化的形式，通过指标分析、网络分析、分布分析，从篇均参考文献数、总被引数、总下载数、篇均被引数、篇均下载数、下载被引比、文献互引、关键词共现、作者合作、资源类型、涉及学科、文献来源、基金资助、作者及其所在机构等多个角度进行剖析，从不同的侧面梳理和把握本年度的研究文献，为总结概括本年度的研究亮点、短板，展望未来的研究思路奠定数据基础。

(一)指标分析

本年度自然科学教材建设和管理的研究文献共104篇，总参考文献885篇，篇均参考文献为8.43篇，总被引数为44次，总下载数为15751次，篇均被引数为0.42次，篇均下载数为150.01次，下载被引比为0。

通过这些数据指标可以看出，整体而言，论文总被引数和篇均被引数较低，反映出研究成果的影响力相对有限。

---

① 陈磊.数字教材标准发展现状、问题与对策[J].出版参考，2023(5)：17-19＋10.

② 张姿炎."互联网＋"背景下高校新形态教材建设策略探究[J].辽宁科技学院学报，2023，25(5)：60-63.

③ 雷媛.数字教材建设与应用模式创新实践：以人民卫生出版社为例[J].传播与版权，2023(11)：12-15.

④ 赵屹冰.智媒时代高等教育教材出版转型升级的策略与路径探究[J].传播与版权，2023(14)：28-30.

⑤ 张瑞，陈岩.智能时代数字教材的嬗变逻辑、价值意蕴及新生样态[J].当代教育论坛，2023(3)：65-71.

(二)网络分析

1. 文献互引网络分析

通过图 1-3-1 可以看出，本年度自然科学教材建设和管理的研究文献相互引用较为有限，论文相对隔离，多数原始文献的参考文献也较少，其中，参考文献最多的一篇是《高等农业教育教材建设效率评价及优化研究》。原始文献之间的线条较为稀疏，仅部分原始文献可以相连接，表示相关联的文献不多；线条延长线也普遍较短，表示话题关注度不高，相关研究的深度有待进一步加强。

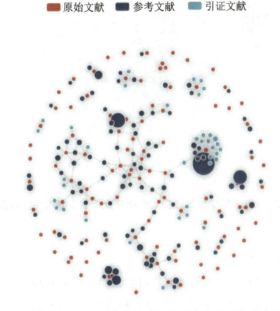

■ 原始文献 　■ 参考文献 　■ 引证文献

图 1-3-1　本年度自然科学教材建设和管理相关文献互引网络图

2. 关键词共现网络分析

在本年度自然科学教材建设和管理的研究文献中，共同出现 14 次的关键词为教材编写、思政，共同出现 12 次的关键词为教材出版、纸质教材、化学教材，共同出现 10 次的关键词为教材建设，共同出现 9 次的关键词为立德树人，共同出现 6 次的关键词为信息技术、化学类、课程教材建设。此外，还有共同出现 5 次的关键词，如教学内容、高等教育、路径、本科、教材选用、教学改革、立体化教材。通过关键词共现网络分析，可以明确此百余篇文章主要围绕教材编写、教材出版、教材思政、教材建设而展开。由图 1-3-2 可见，教材的思政建设和信息技术在教材中的应用是本年度自然科学教材建设和管理研究中的重大热点。

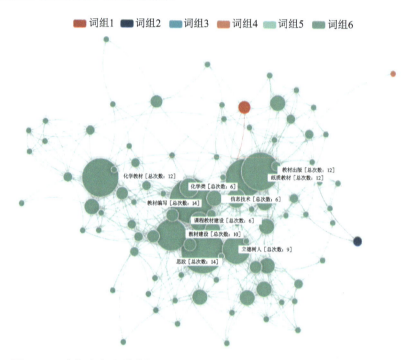

图 1-3-2　本年度自然科学教材建设和管理研究相关文献中关键词共现网络图

3. 作者合作网络分析

通过图 1-3-3 可以看出，在本年度自然科学教材建设和管理的研究文献中，作者分布比较分散，相互之间普遍缺乏合作。其中，程芳琴（山西大学）、李刚（空军军医大学口腔医院）、周学东（四川大学华西口腔医院）、陈立群（上海大学）、章明秋（中山大学）是论文作者中在知网发文量最大的作者，在图 1-3-3 中通过最大的圆圈来呈现。大多数作者发文量相当有限。

通过文献互引、关键词共现、作者合作的网络分析，可以推断出本年度研究自然科学教材的建设与管理文献的子主题分布比较广泛，相关联文献较少，作者之间缺乏合作，同时也反映出在单一子主题下论文数量普遍较少，研究深度比较有限，尚未形成系统性的研究成果，受关注度和影响力较小。

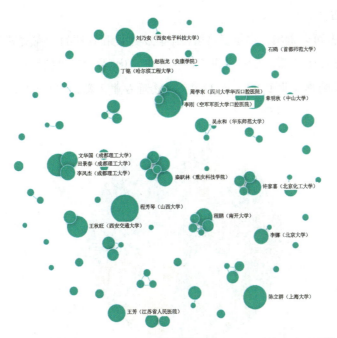

图 1-3-3　本年度自然科学教材建设和管理研究相关文献作者合作网络分析图

(三)分布分析

1. 资源类型分布

通过图 1-3-4 可以看出，本年度 104 篇自然科学教材建设和管理的研究论文中有 103 篇来自期刊，仅 1 篇为博士学位毕业论文，文献的资源分布非常单一。

图 1-3-4　本年度自然科学教材建设和管理研究相关文献资源类型分布图

2. 学科分布

通过图 1-3-5 可以看出，本年度自然科学教材建设和管理的研究文献中，明确涉及学科或专业大类的有82篇，学科范围广泛。其中，化学/化工类相关专业的论文24篇，占29.3％；医学药学专业14篇，占17.1％；物理专业7篇，占8.5％；其他学科专业占比更低一些。

图 1-3-5　本年度自然科学教材建设和管理研究相关文献学科分布图

3. 来源分布

本年度自然科学教材建设和管理的研究论文除1篇博士学位论文外，其他多发表于《大学化学》《传播与版权》《数字出版》《力学与实践》《新闻研究导刊》《中国大学教学》《出版参考》《出版广角》《采写编》《高等工程教育研究》《计算机教育》《科技风》《科教导刊》《水运管理》《中国冶金教育》《医学教育管理》《中国地质教育》《中国教育技术装备》等期刊，其中，《大学化学》发表24篇，占23.3％，《传播与版权》发表4篇，占3.9％，其余期刊均发表3篇以下相关研究的论文，绝大多数期刊仅发表1篇（图1-3-6）。由此可见，文献来源非常广泛。

在这些期刊中，《全球教育展望》《现代远程教育研究》《高等工程教育研究》《当代教育论坛》《出版广角》《中国大学教学》同时为CSSCI期刊和北大核心期刊，《力学与实践》《四川大学学报(医学版)》《中国园林》3本期刊为北大核心期刊，即共有15篇研究论文发表于 CSSCI 期刊或北大核心期刊，占总论文的 14.6%，这也反映出绝大多数论文发表于影响力较低的期刊。

图 1-3-6 本年度自然科学教材建设和管理研究相关文献来源分布图

4. 机构分布

在本年度自然科学教材建设和管理的研究文献中，作者分别来自包括上海大学、上海交通大学、北京大学、武汉大学等 62 所高校和包括高等教育出版社、北京航空航天大学出版社、人民卫生电子音像出版社等 13 家出版机构(图 1-3-7)。其中，来自上海大学和高等教育出版社的作者各有 5 位。

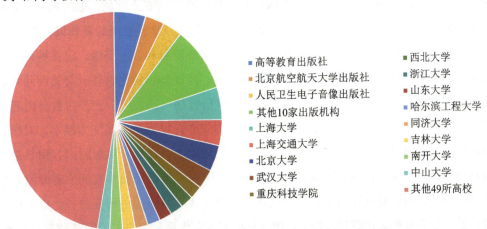

图 1-3-7 本年度自然科学教材建设和管理研究相关文献作者机构分布图

三、本年度研究的重点及亮点

通过前两部分对 2023 年自然科学教材建设和管理的研究情况的梳理和分析，我们对该研究的概貌有了较为清晰的认识，本小节主要对本年度研究的重点及亮点进行简要总结。

（一）在涉及的学科和专业层面，本年度研究覆盖范围广泛

本年度自然科学教材建设和管理的研究覆盖化学/化工、计算机、生物、物理、通信/信息、医学药学、电气、地质、数学、军事、工程类、地理、航空/航运、农业/园林 14 个学科或专业大类，同时也有部分研究分析各种应用型高校的教材建设。

研究指出，在体系上，自然科学教材要体现出完整性、系统性和连贯性，教材需要能系统反映学科知识体系、发展方向和学科思维，依据时代背景和学科发展对教材体系重新统筹修编，对于尚处于空白状态的重要教材，要拾遗补阙，有组织地策划紧缺教材的编写，补全并完善专业人才知识能力图谱构成所必备的教材体系。在内容上，内容建设仍是教材编写首先需要考虑的内容，教材要突出专业特色，创新提升，需要根据实际的教学情况和理论知识的动态发展，及时将涉及学科发展的新知识、新方法、新案例以及重要研究进展补充到教材之中，随时调整教材和线上资源，以保持内容的前瞻性和与时俱进，促使教学始终保持新鲜活力，体现知识的先进性、交叉性和综合性，实现教材内容与学科前沿、应用实践、科学研究的"三同步"。此外，教材内容始终要与专业人才培养目标相匹配，坚持以学生为中心，以为学生赋能为根本，对教学活动进行研究与反思，厘清教材在学生认知发展培养上的作用，对教材内容框架进行合理的设计与安排。在编写团队上，教材必须组织一线教学经验丰富的学科专家和教师共同编写，团队要进行充分研讨和准备，充分发挥每位教师的研究专长，以实现集思广益、优势互补。在编写流程上，教材初稿编写完成后，须由主编统稿和充分修改，严格把关各部分的编写质量，保证教材具有较强的系统性和时效性。另外，教材投入使用后，出版单位还应采用座谈会、问卷调查、走访调研等多种方式展开应用型教材

建设调研，收集相关数据，并对收集到的意见和建议进行分析反馈，在修订和再版时有针对性地完善教材。

应用型高校是培养应用技术技能型人才的学校，更强调实践对学生的作用，在教学内容和方法上与传统的本科高校存在许多差异。应用型本科高校因培养目标的转变，需要重新评估专业课教材的适切性。从目前调研数据来看，应用型本科高校学生使用的专业课教材还存在教材内容偏多、理论偏深、缺乏理论知识与实际工程应用案例的有机结合等问题，无法满足应用型人才培养的需要。应用型教材应着眼理论联系实际，注重教材教育的实践性和实用性，更好地满足应用型专业学生的学习需求，提高学生的实践能力和综合素质。

(二)在提升教材育人功能层面，本年度的研究力度明显加大

建设什么样的教材体系，核心教材传授什么内容、倡导什么价值，都体现着国家意志，因此教材建设是落实国家事权、服务国家战略的，教材编写承载着"立德树人"这一教育的根本任务。本年度自然科学教材建设和管理的研究中有专门的文献分析论述相关教材的思政建设，也有不少研究建议未来的教材应强化其思政育人功能。

研究发现，自然科学教材仍存在思政教育功能相对缺位、思政元素挖掘不足、思政考核评审不足等问题。对此，研究认为：首先，需要凝练教材建设目标，基于培根强基诉求实现思政元素与自然科学类专业课程的有机融合，转化教材立意，以创新角度优化内容设计，从价值引领角度促进教材革新，使教材成为铸魂育人的核心要素，强化对价值观的隐性输出与显性表达，形成具有我国特色的自然科学教材，构建大思政育人格局。思政教育应贯穿人才培养的全过程，体现在培养过程中的每一门课程教材，专业课程教材编写要体现出教育的根本目标，基于大思政理念明确自然科学教材的逻辑架构，围绕育人目标，优化其教学编写大纲，这是自然科学教材思政建设的关键。其次，依据协同育人的需要，将价值引领与自然科学教材有机融合，坚持以马克思主义为指导，以社会主义核心价值观为引领，积极传播中国特色社会主义文化，有机融入家国情怀、责任担当、综合素养、科学精神、工匠精神、创新精神等思政元素，培养学生树立正确的世界观、人生观、价值观，将价值引领、知识传授、能力培养与学习者的健康成长紧密融合，浸润学生的思想、观念、价值取向和人文素养，构建德

才并重的人才培育模式。同时，依托一流课程平台，推进教材与课程、学科、专业建设相融合，提炼思政元素，梳理知识脉络，以高水平研究引领教学资源研发创新，打造具有新时代中国特色的高质量课程教材体系，全面提升育人实效。最后，完善教材编写制度体系，可针对教材编写者实施思政培训及考核，构建自然科学教材思政建设评价指标，发挥评价的导向作用，提升教材编写质量，将传统的静态评价转化为动态监测，实现知识传输目标与立德树人目标的有机融合，增强教材建设工作的规范性。

教材编写中融入思想政治元素，实现专业教育与思政教育相融合，有利于拓展专业教育的深度与广度、提升专业教育的温度，以创新思维催生新思路，以新思路谋求新发展，以新发展推动新方法，以新方法解决新问题，实现新时期立德树人的教材目标。教材建设有利于实现提高课程教学质量的目标，培养既有扎实学术基础和创新能力，又充分了解中国实际情况、拥有坚定理想信念的新时代青年学子，为实现中华民族伟大复兴提供坚实的人才基础。

(三)在探索教材融合发展层面，本年度的研究重点是数字化教材

基于人工智能、大数据、云计算等新技术应用的不断扩展，传统出版各个环节发生了颠覆性转变，推动出版融合向纵深发展成为出版行业的必然选择。对新形态教材等数字教材的研究也是本年度自然科学教材建设和管理研究的重点。

研究认为，数字化教材建设应以内容、技术、平台建设为抓手，在内容资源建设方面，精准匹配教学需求和教学场景，为课程教学提供丰富的教学资源；在技术应用方面，推动新技术在教材领域的应用，实现移动化、智能化和个性化的知识服务；在项目平台建设方面，加强多方协同共建和产业化发展，有效整合数字化内容和技术，提高项目平台的专业度和体验感，探索数字化教育未来发展的新空间和新生态。还有研究者认为随着全球范围内使用数字教学资源趋势的迅速扩张，数字化教材正以一种全新的方式促进课堂教学工作的转变，他们聚焦如何通过使用数字化教学资源改变课堂互动的性质、引发并有效推动教学改革实质性转变以及如何将数字化教材转换为学习中介工具以更好地嵌入师生交互式教学活动系统等问题展开了论证，将学生的自主学习、教师的教学资源和师生之间的交往互动作为数字教材建设的因素，进行多维度、多层次的综合考虑，发展出具有数字资源特色的教材，从研究探讨如何让教材数字化

回归到如何建构一种充分融合信息技术的教材。

四、本年度研究的不足及展望

本年度自然科学教材建设和管理的研究以立项课题、学术会议、学术论文等形式取得了丰富成果，但也可以看到仍存在明显的短板和不足，本部分对其进行归纳总结，以期对未来的研究工作做出有建设性的展望。

(一)现有自然科学教材建设和管理研究成果的影响力有限

通过梳理本年度自然科学教材建设和管理的研究，不难看出，现有研究数量比较有限、深度相对不足、系统性有所欠缺、研究成果影响力较低。从研究视角看，学界重基础教育教材研究轻高等教育教材研究，重社科类教材研究轻自然科学类教材研究。研究者对高校教材建设的关注度普遍较低，其中为数不多的精力又多聚焦于"思政课程"教材、哲学社会科学教材等，而对同样承担立德树人使命和发挥"培根铸魂、启智增慧"重要作用的自然学科教材的关注少之又少。从研究方法看，多数文章的研究陷于泛泛而谈，常借助于"抽象经验论"而疏于建立在实证研究之上的深入探讨。从研究体系看，研究在一定程度上缺乏规划性和系统性，多陷于"一鳞半爪"而未形成具有全局性的研究体系。从研究成果看，国家级、省部级立项课题相当有限，相关主题的学术研讨和交流严重欠缺，论文来源期刊层级普遍较低，因此，研究成果影响力不足。应进一步提高对自然科学教材研究的重视程度，加强建立于实证研究之上的对实践方法和提升路径的探析，注重研究的深度，把握研究的系统性。

(二)缺乏对自然科学教材相关基础理论的研究

从研究内容看，对自然科学教材基础理论的研究非常匮乏。部分自然科学教材长期存在忽视学生学习规律、内容过于庞杂、体系陈旧老套、结构布局失衡、表现形式落后、缺少教学实践训练、陷于低水平重复等问题，这些问题反映出部分自然科学教材建设一定程度上脱离于教学改革实践、滞后于教育思想的更新。教材研究是教材建设的先导，自然科学教材编写和建设需要符合育人规律和学生的认知、成长规律，需要起到教与学的中介桥梁作用，需要实现知识传授、能力培养、价值引导的目的，需要启发学生的主动思考和积极探索，而做到这些离不开对教材基础理论的研究，包括对教材自身的底层逻辑和规律、教材与教师和学生的关系、教材与课程的关系、教材与学科的关系、教材的普遍规律和各专业的特殊规律的研究等，以此保障教材在育人理念、体系结构、知识内容、表现形式等方面的科学性和先进性。而梳理本年度甚至近年来的研究成果，多数研究聚焦于单本教材或单个学科教材，对教材基础理论的研究远远不足，应进一步加大对该重要课题的研究力度。

(三)教材出版研究缺少政策引领和体系保障

梳理本年度自然科学教材建设和管理的研究成果，可以看出，目前对于该方面的选题关注度有限、高水平研究人员占比不高、立项课题很少、论文来源期刊层级较低。实际上，不仅是自然科学教材的研究，整个高校教材出版的研究都处于相对洼地，这在一定程度上也反映出政策引领力度不足、支撑保障体系尚未健全。教材建设和管理研究包含政府、高校、科研机构、出版单位等多个主体，内容覆盖教材规划、设计、编写、出版、审核、使用、管理等各个环节，需要从政治、组织、制度、经费与物质等多方面予以保障。因此，应强化政策的规划引领，注重整体谋划，加大对相关研究的指引督导和各级别的课题立项；应优化相关的组织保障，设立国家级自然科学类教材研究基地，引导高水平期刊的选题支撑；应调动各研究主体的积极性，强化经费与物质保障，加强研究队伍建设，多维联动、多措并举，从而形成教材出版研究的良性氛围和保障体系。

（执笔人：高等教育出版社国家高等教育教材综合研究基地晋晓飞、徐珠君）

02

第二部分

重点学科教材建设和管理研究情况

第一篇　马克思主义理论学科教材建设和管理研究报告

为贯彻落实党的二十大精神，进一步加强高校教材建设和管理，巩固马克思主义在高校意识形态领域指导地位，落实立德树人根本任务，全面掌握了解马克思主义理论学科教材使用基本情况，课程教材研究所组织专家对河南省、江苏省的33所高校进行专题调研，结合教材使用的数据，现具体分析如下。

一、总体情况

(一)马克思主义理论学科教材概况

关于调研的高校情况。一是河南省22所，覆盖到本、硕、博学段，包含公办高校和民办高校，全国重点马克思主义学院、省重点马克思主义学院和省示范性马克思主义学院；本科阶段开设思想政治教育专业的有13所高校，其中2所另开设马克思主义理论专业(郑州大学、河南师范大学)，1所另开设中国共产党历史专业(河南师范大学)；研究生阶段具有马克思主义理论学科硕士点的高校共有15所，其中3所高校拥有马克思主义理论学科一级博士点(郑州大学、河南大学、河南师范大学)。二是江苏省11所，包括部委直属高校4所，省属院校7所；拥有本科、硕士、博士完整学科专业的高校3所，拥有本科、硕士学科专业的高校3所，只有本科专业的高校2所。

关于调研的教材情况。总体上，使用教材总数为412本(不去重)，本科阶段的教材使用总数为215本，硕士研究生阶段的教材使用总数为147本，博士研究生阶段的教材使用总数为 50 本。经过 ISBN 号比对去重和数据清洗后，此次调研马克思主义理论学科教材共计 249 本。同时，河南省有 4 本正在使用的未出版教材，分别是《思想道德与法治：教学要点及参考资料》《习近平新时代中国特色社会主义思想概论：教学要点及参考资料》《中国近现代史纲要：教学要点及参考资料》《马克思主义基本原理：教学要点及参考资料》。另外，从 33 所高校总体上看，本科阶段开设的全部课程中使用马工程重点教材 53 本，约占 17.2%；使用国家级规划教材 26 本，约占 8.4%。硕士阶段开设的全部课程中使用马工程重点教材 25 本，约占 12.6%；使用国家级规划教材 4 本，约占 2%。博士阶段开设的全部课程中使用马工程重点教材 6 本，约占 9.7%；没有在使用的国家级规划教材。

关于马克思主义理论学科教材有关课程情况。本次调研中，各校马克思主义理论学科教材有关课程总计 570 门（不去重），包括各校本科阶段开设的课程 309 门，各校硕士研究生阶段开设的课程 199 门，各校博士研究生阶段开设的课程 62 门。整体上看，使用教材数少于开设课程数，有些课程没有相应教材，无教材的本、硕、博课程分别为 30、32、16 门，占相应阶段课程总数的比例约为 9.7%、16.1%、25.8%。从使用教材在开设课程中的比例来看，本科阶段约 69.6%，硕士阶段约 73.9%，博士阶段约 80.7%。

(二)马克思主义理论学科教材的选用情况

1. 各学段教材的选用情况

关于河南省高校选用教材情况。马克思主义理论学科培养本科、硕士研究生、博士研究生各学段学生，课程设置总量达到 343 门，其中涉及的各类教材总量为 284 本。使用马工程重点教材的课程数量为 87 门，约占 25.4%，涉及马工程重点教材数量 42 本，约占 14.8%。具体情况见图 2-1-1。

本科学段，思想政治教育、马克思主义理论、中国共产党历史三个专业共开设各类课程 186 门，其中各类必修课程 143 门，选修课程 43 门，使用马工程重点教材课程 67 门，约占 36%。其中，有 28 门课程显示没有相对应的合适教材，约占 15.1%，13 本教材是一本教材对应 2～3 门课程。本科学段所有课程涉及的教材数量为 147 本，教(材)课(程)比约 79.0%，其中马工程重点教材 38 本，约占 25.9%。具体情况见图 2-1-2。

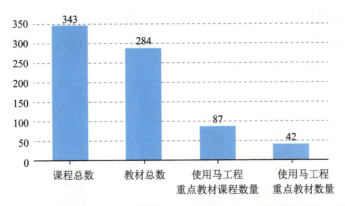

图 2-1-1 河南省调研高校"马学科"课程数量与使用马工程重点教材课程数量

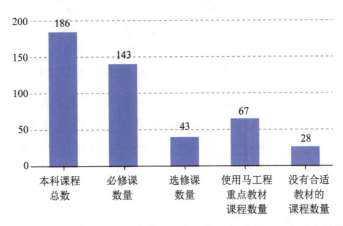

图 2-1-2 河南省调研高校本科学段"马学科"课程数量与使用马工程重点教材课程数量

硕士研究生学段，共开设各类课程 122 门，涉及教材数量为 95 本，教（材）课（程）比约 77.9%，使用马工程重点教材 17 本，约占 17.9%，其中 26 门课程显示没有相对应的合适教材。5 本教材是一本教材对应 2～3 门课程。具体情况见图 2-1-3。

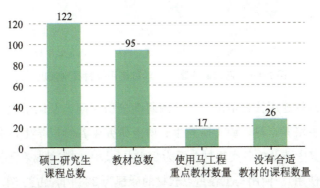

图 2-1-3 河南省调研高校硕士研究生学段"马学科"课程数量与使用马工程重点教材课程数量

博士研究生学段，共开设各类课程 35 门，涉及的教材数量为 27 本，教（材）课（程）比约 77.1%，使用马工程重点教材 3 本，占比约 11.1%，其中 14 门课程显示没有对应的合适教材。具体情况见图 2-1-4。

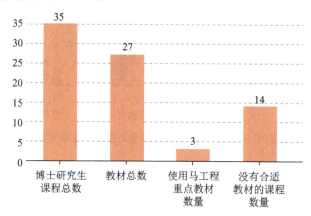

图 2-1-4　河南省调研高校博士研究生学段"马学科"课程数量与使用马工程重点教材课程数量

各学段所选用的教材等级类别上，本科学段选用马工程重点教材 67 种，国家级规划教材 17 种，其他级别教材 59 种；硕士研究生学段选用马工程重点教材 17 种，国家级规划教材 3 种，其他级别教材 72 种；博士研究生学段选用马工程重点教材 3 种，其他级别教材 24 种。具体情况见图 2-1-5。

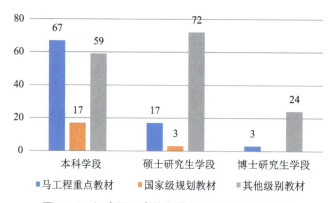

图 2-1-5　河南调研高校各学段使用教材类别情况

关于江苏省高校选用教材情况。结合调研高校访谈问询及调研表格汇总情况，马克思主义理论学科培养本科、硕士研究生、博士研究生各学段学生，专业课程设置总量达到 411 门，其中涉及的各类教材总量为 238 本（其中 23 本教材在不同学段和不同性质课程中被多次使用）。使用马工程重点教材的课程为 226 门，占约 54.9%；涉及马工程重点教材 81 本，占比约 34.0%；涉及国家级规划教材 22 本，占比约 9.2%。具体情况见图 2-1-6。

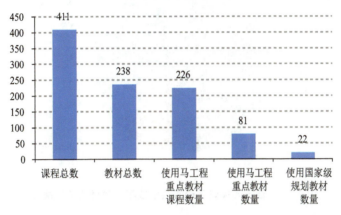

图 2-1-6　江苏省调研高校"马学科"课程数量与使用马工程重点教材课程数量

本科学段，思想政治教育(师范/非师范)、马克思主义理论、中国共产党历史专业共开设各类课程 272 门，其中各类必修课程 199 门，选修课程 73 门，使用马工程重点教材的课程为 175 门，占比约 64.3%。其中，有 15 门课程显示没有相对应的合适教材，占比约 5.5%。本科学段所有课程涉及的教材数为 163 本，其中马工程重点教材 64 本，占比约 39.3%；国家级规划教材 16 本，占比约 9.8%；其他教材 83 本，占比约 50.9%。具体情况见图 2-1-7、图 2-1-8。

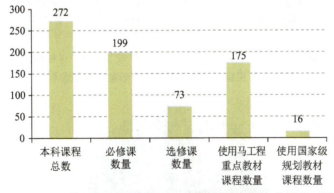

图 2-1-7　江苏调研高校本科学段"马学科"课程数量与使用马工程
重点教材及国家级规划教材课程数量

硕士研究生学段，共开设各类课程 102 门，其中必修课 42 门，选修课 60 门，涉及教材数为 76 本，使用马工程重点教材 28 本，占比约 36.8%；使用国家级规划教材 4 本，占比约 5.3%；使用其他教材 44 本，占比约 57.9%。10 门课程显示没有相对应教

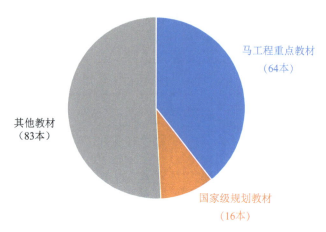

图 2-1-8 江苏省调研高校本科学段不同教材的使用情况

材。具体情况见图 2-1-9、图 2-1-10。

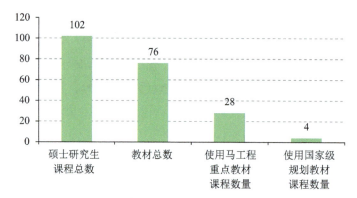

图 2-1-9 江苏省调研高校硕士研究生学段"马学科"课程数量与
使用马工程重点教材及国家级规划教材课程数量

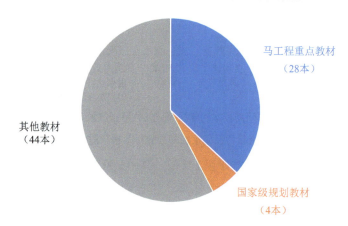

图 2-1-10 江苏省调研高校硕士研究生学段不同教材的使用情况

博士研究生学段，共开设各类课程 37 门，涉及的教材数为 29 本，使用马工程重点教材 6 本，占比约 20.7%；使用国家级规划教材 1 本，占比约 3.4%；使用其他教材 22 本，占比约 75.9%。3 门课程显示没有对应的教材。具体见图 2-1-11、图 2-1-12。

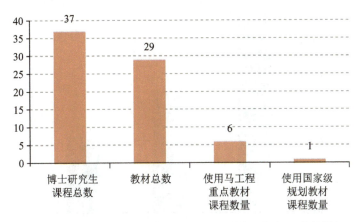

图 2-1-11 江苏省调研高校博士研究生学段"马学科"课程数量与使用马工程重点教材及国家级规划教材课程数量

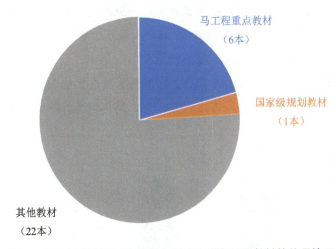

图 2-1-12 江苏省调研高校博士研究生学段不同教材的使用情况

2. 马工程重点教材的选用情况

根据教育部 2023 年 9 月 25 日公布的马工程重点教材目录，已出版教育部马工程重点教材 80 部、中宣部马工程重点教材 36 部。河南省在现有的 116 部马工程重点教材中，马克思主义理论学科本科、硕士、博士三个学段共用到 42 部，占马工程重点教材总量约 36.2%。马工程重点教材在三个学段开设的课程中，使用教材总量中占比约 25.4%。本科学段占比约 25.9%，硕士研究生学段占比约 17.9%，博士研究生学段占比约 11.1%。具体情况见图 2-1-13。

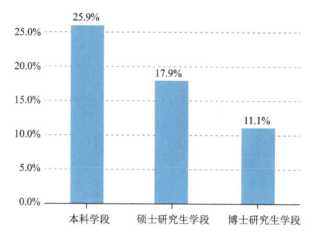

图 2-1-13　河南省调研高校马工程重点教材在不同学段的使用率

江苏省在现有的 116 部马工程重点教材中，马克思主义理论学科本科、硕士、博士三个学段共用到最新马工程重点教材 56 部，占最新公布的马工程重点教材总量约 48.3%，另有 24 部教材为往年列入马工程重点教材的版本。马工程重点教材在三个学段开设课程的使用教材总量中占比约 33.6%。本科学段占比约 39.3%，硕士研究生学段占比约 36.8%，博士研究生学段占比约 20.7%。具体情况见图 2-1-14。

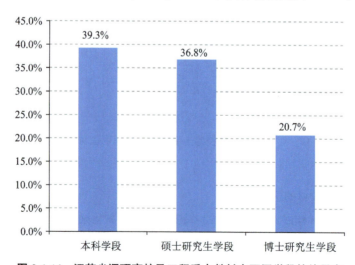

图 2-1-14　江苏省调研高校马工程重点教材在不同学段的使用率

3. 不同学校教材的选用情况

不同层次高校选取的教材类别，反映出办学层次较高的学校选择教材更倾向于选择马工程重点教材、国家级规划教材和省级规划教材等级别较高的教材类型，而一般的区域普通高校或民办高校，除去国家必须要求选择的教材类别外，在教材选用上显示出更多的自主性。在学段区分上，本科学段选用马工程重点教材的数量要高于硕士研究生学段和博士研究生学段。在使用教材类别上，马工程重点教材的使用率明显高于国家级规划教材。

在开课数量上，办学层次较高的学校，课程开设数量和选用教材数量都要多于一般的学校。同时，这些学校更注重专业理论的学习，教材使用也主要集中于理论教材方面。与之不同，区域性普通高校或民办高校，例如师范类院校，在课程开设和教材选择上更注重专业特长，教材选择较为丰富和多样。民办高校在课程开设和教材选择上，除去马克思主义理论学科必选的理论科目外，也结合各自高校实际情况，展现出多样性和丰富性，例如黄河交通学院共开设课程48门，其中涉及硬笔书法、现代礼仪与口才实务技巧专题、公文写作与处理、公务员考试专题等。具体情况见表2-1-1。

表 2-1-1　河南省调研高校各学段开设课程和使用教材情况统计

	高校名称	本科学段					硕士研究生学段					博士研究生学段				
		必修课程数	选修课程数	马工程重点教材课程数	国家级规划教材数	其他	必修课程数	选修课程数	马工程重点教材课程数	国家级规划教材数	其他	必修课程数	选修课程数	马工程重点教材课程数	国家级规划教材数	其他
1	郑州大学	42		29	1	12	10	14	8	2	14	8	7	2		20
2	河南大学	46	25	3	19	10		4		6	3	4	4			
3	河南理工大学						9	13	7	1	16					
4	河南师范大学	36		21	1	14	22	4			26	14	1			15
5	信阳师范大学	20	10	16	2	12	27			3	24					

续表

	高校名称	本科学段					硕士研究生学段					博士研究生学段				
		必修课程数	选修课程数	马工程重点教材课程数	国家级规划教材数	其他	必修课程数	选修课程数	马工程重点教材课程数	国家级规划教材数	其他	必修课程数	选修课程数	马工程重点教材课程数	国家级规划教材数	其他
6	河南工业大学						19	1			18					
7	河南科技大学	24	15	18	8	13	5	14	8	1	10					
8	河南农业大学						2	12	3		11					
9	河南财经政法大学						8	7	8	1	6					
10	华北水利水电大学						11		5		6					
11	郑州轻工业大学						16				16					
12	南阳师范学院	24	9	19	1	13	11	7	2		16					
13	洛阳师范学院	20	6	14	2	10										
14	安阳师范学院	6	4	8		2										
15	黄淮学院	16	1	17												
16	周口师范学院	34		14	6	14										
17	商丘师范学院	57	10	24	4	39										
18	许昌学院	20		14	2	4										
19	黄河交通学院	34	15	16		23										
20	新乡医学院						15	5	10		10					
21	河南中医药大学						14		6		8					
22	中原工学院						5	11	4		12					

　　江苏省的情况是，在学段区分上，本科学段选用马工程重点教材的数量要高于硕士研究生学段和博士研究生学段。学科体系比较完整的高校，开设课程尤其是选修课程数量更多，但对高水平教材覆盖面的需求也更迫切。具体情况见表2-1-2。

表 2-1-2　江苏省调研高校各学段开设课程和使用教材情况统计

	高校名称	本科学段					硕士研究生学段					博士研究生学段				
		必修课程数	选修课程数	马工程重点教材课程数	国家级规划教材数	其他	必修课程数	选修课程数	马工程重点教材课程数	国家级规划教材数	其他	必修课程数	选修课程数	马工程重点教材课程数	国家级规划教材数	其他
1	南京大学	12	20	10		1	4	8	4				6			
2	东南大学	9		8		1	7	10	4	1	12	8	7	2		12
3	河海大学	32	17	28	4	17	3	29	6	2	24	2	14	2	1	9
4	南京信息工程大学	10		9	1		4	14	4			1		1		
5	南京师范大学	21	7	19	3	6	1	38	3			1	29	1		
6	江南大学	14	4	11	1	6		38	1		1	1	20	2		
7	江苏师范大学	27	18	18	4	11	12	7	6	1	12					
8	苏州大学	17	4	18		3	5	28	5			2	7	2		
9	南通大学	11	16	13	1	6	7	19	6		1					
10	盐城师范学院	20	15	19	4	13										
11	宿迁学院	17	12	23												

4. 不同课程马工程重点教材的建设匹配情况

河南省根据教育部《普通高等学校本科专业类教学质量国家标准》要求，马克思主义理论学科本科学段，思想政治教育专业的专业类必修课程有 7 门，中国共产党历史专业的专业类必修课程有 7 门。思想政治教育专业中，比较思想政治教育、中国共产党历史等没有直接对应的马工程重点教材；中国共产党历史专业中，中国共产党历史、中国共产党历史文献导读、中国共产党建设理论与实践、中国近现代政治思想史、当代中国政府与政治概论、史学理论与方法、政党政治原理均没有直接对应的马工程重点教材。在专业类选修课中，马工程重点教材数量占比也不高。

马克思主义理论学科硕士研究生学段和博士研究生学段，根据国务院学位委员会第七届学科评议组编写的《学术学位研究生核心课程指南（一）》（试行），马克思主义理论一级学科研究生核心课程指南中有 7 门核心课程。其中马克思主义理论前沿问题、马克思主义研究方法、马克思主义基本原理专题研究等没有直接对应的马工程重点教材。在马工程重点教材不足的情形下，各个学校选择了不同类别的教材作为补充，但其中国家级规划教材占比也不高。具体情况见表 2-1-3。

表 2-1-3　河南省调研高校各类课程马工程重点教材对应情况

学段	课程性质		课程名称	有无马工程重点教材
马克思主义理论学科本科学段	专业类基础课程		马克思主义哲学	有
			马克思主义政治经济学	有
			科学社会主义	有
			毛泽东思想	有（思政课教材）
			中国特色社会主义理论体系	有（思政课教材）
			马克思主义发展史	有
			政治学	有
			法学	有
			社会学	有
			逻辑学	有
	专业类必修课程	思想政治教育专业	马克思主义经典文献导读	无
			思想政治教育学原理	有
			思想政治教育方法论	无
			比较思想政治教育	无
			伦理学	有
			中国共产党历史	无
			中国共产党思想政治教育史	有
		中国共产党历史专业	中国共产党历史	无
			中国共产党历史文献导读	无
			中国共产党建设理论与实践	无
			中国近现代政治思想史	无
			当代中国政府与政治概论	无
			史学理论与方法	无
			政党政治原理	无
	专业类选修课程		当代世界社会主义等 20 门	5 门有

续表

学段	课程性质	课程名称	有无马工程重点教材
马克思主义理论学科硕士研究生和博士研究生学段	核心课程	马克思主义经典著作研读	无
		马克思主义理论前沿问题	无
		马克思主义研究方法	无
		思想政治理论课教学与研究	无
		马克思主义经典著作导读	有
		马克思主义基本原理专题研究	无
		马克思主义发展史	有

注：本科学段课程指南依据教育部《普通高等学校本科专业类教学质量国家标准》要求选定，其中专业类选修课程指当代世界社会主义、西方马克思主义、国外中国共产党历史研究、中国国民党史、中国民主党派史、宏观经济学、微观经济学、政治哲学、宗教学、西方哲学史、中国哲学史、西方政治思想史、网络思想政治教育、教育学概论、心理学、管理学、当代科学技术、当代社会思潮、社会调查研究与方法、思想政治学科教育论。研究生学段课程指南依据国务院学位委员会第七届学科评议组编写的《学术学位研究生核心课程指南（一）》（试行）要求选定。

江苏省各高校思政课均全部使用马工程重点教材。关于马克思主义理论学科及专业课使用马工程重点教材门数及比例，经统计，本科、硕士研究生、博士研究生课程选择使用马工程重点教材的比例约分别为52.5%、14.2%、5.2%，呈现随学段提升逐渐降低的态势。本科课程选择马工程重点教材的比例普遍较高，基本达到了应用尽用，未开设马克思主义理论本科专业的高校，如东南大学、江南大学等，都开设了面向本科生的必修或选修课程，也均选用了马工程重点教材。硕士研究生课程中可选马工程重点教材相对更少，故选用门数较少，结合访谈中师生对马工程重点教材出版的需求，可知硕士研究生课程的马工程重点教材出版更加急迫。博士研究生课程则因主要采取专题式教学而很少指定教材，四所使用马工程重点教材的高校的博士研究生课程分布则比较分散。在未使用马工程重点教材的课程中，主要是由于没有马工程重点教材可选用，教师选用较多的是国家级规划教材、全国优秀教材、21世纪系列教材等编撰水平较高、权威出版社出版、获得有关部门认可的高质量教材。此外，10%左右的课程会选用自编特色教材。

从整体看，马克思主义理论学科建设与教材建设相匹配，教材总量与课程总量匹配比约为57.9%，匹配度还有待进一步提升。部分课程尤其是专业必修课和核心课没有对应马工程重点教材，比如，本科生的"世界社会主义史"，硕士研究生的"社会主义发展史研究"均属于"四史"①研究非常重要的课程，但因没有马工程重点教材，教师需自行选择其他参考书目作为教材。一本教材对应多门课程的现象依然存在，比如，《政治学概论》对应政治学原理、政治学概论、马克思主义政治学原理、政治学；《工程伦理》对应工程伦理学概论、科技与工程伦理专题；《逻辑学》对应逻辑学、逻辑学基础、形式逻辑、普通逻辑学等多门课程；师生尤其是一线教师对教材更新以及时反映马克思主义中国化时代化最新进展的需求比较突出。具体情况见表2-1-4。

表 2-1-4　江苏省调研高校马克思主义理论学科专业课程(不含公共课)
使用马工程重点教材情况

序号	学校名称	授权级别	本科专业	本科（马工程重点教材课程数/专业课程总门数及比例）	硕士（马工程重点教材课程数/专业课程总门数及比例）	博士（马工程重点教材课程数/专业课程总门数及比例）
1	南京大学	博士一级	马克思主义理论	10/32（31.25%）	4/12（33.33%）	0/6（0%）
2	东南大学	博士一级	未开设		4/17（23.53%）	2/15（13.33%）
3	河海大学	博士一级	思想政治教育、马克思主义理论	20/43（46.51%）	4/30（13.33%）	1/16（6.25%）
4	南京信息工程大学	硕士一级	思想政治教育（师范）	4/7（57.14%）	2/18（11.11%）	
5	南京师范大学	博士一级	思想政治教育、马克思主义理论	19/28（67.86%）	0/39（0%）	0/30（0%）
6	江南大学	博士一级	未开设	5/10（本科生公共课）（50%）	0/38（0%）	1/21（4.76%）
7	江苏师范大学	硕士二级	思想政治教育（师范）	18/45（40%）	6/19（31.58%）	
8	苏州大学	博士一级	思想政治教育	12/15（80%）	1/33（3.03%）	1/9（11.11%）
9	南通大学	硕士一级	思想政治教育（师范）	11/19（57.89%）	1/26（3.85%）	

① 党史、新中国史、改革开放史、社会主义发展史。

续表

序号	学校名称	授权级别	本科专业	本科 （马工程重点教材课程数/专业课程总门数及比例）	硕士 （马工程重点教材课程数/专业课程总门数及比例）	博士 （马工程重点教材课程数/专业课程总门数及比例）
10	盐城师范学院	本科	思想政治教育（师范）	19/35 （54.29%）		
11	宿迁学院	本科	思想政治教育（师范）	20/29 （68.97%）		

(三)马克思主义理论学科教材的出版情况

1. 马克思主义理论学科教材的出版时间

通过数据清洗，对 249 条有效数据进行统计分析后发现，两省调研高校中马克思主义理论课程在用教材的出版年份分布为 2000—2023 年，出版时间跨度为 23 年。其中，2005 年及以前出版的高校教材仅 7 种，约占 2.8%；2006—2010 年出版教材 22种，约占 8.8%；2011—2015 年出版教材 31 种，约占 12.4%；2016—2020 年出版教材115 种，约占 46.2%；2021 年及以后出版教材 74 种，约占 29.7%。可见，被调研高校在用的马克思主义理论学科教材大多是在近 10 年内出版发行的。具体情况见图 2-1-15。

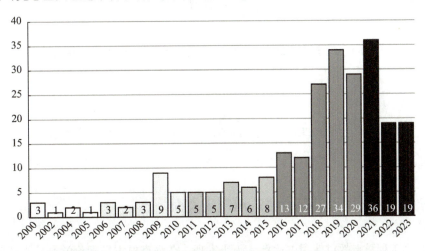

图 2-1-15　两省调研高校马克思主义理论课程在用教材出版年份分布

2. 马克思主义理论学科教材的出版单位

两省高校马克思主义理论学科课程正在使用的 249 种教材共涉及出版单位 60 家，均为境内出版单位。出版教材种数最多的前五家出版单位，按种数排名依次是：高等教育出版社(75 种，30.1％)、中国人民大学出版社(27 种，10.8％)、人民出版社(23 种，9.2％)、北京师范大学出版社(14 种，5.6％)、北京大学出版社(11 种，4.4％)。统计数据显示，前五家出版单位出版发行的马克思主义理论学科教材合计 150 种，占比约 60.2％。可见，高校马克思主义理论学科教材的出版单位较为集中，种数排名前五家出版单位出版教材种数占比超过一半，剩余 55 家出版单位出版教材种数尚不足一半。特别是，近三分之一的马克思主义理论学科教材由高等教育出版社一家出版。具体情况见图 2-1-16。

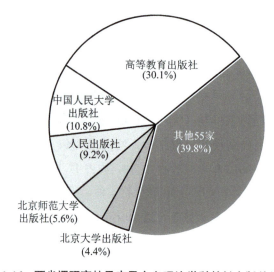

图 2-1-16　两省调研高校马克思主义理论学科教材出版单位分布

二、马克思主义理论学科教材建设存在的短板和不足

(一)马克思主义理论学科教材选用使用方面

一是马工程重点教材使用占比低。调研发现，在马克思主义理论学科从本科到博士

阶段的培养过程中，尤其是硕士研究生学段和博士研究生学段，马工程重点教材使用占比低。河南省的调研数据显示，硕士研究生学段，马工程重点教材使用数量占课程教材数量约 17.9%；博士研究生学段，马工程重点教材使用数量占课程教材数量约 11.1%。

二是马克思主义理论学科教材适用性欠佳。调研发现，一般一门课程就是一本教材，较少的教材匹配有 PPT 课件等资料。一本教材在全国范围内使用，会涉及不同层级的高校，涉及不同学习能力的学生，涉及不同的学段，因此要提高教材的适用性，同时提供多样化的教学资源，使之方便使用者进行取舍利用。

三是选用教材方面存在侵犯他人著作权等知识产权的现象。当前，国家对知识产权保护的力度不断加大，打击侵犯知识产权的力度逐步加大。但是，在网购平台、学校附近打印店，仍旧可以通过较便宜的方式购买电子版、影印版或复印版教材，这种情况无疑侵害了教材著作权人的知识产权。

(二)马克思主义理论学科教材管理方面

一是马克思主义学院教材管理制度化水平还有待提高。近年，从国家层面到学校层面，都建立起了相对完整的教材管理制度体系，但是学院作为高校的二级教学单位，是与一线教师、学生密切联系的单位，相关的教材管理制度还不够健全，明确的教材管理制度规定较为缺乏。另外，一般高校对教师参与有关教材编写均是支持和鼓励的，但仅依靠学校，缺少学院层面的实际支持，有时显得比较无力。这反映了学院层面在思想认识上重视教材建设，但是落实到规则制度和实际行动上仍然乏力。

二是落实国家教材建设和管理制度要求仍有差距。很多学校反映，虽然有相关的教材管理制度，但是管而不严现象依然存在，重视程度也要进一步增强。教材涉及不同的专业、不同的领域，一般的管理者或专家很难十分准确地把握每一本教材的质量和水平，具体落实到教材质量跟踪与评价中，就会流于表面的形式。同时，也发现有的教材已经更新到了最新的版本，但使用的依旧是旧版本，也反映出管理上的疏忽。

三是教材使用监测反馈机制有待进一步完善。调研中发现，部分学校正在建立教材使用监测反馈机制，重点是征求教师或学生在教材使用过程中的意见建议，但是反馈机制的效率还有待提升。一方面，教师或学生反映的问题，如果一时间难以解决，就会影响到反馈问题的积极性。另一方面，学生对教材本身的质疑和意见需要认识上的不断加深和学识方面的积淀，对教材要经历一个重视教材、深研教材、发现问题、反馈问题的过程。

(三)马克思主义理论学科体系与教材体系方面

一是学科教材内容体系贯通性不足。近年来，在党中央的高度重视下，马克思主义理论学科教材体系建设基本适应了我国经济社会发展的需要和各科类层次人才培养的需要。但是我们也应清醒地看到，随着国内外政治、经济、科技、文化和教育等方面的发展变化，高校教材建设不同程度地存在着教材内容与课程设定不对称、内容构成移植现象突出、教材体系缺乏整体性、高水平原创教材偏少等问题。因此，亟须构筑高质量的体系化马克思主义理论学科教材，并且在不断修订中推陈出新以保持前沿性和时代性，用一流教材支撑一流教育、培养一流人才。

二是学科教材体系建设内涵性不强。调研高校办学层次众多，学校层次的不同和专业类型的不同决定了每所学校的马克思主义理论学科教材应具有针对性，当前诸多高校缺乏适应不同层次学生、适应不同类型课程的马克思主义理论教材，尚未形成系统科学的教材理论体系。在坚持国家统编的基本教材的广泛使用的同时，还应积极建设精品教材，紧跟时代需要。加快建设中国特色高质量教材体系的关键是精品教材的打造，鼓励高校加大教材建设力度，将中华优秀传统文化、革命文化、红色文化融入教材建设，使教材建设适应地方优势并满足特色课程体系建设需求。

三是学科教材数字化建设水平不高。随着人工智能、移动互联、虚拟现实等新一代信息技术的快速发展，教育教学模式形态也随之产生根本性变革，教材也由平面化纸质形态向立体化多模态媒介转变。因此，马克思主义理论教材编写要把马克思主义理论与现代信息技术融合，持续推进数字化教材资源体系和智慧教育平台的建设。重点围绕马克思主义理论学科教科书的知识体系，开发立体化资源，帮助师生开展数字化、智能化教学。重点优化教材版面设计，拓展丰富的教学资源，配套辅导练习、针对性的实践指导、经典的教学案例，从而提升学生的自觉能动性。

四是学科教材研究平台作用不显著。我国设立的教材研究基地推动了马克思主义理论教材建设的科学化水平不断提高，为教材建设、管理和政策制定提供了理论支持与智力支撑。但是，当前马克思主义理论教材研究平台建设管理仍存在诸多问题。相关课题研究项目数量多但较笼统，往往停留在理论研究阶段，难以付诸实践，与其他学科领域的交叉研究缺乏创新，对当前领域的前沿问题研究较薄弱。教材研究基地作用并不突出，难以为马克思主义理论学科教材建设发展提供有力支撑。教材研究成果交流平台作用无法充分发挥，难以汇集多方智慧成果，将最新研究成果运用于教材管理、政策制定与教育实践活动之中也较少。

三、马克思主义理论学科教材建设的对策建议

(一)严格落实国家教材管理制度，规范学生教材选用制度

坚决贯彻教材建设国家事权，严格落实国家教材管理制度。一方面，要不断加强制度建设，完善各个层级教材管理制度。国家层面要不断健全教材管理制度，省级教育主管部门和校级层面要传达落实到位，尤其是学院层面，要加大教材管理的制度建设力度，通过明确相关制度，提升教材管理的科学化水平。另一方面，明晰各级教材管理责任，明确到具体的负责人、第一责任人，真正担负起教材建设的责任。同时，要加强教材建设的反馈机制，不仅要建立层层传导的教材反馈机制，也要畅通一线教师直接反馈问题的途径。

规范学生教材选用制度，要处理好学校与学生之间的关系，学生与教师之间的关系。坚持大学教材选择学生自愿的原则，不得通过各种途径强制学生购买教材。学校应在校园里营造一个合法的教材购买、流通环境，鼓励学生通过合法途径购买教材，尊重教材编著者的知识产权。建议进一步降低专业课教材的市场价格。教师在课程讲授过程中，应注重教材的使用，突显教材的核心性作用，避免以 PPT 课件等形式代替教材。建立和完善学生反馈教材问题的机制，及时处理学生提出的教材选用、购买等方面的问题。

(二)强化马克思主义理论学科教材管理机制创新

教材建设是国家教育治理的基础性工程，完善教材管理机制是教育治理的重要目

标和使命。习近平总书记在哲学社会科学工作座谈会上强调，"在教材编写、推广、使用上要注重体制机制创新，调动学者、学校、出版机构等方面积极性，大家共同来做好这项工作"①。建设高质量教材体系，目的在于提高教材质量，关键在于管理体制机制的创新，这是国家事权实施落地的根本制度保障和政策安排。推进马克思主义理论学科特色化教材管理机制创新是一个逐步的、渐进的过程。在这个过程中一要突出问题导向和目标导向，加强组织领导，坚持建管结合、以管促建，建立健全党委统一领导、党政齐抓共管、部门各负其责的工作协调机制，及时研究解决教材建设管理工作中遇到的重点难点问题，并将教材建设管理任务纳入年度重点工作，建立并实行教材建设工作年报制，确保实效。二要健全统分结合的教材管理体制。国家教材委员会、教育部宏观统筹和制定教材建设管理制度，强化顶层设计，不断提高国家教材管理现代化水平；省级教育行政部门认真贯彻执行国家教材管理办法及相关制度，结合省情实际，制定省级教材管理细则，完善教材意识形态审核要点和基本标准，建立常态化教材意识形态审核重点抽查制度；市教育行政部门、高校设置教材建设管理工作部门，逐步建立主体明确、职责明晰、多方协作的教材建设机制，不断完善教材管理评价反馈制度、全链条工作责任追究制度，形成教材管理通报反馈与处理的常态化机制，构建国家统筹、分级负责、部门联动的马克思主义理论学科教材建设管理的新体系。三要强化表彰激励机制，将教材建设管理业绩纳入各类教育评优评先、工作业绩考核、教学评估、教育督导内容，激励更多优秀人才投身教材工作，不断推进教材建设管理实现制度化、规范化、常态化，进一步提升马克思主义理论学科教材治理体系和治理能力现代化水平。

(三)推进马克思主义理论学科教材结构合理化设置

教材是育人育才的重要依托，是解决培养什么人、怎样培养人、为谁培养人这一根本问题的重要载体，直接关系党的教育方针落实和教育目标实现。有什么样的教材，就会培养出什么样的年轻一代，就会有什么样的国家和未来。马克思主义理论学科教材是集意识形态逻辑、知识逻辑与教育逻辑为一体的内容载体，不仅是教育系统自身议题，更是国家治理体系的关键组成部分。从国家事权高度定位和考量马克思主义理

---

① 习近平．在哲学社会科学工作座谈会上的讲话[M]．北京：人民出版社，2016：24.

论学科教材建设，要坚持正确方向，强化统筹性，增强针对性，注重创新性，体现中国特色，持续推进新时代马克思主义理论学科教材结构合理化设置，守好教材"主权防线"，守牢教材阵地。一是导向性和专业性相结合，以全面推进习近平新时代中国特色社会主义思想进课程教材为主线，把改革开放 40 多年来经济社会发展的实践成就、理论建设成就、教学科研成就以及党的创新理论成果与马克思主义理论学科专业知识有机融合，系统推进适应新时代新要求，体现中国特色、中国价值、中国智慧的马克思主义理论学科专业基础课程、核心课程教材结构调整。二是一体化设计和分类指导相结合，注重马克思主义理论学科教材内在逻辑结构的同时，还要体现不同学段不同类型课程教材之间的整合，实现纵向贯通、横向覆盖，整体推进本科、硕士研究生、博士研究生学段教材建设结构设置。聚焦数字教育发展战略需求，针对马克思主义理论学科数字教材建设中存在的问题深化研究，拓展融入学科数字化教材。三是总结经验和改革创新相结合，依据新时代人才培养要求和高校教学需要，紧紧围绕立德树人根本任务，按照价值论逻辑指引、本体论逻辑演进和实践论逻辑落实的发展路径，形成由思想价值系统、知识经验系统和组织方法系统整合的教材结构体系，为教师开展STEM(科学、技术、工程、数学的融合)以及 STSE(科学与技术、社会、环境的关系)教学提供鲜活的素材和案例，夯实坚定文化自信的基础。

（执笔人：课程教材研究所高校教材研究中心杨昊杰、葛东坡、王陈平、潘信林，郑州大学马克思主义学院刘吕红）

【注】此次调研工作由课程教材研究所(国家教材委员会专家委员会秘书处)向河南省教育厅、江苏省教育厅发函，面向两省33所高校进行。参与调研的专家成员还有教育部课程教材研究所兼职研究员郭彦森、王岩，郑州大学和南京航空航天大学的杨静娴、郭文荣、谷佳媚、张涵、邓伯军、王晓庆、程薇、臧豪杰、王卫兵、袁婷婷、田向勇、张宗岱、方兰欣、余红军、刘雯炀、李永娜、郝垚丽、苏彦玲、杜志勇、刘璐璐、付家雨、牛伟伟、王艳艳、张改、刘华丽、许昊、吴睿峥等。

第二篇　法学学科教材建设数据分析报告

为落实党的二十大精神，进一步加强高等教育法学教材建设和管理，课程教材研究所依据全国大中小学教材出版单位在调查统计平台上填报的数据，重点对不同教育层次法学生使用的法学教材进行统计分析，明确当前法学学科教材建设的基本情况及存在的主要问题，并就下一步工作提出了针对性建议。具体情况报告如下。

一、高校法学学科教材概况

本次数据由课程教材研究所数据资源服务中心提供，为 2023 年度全国大中小学教材调查统计平台中，由国内出版社填报的"高等教育"教材数据，填报时间截至 2023 年 11 月 30 日。通过数据清洗，共获得约 12 万种不同教材信息的有效数据。按照法学一级学科（0301）进行筛选，正在使用的法学教材共 2383 种（包括同一种教材的多个版本）。其中，本科学段法学教材 2266 种，占比 95.09％，研究生学段法学教材 117 种，占比 4.9％。研究生学段法学教材包括学术学位教材（0301）法学类 85 种，占比 72.6％，专业学位教材（0351）法律类 32 种，占比 27.4％。据填报数据，未发现境外原版法学教材，仅发现 1 种外文翻译教材。本科与研究生学段法学教材整体情况参见图 2-2-1。需要说明的是，出版社填报的数据可能与实际情况略有出入，但对分析结果并无实质影响。

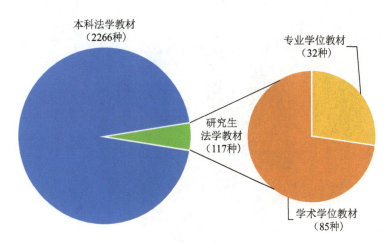

图 2-2-1　本科与研究生学段法学教材整体情况

二、正在使用的法学学科教材出版基本情况

报告从当前本科与研究生学段法学学科教材的出版单位、出版时间、版次、教材类型、主编、教材篇幅、定价、获奖情况、教材语言及教材形态等 12 个维度具体分析。

(一)从出版机构来看，法学教材出版高度集中

一是本科学段法学学科教材出版较为集中，约 7％的出版社出版了 70.6％的本科法学教材。2266 种本科教材，共涉及 86 个出版社，均为国内出版单位，61 个为大学附属出版单位，约占 70.9％。出版 100 种以上法学教材的出版单位有 6 个，约占出版社总数的 7％。这 6 个出版社及其出版法学教材的种数分别是：法律出版社(402 种，约占 18％)、北京大学出版社(361 种，约占 16％)、中国人民大学出版社(275 种，约占 12％)、高等教育出版社(240 种，约占 11％)、中国人民公安大学出版社(168 种，约占 7％)、中国政法大学出版社(154 种，约占 7％)。这 6 个出版社共出版本科法学教材 1600 种，约占总数的 71％。具体分布情况如图 2-2-2 所示。

二是研究生学段法学教材出版更为集中，4 家出版单位共出版了 76.9％的教材。117 种研究生学段法学教材由 17 家出版社出版，其中中国人民大学出版社出版 39 种，

图 2-2-2　各出版社出版本科学段法学教材种数及占比

占三分之一；北京大学出版社出版 20 种，约占 17％；法律出版社出版 17 种，约占
15％；中国政法大学出版社出版 14 种，约占 12％。具体参见图 2-2-3。

图 2-2-3　各出版社出版研究生学段法学教材种数及占比

在本报告中，SCP 分析范式是指分析在规模上处于前几位的出版社在出版法学教
材方面的累计数量占整个行业的比重，从而得出法学教材出版的市场集中程度。本科

学段中，出版法学教材数量最多的 4 家出版社分别是法律出版社、北京大学出版社、中国人民大学出版社和高等教育出版社。根据 SCP 分析范式，由 CR4 指标可以看出，这 4 家出版社共出版法学教材 1278 种，占总数的 56.40％。由 CR8 指标可以看出，前 8 家出版社共计出版法学教材 1723 种，占总数的 76.04％。根据贝恩的产业结构与类型划分指标，CR4 指标大于 30％，CR8 指标大于 40％，则产业集中度过高，属于寡占性。从当前数据分析可以看出，本科和研究生法学教材出版高度集中。

(二)从出版时间来看，2014 年之后法学本科教材出版数量增长明显，部分教材版本和内容陈旧

一是本科法学教材的出版时间及版本情况。(1)2014 年之后出版数量增长明显。除去未登记出版日期的教材，约 78％的本科法学教材在十八大以后出版，275 种教材出版于 2012 年以前，约占 12％。目前仍在使用的出版时间最早的教材是北京大学出版社 2003 年 1 月出版的《商法与企业经营》。按照 5 年分期，2003—2007 年出版的法学教材 65 种，约占 2.9％；2008—2012 年出版 291 种，约占 12.8％；2013—2017 年出版 744 种，约占 32.8％；2018—2022 年出版 987 种，约占 43.6％；2023 年出版 179 种，约占 7.9％。具体分布见图 2-2-4。(2)在内容陈旧方面，以民法学教材为例，按教材名称筛选"民

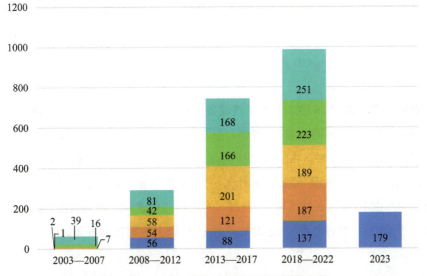

图 2-2-4　本科法学教材出版时间及数量分布

法",共有 67 种民法相关教材,其中 39 种出版于 2021 年《中华人民共和国民法典》生效以前,约占 58.2%。(3)同一教材不同版本同时使用,最新版教材未及时进入课堂。

二是研究生法学教材出版时间及版本情况。出版 10 年及以上的教材 25 种,约占 21.4%,2021 年出版研究生法学教材数量最多。2023 年出版 10 种。仍在使用的最早出版的教材为 2007 年出版的《中国法制史》。具体分布见图 2-2-5。

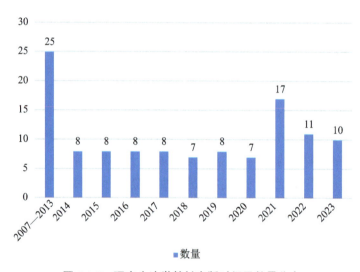

图 2-2-5　研究生法学教材出版时间及数量分布

(三)部分本科法学教材存在简单重复、同质化问题

根据教材名称对 2266 种本科法学教材数据进行筛选,发现共有 217 种教材存在同一名称(包括同一教材不同版本)。例如,正在使用的"经济法"(35 种,由 25 家出版社出版)、"经济法学"(21 种,由 12 家出版社出版)等经济法教材 56 种,另外多本命名为"新编经济法""经济法教程"等教材未计入。"经济法概论""经济法基础"等通识性经济法教材 30 种(由 15 家出版社出版)。同时,存在同一作者同一种书名在不同出版社出版的情况。严格按照"教材名称"筛选出的同名 10 种以上的教材见表 2-2-1。

表 2-2-1　同名 10 种以上的教材

序号	教材名称	计数
1	经济法	35
2	刑法学	24
3	合同法(不含合同法学)	22
4	刑事诉讼法学	22
5	经济法学	21
6	国际商法	20
7	知识产权法(不含知识产权法学)	19
8	税法(不含税法学)	18
9	物权法	16
10	法律职业伦理	13

(四)从版次来看，一半以上法学教材为初版教材，再版教材数量较少

2266 种法学本科教材中共有 1280 种初版教材，约占 56.4%；第 2 版教材 390 种，约占 17.2%；第 3 版 230 种，约占 10.2%；第 4 版 150 种，约占 6.6%；第 5 版 103 种，约占 4.5%；第 6 版 59 种，约占 2.6%；第 7 版 30 种，约占 1.3%；第 8 版 12 种，约占 0.5%；第 9 版 4 种，约占 0.2%；10 版及以上的教材共 8 种，约占 0.4%。更新 10 版及以上的教材见表 2-2-2，版次分布情况见图 2-2-6。

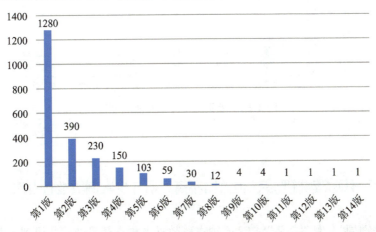

图 2-2-6　本科法学教材版次分布

表 2-2-2　更新 10 版及以上的法学本科教材(8 种)

序号	教材名称	出版单位	书号	版次	出版时间
1	法学概论(第十版)	法律出版社	9787503676017	第 10 版	2007 年 9 月
2	企业与公司法学(第十版)	北京大学出版社	9787301318010	第 10 版	2021 年 1 月
3	税法原理(第十版)	北京大学出版社	9787301322345	第 10 版	2021 年 7 月
4	刑法学(第十版)	北京大学出版社	9787301327418	第 10 版	2022 年 1 月
5	经济法(第十一版)	四川大学出版社	9787569039146	第 11 版	2020 年 12 月
6	法学概论(第十二版)	法律出版社	9787511898593	第 12 版	2016 年 8 月
7	民事诉讼法(第十三版)	厦门大学出版社	9787561576434	第 13 版	2019 年 11 月
8	法学概论(第十四版)	法律出版社	9787519759520	第 14 版	2021 年 10 月

117 种研究生法学教材中,第 1 版教材 76 种,约占 65.0%。第 2 版教材 19 种,约占 16.2%;第 3 版教材 11 种,约占 9.4%;第 4 版教材 7 种,约占 6.0%;第 5 版教材 2 种,约占 1.7%;第 6 版教材 1 种,系厦门大学出版社 2015 年出版,田平安主编的《民事诉讼法原理》,约占 0.8%;第 7 版教材 1 种,系武汉大学出版社 2022 年出版,我国国际组织法学的开拓者和重要奠基人梁西主编的《国际组织法》,约占 0.8%。具体分布见图 2-2-7。

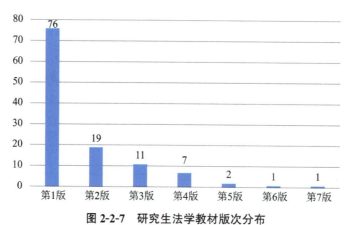

图 2-2-7　研究生法学教材版次分布

(五)近些年案例类教材增多,但占比不高,研究生案例类教材占比略高于本科

使用关键词"案例""判例"对 2266 种本科教材名称进行筛选,共得到 178 种案例类

教材，占总数的 7.9%。共涉及 29 个出版社，其中出版 10 种以上案例类教材的出版社有 5 个，共出版教材 113 种，约占 63.5%。北京大学出版社出版 27 种，位居首位。具体分布情况见图 2-2-8。2012 年及以后出版 161 种，约占 90.4%，年均出版 13 种。第 1 版和第 2 版教材 168 种，约占 94.4%。

27(15%)
25(14%)
22(12%)
20(11%)
19(11%)
65(37%)

■ 北京大学出版社　　■ 法律出版社　　■ 中国人民大学出版社
■ 对外经贸大学出版社　　■ 中国政法大学出版社　　■ 其他出版社

图 2-2-8　案例类本科法学教材种数及占比

在研究生法学教材名称中检索"案例""判例"，共得到 35 种案例类教材，约占 29.9%。相较之下，虽然教材数量绝对值差距较大，但研究生教育比本科阶段的案例教材占比更高。其中中国人民大学出版社出版 19 种，约占 54.3%。此外，35 种研究生案例教材，其中 20 种为专业学位教材，占专业学位教材总数（32 种）的 62.5%，从这个角度可以体现出专业学位应用型人才培养导向。

（六）法学教材编写以主编负责制的团队合作为主

从作者来源上看，来自实务部门的作者较少，本科教材主编资质参差不齐，研究生教材主编资质整体较好。

一是编写方式上以主编负责制为主。根据填报数据，2266 种本科法学教材中，除去未填写编著方式的 31 种，采取"主编"的教材 2001 种，"编著"50 种，"编"8 种，"总主编"3 种，共约占 91%；采取"著"的方式编写的教材 173 种，约占 7.6%。117 种研究生教材，采取"主编"的教材 89 种，"编著"3 种，"总主编"1 种，共占 79.5%；采取"著"的方式编写的教材 23 种，占 19.6%；外文翻译教材 1 种，为上海人民出版社 2021 年出版的《金融正义论：金融市场与社会公平》，占比 0.8%。总体上，本科和研究生教材编写均以主编负责制为主，相较之下，研究生教材采取"著"的编写方式者占比高于本科教材。

二是主编单位来源上，高校多，实务部门少。2266 种本科教材中，排除 195 种未填报主要作者单位的，来自大学、学院等高校的作者共 2026 人次，约占 89%。其中，来自中国政法大学（250 人次）、中国人民大学（222 人次）的主编数量最多，共 472 人次，约占 23.3%。来自法院、中国法学会、律所、公司等法律实务部门的编者 45 人次，约占 2%。具体分布见图 2-2-9。117 种研究生教材中，来自高校的主编 112 人次，约占 95.7%；来自教指委、律所、仲裁机构的主编 5 人次，约占 4.3%。

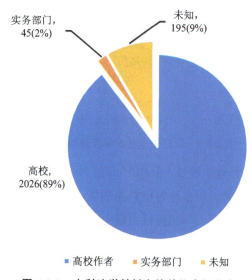

图 2-2-9　本科法学教材主编单位来源分布

三是主编资质及年龄构成上，编写法学本科教材数量在 10 种及以上的主编分别为：王利明（16 种）、杨立新（15 种）、胡锦光（11 种）、王传丽（11 种）、张守文（11 种）、张法连（10 种）、竺效（10 种）。以上主编均为该领域的知名学科带头人，如王利明教授和杨立新教授是国内知名的民法领域专家。但根据作者单位来源，除了知名大学等综合性院校和警察类专业院校，也有很多不知名大学教师参与编写法学本科教材。编写法学本科教材数量在 10 种及以上的主编年龄分布在 47～78 岁，有年轻化的趋势，填报数据未统计作者年龄信息，因此其他教材主编年龄分布及趋势暂无法判断。117 种研究生法学教材主编基本上来自知名大学，主编资质整体较高。

(七)法学教材篇幅多在 300 千字～700 千字，研究生教材篇幅略大于本科教材

　　一是一半的法学本科教材字数在 300 千字～500 千字(含前不含后，余同)。在教材篇幅上，排除 390 种未填写字数、6 种填写明显有误的教材，填写字数有效的本科教材共 1870 种。300 千字～500 千字的教材共 935 种，占 50%。1000 千字以上的教材 30种，占比 1.6%，其中民法学教材 11 种，合同法教材 2 种，知识产权类 4 种，行政法类 1 种，刑法类 5 种，诉讼法类 3 种，人权资料汇编类 1 种，习题类 1 种，21 种 1000千字以上教材出版于 2020 年之后，字数最多的是《行政法学(第五版)》，共 2 册，1828千字。篇幅较少的教材中，100 千字～200 千字的 38 种，占比 2.03%。具体分布见图2-2-10。1000 千字以上的教材名称见表 2-2-3。

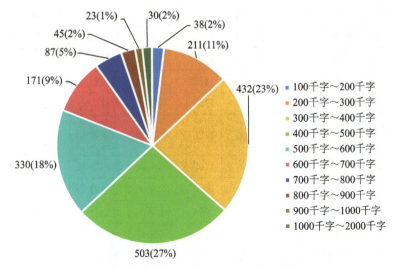

图 2-2-10　本科法学教材字数分布情况

表 2-2-3　1000 千字以上的本科法学教材 30 种

序号	教材名称	册数	字数/千字	出版社	版次	出版时间
1	行政法学(第五版)	2	1828	法律出版社	第 5 版	2023 年 4 月
2	民法学(第六版)	2	1785	法律出版社	第 6 版	2020 年 10 月

续表

序号	教材名称	册数	字数/千字	出版社	版次	出版时间
3	民法学教程(第二版)	无	1689	中国政法大学出版社	第2版	2023年2月
4	民法学教程	无	1663	中国政法大学出版社	第1版	2021年3月
5	民法原论(第三版)	1	1550	法律出版社	第3版	2007年8月
6	艺术法	2	1482	武汉大学出版社	第1版	2019年11月
7	专利法：原理与案例(第二版)	无	1316	北京大学出版社	第2版	2016年2月
8	民法学(第四版)	无	1296	中国政法大学出版社	第4版	2019年5月
9	民法练习题集(第六版)	2	1260	中国人民大学出版社	第6版	2022年1月
10	中国民法(第三版)	1	1250	法律出版社	第3版	2022年8月
11	民法学(第二版)	1	1245	法律出版社	第2版	2008年2月
12	著作权法：原理与案例	无	1231	北京大学出版社	第1版	2014年9月
13	民法学	无	1199	南京师范大学出版社	第2版	2023年4月
14	刑法新教程(第五版)	无	1192	中国人民大学出版社	第5版	2023年4月
15	合同法(第四版)	无	1168	北京大学出版社	第4版	2021年10月
16	刑法学教义(分论)	无	1146	北京大学出版社	第1版	2020年9月
17	民法(第八版)	无	1139	北京大学出版社	第8版	2021年3月
18	知识产权法	1	1132	法律出版社	第1版	2021年11月
19	人权法教学参考资料选编(第二版)	无	1126	北京大学出版社	第2版	2021年11月
20	刑法各论(第四版)	无	1107	中国人民大学出版社	第4版	2021年8月
21	刑事诉讼法(第二版)	无	1096	北京大学出版社	第1版	2016年1月
22	中国民法	无	1094	北京大学出版社	第1版	2023年8月
23	民事诉讼法	1	1080	法律出版社	第6版	2023年4月
24	知识产权法教程(第七版)	无	1077	中国人民大学出版社	第7版	2021年8月
25	刑法学	无	1070	中国政法大学出版社	第4版	2017年11月
26	合同法分则	无	1066	北京大学出版社	第1版	2023年10月
27	外国刑法纲要	1	1058	法律出版社	第3版	2020年1月
28	法律文书写作实训	无	1032	北京大学出版社	第1版	2023年6月
29	民法学教程	1	1009	法律出版社	第4版	2021年1月
30	民事诉讼法(第八版)	无	1001	中国人民大学出版社	第8版	2018年10月

二是研究生法学教材字数多在 300 千字～700 千字之间。117 种研究生法学教材中，除去 27 种未填写字数的，字数最多的教材为法律出版社 2021 年出版的《侵权责任法(第 3 版)》，共 1362 千字。相较而言，研究生阶段法学教材比本科阶段篇幅更大。具体分布情况见图 2-2-11。

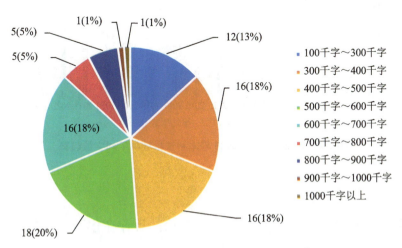

图 2-2-11　研究生法学教材字数分布情况①

三是教材篇幅与出版时间存在一定的相关性。按照 5 年分期，计算教材字数的平均数，两者的相关性如图 2-2-12 所示。2008 年至 2023 年，按每 5 年分期，教材平均字数逐步递增。2009 年至 2023 年本科法学教材平均字数趋势见图 2-2-13。

图 2-2-12　2008 年至 2023 年本科法学教材平均字数趋势(按 5 年分期)

---

① 因进位问题，各数据的百分比相加可能不等于 100%，余同。

图 2-2-13　2009 年至 2023 年本科法学教材平均字数趋势

(八)40％以上的法学教材定价在 40～60 元，且存在出版时间越晚，字数越多，定价越高的趋势

一是 43.38％的法学本科教材定价在 40～60 元。排除 243 种未填写定价的，2023 种法学本科教材中，定价 100 元以上的教材 16 种，90～100 元的教材 19 种，80～90 元的教材 67 种，70～80 元的教材 113 种，60～70 元的教材 253 种，50～60 元的教材 457 种，40～50 元的教材 548 种，30～40 元的教材 410 种，20～30 元的教材 129 种，10～20 元的教材 9 种。具体分布见图 2-2-14。

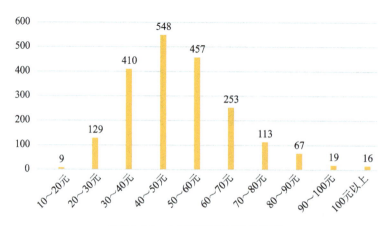

图 2-2-14　本科法学教材定价情况

　　二是在某种程度上，出版时间越晚，字数越多，定价越高。定价 100 元及以上的教材共 16 种，出版时间在 5 年以内。其中 2019 年出版 2 种，2020 年出版 1 种，2021 年出版 3 种，2022 年出版 5 种，2023 年出版 5 种。从字数来看，12 种教材字数在 600 千字以上。如定价 110 元以上的 3 种刑法学教材，来自 2 家出版社，篇幅较大，定价往往较高。

　　三是 44.4％的研究生法学教材定价在 40～60 元。定价 40～70 元的教材 79 种。定价 100 元以上的教材 7 种，其中中国人民大学出版社出版 4 种，法律出版社 2 种，北京大学出版社 1 种。具体分布见图 2-2-15。

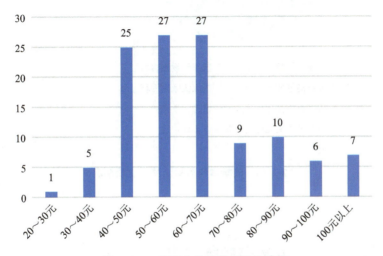

图 2-2-15　研究生法学教材定价情况

（九）6％的教材属于国家级立项规划教材

　　根据填报数据，排除 157 种教材未填写，1978 种教材未有国家级教材立项，占比 94％。普通高等教育"十一五"国家级规划教材 76 种，普通高等教育"十二五"国家级规划教材 33 种。马克思主义理论研究和建设工程重点教材 21 种(含不同版本)，马克思主义理论研究和建设工程项目 1 种(党内法规学)，共 131 种教材属于国家级立项规划教材，占比 6％。具体分布见图 2-2-16。

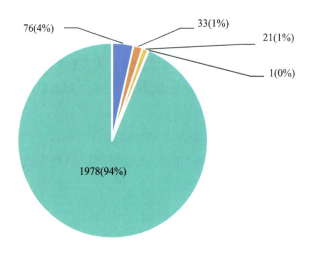

76(4%)　　　　　　　　33(1%)
　　　　　　　　　　　　　21(1%)
　　　　　　　　　　　　　1(0%)

1978(94%)

■ 普通高等教育"十一五"国家级规划教材
■ 普通高等教育"十二五"国家级规划教材
■ 马克思主义理论研究和建设工程重点教材
■ 马克思主义理论研究和建设工程项目
■ 无

图 2-2-16　法学本科教材国家级立项情况

（十）法学教材获首届全国教材建设奖情况

根据填报数据及全国首届教材建设奖名单（高等教育类），共 12 种法学教材获奖，占高等教育教材获奖总数（399 种）的 3％。占法学教材总数（2383 种）的 0.5％。其中一等奖 2 种，占 2.5％（一等奖总数 80 项），二等奖 9 种，占 2.86％（二等奖总数 315 项）。

学段上，本科法学教材获奖 11 种，研究生教材获奖 1 种。11 种为再版教材，1 种为第 1 版教材。9 种为高等教育出版社独立出版，1 种与人民出版社联合出版，法律出版社与中国人民大学出版社各出版 1 种。具体情况见表 2-2-4。

表 2-2-4　首届全国教材建设奖（法学）12 种

序号	教材名称	版次	类型	主编	出版单位	奖励
1	法理学	第 2 版	本科生	本书编写组	人民出版社 高等教育出版社	一等奖
2	民法学	第 1 版	本科生	王利明	高等教育出版社	
3	中国法制史	第 2 版	本科生	朱勇	高等教育出版社	二等奖
4	宪法	第 5 版	本科生	周叶中	高等教育出版社	
5	行政法与行政诉讼法学	第 2 版	本科生	应松年	高等教育出版社	
6	国际公法学	第 2 版	本科生	曾令良	高等教育出版社	
7	知识产权法	第 5 版	本科生	吴汉东	法律出版社	
8	物权法	第 4 版	本科生	崔建远	中国人民大学出版社	
9	经济法学	第 2 版	本科生	张守文	高等教育出版社	
10	刑法	第 4 版	本科生	马克昌	高等教育出版社	
11	刑事诉讼法学	第 3 版	本科生	陈卫东	高等教育出版社	
12	法理学高阶	第 2 版	研究生	付子堂	高等教育出版社	

注：2020 年获得首届全国教材建设奖的部分教材已修订，此表以填报数据为准。

（十一）从教材语言来看，服务于涉外法治人才培养的法律英语、涉外法治等教材数量偏少且不均衡

2266 种本科法学教材中，共有非汉语教材 52 种，均为英语，占 2.2%；3 种为汉英对照，占 0.1%。55 种英语法学教材中，21 种为法律英语类教材，34 种为法学专业外语教材，其中国际法学类 19 种，专门介绍外国法律的教材 8 种，主要是英美法律。专门介绍中国部门法的外语教材 3 种。中外部门法比较类 1 种，其他 3 种。55 种教材中，北京大学出版社出版 18 本，对外经贸大学出版社出版 17 本，共占 64%。出版时间上，2020 年之后出版 10 种，仍在使用的出版时间最早的是 2007 年出版的《国际商事

《仲裁》。研究生阶段共 4 种英语法学教材，其中 3 种学术学位教材，1 种专业学位教材。主要是 2016 年版《高级合同写作与翻译》、2020 年版《中美比较刑事诉讼程序》、2021 年版《国际经济法》以及 2023 年版《英美法审判程序与司法推理》。具体分布见图 2-2-17。

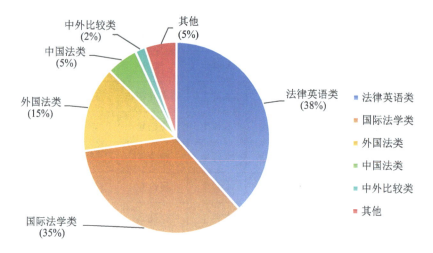

图 2-2-17 非汉语法学本科教材分布情况

（十二）从教材形态来看，仍以传统纸质教材为主

近十分之一的教材为纸质教材与数字资源结合教材，出版较为集中，且呈现逐年增长的态势。2266 种本科法学教材中，除去 157 种教材未填写，1903 种教材为纸质教材，占 83.9％，206 种教材为纸质教材与数字资源结合教材，占 9.1％。206 种新形态教材共涉及 21 家出版单位，其中高等教育出版社出版 103 种，占 50.0％，中国人民大学出版社出版 32 种，占 15.5％，国家开放大学出版社出版 23 种，占 11.2％。其他出版单位均出版 10 种以下。从出版时间来看，整体呈现逐年增加的趋势。117 种研究生教材中，仅有 1 种教材为纸质教材与数字资源结合教材，占 0.8％。具体参见图 2-2-18、图 2-2-19。

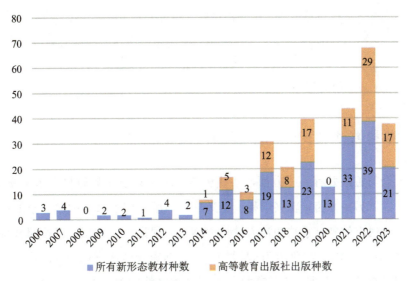

图 2-2-18　新形态法学教材出版情况（本科）

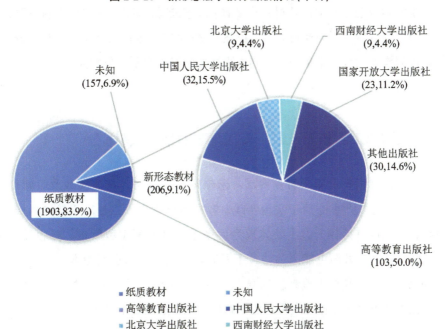

图 2-2-19　纸质与新形态法学教材出版情况（本科）

三、存在的主要问题

(一)法学学科教材体系仍存在短板和不足

一是冗余与短缺并存。一方面,某些法学二级学科或领域教材低水平重复建设,造成冗余过剩;另一方面,新兴学科、交叉学科等服务国家重大战略需求的法学教材供给不足,无法有效满足紧缺法治人才培养需求。根据填报数据,仅按照教材名称筛选,"涉外法治"(0 本,含"涉外"的教材 6 本)、国家安全法学(2 本)、党内法规学(3 本)等教材种数均明显不足。二是本科与研究生教材整体规模不均衡,研究生教材少,且存在重学术学位轻专业学位教材建设的倾向。三是新形态教材建设有待加强。当前法学教材建设仍以传统纸质教材为主,虽然有 20 余家出版社已开始逐步探索开发新形态教材,但规模不大且非常集中,不同出版社之间发展水平差异较大。

(二)部分教材修订更新不及时,多次再版的精品教材少

一是部分教材跟不上新形势新要求,未根据最新立法、司法实践及时修订更新,导致教材知识老化,严重滞后于法治实践,容易误导学生。二是高质量经典传承教材少,教材整体质量有待提升。主要体现为大多数教材为第 1 版教材,再版教材不多,获奖立项教材少。一方面可能因为修订不及时,导致教材未更新版本。另一方面也可能是市场反馈平平,或重视追赶新选题,忽视存量更新。此外,法学教材出版单位相对集中,竞争性不足,这些因素都可能导致出版社再版动力不足。

(三)教材的实践导向有待进一步强化

根据实践教学的要求,当前案例类教材并不能满足教学需求。一是本科及研究生

案例类教材建设均不足。法学学科是实践性很强的学科，长期以来，我国法学教育存在重知识教育轻实践教学的倾向。根据《法学类教学质量国家标准(2021 年版)》，法学类专业课程总体上包括理论教学课程和实践教学课程，其中实践教学课程体系包括实验和实训课、专业实习、社会实践与毕业论文(设计)。其中实践教学课程累计学分不少于总学分的 15％(总学分为 160 左右)。二是从结构上来看，研究生专业学位实践性教材建设尤为缺乏。这可能与研究生法学教育重研究轻应用，以及学术学位与专业学位人才培养模式同质化有关，从而导致应用型专业学位法律硕士教材建设不足。当前研究生学术学位与专业学位教材数量的比例为 2.7∶1，与两类研究生教育人才培养规模与需求是不匹配的。

(四)教材编写队伍来源较为单一且参差不齐，实务部门编者偏少

教材编写政治性、专业性要求极高，教材编写者是教材质量保障的源头，也是决定教材质量的最关键因素。一方面，当前教材编写者大多来自高校，且来自不同层次、不同类型的高校，教材质量参差不齐。另一方面，法学教材理论知识与实践知识来源都必不可少，目前编写者多来自高校，来自法律实践部门的专家参与编写的教材比较少。

四、高校法学教材建设的对策建议

(一)进一步健全法学教材体系

一是加强急需紧缺教材的建设。应聚焦国家重大战略发展需求，科学规划，发挥有关高校或机构学科优势及特色，分批分类加快推进涉外法治、国家安全法学、监察法学、未来法学等新兴、交叉法学学科基础研究和教材建设。二是加强案例类等实践导向教材的建设。基于不同学段、不同类型法学教育教学实际需求，探索编写案例来源可靠、代表性强、有利于引导和培养学生实践思维能力的案例教材。三是创新教材

的呈现方式，以信息网络技术为支撑，将精品案例、庭审直播与视频、可交互平台等同传统教材有机融合，探索建设一批示范性新形态教材。

(二)进一步加强教材编写队伍建设

一是提高教材编写人员的资质门槛，突出思想政治素质和学术专业水平要求，让优秀的教师编写优秀的教材，避免仅仅为了评职称而集中扎堆编教材，从源头上把好教材质量关。二是形成梯次化法学教材编写队伍，坚持教材编写主编负责制，鼓励学科专业带头人或资深专家领衔编写教材，激励中青年骨干教师参与教材建设，加强教材编写指导交流和传帮带。三是立足法律实践需求，打破高校与实务部门的壁垒，构建行业协同育人机制，吸引更多既有较高理论水平，又有丰富实践经验的法官、检察官、律师等实务部门专家参与教材编写，丰富和更新教材编写队伍结构，把社会主义法治国家建设实践的最新经验和生动案例及时转化为教材内容。

(三)进一步加强教材管理

一是坚持规划引领，大小齐抓。法学教材出版集中度高，对于市场份额高的出版单位，建议重点调研，抓住关键少数，以点带面，引导出版单位发挥优势，集中攻关；对于市场份额较小但数量众多的其他出版单位，要加强出版审核把关和教材排查力度，尤其要把牢政治关、学术关，杜绝有意识形态问题的教材流入市场，提高法学教材的学术水准。二是坚持系统思维，将法学教材建设纳入学科发展、课程设置、法治人才培养等法学教育体系一体推进。不仅要注重编好、建好教材，更要选好、用好教材。要在高校开展常态化教材使用监测工作，摸清法学教材实际使用情况，提高教材使用实效，以切实提高教材的育人效果和法治人才培养质量。

（执笔人：课程教材研究所高校教材研究中心王陈平、袁帅）

第三篇　新闻传播学学科教材使用情况分析报告

为进一步加强高校教材管理，深入推动习近平新时代中国特色社会主义思想进教材、进课堂、进头脑，我们对全国近30所高校正在使用的本专科和研究生新闻学教材进行了抽样调查。调查显示，高校新闻学课程教材体系呈现多元化发展的趋势，教材种类较为丰富，但是存在的问题也比较典型。具体分析如下。

一、高校新闻学教材分析概况

本次调研工作中，共收集了来自28所高校的1000多条数据样本。被抽样高校在新闻学领域具有较大影响力，并且学科与专业设置比较完备和成熟。由于存在不同学校使用同种教材、不同课程使用同种教材的情况，导致数据样本在教材种数层面的重复，不考虑教材种数的重复情况，通过清洗获得样本量为920条。通过对同种教材（版本号相同）进行去重处理，收集到的正式出版教材共838种，种数重复率不高。其中，填报为境外教材的共164种，占比约19.6%。填报为研究生使用教材的共259种，占比约30.9%。

二、高校新闻学教材的课程分布

以不同课程名称为课程类型的认定标准，本次调查涉及课程共673门。其中，大多数课程选用教材仅一本，共546门，占比为81.1%；选用多本教材的课程共127门，占比为18.9%。在选用多本教材的课程中，共11门课程选用或选读教材大于4本。

（详见图 2-3-1）

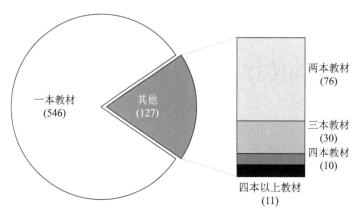

图 2-3-1　选用多本教材的课程门数统计

具体来看，由于课程设置要求，大连理工大学给新闻学专业学生开设的两门学科基础课"人文社科经典导读 1"和"人文社科经典导读 2"选读的教材种数最多，分别为 14 种和 12 种，具体包括《理想国》《枪炮、病菌与钢铁——人类社会的命运》《娱乐至死》等国外经典作家著作，涉猎较为广泛，不限于新闻传播学领域。"传播学研究方法"和"新闻传播学研究方法"作为高校新闻传播学专业的核心课程，共有北京大学、复旦大学等 10 所高校开设并填报了该类课程的教材使用信息，共涉及 18 种教材，主要包括《传播学研究方法》《社会研究方法》《大众媒介研究导论》等学术门槛较高的专业类教材，其中 7 种为翻译版境外教材，1 种为境外出版教材。具体详见附件表 2-3-7。

从教材对应课程来看，主要涉及新闻传播学的专业核心课程、专业选修课程、学科基础课程、通识课程四类。由于学校的课程体系结构及类型名称不同，各高校基于本校课程教学的具体安排，在课程名称的填报上差异较大。本报告需要将原始数据中的课程性质进行归纳整理，形成课程大类。其中，将专业核心课、专业限选课、专业必修课、必修课、学位专业课、专业准出课等统计为"专业核心课程"，该类课程旨在帮助学生掌握必要的专业基本理论、专业知识和专业技能，均为专业必修课程。将专业选修课、选修课等未明确必修属性的专业类课程统计为"专业选修课程"。将学科基础课、专业基础课等归为"学科基础课程"，该类课程注重对基本知识的系统总结及基本技能的训练，其课程内容一般是涉及本学科基本学习。将大类基础课、公共基础课、公共选修课、通识课、通识选修课等统计为"通识课程"，该类课程泛指适合于不同专业、不同学历层次学生实施的具有普及性、基础性的课程。创新创业课等少数未明确课程类型以及漏填的教材归为其他。

　　以 920 条数据样本为基准，对教材课程归类发现，本次调查统计中属于专业核心课程的样本为 528 条，占 57.4%；属于专业选修课程的样本为 141 条，占 15.3%；属于学科基础课程的样本为 184 条，占 20.0%；属于通识课程的样本为 57 条，占 6.2%。具体见图 2-3-2。

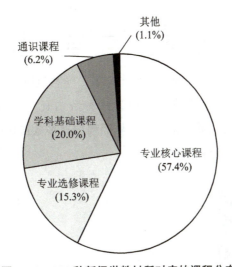

图 2-3-2　920 种新闻学教材所对应的课程分布

三、高校新闻学教材的学段分析

　　高校新闻学教材的学段变量分为"本科阶段"和"研究生阶段"，硕士生和博士生的教材使用均纳入研究生学段进行统计。由于存在一种教材在不同阶段同时使用的情况，无法使用去重后的 838 种教材统计量为基准对学段分布进行分析。因此，以 920 条数据样本为基准，对教材的使用学段归类发现，本科阶段（含高等学历继续教育）使用的教材 659 种，占比为 71.6%；研究生阶段教材 261 种，占比为 28.4%。具体见表 2-3-1。其中，继续教育学段共使用 10 种教材，均为中国人民大学填报的新闻传播学类选修课教材，因样本量过少，不具备统计学意义，故合并至本科学段综合分析。从数量来看，研究生阶段教材种数显著少于本科阶段，本科重教、研究生重研的高校教学机制在新闻学领域依然存在。

表 2-3-1　不同学段新闻学教材所对应的课程分布

学段		课程类型			
		专业核心课程	专业选修课程	学科基础课程	通识课程
本科	教材种数	387	87	134	47
	占比	58.7%	13.2%	20.3%	7.1%
研究生	教材种数	141	54	50	10
	占比	54.0%	20.7%	19.2%	3.8%
合计		**528**	**141**	**184**	**57**

从不同学段新闻学教材种数的课程分布来看，学科基础课程在不同学段的教材种数占比基本持平，本科阶段的通识课程教材种数占比（7.1%）相对于研究生阶段（3.8%）显著较高，而研究生阶段的专业选修课程教材种数占比（20.7%）相对于本科生阶段（13.2%）显著较高。具体见图 2-3-3。

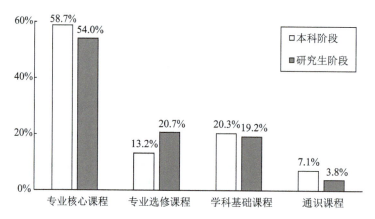

图 2-3-3　不同学段新闻学教材所对应的课程类型占比

从本科阶段的新闻学课程教材用书来看，专业核心课的课程设置较为多元化，在387 个本科阶段专业核心课的样本中，共统计到 304 种不同课程，其中高频率出现的课程名称有"传播学研究方法"（5 次）、"新闻摄影"（5 次）、"中外新闻传播史"（5 次）、"传媒经营与管理"（3 次）等新闻传播学专业的重点课程，也有"中国新闻传播史"（4 次）、"马克思主义新闻传播思想经典选读"（3 次）等立足于中国国情、本土化趋势较高的高校课程。由于单个课程会选用一本或以上教材，统计到的教材种数为 358 种。例如，"传播学研究方法"一门课统计到对应的教材有 6 种，包括北京大学使用的《传播学研究方法》、中国人民大学使用的《大众传播学研究方法导论》、复旦大学使用的境外教材 *Understanding Communication Research Methods：A Theoretical and Practical Approach* 等。

统计到的大部分课程仅使用一种教材。可见，本科生阶段专业核心课的教材选用也较为多样化，不同高校不仅设置不同课程，在教材选用上也遵循差异化趋势。358 种新闻学本科生专业核心课教材中，涉及马克思主义新闻思想及马克思主义经典作家论述的教材有《马克思恩格斯列宁哲学经典著作导读(第二版)》《马克思主义新闻传播思想经典文本导读》《马克思主义新闻观：理论与实践》《马克思主义新闻观读本》《马克思主义新闻观教程》5 种。同时，统计到由高等教育出版社出版的教育部马工程重点教材有《新闻学概论》《新闻采访与写作》2 种，这 2 种马工程重点教材也出现在部分统计高校的学科基础课程中。

本科阶段属于通识课程的样本数据共 47 个，其中高频率出现的课程名称有"马克思主义新闻思想"(3 次)等主流课程，旨在学习马克思主义经典作家们关于新闻传播、宣传工作的论述所体现的思想。通识课也包括"应用统计学""大学语文""VR/AR/MR 技术创意设计与应用"等跨学科课程，旨在提高本科生的基础能力和多元素养。涉及马克思主义新闻思想的教材有《马克思主义新闻观 15 讲》《马克思主义新闻经典论著导读》《马克思主义新闻思想概论》等 4 种。仅从教材选用上来看，本科生阶段新闻学教材的选用更偏重于学科的应用性和知识的基础性、多元性，在意识形态层面的考虑仍不够充分，应该进一步提高对新闻学专业本科生意识形态的培养。

不同于本科生的课程教材设置，新闻学专业研究生阶段的通识课排课较少，仅 4 所高校为研究生设置了通识教育，通识课选用的教材仅 10 种，其中 7 种教材为山东大学选用。可见，大部分高校不再给研究生安排通识课程，研究生的通识教育不具有代表性。研究生阶段属于专业核心课的样本数据共 141 个，课程教材与本科生阶段多有交叉，如马工程重点教材《新闻学概论》等，各高校本科生或研究生都在选读。此外，研究生阶段的教材选用更强调学术难度的提升，更聚焦知识内容的专业化，如复旦大学选用的《重塑美国：美国新媒体社会的全面建构及其影响》、上海交通大学选用的《研究设计与写作指导：定性、定量与混合研究的路径》、南京大学选用的《新媒体用户研究：节点化、媒介化、赛博格化的人》等教材，其阅读难度和研究专业程度均超越一般本科生的学习要求。境外教材的选用比例在研究生阶段也显著高于本科阶段。

四、高校新闻学教材的境外引进

本次调查中，境内教材共统计到 756 种，占比约 82.2%；境外教材共 164 种，占比约 17.8％。使用境外教材的学校共有 18 所，其中使用种类较多（含本科和研究生阶段）的学校有大连理工大学（24 种）、上海交通大学（21 种）、北京师范大学（16 种）、华中科技大学（16 种）、南京大学（14 种）、复旦大学（12 种）、中国农业大学（11 种）、中国科学技术大学（11 种）。

境外教材分为两类：一是翻译教材，即国内出版社引进的影印版或翻译版教材，获得国家新闻出版署审批通过，共 114 种，占比约 12.4％；二是境外出版教材，即境外出版社出版并直接引进国内使用的外文教材，共 50 种，占比约 5.4％，在统计的所有新闻学境外教材种数中占比约为 30.5％。可见，超过三分之二的境外高校新闻学教材是经过影印或翻译后由境内出版社出版发行的，仅三分之一的境外教材属于未经翻译而直接引进的外语版教材。详见图 2-3-4。

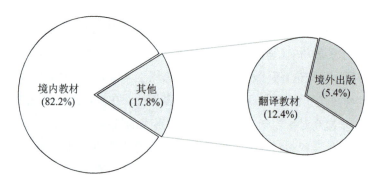

图 2-3-4　新闻学境内外教材种数的统计分布

分别统计本科阶段与研究生阶段的境外教材选用情况发现，研究生阶段选用境外教材的种数占比（22.2％）显著高于本科阶段（16.1％）。具体见表 2-3-2。

表 2-3-2　不同学段新闻学选用的境外教材种数分布

学段		境内教材	境外教材		合计
			翻译教材	境外出版	
本科	教材种数	553	74	32	659
	占比	83.9％	11.2％	4.9％	100.0％
研究生	教材种数	203	40	18	261
	占比	77.8％	15.3％	6.9％	100.0％
合计		**756**	**114**	**50**	**920**

从本科阶段的新闻学课程教材用书来看，学科基础课程选用境外翻译教材种数的比例最高，占比约23.9%；通识课程选用境外翻译教材种数的比例最低，仅2种，占比约4.3%，且通识课程暂无直接选用境外出版教材的情况。详见图2-3-5。专业核心课程和专业选修课程在教材种数的境外比例方面无显著差异。在134种新闻学本科阶段学科基础课教材中，引进的翻译教材共32种，其中15种为大连理工大学选用，多为传播学经典阅读名著；境外出版的外文教材仅6种，多为 *Multimedia Journalism：A Practical Guide*，*Art of Public Speaking*，*Communication Theories in Action*（second edition）等偏重于学科专业技能的新闻学教材，其中涉及意识形态层面的内容很少。也有部分境外教材涉及国家形象宣传，如 *The Road to Collaborative Governance in China*，由敬义嘉（Yijia Jing）主编，对中国政府治理的整体评价较为客观和正面。整体来看，高校对本科阶段新闻学境外教材的选用较为谨慎，能够在兼顾本科生学科理论体系化路径培养的同时，认真严格履行境外教材引进的各项政策要求，减少境外不良意识形态对本科生的思想渗透。

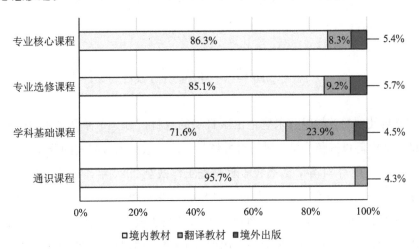

图 2-3-5　本科阶段新闻学选用境外教材的种数占比

从研究生阶段的新闻学课程教材用书来看，专业选修课程选用境外教材种数的比例最高，共18种，占比约33.4%，通识课程无境外教材选用。详见图2-3-6。在54种新闻学研究生阶段专业选修课教材中，境内教材36种（66.6%），翻译教材11种（20.4%），境外出版教材7种（13.0%）。翻译教材主要为新闻传播学著名学者的经典著作，例如丹尼斯·麦奎尔（英）的《受众分析》、沃尔特·李普曼（美）的《公众舆论》等。境外出版教材主要为上海交通大学选用的教材，如 *Advancing the Story：Journalism in a*

Multimedia World，*Multi-media Journalism* 等，多为数字时代的新闻实践类教材，聚焦于新媒体的商务应用、多媒体报道、信息可视化等前沿课程。

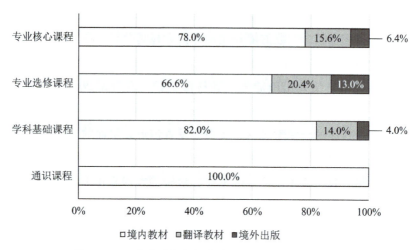

图 2-3-6　研究生阶段新闻学选用境外教材的种数占比

五、高校新闻学教材的出版时间

除去不再使用的教材以及未登记出版日期的教材，对 919 种仍在使用的高校新闻学教材的出版时间以五年为单位进行合并统计发现，教材出版时间的分布为 1990 年至 2021 年，时间跨度为 31 年，因高校教材排查工作截至 2021 年，故其后数据没有纳入统计范围。其中，2000 年及以前出版的高校新闻学教材仅 20 种，占 2.2％；2001—2005 年出版教材 59 种，占 6.4％；2006—2010 年出版教材 165 种，占 18.0％；2011—2015 年出版教材 258 种，占 28.1％；2016—2020 年出版教材 372 种，占 40.5％。可见，高校选用的新闻学教材中，仅 244 种于 2010 年及以前出版，合计占 26.6％。当前使用的大多数教材在中共十八大（2012 年 11 月）以后出版，占 63.1％。本科阶段使用的教材与研究生阶段使用的教材在出版时间分布上差异并不显著。详见图 2-3-7。

对境内与境外教材的出版时间分别进行统计发现，高校使用的新闻学境内教材在 2016—2020 年出版的比例最高，达 42.9％，接近一半水平；其次为 2011—2015 年出版的境内教材，占 25.9％，约为四分之一；在 2005 年及以前出版的境内教材占比不足 10％。不同于境内教材，高校使用的新闻学境外教材在 2011—2015 年出版的比例最高，

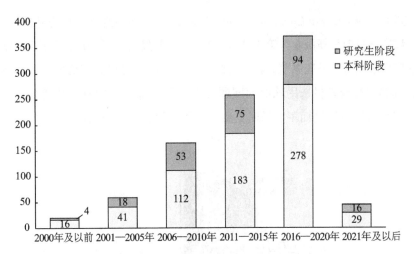

图 2-3-7　919 种新闻学教材出版时间分布

达 38.0%；其次为 2016—2020 年出版的境外教材，占 29.4%。详见图 2-3-8。可见，新闻学选用境内教材的更新率较境外教材更高，近一半选用的境内教材为 2015 年以后出版，而选用的境外教材在 2015 年以后出版的比例不足三分之一。

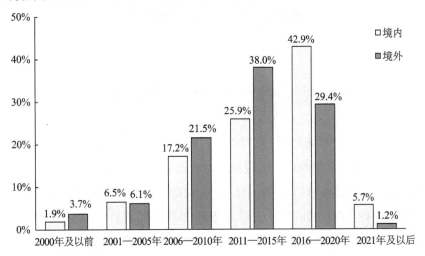

图 2-3-8　境内外新闻学教材出版时间占比

从境外教材的版次分布来看，超过一半种数（59.6%）的新闻学境外教材为第一版书籍，选用境外教材为第二版的种数占比为 9.2%，选用境外教材为十版以上的种数占 7.8%，境外教材的版次更新水平普遍较低。详见图 2-3-9。具体来看，在 2000 年以前出版的境外教材共有 3 种，分别是 *Intercultural Communication：A Reader*（1994）、*Learning from Strangers：The art and Method of Qualitative Interview Studies*（1995）、《学习的革命》

(1997)。其中，*Intercultural Communication: A Reader* 为浙江大学选用的境外出版专著，为第一版，该专著目前最新版本为第 13 版，2010 年出版发行。《学习的革命》是翻译后由上海三联书店出版发行的外国名著，目前仅此一版。导致教材出版年份较早的因素不能一概而论，确实有高校教材选用陈旧的问题存在，但是部分境内外经典著作由于孤版或作者不再修订等客观原因而不能及时更新，也不应该因此而退出高校课堂。

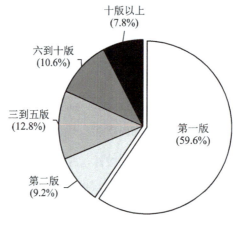

图 2-3-9　新闻学境外教材版次分布

六、高校新闻学教材的出版单位

本次高校新闻学教材调查的 920 种教材，共涉及 161 家出版单位，包括 131 家国内出版单位和 30 家境外出版单位。出版教材种数排名前 10 的出版单位，按种数排名依次是：中国人民大学出版社（131 种，14.2%）、高等教育出版社（80 种，8.7%）、北京大学出版社（66 种，7.2%）、清华大学出版社（60 种，6.5%）、中国传媒大学出版社（57 种，6.2%）、复旦大学出版社（54 种，5.9%）、人民邮电出版社（24 种，2.6%）、北京师范大学出版社（20 种，2.2%）、上海交通大学出版社（18 种，2.0%）、浙江大学出版社（16 种，1.7%）。出版种数排名前 10 的出版单位出版发行的新闻学教材占比合计为 57.2%。可见，新闻学教材的出版单位较为集中，出版种数排名前 10 的出版单位出版种数占比超过一半，剩余 151 家出版单位尚不足一半（见图 2-3-10）。种数排名前 5 的出版单位中，除高等教育出版社以外，其他 4 家均为高校的附属出版社，高校附属出版社是新闻学教材出版的主力军。

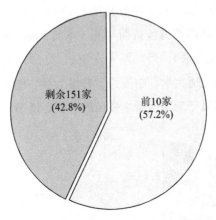

图 2-3-10 新闻学教材出版单位种数集中程度

境内 756 种新闻学教材共涉及 124 家出版单位，境内教材的出版单位相对更为集中，排名前 10 的出版单位出版种数占比合计高达 62.6%。排名前 5 的出版单位出版种数占比合计达到 47.4%，接近一半水平，具体包括中国人民大学出版社(116种，15.3%)、高等教育出版社(80 种，10.6%)、北京大学出版社(56 种，7.4%)、中国传媒大学出版社(54 种，7.1%)、复旦大学出版社(53 种，7.0%)。详见图 2-3-11。

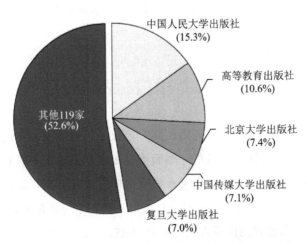

图 2-3-11 新闻学境内教材的出版格局

不同于境内教材的出版格局，共 36 家国内出版社负责了 114 种新闻学境外教材的翻译出版发行，排名前 5 的出版单位出版种数占比合计 48.6%，分别为清华大学出版社(18 种，15.9%)、中国人民大学出版社(15 种，13.3%)、北京大学出版社(10 种，

8.8%)、商务印书馆(7 种，6.2%)、华夏出版社(5 种，4.4%)。详见图 2-3-12。由清华大学出版社出版的境外翻译教材包括斯蒂芬·李特约翰(美)的《人类传播理论》、艾尔·巴比(美)的《社会研究方法》、丹尼斯·麦奎尔(英)的《麦奎尔大众传播理论(第五版)》等经典著作，被上海交通大学、中国科学技术大学、浙江大学等数十所高校选用，整体翻译品质较高，大多属于新闻传播学领域的学生必读书单。

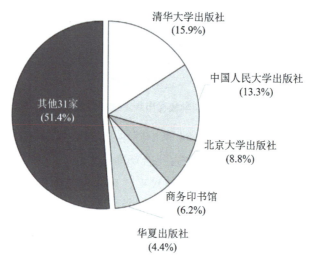

图 2-3-12　新闻学翻译教材的出版格局

七、高校新闻学教材的使用人次

　　本次高校新闻学教材调查中，各高校同时填报了每种教材的使用学生总人数，由于同一名学生可能同时选用不同教材，因而该变量实际反映的是教材的使用人次。清除缺失或计零的样本后，对余下 909 条教材数据样本进行分析，高校新闻学教材使用人次的区间为 1 至 1300，均值为 68.05，众数为 20，正态分布标准差为 93.29。详见图 2-3-13。可见，大部分教材的使用人次低于 90 人次。

　　整体来看，新闻学教材使用人次数合计近 6.19 万，以无使用人次数据缺失的 909 种教材计算，教材种均使用人次为 68.10 人次/种，说明统计到的每种新闻学教材均有约 68 人使用。其中，本科生教材的使用人次合计约 4.98 万，以 655 种本科生教材计算，本科生教材的种均使用人次为 76.03 人次/种。研究生教材的使用人次合计约 1.20

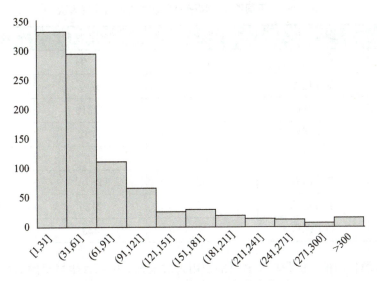

图 2-3-13　新闻学教材使用人次直方图

万，以254种研究生教材计算，研究生教材的种均使用人次为47.24人次/种。详见表2-3-3。可见，本科生教材的种均使用人次显著高于研究生。

表 2-3-3　不同学段新闻学教材的种均使用人次

项目		本科	研究生	总体水平
使用人次	数量（万）	4.98	1.20	6.19
	占比（%）	80.5	19.5	100.0
教材种数	数量（种）	655	254	909
	占比（%）	72.1	27.9	100.0
种均使用人次（人次/种）		**76.03**	**47.24**	**68.10**

从不同课程类型来看，本科生教材在通识课程上的种均使用人次最高，高达165.15人次/种；在专业核心课程上的种均使用人次最低，仅为58.90人次/种。研究生教材在专业选修课程上的种均使用人次最高，为51.44人次/种；在学科基础课程上的种均使用人次最低，为42.50人次/种。详见表2-3-4。

表 2-3-4　不同课程类型新闻学教材的种均使用人次

学段	课程类型	教材种数	使用人次数	种均使用人次数
本科阶段	专业核心	387	22796	58.90
	专业选修	87	6741	77.48
	学科基础	134	12310	91.87
	通识课程	47	7762	165.15
研究生阶段	专业核心	141	6805	48.26
	专业选修	52	2675	51.44
	学科基础	50	2125	42.50
	通识课程	8	353	44.13

从各校填报的单个课程单本教材的使用人次来看，山东大学填报的"数字传播技术与应用"课程所使用的教材《数字媒体——技术·应用·设计（第 2 版）》使用人次最高，为 1300 人次，该教材用于本科阶段的专业基础课。数字传播技术与应用课程是倪万为课程负责人，山东大学为主要建设单位的国家级一流本科课程。从课程设置可见，该教材偏重数字技术在传播领域的应用，一定程度体现了数字时代技术发展前沿在学科教学层面的实践。单个课程使用人次数排在前 10 的新闻学教材情况见表 2-3-5。

表 2-3-5　单个课程使用人次最高的新闻学教材（前 10 名）

序号	教材名称	出版年份	使用学段	课程类型	使用人次数
1	数字媒体——技术·应用·设计（第 2 版）	2008	本科	专业基础课	1300
2	公共关系策划	2011	本科	通识课	1183
3	新闻评论教程	2012	本科	通识选修课	840
4	马克思主义新闻思想概论	2021	本科	公共基础课	600
5	马克思主义新闻观 15 讲	2018	本科	公共基础课	600
6	马克思主义新闻经典论著导读	2007	本科	公共基础课	600
7	新闻学概论	2009	研究生	必修课	532
8	20 世纪传播学经典文本	2003	研究生	必修课	432
9	新闻媒介与社会	2001	本科	专业核心课	408
10	广告艺术设计素描教程	2003	本科	专业选修课	400

从马工程重点教材使用人次来看，山东大学、上海交通大学、武汉大学、北京师范大学、中国人民大学、吉林大学、中国科学技术大学、大连理工大学、南开大学共 9

所高校选用了新闻学科的马工程重点教材，共涉及 7 种教材，其中 2 种为旧版。详见
表 2-3-6。整体来看，使用新闻学科马工程重点教材的高校学生总计为 2290 人次。其中
仍使用旧版本马工程重点教材的学生人次数合计为 1074，占比约 46.9％，主要为山东
大学给本科生使用的《新闻学概论》与《新闻编辑》、上海交通大学给研究生使用的《新闻
学概论》。使用新闻学科马工程重点教材的研究生合计 581 人次，占比约 25.4％。不考虑
新旧版本的差异，目前已出版的新闻学马工程重点教材仅 5 种，其中概论类教材 2 种，业
务类教材 2 种，史学类教材 1 种。新闻学科的马工程重点教材建设力度亟须进一步加强，
新闻学教材的体系化建设路径需要进一步明确。

表 2-3-6　新闻学科的马工程重点教材使用情况统计

教材名称	教材类型	版次	填报院校	学段	使用人次数	合计
新闻学概论	概论类	1（旧）	山东大学	本科	428	960
			上海交通大学	研究生	532	
新闻学概论（第二版）	概论类	2	吉林大学	本科	120	510
			武汉大学	本科	259	
			中国科学技术大学	本科	41	
			北京师范大学	本科	90	
新闻编辑	业务类	1（旧）	山东大学	本科	114	114
新闻编辑（第二版）	业务类	2	大连理工大学	本科	40	40
广告学概论	概论类	1	武汉大学	本科	246	306
			北京师范大学	本科	60	
新闻采访与写作	业务类	1	北京师范大学	本科	89	170
			南开大学	本科	32	
			中国科学技术大学	研究生	49	
中国新闻传播史	史学类	1	中国人民大学	本科	190	190

八、高校新闻学教材建设的对策建议

具体来看，高校新闻学教材使用情况主要存在以下几个方面的问题，需要进一步
提高认识，推动相关教材建设与管理工作。

(一)新闻学课程教材体系化建设有待进一步加强

不同高校的新闻学课程设置百花齐放，但因缺乏统一管理和指导，导致教材选用多依赖学院的学术传统和授课教师的个人风格。例如，不同高校新闻学院的专业核心课程设置包括但不限于专业核心课、专业限选课、专业必修课、学位专业课、专业准出课等，这些课程旨在帮助学生掌握必要的专业基本理论、专业知识和专业技能。但是教材使用占比过半的这些专业核心课程中，不同高校的教材选用上差异较大，尤其是本科生阶段的传播学教材选用，缺乏统一管理和规范。此外，也没有必读教材目录等学科指导，不利于新闻学课程教材成体系的建设，需要从学科发展的角度进一步明确国内传播学教材建设方向。

(二)亟须建构中国新闻学自主知识体系

国内新闻学理论体系尚不成熟，导致教材选用呈现中西杂糅、泥沙俱下的混乱局面，其本质是缺乏中国新闻学自主知识体系的建构。国内外教材并列使用的高校新闻学教学形式，一方面，对于学有余力的高校学生群体，确实有助于他们尽可能扩展知识面，使其更充分地接触、理解、批评新闻学的各种流派；另一方面，对学习有困难、心有余而力不足的学生群体，尤其是普通院校的低年级本科生，过于纷繁的学科知识结构和教材选用名单，不仅达不到启智增慧的授课目标，还容易导致其学习效率低下，难以形成一套完整闭环的新闻学科理论框架，遑论培养出符合新时代中国特色社会主义的新闻观和价值观。

(三)以教材为抓手，进一步加强新闻学本科生的意识形态培养

本科生阶段新闻学教材的选用偏重于学科应用层面，同时也偏重于传授西方新闻学的理论范式和基础理论，强调新闻学知识体系的国际化、多元化，但是在国家意识

形态层面的考虑仍不够充分。新闻学不仅仅是技术导向的学科，更是思想导向的学科，不同流派的新闻学包含了不同价值导向。在利用西方新闻学理论范式与知识体系传道授业解惑的同时，会使之潜移默化地影响高校学生的新闻观和世界观，尤其是在本科生培养阶段，会不可避免地传播西方意识形态。因此，要以新闻学马工程重点教材建设为契机，进一步建构中国新闻学自主知识体系，加强中国新闻学教材建设和对新闻学专业师生意识形态的培养，这些是新时代加强媒体建设和新闻工作队伍建设的需要，也是筑牢国内意识形态阵地的前置条件和重要一环。

(四)精准化境外教材管理，对西方经典教材宽进严管

整体来看，使用的境外教材约占新闻传播学教材总数的六分之一，高校对本科阶段新闻学境外教材的选用较为谨慎，能够在兼顾本科生学科理论体系化路径培养的同时，认真严格履行境外教材引进的各项政策要求。中国新闻学科建设离不开西方新闻学的经典理论，一方面，要积极吸收西方前沿知识理论，尤其是新媒体的商务应用、多媒体报道、信息可视化等前沿领域，不能故步自封，要认识到国内学科发展的不足；另一方面，对境外新闻学教材的引进要从意识形态层面严格把关，实现教材准入的精准化管理。例如，此次调查结果不合格的12种教材中，有一半是境外教材，如发现境外教材《论集体记忆》存在与当下我国国情不够契合的问题。大量使用境外教材难以避免出现套用西方概念解释中国现实、用西方理论描述中国实践等问题。因此，在放宽数字时代的新闻实践类教材的境外准入数量的同时，要严格具有价值导向的新闻教材的政治审核，减少境外不良意识形态对高校学生尤其是新闻学专业本科生的意识形态渗透。

(五)及时更新教材使用版本，审慎选用陈旧教材

在排查工作中，发现近40％的新闻学教材为10年前出版，修订不及时且未能及时充分体现党的创新理论成果、科学技术最新突破、学术研究最新进展。例如，某高校本科广播电视编导专业选用1999年出版的《电视专题片声画语言结构》，内容陈旧，落

后于时代发展。境外教材的更新率较境内教材更低，近一半选用的境内教材为 2015 年以后出版，而选用的境外教材在 2015 年以后出版的比例不足三分之一。同时，境外教材的版次更新水平也普遍较低。部分是教材本身更新不及时，但是也存在部分高校没有及时选用最新版本教材的情况。例如，一高校本科新闻传播学专业选用新闻传播学马工程重点教材《新闻学概论》为第 1 版，另一所高校本科新闻传播学专业选用该教材第 2 版。在新媒体时代，新闻学是发展较快的一门学科，理论体系的更新迭代使人应接不暇。因此，对于版次陈旧的教材，要做到及时淘汰和整改，让高校学生充分接触新闻学科的最新理论前沿。同时，对于未能及时更新版本的陈旧教材，也不应武断地摒弃，如部分境内外经典著作由于孤版或原作者不在世、不再修订等客观原因而不能及时更新，便不应因年代陈旧而退出高校课堂，但是选用陈旧教材必须审慎。

（六）立足出版市场竞争格局，大建小管，充分发挥头部出版单位价值引领作用

当前，新闻学教材出版市场呈现出中国人民大学出版社、北京大学出版社等少数几家出版单位占据大半份额的现状，并且整体市场共涉及 161 家出版单位，教材出版管理任务重、工作量大。鉴于此，建议采取"大建小管"的工作思路。一是对于份额较大的几家头部出版单位，重在教材建设和学科发展，充分发挥其价值引领，提高其政治站位，以便其积极参与中国新闻学教材编写和学科研究工作，从国家事权的高度出版高质量新闻学教材，以"鲇鱼效应"带动出版市场整体良性发展。二是对于份额较小但数量众多的其他出版单位，重在出版审核管理，尤其是意识形态层面的文本内容把关，以及境外教材引进和翻译把关，避免教材中出现政治问题。

（七）基于新闻学发展现状，进一步论证分学段编写教材的可行性

排查工作显示，部分高校新闻学教材的适用范围不明确，依然存在本科生和研究生共用教材的情况。新闻学作为一门相对年轻的学科，其学科理论在新媒体时代的新形态信息传播模式下获得跨越式发展。因此，与其他哲学社会科学的经典学科相比，新闻学呈现出理论体系根基较浅、理论发展潜力大的学科特征。一方面，在高校新闻

学的课程教学实践中，本科阶段与研究生阶段的教学内容、知识结构等并没有显著的鸿沟，其他专业的本科生跨学科、跨专业研读新闻学研究生学位的情况也频繁出现，新闻学本身的开放性和包容性也鼓励吸纳其他专业的本科生参与跨学科研究。另一方面，新闻学作为一门立足技术前沿和社会实践的学科，其理论发展日新月异，故其教学模式不能拘泥于传统，不应过分强调本科阶段与研究生阶段在理论知识层面的结构性差异。因此，对于分学段编写新闻学教材的必要性及可行性，仍需立足学科特征和课堂教学实践进一步研究和探讨。

（执笔人：课程教材研究所高校教材研究中心葛东坡、潘信林）

第四篇　公共管理学学科教材建设和
管理研究报告

　　为深入贯彻落实党的二十大精神，加强教材建设和管理，由教育部课程教材研究所组织并与中南财经政法大学联合举办的首届公共管理学科发展与教材建设研讨会于2023年11月11—12日在湖北武汉成功召开。来自教育部高等学校科学研究发展中心、国务院学位委员会公共管理学科评议组、教育部高等学校公共管理类专业教学指导委员会、全国MPA教育指导委员会、北京大学、清华大学、中国人民大学、武汉大学、南京大学、中山大学、复旦大学、上海交通大学、厦门大学、华中科技大学、西安交通大学等近50家单位、学术组织的有关领导和专家，《中国教育报》、《中国高校社会科学》、《公共管理评论》、《公共行政评论》、高等教育出版社等媒体、期刊、出版社的代表，以及研讨会入选论文作者等170余人参加了会议。会议围绕"公共管理学科发展与教材建设"主题，安排主旨报告会、闭门座谈会、分组讨论会，展开了深入研讨，形成了重要成果。现从新时代伟大实践成就、科学把握新阶段、以"五个坚持"为着力点这三个视角将会议重要讨论成果总结如下。

一、新时代伟大实践成就为中国公共管理学科
发展与教材建设奠定坚实基础

　　习近平新时代中国特色社会主义思想及其指导下的伟大实践为中国公共管理学科发展与教材建设提供了宝贵的指导思想、理论资源和实践基础。公共管理学科，简单来讲就是关于国家治理的学问。公共管理作为国家和政府的基本职能之一，可以为国家能力建设、推进国家治理现代化提供重要支撑，服务中国式现代化与中华民族伟大

复兴。

党的十八大以来，在以习近平同志为核心的党中央坚强领导下，我们坚持以习近平新时代中国特色社会主义思想为指导，全面贯彻党的基本路线、基本方略，采取的一系列战略性举措，推进的一系列变革性实践，实现的一系列突破性进展，取得的一系列标志性成果，书写了经济快速发展和社会长期稳定两大奇迹新篇章。党和国家事业发展的历史性成就和发生的历史性变革，推动了中国公共管理实践取得重大成就，催生了丰富的公共管理理论与实践新发展，为公共管理学科发展和教材建设提供了大量研究案例和生动素材，这些实践及其成就为建立具有自主知识体系的中国公共管理学科奠定了坚实的基础。

与会专家一致认为，中国公共管理自主知识体系的构建，其实质体现了对我国政治文化和治国理政经验的自信；其基本点必须立足本国国情，强调自主创造而不是照搬照抄西方；其根本目的是以自主知识体系引领推动自主实践，把中国的事情办得更好，为实现中华民族伟大复兴、建设社会主义现代化强国贡献智慧和力量。

二、科学把握新阶段，推动中国公共管理学科发展与教材建设相互促进、协同发展

习近平总书记关于"学科体系同教材体系密不可分。学科体系建设上不去，教材体系就上不去；反过来，教材体系上不去，学科体系就没有后劲"的重要论述深刻阐明了学科体系与教材体系的关系。当前，公共管理在学科发展与教材建设的双向互动、相互促进中开创了新的发展阶段，要深刻认识历史机遇和时代使命，准确把握好阶段特征，进一步推动学科体系与教材体系建设共同进步。

教育部高等学校科学研究发展中心副主任、《中国高校社会科学》副总编辑杨海英认为，要站在统筹中华民族伟大复兴战略全局和世界百年未有之大变局的高度，深刻理解构建中国自主知识体系是新时代党对哲学社会科学学科建设作出的科学判断和战略部署。建构中国自主知识体系要把握三点：第一，知识体系是文明变革发展的深刻反映。知识体系是以高度理论化、系统化、学科、学术、话语等形态呈现出来的精神产品的一个集群。知识体系归根结底是文明的产物，不同文明、社会实践多样性，会形成反映不同文明的核心理念及其价值的知识体系，人类文明每一次重大的发展都离

不开知识体系的先导和跃升。同时，任何一定的知识体系一定要随着社会物质生活条件的变化而不断地丰富和提高，因为只有这样，知识体系才能葆有解释世界和改造世界的充分活力以及自我更新创造的生命力。第二，中国自主知识体系的核心在于中国特色。深刻的社会实践呼唤知识体系的创新与创造，当代中国迫切需要同中国特色社会主义相适应、同以中国式现代化全面推进中华民族伟大复兴相一致的学科体系、学术体系和话语体系，这就是需要具有文化主体性的独立自主的知识体系，这一知识体系应该具有融入古今、汇通中西的禀赋，既凸显我们鲜明的民族特色，又体现普遍的人文关怀。第三，建构中国自主知识体系要先立其大。把握住建构中国自主知识体系应该具有的原则和科学方法论：一是坚持"两个结合"①，二是秉持开放包容，三是与时俱进。

第1—4届全国MPA教育指导委员会委员、厦门大学教授陈振明强调，我国有着悠久的国家治理思想传统，在近代科学意义上，公共行政在中国的出现几乎与西方同步。从学科意义来看，作为一个独立学科，它是近现代的，在中国的产生也是与西方同步的。行政学作为独立学科，到20世纪二三十年代中期已在中国落地，自张金鉴老先生的《行政学之理论与实际》教材出版起，我们就恢复了行政学学科。这个学科的发展，实际上走过了一条从本土研究到引进吸收再到双轨并行的道路，两者逐步组合，不断凸显中国特色这样的理念。对于如今的公共管理学学科而言，最重要的是范式创新，新的范式，就是文明互鉴，同样还需要紧跟国外的学科发展，吸取它的合理因素，因为公共管理要成为一门科学，必须有科学技术和科学基础。西方有一些研究并不完全是意识形态的东西，很多是反映公共管理、公共决策过程的一般性规律，所以要批判和鉴别。同时，学科发展和学术研究为教材建设提供了学术基础，没有扎实的学术基础，就不会写出好的教材。推动中国公共管理自主知识体系构建，打造中国公共管理的教学理论和教材体系，需要思考、把握和处理好公共管理中的学术与政治、科学与意识形态、事实与价值、传统与现代、地方性与普遍性等方面的关系，从指导思想、现实实践、历史传统和世界视野四个方向来推进。

国务院学位委员会公共管理学科评议组联合召集人、武汉大学教授丁煌认为，学科建设与发展最重要的目的是传授知识，教材是知识的载体，我国公共管理学科经过20多年的发展，根基和核心得到明确，中国特色得到强化，国际比较和全球视野得到彰显，形成了主流的"2+X"发展模式，为支撑教材建设提供了坚实基础。学科结构调

---

① 把马克思主义基本原理同中国具体实际相结合、同中华优秀传统文化相结合。

整呼唤教材建设创新。19 世纪中后期，公共管理学科产生，除了威尔逊的文章大体框定了学科研究方向，真正意义上为这个学科规定研究范围和主要议题的是《公共行政导论》。这本教材是 1928 年出版的，今天的教材没有超越它的，所研究公共管理问题没有超越它的，说明该教材很重要。

全国 MPA 教育指导委员会副主任委员、清华大学教授王亚华认为，教材实际上是建构中国自主知识体系和三大体系的重要载体。自主教材，我们界定为反映中国自主知识体系建构成果的教材，是构建三大体系、推动自主知识体系建设的重要载体和实现途径，具有基础性和牵引性。我国公共管理学学科建设从译介到自主经历了三个阶段。第一阶段是从 20 世纪 80 年代初期到 90 年代后期，以夏书章老先生倡导行政学大观为代表，中国的管理学学科处于萌芽的探索阶段，初步引入了西方公共管理理论，探索符合国情的行政管理知识。第二阶段是从 20 世纪 90 年代后期至 21 世纪第一个十年后期，为快速推进期，大量西方著作和理论被译介和引入国内，西方公共管理理论不断本土化，逐渐形成符合我国国情的行政管理理论。第三阶段为 21 世纪第一个十年后期以来，国内公共管理学科进入建构自主知识体系新阶段。公共管理的教材建设，实际上是公共管理知识体系演进的一个缩影。但是实际上教材具有滞后性，因为知识体系是研究先行，首先形成论著，然后形成课程，最后凝结成教材。因此，中国公共管理学教材的开发经历了两个阶段。①译介西方公共管理经典教材。从 2001 年开始，中国人民大学出版社出版了"公共行政与公共管理经典译丛"，清华大学出版社 2002 年开始出版"清华公共管理译丛"。②走向自主的公共管理教材。北京大学出版社 2007 年开始出版"新编公共行政与公共管理系列教材"，中国人民大学出版社 2014 年开始出版"新编 21 世纪公共管理系列教材"，科学出版社 2014 年开始出版"新编高等学校公共管理专业精品教材"。个别教材已经把大量的中国场景，以及中华优秀传统文化纳入中国政策的讨论，如讨论中国古代的政策观对于政策科学的贡献等，这些都反映了非常重要的知识体系的建构意识。

国务院学位委员会公共管理学科评议组秘书长、中国人民大学教授杨开峰认为，要从历史的视角来理解自主知识体系和公共管理教材建设，2013 年之后，确实更系统、更全面、更自觉地把推进国家自主知识体系构建和治理现代化反映到理论研究与教材建设上。教育部高等学校公共管理类专业教学指导委员会副主任委员、西南财经大学副校长尹庆双指出，特色只是现象的差异，自主知识体系则是本质的差异，要通过构建自主知识体系来体现我们的特色；不仅要用中国自主的知识体系去解释、揭示和发现中国的问题，还要用这一套自主知识体系去解释、揭示和发现世界的问题。全国MPA教育指导委员会副主任委员、中山大学教授谭安奎认为，评价高水平教材，要追求自主知识体系，也应该时时、处处充满着对话精神，充满着比较的态度。有对话能力和对话精神的教材，才有可能帮助我们做到知识进步、能力提升，包括人才培养。

三、以"五个坚持"为着力点整体推进新时代公共管理学科发展与教材建设

与会专家指出，加快构建自主知识体系，推进公共管理学科教材建设，要牢牢把握"两个结合"，这是自主知识体系的根与魂；要系统梳理中华优秀传统文化中的公共管理思想史，这是自主知识体系的历史基础；要深入结合中国当代的伟大实践，坚持"四个面向"，探索总结规律，提炼核心概念、核心原理、核心理论，这是自主知识体系的实践源泉；要在文明互鉴与批判吸收中创新发展，从中国立场和思想文化根基出发，着眼于现代科技发展与人类命运共同体建设，对国外公共管理理论再评价，作出我们对世界公共管理前沿问题的分析、判断和阐释，这是自主知识体系的国际视野。在此基础上，牢牢把握以下五个着力点。

(一)坚持学生中心，进一步强化以治理人才培养为指向的教材建设

教育部高等学校公共管理类专业教学指导委员会副主任委员、中国政法大学副校长常保国认为，要以国家治理人才培养为指向推进公共管理类教材体系建设，公共管理人才是国家治理人才的核心，既要培养其通用能力，又要强化其专业能力。学科教材体系建设要综合考虑：学位授予与人才培养学科目录、本科专业建设目录中通用性专业、教指委专业类知识体系和核心课程体系建设、普通高等学校本科专业类教学质量国家标准、政策文件要求。国家治理人才的通用性素质包括：价值观塑造（政治忠诚、公共精神、职业伦理），知识传授（管理理论与方法、公共权力理论、国际视野、政策法规体系、中国特色治理模式）和能力培养（创新思维与管理方法、中国国家治理体系机器运行过程、科学决策、法治素养、信息技术应用）。

教育部高等学校公共管理类专业教学指导委员会委员、西安交通大学教授朱正威认为，要基于改革人才培养模式来思考和改进教材建设：一是面对公共管理的真实世界，重新梳理教学内容与课程体系；二是公共管理教材实现"以中国为方法"的叙事表达；三是公共管理课程内容实现从单一学科到跨学科的转变；四是公共管理人才培养主体实现从单一到多元的发展；五是公共管理人才培养模式实现从趋同化到特色化、多样化的转变。

教育部高等学校公共管理类专业教学指导委员会副主任委员、对外经济贸易大学教授彭向刚指出，要从人才培养出发，按照专科、本科、科硕、专硕等不同人才培养目标，制定有梯度的教材建设规划。教育部课程教材研究所兼职研究员、北京大学教授萧鸣政认为，科教兴国战略、人才强国战略、创新驱动发展战略，核心和关键是人才强国战略；要培养具有公共精神、公共意识、高素质的专业化人才和担负民族复兴重任的公共管理时代新人。

(二)坚持守正创新，推动教材建设的组织方式与呈现样态变革

常保国认为，要采取自上而下与自下而上相结合、多种形式编写、多种样态并存等方式组织教材编写，教材样态应向立体化与数字化方向发展。朱正威认为，公共管理的教学内容和教材体系要重视新技术牵引的新型治理形态，这是构建中国公共管理自主知识体系的实验场景，要主动探索开发适应融媒体时代的新形态教材，及时反映数字化、智能化与治理体系之间的互动，呈现"传统的纸质教材＋数字化资源"等多种介质和媒体融合的样态。

彭向刚认为，要高度重视和大力支持公共管理专业教材建设，纠正只重视科研而不重视教材的问题。坚持"三个一流"的本科专业建设政策导向，应该加入"一流教材""一流师资"，一流教材尤其不可或缺。教材与科研同等重要，相互促进。教材可以凸显科研问题并承载科研共识，科研则可以回应教学问题并贡献增量知识。当前，既要开展有组织的科研，也要推进有组织的教材建设。很多高校把对教材的重视仅仅停留在形式主义审查上，以"政治上不出问题"为重点，在这种情况下，很多教师甚至消极对待教材建设，为了减少麻烦和规避风险，宁可不编写教材。同时，加强公共管理专业教材建设的总体规划。另外，统编教材要实行招投标制度，采取"揭榜挂帅"方式，

严格规范教材编写的立项准入、编写规范、质量标准等，推荐长期坚守教学一线、教材编写经验丰富、师德师风经得起考验的大师级专家统领教材编写工作，切实推进公共管理学科教材高质量生产。

全国MPA教育指导委员会委员、上海交通大学教授刘帮成认为，高质量教学案例的开发以及卓有成效的案例教学的实施是优质公共管理学科教材出版的基础和保障，实践中应该保障教学案例、案例教学和优质教材的可持续性内涵式发展，尤其要注重经典和典型案例的编写、中国场景下的优质（典型）案例的识别及开发，并通过制度建设来保障案例教材高质量产出，发挥案例的引领作用。尹庆双指出，教材中公共管理重大案例的分析，要克服套用西方理论的解析和政策解读，更加注重学理化的深度挖掘。

(三)坚持系统观念，进一步优化公共管理教材体系的层次性

教育部高等学校公共管理类专业教学指导委员会委员、郑州大学教授高卫星认为，高质量的公共管理教材体系是交叉融合的学科支持体系、理论视野开阔的学术研究体系、立场鲜明的话语表达体系、中国特色的自主知识体系等有机融合的整体。第一，公共管理学科教材反映学科特性，勾勒学科边界。公共管理教材建设以学科体系建构为基础，学科体系包括了学科的分类、学科的定位、学科的发展，还有学科的内在逻辑关系。在教材体系建设中，需要结合中国公共管理的实践与特点，明确公共管理的基本概念、基本原理、基本方法。还要在教材设计理念、教材内容编撰、教材质量评价等方面做出改革和改进。第二，公共管理学科教材要体现思想引领，融合学术创新。一是公共管理学科的概念化任务需要在教材中来完成，概念、理论和方法，是学术研究和学术体系的基本组织单位，要将中国发展与治理实践中价值观点、伦理原则、科学判断、机制方法，以及工艺手段进行有效的概念化，呈现在公共管理学科的教学中。二是推动形成中国发展与治理的完整性、体系性解释，有效弥合公共管理学科教材体系中的本土化、地方化、国际化等直接的矛盾。三是通过构建更高水平、更紧密联系的学术共同体保障教材稳定性，并提高教材的前沿性和引领性。尤其是随着大数据、云计算、人工智能等新兴的信息技术的发展，不断延伸出新的研究方向以及新的学科研究场域，对公共管理学科教材前沿性也提出了挑战。第三，公共管理学科教材要使

用本土化话语，讲好中国故事。话语体系是一个国家软实力或者说巧实力的一个体现，蕴含一个国家的文化密码、价值取向、核心理论等。教材本身是一种重要的话语载体，教材的话语体系要符合本土化的话语，要讲好中国故事。一是在公共管理学科教材中，要使用规范、准确的语言，构建逻辑清晰、易于理解的话语体系，使教材能够更加贴近实际、更加生动形象、更有利于学生的学习以及知识传播。二是教材编写要充分体现或者充分挖掘体现主体性、本土性的语辞主题和表达方式。要善于提炼标识性理念，打造为国际社会理解和接受的新的范式、新的对象，从而引领国际学术界或者国内学术界展开研究。三是教材要融入新技术，增强其趣味性和传播性，从而起到推广中国公共管理理念的作用。要形成中性态的、综合性的教材，应该鼓励和倡导与混合式教学相适应的新形态教材。第四，公共管理学科教材要彰显自主知识，构建特色体系。在公共管理学科教材中，拓展公共管理自主体系是一项基础性工作，它对推动学科自主性、学术自主性、话语自主性能够形成有力的支撑作用。

丁煌认为，高等教育是知识体系教育，高校教材建设要注重系统性和层次性，区分本科、研究生等阶段，避免重复、冲突和浪费；要根据学科结构调整来创新教材建设，进一步明确新的二级学科的核心概念、基本原理和原则方法，按照二级学科成立工作组开展学科建设、编写核心教材。王亚华指出，教材是构建中国自主知识体系和学科体系、学术体系、话语体系的重要载体，建设公共管理自主知识体系教材要高度重视基于国别、地域、场景的理论认识，很多西方理论在中国的应用忽略了很多情景性的因素，是不全面的，甚至是不适用的。杨开峰认为，教材要强化对前沿现实问题的回应，同时高度重视研究生教材建设，尤其是MPA核心课程的配套教材的建设。

(四)坚持以我为主，进一步推动二级学科专业教材建设

全国MPA教育指导委员会委员、复旦大学教授朱春奎认为，我们在讨论自主知识体系构建的过程中，要坚持和国际学者一起，各美其美，美人之美，只有"美美与共"，才能"天下大同"。教材必须是高质量的，不是随便什么人都能编写教材，要提高教材编写门槛。教材的编写要处理好几个视角。一是公共管理是管理学，一定基于组织场景。二是人力资源的视角。三是公共价值、公共性的主张和悖论。四是创新创业的视角，如政府中的创新者，具有创新创业、企业家精神的人。五是战略视角。从事组织

行为、人力资源等研究，可以把服务国家战略和个人成长、美好生活联结起来，这才是前进和努力方向。在公共政策方面，要把政策过程有关的知识体系和政策分析有关的知识体系结合起来，把理论与政策分析的有关知识累积在一起，才能有所作为。第一，找准政策问题。第二，找到问题根源。第三，研制治本之策。第四，判断可行最优。第五，严密执行。第六，执行评价。第七，确定政策去向。第八，政策制定者和政策研究者优势互补。关于政策过程方面，研究一个国家的发展规划可以发现：绝大多数政策-国家的研究局限于某一个政策系统，如教育、土地、科技，但是一个国家、一个城市、一个区域发展规划是横跨整个政策子系统的。可以把这些知识挖掘出来，精准告诉学生政策过程到底是什么样子的。

教育部高等学校公共管理类专业教学指导委员会委员、南京大学教授林闽钢提出了中国自主的社会保障学知识体系的三个层面。第一，作为学科，应该有知识体系的基本结构。公共管理、公共政策学作为基础，从构建自主的知识体系角度看，还需要加上民生保障思想与社保理论、社会政策。第二，作为交叉学科，应该有跨学科的知识体系。一是经济学的方法；另一个是个体、群体和家庭能够通过社会保障的政策和制度，实现社会的良性运行；再一个是社会保障，是治国安邦大问题，要上升到政治层面。第三，作为一个组成部分，应该有明确的目标和趋向。要构建"以我为主"的社会保障知识体系，社会保障学科在开始建立时就应有明确的主体意识，如社会改革、精准扶贫、共同富裕等。中国的社会保障要有以下四个层面内容的有机融合：①以人民为中心的社会保障，动力和方法。②大国的社会保障，对象和规律。③实现共同富裕的社会保障，目标和方向。④家国一体的民生保障，历史和文化。

关于课程教材体系建设的构想。第一，核心＋基础，8门课程。这些课程应与中国历史相关，且包括党的民生保障思想，加上公共管理学、公共政策、社会政策、经济学、财政学等，以支持第一个板块的内容。第二，应用＋特色，7门课程。中国社会保障主干包括保险、救助、福利、优抚，但是在社会保障管理方面，基金管理、社会保障清算、社会保障统计与评估方法可能是将来要进一步拓展的特色。第三，自主＋借鉴，4门课程。即中国社会保障史、中国社会保障国际比较、中国社会保障制度变迁、中国社会保障政策分析，展现我们有完整的以我为主的社会保障体系。

萧鸣政认为，要进一步重视人力资源学科发展和教材建设，深化人力资源开发利用，推动我国从人口大国转变为人才强国，为实现第二个百年奋斗目标提供人才支撑。一是加快人力资源专业建设的必要性。党的二十大报告对高质量发展、中国式现代化、建设教育强国等作出重要部署，加上当前国家面临人均资源匮乏、人口负增长，以及人口老龄化三重压力，反映了加强人力资源学科建设的必要性。在很多高校人力资源专业实际演变为组织行为的一个小方向，主要原因是模仿西方学科专业设置，缺乏自主，忽视中国情景、中国实际和中国需要。因此，从中国式现代化和建成教育强国的要求来看，要加快人力资源专业的建设。二是从人才强国实施看人力资源专业建设的新要求。中国式现代化是走和平发展道路的现代化，要靠人才及创造创新，把有限的资源变成无限的财富，这就更需要进行专业化的人才培养、科学化的学科建设。深入实施新时代的人才强国战略，离不开人力资源学科。建设人才高地，同样需要加强人力资源学科研究与专业化人才培养。三是新时代公共管理学科中人力资源专业建设的思考。打破工商管理和公共管理的界限、打破观念阻碍，让人力资源观念归位，争取推动在公共管理教指委下设置目录中增加人力资源专业。

第1—4届全国MPA教育指导委员会委员、华中科技大学教授徐晓林认为，公共管理是一种国家行为，是国家对全社会实施的公共治理，应该在公共管理学科发展中推动公共财政、干部教育等专业发展和教材建设。

(五)坚持问题导向，坚决改进当前公共管理学科发展与教材建设中存在的短板和不足

1. 公共管理学科教材建设理念有待更新

全国MPA教育指导委员会副主任委员、中山大学教授谭安奎指出，公共管理教材建设要树立"公共管理在中国"的理念，而公共管理要面对的很多问题是全球性的，不只是中国的，因此中国自己独特样态的公共管理理论和实践要能够回应世界之问、时代之问，不仅仅是中国之问；同时，他认为地方性知识是存在且生长的，这在很大程度上是抵御普遍知识、抗拒概念化、理论化的结果，需要明确的是，自主知识不等同于地方性知识。

2. 公共管理学科教材编著困境有待突破

教育部课程教材研究所兼职研究员、中南财经政法大学教授张广科指出，国家对教材越来越重视，体现了党和国家的意志。公共管理类教材编写可能存在的问题有五。一是教材中构建中国自主的学科知识体系凸显不够。教材没有反映实践前沿、没有反

映操作前沿，比如海尔的"人单合一"、华为的"按知分配"，这是比较新的；比如公共部门"三定"，定职能、定机构、定编制，企业的"四定"，定责、定岗、定编、定员。这些都是人力资源核心基础和内容，应该进教材。二是教材中很多理论是国外的，比例达到90%以上。三是教材中立德树人、课程思政的实现方式有待创新。四是教材普遍重知识阐释、题目解答，轻思路和原则。五是公共管理类教材间的边界模糊、重合度较高。第一是有很多版本，第二是版本重复太多，第三是同一项内容如果可以在管理学或人力资源中讲，一个主题就会在多门课程中同时出现，造成重复。

杨开峰指出，公共管理学科教材建设任务非常艰巨：一是MPA核心课程配套教材少且质量一般。二是教材回应前沿的现实问题非常不够。三是对研究生教材建设重视不够。建设反映"两个结合、四个面向"的教材，面临的情况和存在的问题：一方面是教材的系统性，应如何整体反映中华优秀传统文化和思想史、马克思主义中国化时代化和党的创新理论成果、党的改革实践、西方优秀文明成果。我们有很多特色、自主的概念，但是这些概念没有成为一个概念体系。另一方面是整个学科从公共管理到国家治理、再到公共治理的这个转型、转向还没有完成。再有一方面是反映重大国家治理的议题。这次二级学科的结构调整比例是最高的，超过了100%，原来5个目录，现在11个。例如，数字综合治理，包括数字政府、数字中国、数字经济、数字社会等国家政策讨论的一些前沿领域，公共管理的代表太少太弱，对于重大议题的回应非常不够，这会影响我们的知识积累。四是国际对接。在反映人类文明的优秀成果方面存在很多问题，如总结、概括西方甚至整个国际的公共管理实践不准确。五是把握党的创新理论和最新的实践不够。例如，当前只研究一点道德规范，与党的二十大报告等涉及公共伦理相关的制度安排和要求是远远不匹配的。

3. 公共管理学科教材建设整体规划有待加强

与会专家反映，公共管理专业教材存在纵向衔接不足、横向协调不够、质量标准不一等问题，应该从公共管理学科体系的角度作出整体规划。建议从学科体系出发，按照一级学科、二级学科和学科方向，分类制定教材建设规划；从专业知识本身的逻辑体系出发，按照专业基础课教材（原理、思想史）、专业主干课教材、专业方向课教材、方法论教材和案例课教材的逻辑，制定教材建设规划；从教材编写主体的角度出发，按照建立教材建设专家库的要求，制定教材建设的准入规划，包括主编资质认定、团队构成结构、人员遴选标准、出版社资质和责任、教材评价体系、专家推荐程序等，确定严格的准入门槛，切实把好教材建设的"队伍关""流程关"等，建立起相对稳定的教材编写、教材审核、教材出版、教材使用、教材评价等制度体系。还要改革教材评奖制度，更加重视出版发行数量、教材使用者评价的权重，不再依赖编写者自己填表、同行投票的经验路径。

有专家指出，有些教材核心概念不统一，篇章结构不合理，学科界限不清晰，思想源流不交代，增量知识太滞后，知识内容碎片化，核心观点无共识，语言表达不严谨，编写技术不规范，全书风格不一致，阅读理解很困难。一些新兴学科如数字治理等还缺乏权威教材。

教材建设是国家事权。教材要坚持马克思主义指导地位，体现马克思主义中国化要求，体现中国和中华民族风格，体现党和国家对教育的基本要求，体现国家和民族基本价值观，体现人类文化知识积累和创新成果。中国公共管理学科教材建设必须体现党和国家意志，做到"一坚持、五体现"，不断深化对于关系到学科发展的基本问题、核心问题和前沿问题的内在认识，强化有组织的教材研究，推动高质量学科教材建设体系化，为实现教育强国目标而努力。

（执笔人：课程教材研究所高校教材研究中心杨昊杰、潘信林）

第五篇　物理学教材建设和管理研究情况分报告

本报告选取高等教育自然科学教材中的物理学教材为研究对象，系统梳理现有研究成果，主要聚焦物理学教材建设与管理相关研究的基本情况、主要内容、不足与展望三方面内容，以期推动新时代高校物理类教材建设、教材评价、教材管理的高质量发展。

一、物理学教材建设与管理相关研究的基本情况

我国现行大学物理教材体系仍以苏联教材的体系为主，与欧美采用的大学物理教材存在较大不同。不同的文化背景与思维方式导致了中外大学物理教材在知识内容与结构、表达方式、信息选择等诸多方面都存在差别；这些差别同时也为我国的大学物理教材建设提供了参考与借鉴。超越苏联模式，逐渐开始向西方学习，确实是20世纪八九十年代中国高等教育改革的重要基石。[①] 目前学术界有关教材建设的文章并不多，研究也不够充分。对高等教育物理学教材的研究更是少之又少。据笔者目之所及，在中国知网以"教材建设""物理""高校"为主题词检索（检索时间是2023年12月15日），据不完全统计研究文章数量共计101篇。

（一）相关研究文章的发表趋势

从时间跨度上来看，检索到的文献数量总体呈上升趋势（详见图2-5-1），这也与国家对教

---

① SHEN W Q，ZHANG H，LIU C. Toward a Chinese model：De-sovietizationreforms of China's higher education in the 1980s and 1990s[J]. International journal of Chinese education，2022，11（3）：1-17.

材建设的重视呈正相关关系，国家政策层面的重视某种程度上会带来研究文章数量的增长。

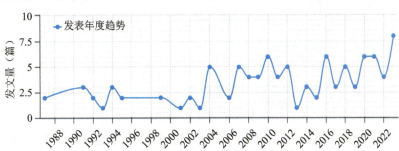

图 2-5-1　高校物理学教材建设相关研究文章数量的总体趋势

(二)相关文章的研究主题

　　相关文章的研究主题主要包括教材建设、大学物理、物理实验、物理教材、实验教材、高校教材建设、大学物理实验、教学指导委员会、多媒体教材、专业教材、建设与实践、地方高校、工作会议纪要、物理学、教材出版、《物理化学》、存在的问题、教学改革等(详见图 2-5-2)。需要明确的是《物理化学》这本刊物为化学专业的相关期刊，"物理化学"这门课程是化学专业的专业课。此处因检索结果所得，研究中并未人为剔除，但分析内容时仍聚焦物理类教材的相关研究成果。

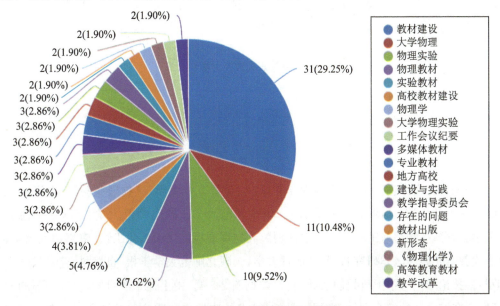

图 2-5-2　相关文章的研究主题分布

（三）相关研究文章的学科分布

相关研究文章学科分布主要包括高等教育、物理学、化学、出版、中等教育、计算机软件及计算机应用、教育理论与教育管理、地质学、有机化工、建筑科学与工程、体育、工业通用技术及设备、人物传记、中国近现代史、矿业工程、材料科学、石油天然气工业、轻工业手工业、地球物理学等（详见图 2-5-3）。

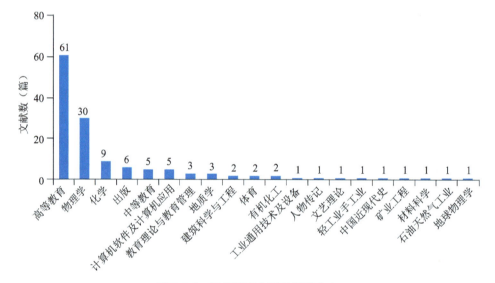

图 2-5-3　相关研究文章的学科分布

（四）相关研究文章的来源

相关研究文章主要来自《中国大学教学》、合肥工业大学、《物理实验》、上海师范大学、《大学化学》、《课程教育研究》、华东师范大学、湖南师范大学、《科技信息》、《大学教育》、《物理与工程》、《大学物理》、《物理通报》、《山东化工》、南京师范大学、《当代教育实践与教学研究》、北京体育大学、《湖北师范大学学报（自然科学版）》、《产业与科技论坛》、《中国科教创新导刊》，详见图 2-5-4。由上述来源可知，15.69％的文章发表在综合类的核心刊物《中国大学教学》上，这类文章质量相对较高；还有一部分文章是学校的学位论文，多为硕士生毕业论文；另有一部分发表在与物理学学科相关的刊物上，如《物理通报》《大学物理》等。从刊载文章的期刊来看，优质的高等教育类期刊较少，一方面说明了学界对高等教育物理类教材的关注不够，另一方面也说明了优质的高等教育类期刊在教材建设的引领作用上发挥得不到位。笔者检索了诸如《中国高教研究》《中国高等教育》《课程·教材·教法》等刊物，期刊上的文章几乎没有涉及对物理类教材的研究。

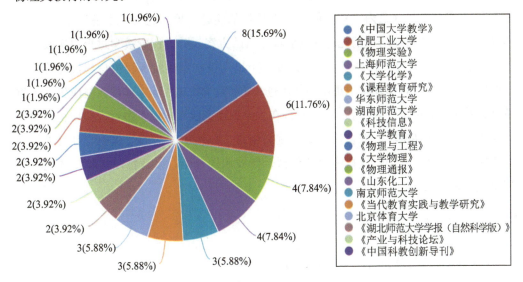

图 2-5-4 相关研究文章的来源

二、物理学教材建设与管理相关研究的主要内容

在上述研究成果中，为确保所选文献的合理性及数据的精确性，通过人工进行对比筛选，剔除了与主题研究无显著相关性的文献。经系统梳理发现，物理学教材建设的研究文章多数发表在相关学科的刊物上，多集中在教材及教学改革的对策与建议的讨论；多数文章在写作时基于单门课程的教材建设现状、问题，提出相应的改进策略；多是在介绍本课程知识点的基础上，就教材本身的内容编写、呈现形式、配套资源等方面展开讨论，以便适应技术发展对教材建设带来的革新，从而进一步适应学生的学术需求和教师的教学形势。相关研究内容主要体现在以下几个方面。

(一)教材编写的经验总结

这类研究的写作主体多为高校教师，他们多年从事物理一线教学，有着丰富教学经验，在教学经验积累的基础之上组建团队编写教材。针对某种课程的教材建设实践，有学者从"核能领域缺乏内容新颖的反应堆教材的问题，提出建设一本适用于研究生、本科生教学/核能行业培训的先进核反应堆教材的方案，并在课堂教学过程中实践与完善"[1]。另有学者研究实验物理教材的开发，指出高校物理实验课程教材建设应符合现代课程教学的要求，体现知识更新和技术进步[2]，大学物理实验立体化教材应包含纸质教材、微课、有声课件等内容[3]，针对现在大学物理实验教学改革中对实验项目按照基础性实验、设计性实验、综合性实验的重新编排，在教材编写的过程中，可以进行针对性的运用和补充；加强教材中对新仪器、新技术的介绍，以及物理实验在现代科技应用中的介绍[4]。

(二)课程教学改革探索中兼谈教材建设

这类研究主要基于教学实践中的问题，从课程内容、教学方法、教材建设及教学队伍建设等方面进行研究，普遍的观点就是要正确把握教材在教学活动中的功能和地位，加强对教材功能的认识，教材建设在构建知识体系的过程中应注重知识的联系与

---

① 边浩志，丁铭，郭泽华.《先进核反应堆》教材建设与应用实践[J]. 科教导刊，2023(18)：72-74.

② 杜义林. 高校物理实验教材建设实践与思考[J]. 安徽工业大学学报(社会科学版)，2010，27(1)：146＋148.

③ 沈洋，高源，孙艳. 适应新时代人才培养的大学物理实验教材改革思考[J]. 吉林广播电视大学学报，2023(5)：55-57.

④ 甘路，别业广，闵锐. 新形态下大学物理实验教材建设的探索[J]. 大学教育，2017(6)：17-18.

迁移[1][2][3]，在课程体系改革中注重信息技术与教育教学的深度融合，通过二维码技术，将微课视频、演示实验视频、PPT课件以及拓展阅读材料等各类教学资源有机嵌入新形态教材之中[4]。还有学者将教材建设作为精品课程建设的重要面向，指出教材建设是精品课程建设的重要组成部分，教材可以体现教学内容和教学方法的内涵，同时也是推进课程建设、深化教育教学改革、实现学校人才培养目标的重要保证[5][6]。坚持第一时间将科研创新成果及学科前沿应用融入课程教材，以应用为导向，从思想性、先进性、科学性和适用性等方面不断完善教材的内容及形式[7]，将科研、教学研究、教学改革成果及思政建设融入教材[8]。

(三)物理学教材建设及教材改革趋势的研究

这类研究聚焦物理学教材建设的改革与发展，例如，李松岩在《对高校理工科物理教材建设的想法》[9]中指出：教材修订要在调查研究的基础上进行；要处理好充实新内容与减少课时的矛盾；要注意习题和例题的更新。该文虽然发表时间久远，但文中有关物理学教材建设的提法仍具有启发意义。另有学者探讨了信息化时代背景下地方普通高校大学物理教材改革的趋势，即注重基础知识、注重与中学物理知识的衔接；注

---

① 宋波，郭宁，何洪，等."材料物理性能"课程教学改革探索[J].西南师范大学学报（自然科学版），2015，40(1)：144-147.

② 布林朝克，蔡颖，樊文军.材料物理课程教学改革探索[J].科技信息，2014(11)：105.

③ 梁春平，梁芳楠，尤雪瑞.新能源材料与器件专业半导体物理与器件课程教学改革探索[J].产业创新研究，2022(2)：166-168.

④ 沈黄晋，王建波，乔豪学，等.树立以学生发展为中心的理念　促进大学物理课程体系的改革与创新[J].物理与工程，2022，32(4)：96-100.

⑤ 周建敏，李泽胜，周鹏，等.物理化学精品课程建设的实践与探索[J].广东石油化工学院学报，2014，24(2)：29-32.

⑥ 郭春燕，曾小剑，李倩，等.地方本科高校物理化学精品课程建设[J].山东化工，2020，49(6)：216+221.

⑦ 吴海娜，于永芹，张玉凤.应用型特色大学物理教材建设探索与实践[J].大学教育，2023(16)：18-22.

⑧ 朱志昂，阮文娟，郭东升.紧跟时代步伐建设高水平的物理化学教材[J].化学教育（中英文），2021，42(18)：88-91.

⑨ 李松岩.对高校理工科物理教材建设的想法[J].教材通讯，1991(3)：9-10.

重与实际应用的联系，理论推导将有所减少；注重立体化、信息化教材建设；注重学习的层次化，学习的内容将更加多样化。① 可见，探索并建设适应我国高校应用型人才培养需要的教材体系，已经成为当前我国高校教学改革和教材建设工作中的十分重要的任务。②

（四）科学技术史的视野

还有研究从科学技术史的角度出发来讨论教材建设，其中科学技术史专业的一篇博士论文研究了民国时期大学物理教材的编译③，从教材建设史的角度来说具有重要的参考价值。这类研究给教材建设的启发主要体现在为教材建设提供了新思路、开辟了新视野，也就是要注重从科技发展史的角度综合考量科技史与教材建设的关系。充分挖掘本学科领域的科技发展史作为教材建设的资源，不仅可提升学生的民族自豪感，也可以增加课堂教学的趣味性，寓教于乐，为本就逻辑严密、相对枯燥的物理学理论知识增添乐趣，提升教材的文化属性。

（五）新形态物理学教材的实践

这类研究聚焦技术发展之于教材研发的影响和趋势探讨。新形态教材的出现与信息技术发展密切相关，有学者基于大学物理云教材的编写思考，指出云教材是一种融媒体的、立体交互的，采用云计算、大数据和人工智能技术具有全内容大数据特征的智能化教学资源体，强调大学物理课程应与时俱进，融合优质多媒体资源，建设特色云教材，可结合丰富的案例材料，并融入课程思政，引导读者用物理思想和知识理解自然、解释自然、探索自然，启迪读者的科学思维方式。④ 将以视频为主要载体，主题

---

① 付喜，高海峡，张艳静，等．地方普通高校大学物理教材改革趋势研究［J］．教育现代化，2017，4（48）：30-31＋34.

② 肖令平．应用型本科大学物理教材建设研究［J］．科技风，2012（17）：8.

③ 张林．民国时期大学物理教材的编译（1912—1949）［D］．内蒙古师范大学，2018.

④ 智春艳，刘金秋，邱文旭，等．大学物理课程云教材的编写探究［J］．科技风，2023（20）：26-28.

围绕某个知识点或教学环节而制作的微课与新形态教材相结合，破解《大学物理》基础课学时被压缩的客观困难，这也是新形态教材的重要尝试。①

（六）出版单位的研究自觉

从研究中可知，物理学教材的建设和管理中，有部分群体来自出版单位，他们基于长期的教育出版经验，撰写并发表了部分论文。这类文章主要是对业务工作的总结和概括，能够呈现物理学教材建设的现状，但是文章轻学理探讨，还不能形成抽象的规律性认识，对教材建设和管理的理论建构作用较弱。早些年，高等教育出版社就开始在教材的建设上进行探索，在将课程的整体主线，宏观介绍、精要讲解的知识点、典型的例题、习题等呈现在纸质教材上的同时，将丰富多样的多媒体教学资料，如图片、动画、视频、文本、程序、H5、实验游戏等，展示在数字课程网站上。② 编辑们在教材编辑经验的积累中进行研究，体现了一定的研究自觉，出自一线编辑的文章指出，物理类教材建设立足课程内容，探索信息技术与教材的融合应用，以教材建设和管理为支点推进教学体系改革③，使教学在多维度、多层次、多方面同步推进，助力创新型人才培养目标的实现。

三、物理学教材建设与管理相关研究的不足与展望

以上两部分内容聚焦有关物理学教材建设与管理的相关研究成果的描述，虽有一定量的研究成果产出，但仍存在一些短板和不足，本部分尝试在总结不足的同时，提出有针对性的对策和建议。

---

① 郭健勇，赵光欣，黄熙，等．微课与大学物理新形态教材建设探索与实践［J］．湖北师范大学学报（自然科学版），2018，38（4）：111-114.

② 马天魁，高建．高校物理新形态教材建设的思考与实践探索［J］．大学物理，2016，35（7）：1-3＋23.

③ 缪可可，程福平．数字技术条件下的物理教材建设［J］．物理通报，2018（11）：123-125.

（一）物理学教材建设和管理相关研究成果数量较少，高水平的教材编写队伍的培育和开发还不够

从相关研究成果来看，我国学术界对物理学教材建设和管理的研究存在严重不足，在人工检索到的文献中，有关教材管理的研究更是鲜少看到。学者对物理学教材相关的研究领域缺乏关注，究其原因，这与我国高等教育长期存在的"重科研、轻教学，重专业、轻基础"的问题密不可分。在高校学术评价体系中长期存在重视项目、课题、论文，而这类科研成果多是学者本学科领域的研究内容，对教材编写不够重视，教材编写工作难以被纳入学者的科研绩效中，因此，学者对教材研究的积极性不足。因此，充分挖掘和打造优质的教材编写专家队伍，从国家和学校层面出台政策，将教材编写纳入教师科研评价体系，加快建立和完善高校教师编写教材的激励机制，制定教材编写工作量计算、科研成果统计、职务职称评聘等方面的具体认定办法，吸引一流的专家、教授团队参与教材编写研发的同时，鼓励中青年学者、学科带头人、长期躬耕一线教学的教学名师参与教材的编写研发，打造"老中青""传帮带"梯队式的教材编写队伍。

（二）加强党的创新理论进物理学教材的研究成果比较缺乏

在目之所及的相关研究中，将思政元素融入教材建设的研究较少，对课程思政元素进行的挖掘与融入不够。教材思政体系体现的是"德"育，教材本身的知识体系揭示的是自然规律，是"才"育。教育的根本目标是立德树人，育人的目标是要培养德才兼备者、有德有能者。因此，重视研究物理学教材建设中与思政元素的融合，围绕传播辩证唯物主义的观点和方法、弘扬爱国主义和家国情怀、培养科学精神和创新意识、塑造崇高道德和高尚品质[①]，真正培养德才兼备的社会主义建设者和接班人，发挥物理学教材的育人阵地作用。具体而言，就是要把握物理学的知识规律与思政元素的有机结合，教材要在揭示科学的自然规律的同时将思政融入，培育有思想、有道德、有情

---

① 王文文. 充分发挥大学物理公共课程的育人功能[J]. 中国高等教育，2019(6)：48-50.

怀、有知识、有才能、有本领的基础研究人才队伍，致力于创造中国特色世界一流的研究成果，使科技创新真正惠及全人类。

(三)有关新形态教材的研究还不够深入，尚未探索出数智技术赋能教材建设的优质路径

当前，教育数字化转型已成为教育发展的重要方向，作为教育重要元素和知识载体的教材，在信息技术的辅助下逐渐从传统纸质形态向多媒体、立体化的新型教材转化。从目前的研究成果来看，有关新形态教材的研究还不够深入，尚未探索出紧跟技术发展的教材建设模式。首届全国教材建设奖获奖教材中数字化教材占比较低[1]，这一结果也佐证了研究发现。因此，在教材建设和管理的研究上，应加速信息技术与教材建设深度融合，进一步加大教材建设的数字化转型研究，从研究的层面不断归纳和总结教材建设规律，并将研究成果落地转化于教材编写和研发之中，同时辅之以技术的支持，打造多种介质综合运用、表现力丰富[2]的教材新形态；不断探索多媒体数字化教材和新形态教材，推动教材形式不断创新，将教材内容和形式完美融合，以适应"Z 世代"高校学生的阅读和使用需求，真正发挥教材育人的功能。

(四)教育出版单位研究成果贡献率较高，但质量参差不齐

从研究可知，有关教育出版单位尝试结合物理学学科特点与自身出版优势，推出物理类专业教材数字资源、课程与平台，这类研究成果倾向于经验总结或典型案例分析。具体来说就是教育出版单位的一线编辑的研究尝试，他们的研究多从经验出发聚焦自身业务实践，很难归纳提炼出惠及整个教材出版行业的规律和认识。教育出版单位是教材建设的实践场域和试验田，因此要重视对实践中的真问题、真经验、真规律

---

① 金文旺，李正福，刘湉祎. 多样化、合作与创新：推动高等教育教材建设高质量发展：基于首届全国教材建设奖全国优秀教材(高等教育类)的描述性分析[J]. 中国高教研究，2022(4)：64-70.

② 施佳欢，秦安平，阎燕. 新时代高校教材建设高质量发展的历史逻辑和实践指向：基于南京大学教材建设经验的考察[J]. 中国大学教学，2023(6)：83-89.

的总结和研究，在内部形成研究氛围，提升研究活力，重视编研一体。具体可依托教育部国家教材建设重点研究基地，组建专门研究队伍，系统梳理实践中的经验做法，形成教材建设和管理的政策建议、规章制度、理论范式，围绕教育强国规划纲要、教材建设和管理行动计划重点任务，以教材建设大工程项目为抓手，加强教材建设和管理的理论研究，为建设中国特色高质量教材体系贡献研究力量。

（执笔人：高等教育出版社国家高等教育教材综合研究基地孙莹、徐珠君）

03

第三部分

代表省区教材建设和管理
研究情况

第一篇　上海市高校教材建设和管理年度报告

教材是学校开展教育教学的关键要素，是立德树人的核心载体，是党和国家意志的集中体现。上海市教育委员会贯彻落实党的二十大精神和习近平总书记关于教材工作的重要指示精神，把教材工作作为贯彻新时代党的教育方针、落实立德树人根本任务的基础性长效性工作来抓，推动教材工作在新的历史起点上取得积极成效。现就2022—2023年度上海市高校教材管理工作总结报告如下。

一、基本情况

作为高等教育强市，上海目前拥有全日制普通本科高校共39所，其中部属高校9所，市属高校30所。据初步统计，2022—2023年度上海市高校新出版及再版教材870余本（种），立项数字教材建设项目60余项，出版数字教材20余本（种）。各高校累计选用教材39000余本（种）。

在市委、市政府的领导下，在上海市教材委员会的指导和上海市教委的部署下，2022年成立了上海市普通高等学校教材建设专家委员会和上海市普通高等学校教材审查评价专家委员会，2023年召开了上海高校教材工作推进会。全市各高校紧密结合教材工作指导方针和各校办学实际，强化组织保障，各部门协同配合，深化推进教材建设与管理工作，在优化管理机制体制、完善制度规范、明确规划指导、加强审核把关等方面均取得了良好成效，全面提升了上海高校教材建设质量，打造了一批"培根铸魂、启智增慧"的新时代精品教材，不断满足深化高等教育教学改革和高质量人才培养的需要。

二、整体规划，分类指导，重点突破

上海市教委积极布局、统筹推进，加强整体规划和顶层设计，立足国家重大需求和上海市区域经济发展，扎根中国大地，紧贴上海经济社会发展需求，紧跟学术前沿，充分体现上海学科发展水平，推动国家及区域创新，打造"面向未来的上海高校一流教材建设体系"。

一是各高校积极制定教材建设专项规划，明确教材建设总体目标、重点任务、保障措施，将教材建设作为专业建设、人才培养的重要组成部分，纳入学校总体规划或"双一流"建设内容，加强队伍建设，提高教材建设队伍整体的政治站位及专业水平。同时市教委指导各高校积极布局新形态教材建设，充分发挥新形态教材在课堂教学改革和创新方面的作用，鼓励教师利用信息技术创新教材形态，促进教学内容和教学方法改革。

二是研究型高校结合学科专业布局、课程建设，主动服务国家发展大局，支撑上海发展战略，体现学科优势与特色，切实推进教材高质量建设。如复旦大学、华东师范大学、上海外国语大学和上海音乐学院加快自主建设，结合专业优势积极参与"中国新闻学""理解当代中国"等系列国家规划教材的编写和国家级教材研究基地的建设，为教材建设"国家队"贡献上海力量。应用型高校则坚持立足产教融合、行业特色，积极探索应用型人才培养教材编写之路。如上海应用技术大学、上海健康医学院、上海杉达学院以产教融合为特色，联合相关企业打造突出行业特色、实践性较强的教材。

三是上海市普通高等学校教材建设专家委员会和上海市普通高等学校教材审查评价专家委员会成立以来，立足服务国家重大需求和上海市区域经济发展，结合学科专业布局建设、课程建设，研究与整体设计上海高校教材建设规划，开展了高等学校教材审核和评价制度研究、高等学校教材审核和评价标准体系研究、审评工作执行专家库建设和培训方案研究、审评工作数字化工作模式研究等系列研究；还对全市本科高校的教材管理制度文件展开了全面评议工作，总结出值得各高校学习和借鉴的优秀做法，也梳理出了需要进一步修订完善的地方，并针对普遍存在的问题列出了问题提示和修改建议，力求把牢高校教材的政治方向和价值导向，守好高校教材的政治阵地。

三、存在的问题

一是工作机制尚需完善。目前国际形势复杂多变，意识形态领域斗争仍然严峻，教材体现党和国家意志，是国家事权，也是解决培养什么样人、怎样培养人、为谁培养人问题的重要载体，教材的意识形态不容松懈。如何进一步完善体制机制，把教材管理落到实处，牢牢把握教材建设正确的政治方向和价值导向，是教材工作所面临的迫切问题之一。

二是新形态教材应加快布局。我国高等教育教学正发生深刻变革，知识更新迭代快，"四新"建设、交叉学科建设、新兴领域教材建设、教育数字化战略行动等给教材建设工作带来更高要求、更多机遇和挑战。如何在新的变革形势下，抓牢发展机遇，加快推进数字教材建设，需要重点探索和积极推进。

三是系统性教材研究有待深入。随着近年来教育信息技术不断发展、变化和普及，教师的教学方式、学生的学习方法等也都随之发生了变化，教材编写不再是教师个人的"单打独斗"，教材建设需要有组织、有规划地开展，需要有专业化、专门化、专项化的研究，着力提升教材研究与信息化水平。

四、下一步工作考虑和建议

上海市教育委员会将深入贯彻党的二十大精神，根据国家和教育部重大决策及各项部署，以立德树人为根本任务，多措并举，加强上海高校教材规划、研究、建设及管理，全面提升上海高校教材建设水平。

一是开展教材建设专项课题研究。为深入贯彻首届全国教材建设奖表彰会会议精神，积极推进党的二十大精神进教材，根据《上海市教育发展"十四五"规划》，结合上海高校教材建设重点基地建设、学科专业布局建设、课程建设，开展教材工作各个方面的专项课题研究，为上海高校高质量教材建设打下扎实理论研究基础。

二是加强教材工作队伍建设。研究与探索教师编写教材的激励机制，激励高水平教师积极投入高质量教材的编写出版工作。落地教材建设专家资源库方案，遴选各高校不同学科优秀教师组建教材建设专家资源库，加强教材建设队伍相关人员的培训。

三是研制高校教材监测和审评工作方案。配合国家教材监测工作的总规划，主动开展教材监测工作的方案研究。坚持处理好价值导向和学术研究的关系、上级管理和高校自理的关系、教材建设和教材审评的关系，同时加强组织保障、平台保障、经费保障、调研保障和培训保障，把教材监测和审评工作做细做实。

附件：有组织、有影响、有效果、有探索
重融合、重交叉、重培育、重传承
——上海高校教材建设与管理特色做法汇编

上海市教育委员会
2023 年 12 月 4 日

附件

有组织、有影响、有效果、有探索
重融合、重交叉、重培育、重传承
——上海高校教材建设与管理特色做法汇编

1. 聚焦国家规划。积极对接国家教材规划，组建教材建设"国家队"力量，参与编写体现"国家队"水平的头部教材，结合学科专业布局建设、课程建设，主动服务国家发展大局。

对接国家教材规划，建设"中国系列"教材

复旦大学3个团队入选首批中国经济学教材编写团队并完成3本教材的编写送审。学校举全校之力汇聚全国新闻学界力量，完成教材局布置的研究智库建设、教材建设、平台建设、数据中心建设、评价中心建设等任务，形成"中国新闻学"教材建设方案。此外，复旦大学还有多名基础学科专家教授牵头或作为主要成员参与教育部"101计划"经济学、哲学、数学、物理学、化学、生物科学、计算机等专业的核心课程教材建设。

---

2. 传播中国声音。积极服务"一带一路"倡议，不断加大教材国际化建设力度，加强教材的国际传播，致力于面向世界"翻译中国"，用中国理论解读中国实践，显示中国特色的话语体系。

服务"一带一路"，推动教材"走出去"

东华大学与肯尼亚莫伊大学合作开展人才培养，充分发挥在纺织服装领域的优势，成立全球第一所以纺织服装为特色的莫伊大学孔子学院，将汉语教学引入课程体系对接当地产业发展需求；设立优势学科专业课程，启动编写《旅游汉语之肯尼亚篇》等教材。王华教授主编的《世界古代纺织品研究》、*Cotton Science and Processing Technology*、*Digital Textile Printing* 等教材、专著从2018年开始在共建"一带一路"国家开设纺织专业的部分高校使用，如乌兹别克斯坦塔什干纺织轻工大学、伊朗阿米尔卡比尔理工大学，带动世界范围内培养智能纺织服装技术人才。

---

3. 布局研建一体。以研促建，分类开展教材研究、推动教材价值导向与知识教育有机融合，探索新兴领域教材建设、研究新形态教材，积极打造教材研究、建设共同体。

以研促建，打造教材研究建设共同体

同济大学通过立项建设教材建设研究分基地，搭建了凝聚专业大类力量的教材建设研究平台，促进各类相关学科更好地规划、编写、出版高质量教材。在研究基地的推动下，"绿色环保""国土空间规划"两个团队获批教育部战略性新兴领域"十四五"高等教育教材体系建设团队；《乡村住宅设计原理》入选农业农村部"十四五"规划教材；《风景园林设计：思维、流程与方法》入选国家林业和草原局"十四五"院校规划教材。

---

4. 探索形态创新。积极响应国家教育数字化战略行动，布局上海市高校新形态教材建设，鼓励结合学校特色，充分发挥新形态教材在课堂教学改革和创新方面的作用，鼓励教师利用信息技术创新教材形态，促进教学内容和教学方法改革。

布局新形态教材建设

同济大学积极布局新形态教材建设，拨出专项经费资助建设数字教材，从50种申报教材中遴选出11种作为首批数字教材建设项目进行资助建设。华东政法大学积极探索并部署"云教材"建设计划，通过签约框架协议，在2023年秋季立项中增加数字"云教材"编写类型，由技术方先行指导和提供试用平台，稳步推进数字教材建设。

---

5. 强化产教融合。聚焦产教融合教材的编写，引导行业企业深度参与教材编制。按照质量为先、突出特色的原则，强化产教融合、校企双元开发，着力打造一批适应战略性新兴产业需要、体现新技术新成果、培养学生动手创新能力和解决教学急需的应用型的新兴教材。

校企双元开发，打造应用型教材

2022年以来，上海工程技术大学开展校级产教融合系列教材建设项目立项申报工作，共计58个项目获准立项，2023年起陆续出版。产教融合系列教材将强化行业指导、企业参与，广泛联合行业企业、教科研机构、出版单位等，紧跟产业发展趋势和行业人才需求，将行业、产业、企业发展的新技术、新工艺、新规范纳入教材内容。

---

6. 鼓励学科交叉。加强教材出版团队建设，组建由教师、实验师、工程师及实践一线教师构成的教材编写联合团队，借助信息技术发展成果，以互联网技术赋能，探索跨学科、跨领域合作的学术生产机制，多举措推进教材编写。

多学科交叉教材团队的探索与实践

上海大学工程训练中心依托"厚基础—分层级—大综合"的工程实践课程体系，自2014年以来，秉持"实践教材为主，理论教材为辅"的理念，积极探索多学科交叉的教材团队，出版了涉及数字化设计、机械加工、电子信息、增材制造、精密测量等不同技术领域的8本教材，年均使用学生数4000余人。在线上线下混合式教学模式发展过程中，教材建设团队及时更新教材内容，着力打造新形态教材，逐步将前沿技术及时引入课程建设，实现跨领域、跨学科、跨学院的"大综合"人才培养。

互联网技术助力教材编写

上海外国语大学依托语料库语言学、翻译学研究和多语种学术资源，建设完成了1对28个语种的《习近平谈治国理政》多语种语料库，利用互联网技术推进相关教材编写。通过"中国外交话语语料库""多语种中央文献平行语料库"等语料库更新，依托《习近平谈治国理政》多语种数据库综合平台，培育和孵化新型教材项目，以推进语料库在不同语种语言教学与科研中的应用，推进《习近平谈治国理政》多语种版本进高校、进教材、进课堂，帮助学生了解中国特色话语体系，用中国理论解读中国实践，提高向国际社会讲好中国故事的能力。

7. 优化培育机制。加快推进优质课程的教材建设，从课程入手，贯通讲义出版、教材出版、教材奖培育一条龙的"教材编写者成长计划"，建立"教案—讲义—教材"阶梯式优秀教材培育机制。

"教案—讲义—教材"阶梯式优秀教材培育机制

上海交通大学加强与出版社的联动与协作，打造了一批具有原创性、创新性、体现交大优势的高质量教材。《细胞工程学》教材在2001、2002年两版自编讲义基础上，2003年主编出版国内第一部高校教材，之后连续入选普通高等教育"十一五""十二五"国家级规划教材，荣获上海市优秀教材一等奖；全英文版细胞工程教材入选国家"走出去"工程，由英国ALPHA SCIENCE出版社在海外发行；2021年获得全国首届教材建设奖优秀教材二等奖，入选上海市首届精品教材。经过 20 年的建设，细胞工程已经建成由中文—英文、理论课—实验课、纸质版—数字化的 9 本教材组成的立体化教材体系，连续印刷 40 余次，发行量 20 多万册，被国内百余所高校选用作为教材或考研参考书。

8. 传承精品经典。发挥高校学科与专业优势，组织责任教授、教学名师、国家一流课程负责人牵头负责教材编写工作，打造"传—帮—带"的教材编写团队，传承教材建设，培育高质量团队。

"传—帮—带"模式与经典教材的传承

1965 年，上海交通大学首版《工程热力学》教材由沈维道教授主编。随着教学内容改革，童钧耕教授加入第三版教材的编写。后因学科发展需要，王丽伟、叶强等中青年骨干教师相继加入编写团队，分别于 2007、2016、2022 年出版第四、五、六版。该教材自初版以来累计印刷 67 万余册，第二版曾获国家第一届高等学校优秀教材奖，第五版曾获首届全国优秀教材奖。为提升课程教学效果，团队组织编写配套出版了习题集、数字课程等新形态教材，针对非能源动力类专业编写出版了《热工基础》教材，已形成了传承发展、极具影响力的高质量教材建设范例。

（执笔人：上海交通大学田夏、刘沛泽；上海市教育委员会孔莹莹）

第二篇　浙江省高校教材建设和管理年度报告

近年来，浙江省在高质量发展建设共同富裕示范区大背景下，以打造"浙里优学"金名片为主线，全面实施教育现代化战略和高等教育强省战略，育人水平、服务经济社会发展能力、人民群众获得感不断提升，为建设教育强省奠定了坚实基础。

2022—2023学年，浙江省认真贯彻落实习近平总书记关于教材工作的重要论述和重要指示批示精神，牢牢把握党的领导根本原则，紧紧围绕立德树人根本任务，以《全国大中小学教材建设规划（2019—2022年）》《普通高等学校教材管理办法》等为指导，细化落实《浙江省普通高等学校教材管理实施细则》《大中小学教材建设行动计划（2021—2023年）》，加快构建符合新时代要求的教材体系，不断提高教材管理工作的质量和水平。各高校结合学校教材管理实际，加强教材工作领导，完善教材管理制度，规范教材管理流程，更新教材管理手段，进一步加强了学校教材建设与管理的专业化、规范化和科学化水平。

一、高校教材建设情况、主要成就及特色

据不完全统计，2022—2023学年，浙江省属高校教材出版总数约为878种，其中"四新"（新工科、新医科、新农科、新文科）教材226种，院士、资深教授参与编写的教材156种，校企合作编写的教材109种，入选省级荣誉的教材102种，入选国家级荣誉的教材17种。具体情况见表3-2-1。

表 3-2-1　2022—2023 学年浙江省属高校教材建设情况统计

教材立项总数	其中学校立项数	其中省级立项数	其中"四新"教材数	其中新形态教材数	其中院士、资深教授参与编写数	其中校企合作编写数
1488	798	667	858	442	200	127
教材出版总数	其中"四新"教材数	其中新形态教材数	其中院士、资深教授参与编写数	其中校企合作编写数	其中入选省级荣誉教材数	其中入选国家级荣誉教材数
878	226	335	156	109	102	17
2019—2023年自编教材出版总数	其中"四新"教材数	其中新形态教材数	其中院士、资深教授参与编写数	其中校企合作编写数	其中入选省级荣誉教材数	其中入选国家级荣誉教材数
2316	464	743	409	216	251	43

(一)培根铸魂，大力推进党的二十大精神进教材

1. 紧紧抓住"谁来落实"，压紧压实责任

2022 年 11 月 24 日，浙江省教育厅第一时间召集厅机关有关处室、省级通用地方课程教材编写单位和相应出版单位负责同志，召开党的二十大精神进教材工作专题推进会。第一时间下发《浙江省教育厅关于切实做好党的二十大精神进教材工作的通知》，细化落实举措、明确具体要求。根据部署，各地各高校迅速启动教材修订工作，制定出台工作方案，组建工作专班，召开工作部署会议，具体推进本地本校教材修订工作。全省上下形成统分结合、协同推进的教材修订工作机制。

2. 准确把握"要进什么"，开展系统培训

开展省、校、院三级层层递进式培训，指导各高校组织对教材编写、出版、审核、管理等工作人员的培训，推进原原本本研读党的二十大报告，围绕"进什么、怎么进、进到哪"等问题开展大讨论大研讨，进一步明确修订方向、细化修订内容，确保全面准确领会党的二十大精神，精准把握党的二十大精神进教材工作目标任务，提高教材修订内容的准确性和权威性。2022 年年底，在浙江省高等教育学会教材建设分会组织召

开座谈会；2023 年 2 月，在浙江出版联合集团召开党的二十大精神进教材专题培训会议。紧紧抓住关键岗位、关键人员，进一步统一思想、统一步调，强化责任意识。其间，浙江省教育厅教材处深入嘉兴大学、台州学院等实地调研并指导工作。各地各高校共计开展各类培训 800 余场。

3. 精心研究"怎么进好"，有力组织实施

重点解决"进"的范围、方式、方法等问题，明确高校自编（含在编）教材全部纳入修订范围，尤其是意识形态属性较强的哲学社会科学教材，要求于 2023 年 12 月底前完成修订送审工作。督促各地各高校结合教材出版、编写工作实际，分类有序开展修订工作，通过主编自查、院系核查、学校审查，摸清高校自编教材底数，除停用教材外，做到全覆盖、无遗漏推进。指导各地充分发挥教研力量，各高校充分发挥马克思学院或思政专家力量，研究制定本地本校教材的修订标准，明确修订的原则、目标、方式和具体内容，突出学生主体，结合学科特点，注重效果导向，把党的二十大精神中蕴含的思政元素与相关课程逻辑、知识逻辑、价值逻辑、历史发展逻辑相结合，科学融入教材体系，坚决杜绝硬融入、"低级红高级黑"等情形。着重对展现习近平新时代中国特色社会主义思想，以及习近平新时代中国特色社会主义思想指引下祖国各方面建设的历史性成就及其宝贵经验等方面进行修订补充，全面删除教材正文和教材案例中与党的二十大精神文字表述不协调、不匹配的内容。

4. 高度聚焦"有何效果"，强化审核把关

严格落实《浙江省普通高等学校教材管理实施细则》，各高校遵照"凡编必审""凡用必审"原则，落实本校自编教材审核责任，组织专家团队进行审核，督促相关出版单位严格出版层面的审核把关，对正在出版的教材未能达到党的二十大精神进教材要求的，坚决不予出版。进一步把好教材选用关，高校从校党委审定的入库教材中选用教材，坚决杜绝未经修订、审定的教材教辅材料进入课堂。

(二)五育并举，加快构建高质量教材建设体系

1. "之江"系列思政(德育)专题教育材料进入试教试用阶段

浙江省开创性地将习近平新时代中国特色社会主义思想以及习近平总书记在浙江

的重大实践、创新理念和重要论述作为重要学习内容，编写进《之江印记》《之江匠心》《之江践行》大中小学一体化思政（德育）系列专题教育材料，并做到基础教育、职业教育、高等教育各类型各学段全覆盖，充分激发专题教育材料的育人载体作用，用习近平新时代中国特色社会主义思想科学武装学生头脑，提升课程教材铸魂育人价值。目前，系列教材已全部完成编写，其中高等教育学段的《之江践行》已通过省委宣传部意识形态审核和教材专家审核，并投入试教试用，进一步通过教学完成打磨提升。2023年6月28日，教育部教材局到浙江省调研进一步推进习近平新时代中国特色社会主义思想进课程教材，对此给予高度评价。

2.《习近平谈治国理政》多语种版本"三进"工作有效落实

浙江越秀外国语学院作为全国25所《习近平谈治国理政》多语种版本"三进"工作重点推进试点高校之一，着力修订完善多语种"三进"讲义。学校成立《习近平谈治国理政》多语种版本"三进"工作系列教材编写委员会，于2022年完成了英语、法语、西班牙语、德语、俄语、葡萄牙语、日语、韩语、阿拉伯语、土耳其语10个语种的"三进"阅读讲义编写工作。2023年修订上述10个语种的讲义，并新编了意大利语和波兰语版本。目前已有12个语种版本的讲义作为"三进"工作的教材支撑。

3. 有计划地引导开发浙江特色的美育、劳动教育教材

浙江省在"十四五"期间推出了两批"四新"重点教材建设项目，其中均包括针对新文科建设的重点教材，明确要求通识教育专项教材围绕多个主题进行编写，其中包含了"大学美育与艺术创作"这一重要方向，以期促进美育类教材的创新发展。与此同时，印发《浙江省大中小学劳动教育实施指南》《浙江省普通本科高校劳动教育行动方案》，出台系统举措，将劳动教育融入人才培养全过程。例如，浙大城市学院编写出版的《新时代大学生劳动教育理论与实践》教材，其劳动观念篇、劳动精神篇在引述党的二十大报告原文的基础上，进一步将习近平总书记关于劳动及劳动教育的重要论述融入教材；其劳动技能篇和劳动保障篇中引用党的二十大报告中关于数字经济、绿色发展等重要表述，引入学校劳动教育实践案例，注重讲道理与讲故事相结合，抽象概念与生动案例相结合，确保进教材内容可认知、可理解，引导学生在接受劳动教育的过程中加强对党的二十大报告的系统性认识，加深对习近平新时代中国特色社会主义思想的理解与认同，指导学生将思想认识转化为实际行动。

（三）创新引领，加快建设浙派精品教材

1. 以"四新"重点教材建设立项为抓手，推动优势学科专业教材建设

围绕国家和省的重大战略，结合浙江省产业发展特色，以"提升质量、增强服务、强化特色"为发展理念，重点建设一批反映学科行业新知识、新技术、新成果，内容创新、富有特色的教材；建设一批新兴学科、边缘学科、交叉学科的教材；建设一批体现改革创新的实验教学和实习实训类教材；开发一批大学生创新创业理论与实践教学教材，助力推进"高等教育强省"战略，为浙江省"两个高水平"和"重要窗口"建设培养更多高素质人才。

2022—2023学年，浙江省高等教育学会教材建设分会组织开展了浙江省普通本科高校"十四五"首批新工科、新医科、新农科、新文科重点教材建设项目申报遴选工作，经各高校和各本科教学指导委员会推荐、教材建设分会初审和组织专家评审，确定763种(套)教材为浙江省普通本科高校"十四五"首批新工科、新医科、新农科、新文科重点建设教材立项项目。各高校大力鼓励教师积极编写契合国家、行业领域需求的特色教材，优先支持"四新"教材和符合学校发展定位的优势学科专业教材，优先支持国家级一流专业配套教材、国家级一流课程配套教材和专业核心课程教材。

2. 组织名师大家编写教材，打造浙江名师-名课-名教材品牌

浙江省各高校依据自身办学特色，制定教材建设支持政策，设立教材建设专项经费，积极推动名师大家参与教材编写。2022—2023学年中，全省高校有院士、资深教授参与编写的教材立项约200项，出版教材约156种。如浙江工业大学实施"名师名教材建设工程"，组织院士、长江学者、国家杰出青年科学基金项目资助获得者、教学名师、学科负责人等面向国家、行业领域需求编写新工科、新文科等"四新"教材，2022年学校立项"名师名教材"建设项目9项。审核推荐1个高水平教材团队成功入选教育部战略性新兴领域"十四五"高等教育教材体系建设团队。围绕"新思想"进课程教材，各地各高校紧紧抓住"谁来讲"这一关键，积极打造名师名课堂，最大限度发挥课程教材效用。在省级层面面向思政教师，培养了一批领军人物、拔尖教师、中青年骨干教师，设立了100个省级名师工作室。

3. 数字赋能，引领高校数字教材建设开启新篇章

习近平总书记在中共中央政治局第五次集体学习时强调，教育数字化是开辟教育发展新赛道和塑造教育发展新优势的重要突破口。怀进鹏部长在世界数字教育大会上指出，数字技术是提高教育质量的阶梯。因此，2023年浙江省教育系统工作会议提出要抢抓数字变革新动能带来的新机遇，并将教育数字化战略行动计划列为新赛道之一。大力建设和发展数字教材是当前教育数字化转型的重要抓手。2023年5月14日，浙江省高等教育学会教材建设分会率先召开数字教材建设研讨会，省内高校积极参与。会后，许多高校专门组织数字教材建设培训，积极动员教师参与数字教材建设，以满足现代教学需求，推动课堂教学改革。如杭州师范大学积极推动线上课程配套数字教材建设，其中数学学院孙庆有、谢剑主编的数字教材《大学数学预备基础》已于2023年7月由浙江大学出版社出版，使用反响良好。

此外，浙江省在高校教材培育储备方面的工作也做得很扎实。2022—2023学年，浙江省属高校共立项教材1488项。按照立项级别来说，校级教材立项798项，省级教材立项667项；从立项教材专业方向来看，"四新"教材有858种；从立项教材形式来说，新形态教材有442项；从作者背景来说，由院士、资深教授参与编写的教材有200项；从编写团队构成来说，校企合作编写的教材有127项。

二、高校教材选用使用情况

2022—2023学年，浙江省高校选用使用教材约12.6万种次，其中使用马工程教材42185种次，选用新形态教材5717种次，选用自编教材3491种次。

（一）持续加大教材选用审核工作力度

各高校高度重视教材选用工作，加强教材选用管理，成立教材工作委员会，统筹全校教材规划、编写、审核、出版、选用等工作。严格按照《普通高等学校教材管理办法》和《浙江省普通高等学校教材管理实施细则》要求，按照"凡选必审、质量第一、适

宜教学、适时更新、公平公正"的选用原则,对每学期要选用的教材实行全方位审核。教材审核严把政治关、学术关。大部分高校选用教材采取课程组集体研讨、二级学院审核、校级审定的三级审核模式,未经审核或审核未通过的教材不得选用。二级学院主要对选用教材的政治方向、价值导向、学术取向等进行全面审核把关。意识形态属性较强的教材必须经学校党委进行政治把关。同时,建立并完善公示和备案制度,教材选用结果在本校进行公示,公示无异议后报学校教材工作领导机构审批并备案。

(二)强化监督马工程重点教材等统编教材的使用

马工程重点教材继续实行统一使用年报制度,各高校按学年填报马工程重点教材对应课程开设情况、教材使用情况的相关数据,提交教材使用情况报告。经过多方努力,浙江省马工程重点教材对应课程覆盖率和使用率进一步提高。根据最新情况,2021—2022 学年浙江省高校马工程重点教材课程覆盖率和使用率分别为 98.60% 和 89.53%,较上一学年分别增长 4.57 个百分点和 1.86 个百分点。同时,各高校在实际工作中分别以不同的方式鼓励优先选用国家、省部级规划(精品)教材,获省级及以上奖励的优秀教材等。

(三)构建常态化教材监测及问题防范机制

2022—2023 学年,浙江省先后组织开展高校图书馆书籍集中清理、大中小学教材教辅规范使用涉香港相关表述、教材教辅及学生辅助学习资源夹带二维码专项排查整治、科大讯飞使用等全省域、全覆盖的排查整改,对 25 所高校进行了检查。累计排查教材、图书读物等达 7 亿余册次。2023 年 12 月,浙江省根据《教育部办公厅关于开展课程实施与教材使用监测工作的通知》要求,印发了《浙江省教育厅关于开展普通高等学校教材使用监测工作的通知》,同时成立了高校教材使用监测工作组,全方位加强对全省高校教材使用的监测。

三、高校教材管理的主要举措、经验做法及特色

（一）主要举措

1. 成立浙江省教材委员会，统筹全省教材工作

该项工作是落实国家教育督导委员会对浙江省大中小学教材教辅和中小学校园课外读物排查整改工作专项督查建议的工作要求，更是贯彻落实党和国家意志，推动浙江省教材工作继续走在前列的需要。经积极争取，2023 年 2 月 17 日，省政府办公厅印发通知，正式成立了由分管副省长任主任，省委宣传部、省教育厅有关同志任副主任，15 个部门分管同志任委员的浙江省教材委员会，统筹做好全省教材建设工作。

2. 建立健全高校教材管理机制，加强制度保障

各高等学校成立教材工作领导小组，一般由校党委书记和校长担任组长，负责研究落实国家教材任务，负责研究审议学校教材重要事项，统筹协调学校教材工作的条件保障，领导小组办公室一般设在教务处，全面负责学校的教材工作。各学院成立院级教材管理工作小组，负责学院的教材规划、编写、审核、选用工作。同时，为切实做好党的二十大精神进教材工作，各高等学校相继成立党的二十大精神进教材工作专班，专项推进党的二十大精神进教材工作。不少高校还出台了学校教材管理办法，进一步规范了教材选用与管理工作。如浙江理工大学于 2022 年 6 月制定了《学校教材管理办法》，全面规范教材规划、立项、编写、选用等审批管理流程，对教材内容、编审人员要求等作出明确规定，严格落实马工程重点教材的统一使用要求，严格遵守境外教材选用管理规定，切实推进学校教材建设。

3. 建设首批教材建设研究中心(基地)，深化教材建设研究

高标准开展首批教材建设研究中心(基地)评审，经自主申报、材料审核、项目论证、实地考察及公示确认等程序，认定 4 个综合性中心、12 个专业性基地。其中在本科高校，浙江师范大学为高等教育教材建设研究中心，杭州师范大学与浙江省教育厅

教研室共建基础教育教材建设研究中心，宁波大学为中小学教材评估研究中心，浙江理工大学和台州学院共建新材料专业教材研究基地，杭州电子科技大学为智能制造专业教材研究基地，浙江工商大学为大数据专业教材研究基地，浙江中医药大学为中医药教材研究基地，嘉兴大学为德育教材研究基地。启动第二批教材建设研究中心（基地）评审工作，抢抓基地建设窗口契机，广泛激发地方、高校力量投入教材研究、开发和建设。

4. 坚持"凡编必审""凡选必审"，做好教材质量把关

各高校严格按照国家教材建设管理相关要求，规范了"谁来编、怎么编"，突出教材编写人员的思想政治素质和学术专业水平要求。明确教师自主出版教材，须通过学院政治性、学术性等审核后进行网站公示，并报教务处备案。强化产教融合、科教融汇，将最新科研案例、产业案例转化为教材内容，打造一批交叉创新教材；依托一流课程和优质纸质教材，努力打造新形态和数字教材；依托优势学科、一流专业、高水平教学科研团队和平台、已有优秀教材，打造一批校级教材建设基地，充分发挥教材建设基地的示范引领作用，带动全校教材工作创新发展。

5. 通过经费投入和政策激励，为教材建设保驾护航

2022—2023学年各高校加大经费投入和政策倾斜，多种渠道支持教师参与教材建设。将教材研究基地建设、教材编审人才培养、教材成果考评、教材建设经费等纳入学校教材建设规划，将教材建设纳入人才培养和学科建设考核内容。强化激励考核，完善保障机制，解决教师在教材编写、出版过程中的各种难题，全方位调动教师参与教材建设的积极性和主动性，培育高质量教材。不少高校设立校级优秀教材奖，评选了一批育人成效显著、紧跟国际学术前沿和时代发展步伐、有效服务国家战略和经济社会发展对人才培养需要的教材，培育和孵化了一批省级、国家级教材奖项。

6. 建设教材管理数字化平台

扩展教材资源，建立校级以上教材共享平台等，帮助高校迅速掌握各类教材信息并互通信息，保证教材的先进性、科学性；在教材常态化审核的基础上，定期开展专题、专项审核，有的放矢、精准审核，保障教材审核无死角、无漏洞。

(二)经验做法及特色

1. 切实把好教材的政治方向

以习近平总书记关于教材工作的重要论述和重要指示批示精神为指导，不断强化教材领域政治建设。积极开发德育地方课程教材，大力推进习近平新时代中国特色社会主义思想，以及习近平总书记在浙江重大实践、创新理念和重要论述进教材、进课堂、进头脑，组织专业力量编撰《之江践行》等地方思政(德育)系列专题教育材料，相关工作得到教育部和省委、省政府的充分肯定。

2. 建立集中统一的工作机制

对标国家顶层设计，将教材工作纳入省委教育工作领导小组和省委教育工委的重要职责，在全国较早设立专门的教材管理处，负责全省教材建设管理的统筹协调，高校普遍成立教材管理机构。同时，强化联合省委宣传部、省发改委、省财政厅等单位，汇聚强大管理合力，逐步构建形成了"党委统一领导、专设机构统筹负责、多部门协同参与"的教材管理体制。

3. 构建系统完善的政策体系

对标国家教材建设规划和教材管理办法，率先构建完成教材工作政策体系，印发了《浙江省大中小学教材建设行动计划(2021—2023)》，制定了教材管理实施细则，包括《浙江省普通高等学校教材管理实施细则》等，全面搭建起浙江省教材管理政策体系的四梁八柱。

4. 持续整治教材领域的问题

坚持常态化开展教材质量跟踪检查，早在 2020、2021 年，浙江省就在全省大中小学相继开展了教材教辅专项检查、"两类教材"(语言类、法学类)排查回头看、境外教材使用排查整治等，共排查教材 76277 册。2022 年，主动接受国家教材委抽查，指导督促出版单位整改落实 42 册。2023 年，持续开展相关检查工作，为守好教材工作安全底线提供了坚实保障。

5. 不断提高教材管理的水平

聚焦常规管理，加大教材编、核、选、用等全链条管理力度，刚性落实"凡编必审""凡选必审"要求，不折不扣执行工作规范，确保教材审定、教辅评议全过程公平公正。加大数字化赋能，实施"教材一件事"应用集成建设工程，已投入使用大中小学教材管理、地方课程教材教辅材料管理、课外读物等数字监管平台，有效实现教材审核、选用、监测、反馈等工作全链数字化。

四、高校教材建设的问题及短板

(一)教材管理机制需进一步健全

教材队伍建设整体较弱，基层高校专职负责教材工作的人员偏少，有的高校、高职学校落实教材管理制度不够到位，未研究建立教材建设规划，教材选用和审核不够严格规范。

(二)省级统筹推进力度有待加强

浙江省内各高等院校之间教材资源封闭的现象仍然存在，各高校在教材选用审核过程中梳理出的教材问题清单尚未实现校际共享。

(三)教材建设研究力度有待加强

统筹推进教材开发建设与教师教学能力、教法改革联合研究的力度需进一步强化，省级层面激励措施不多，受表彰评比有关规定限制，无法设立教材奖励项目，对教材管理人员和专家队伍的专业化培训力度不够，对教材政策制度的深度学习解读还不够。

(四)教材质量参差不齐

市场上存在大量教材，但质量却参差不齐。一些教材缺乏深度和广度，难以满足学生的学习需求；而另一些教材则过于深奥，不适合学生的学习水平。部分教材内容未能及时反映学科前沿知识和技术进展，导致教材内容的陈旧和滞后，无法满足现代高等教育的需求。部分教材在编写上缺乏创新和特色，只是简单地照搬其他教材的内容或结构，缺乏自身的独特性和实用性。

(五)高校课堂教学中教材使用率低

浙江财经大学对在校学生教材使用情况的调查统计发现，有23.31%的学生表示自己基本不会把教材带入课堂，不经常使用。究其原因，得到最多的理由是他们在课堂上用课件、电子书等线上资源可以实现教材电子化替代。由此可见，当今学生的学习方式已然发生转变，数字教材发展空间很大。

(六)教师编写教材的积极性不足

编写高质量教材需要大量的人力和时间投入，而教师在科研、教学任务重压下，对于教材编写的积极性和持续投入可能受到影响；缺少有效的激励措施来促进优质教材的产出；多数刚入职的青年教师，教学工作与教学改革经历不足，更缺乏行业企业一线实践经验，还不具备编写高质量教材的能力。

五、下一步工作考虑和建议

(一)进一步深入推进习近平新时代中国特色社会主义思想进教材、进课堂、进头脑

加强马工程重点教材使用管理,进一步提高马工程重点教材对应课程覆盖率和教材使用率。总结《之江印记》《之江匠心》《之江践行》大中小学思政(德育)一体化系列专题教育材料试教试用经验,进一步组织修订、培训和推广使用。进一步加强中华优秀传统文化和革命传统教育,擦亮教材的红色底色。坚定落实德智体美劳五育并举,充分挖掘劳动教材育人价值,大力推进劳动教育,全面构建大中小学劳动教育课程教材体系,促进学生全面发展。

(二)进一步压紧压实各类主体责任

贯彻落实教育部等五部门《关于教材工作责任追究的指导意见》,进一步明晰教育行政部门、学校党委的主体责任,相关部门的监管责任以及出版单位的出版责任。强化教材出版的源头管理力度,对排查发现的问题教材第一时间向相应出版机构开具整改通知书并督促整改落实。将教材工作纳入全省教育工作业绩考核,作为各级教育督导和学校评估的重要内容,强化问责问效。

(三)进一步强化教材管理体系建设

严格落实高校教材管理实施细则以及课外读物进校园管理办法,加快推进大中小学课程教材监测工作,做好教辅材料评议工作,督促各高校规范读物管理。

（四）进一步防范教材管理使用风险

强化部门协同，联合省内相关出版机构开展专题研究，全面分析查找教材编写（修订）、审核、出版、印制、发行、选用使用等关键环节的风险点，明确防范举措，建立闭环工作机制，严把教材的质量关、审核关和选用关。加快推进"教材一件事"数字化应用落地。建立教材动态监测和使用评价机制，提升教材管理效能。

（五）进一步谋划新三年教材管理和建设行动计划

全面总结《浙江省大中小学教材建设计划（2021—2023 年）》实施情况，对标党的二十大精神，研究制定新一轮大中小学教材建设规划。着力编好用好精品教材，加大国家规划教材推荐、省级规划教材建设力度，推进统一使用中等职业学校三科统编教材。强化教材工作专家队伍建设，健全完善教材建设激励机制。

（六）进一步推进教材领域改革创新

深化高等教育课程教材改革，推进高等教育课程高质量发展。推进教材领域数字化改革，实施教材数字化建设工程，初步实现省域教材编写、出版、审核、选用、评估和监督全程数字化，有效缩减运行成本，大幅提升管理效率。加快建设"教材一件事"应用集成改革项目，力争全面完成投入使用。支持新型教材建设，推动教材多样化发展。

（执笔人：浙江省教育厅毛寒冰；浙江省高等教育学会柯华杰）

第三篇　四川省高校教材建设和管理年度报告

　　2022—2023 年度，四川省委教育工委、教育厅深入学习习近平新时代中国特色社会主义思想和党的十九大、二十大精神，贯彻全国教育大会和首届全国教材工作会议精神，落实党中央、国务院关于加强和改进新形势下高校教材建设的新要求，充分发挥教材在培养社会主义建设者和接班人中的重要作用，全面规范教材管理，切实提升教材质量，不断摸索、大胆试验，围绕"一核两翼三中心四结合"的工作主线，在教材建设管理工作中取得了一定的成效。

一、教材建设工作经验及成效

(一)"一核"：坚持党对教材工作的全面领导，夯实教材工作核心地位

　　党的二十大报告首次明确提出"深化教育领域综合改革，加强教材建设和管理"这一重要任务，这凸显了教材工作在党和国家事业发展全局中的重要地位。教材建设是国家事权，是事关未来的战略工程、铸魂育人的基础工程。教材体现国家意志，是学校教育教学的基本依据，是解决"培养什么人、怎样培养人、为谁培养人"这一根本问题的重要载体，直接关系党的教育方针落实和教育目标实现。高校是维护国家意识形态安全的前沿阵地，教材是意识形态传播的重要载体。做好教材的建设与管理工作，有利于高校坚持以马克思主义为指导，全面贯彻党的教育方针，把中国特色社会主义道路自信、理论自信、制度自信、文化自信转化为建好中国特色世界一流大学的办学自信。因此，要巩固好这块前沿阵地，切实维护好国家意识形态安全，在教材建设与

管理工作中就必须始终坚持党的领导，充分发挥党建引领的核心作用。

近年来，四川省委教育工委、教育厅深入学习贯彻习近平总书记关于教材工作的系列重要指示批示精神，高度重视高校教材建设与管理工作。2021 年 12 月，省教育厅对内设机构职能进行调整，设立了教材处，与省语委办合署办公，对教材工作实施统筹管理，加强全省教材工作的组织领导和指导协调。在每年的工作要点中不断强化教材工作的重要性，在《中共四川省委教育工委、四川省教育厅 2023 年工作要点》中将"加强教材建设和管理"列入年度"十大专项行动"，全面推进教材建设高质量发展，打造更多高品质、中国特色教材，进一步增强教材育人功能。

(二)"两翼"：健全完善教材管理制度，全力激活专家组织智库活力

在教材建设和管理中，一方面不断健全完善教材建设管理制度，做好教材工作顶层设计。另一方面充分发挥专家组织作用，拓展教材工作智库建设。以高校教材建设工作为契合点，将行政管理制度与基层专家智库相结合，形成上下联动、两翼齐飞、整体推进的立体化教材治理体系。

1. 建立健全体制机制，压实教材建设管理责任

一是贯彻落实教育部教材管理相关实施意见，持续推进《全国大中小学教材建设规划(2019—2022 年)》《普通高等学校教材管理办法》落地落实，印发《四川省普通高等学校教材管理实施细则》(川教〔2022〕67 号)。二是指导各高校建立校党委负责下的教材管理机制，进一步加强本科高校教材建设工作的组织领导，健全由校(院)党委书记、校(院)长牵头，分管校(院)领导、教务部门和有关院系负责人参加的工作机构，高校党委对本校教材建设工作负总责，明确教材专门工作部门，设置专业工作人员。三是严格落实《关于教材工作责任追究的指导意见》，全面规范本科高校教材编写、审核、出版、使用管理工作。严格教材审核选用机制，坚持"谁组织谁审核"的原则。教材选用遵循"凡选必审""质量第一""适宜教学""公平公正"原则，严把政治关、学术关。

2. 发挥专家智库作用，推进有组织的教材教研

四川省教材建设指导委员会自 2021 年成立以来，作为全省层面教材研究、咨询、

指导、评估、服务的专家组织，积极履行各项职责，以教材建设改革为抓手，按照"四个着力"工作方针，搭建教育主管部门与一线教师联系和沟通的桥梁，不断吸引相关专业类教师积极参与教材建设，全力推进四川省教材建设高质量发展。

一是着力制度建设，完善教材体制机制。教材教指委打造由傅其林教授等高层次人才领军的专业团队，着力发挥优质团队在教材建设与编写工作中的示范引领作用。坚持问题导向，突出战略性、基础性、前瞻性和先导性，多次组织委员及相关高校管理人员开展研讨，为推动全省教材建设高质量发展提供智力支撑和人才保障，支持高水平学校和专家编写教材。

二是着力专业研究，筑牢教材发展基石。开展教材内容和建设规律、重大理论和实践问题的专题研究，制定《教材研究指南》，进一步提升教材研究的针对性、实效性。根据《四川省教育厅关于开展 2021—2023 年高等教育人才培养质量和教学改革项目申报工作的通知》精神，积极组织委员单位申报，"'新财经'会计类专业新形态教材建设研究""新时代旅游管理类专业高质量教材建设的研究与实践""大学物理线上线下融合式教材资源的建设"等项目获批立项省级教改项目。

三是着力调研督导，深入总结推广经验。根据教育厅统一部署，2022 年 7 月对四川大学等 7 所高校的教材教辅排查整改工作进行专项督查，形成工作总结建议，通过"汇报—调研—沟通"做实指导，有效发挥教材教指委的咨询指导作用。2023 年 4 月以来，为进一步了解全省教材规划、编写、选用、审核等工作现状及教材建设成果、存在的问题、面临的困难，持续开展跟踪调研，总结推广先进经验。2023 年 5 月，教材教指委组织召开工作会议，深入学习贯彻习近平总书记关于教材工作的重要指示精神，交流研讨教材建设经验。

四是着力示范引领，从严从实做好教材工作。西南财经大学作为教材建设指导委员会主任委员单位，充分发挥资源和平台优势，强化示范引领，发挥典型效应，实施"新财经＋新经典"教材战略，聚焦"中国特色经济学、管理学"，支持金融科技、人工智能等新兴交叉学科和国家紧缺领域方向的系列教材建设。2022 年，《中国金融学》（主编）、《中国财政学》（副主编）立项首批"中国经济学"教材建设，并纳入教育部马工程重点教材建设。

（三）"三中心"：以马工程重点教材统一使用、教材教辅督查整改及高质量教材建设研究三项工作为中心

1. 坚守主要阵地，以马工程重点教材统一使用工作为中心

（1）加强组织领导，建立健全工作机制。四川省高度重视马工程重点教材统一使用工作，将马工程重点教材统一使用列入省委教育工委、教育厅工作重要内容，成立由分管高等教育的副厅长牵头、高等教育处等有关职能处室负责人参加的专门工作机构，统筹推进全省高校马工程重点教材统一使用工作。将马工程重点教材统一使用工作与处室年度工作同研究、同部署、同落实，督促高校成立负责本校马工程重点教材统一使用工作的专门机构。

（2）完善制度，加大教材选用力度。建立健全马工程重点教材选用管理和评价机制，引导高校督促二级院系和教师选用马工程重点教材。一是把马工程重点教材使用情况作为教学工作检查、评估、考核的核心内容和主要指标，在省级课程思政示范课的评选中，明确将"讲好用好马工程重点教材"作为先决条件。二是督促高校把使用马工程重点教材纳入学校哲学社会科学专业人才培养方案和相关课程教学计划，凡是开设马工程重点教材相应课程的专业，都必须把马工程重点教材作为指定教材统一使用。

（3）强化培训，增强教材使用能力。加强马工程重点教材任课教师培训工作。一是积极组织高校选派教师参加马工程专业课程教材的培训学习活动，提高教师对马工程教材的使用能力。2021年12月，围绕《马克思主义哲学（第二版）》等26种由中宣部组织修订的马工程重点教材开展使用培训，帮助任课教师准确把握教材的基本精神和主要内容。二是指导督促高校开展校级培训，开展教研活动，充分发挥集体智慧和力量，完善集体备课制度，提高团队教学能力，较好克服了"单兵作战"的不足，有效提高了教材使用能力和课堂教学水平。

（4）严格督查，保障教材使用质效。一是积极开展马工程重点教材统一使用情况调研和报送工作。自2013年起每年对省内各高校马工程重点教材使用情况进行专项调研，2016年起督促省内各高校采用"高等教育质量监测国家数据平台"对本校的马工程重点教材使用情况进行报送。二是加强对高校，特别是对民办高校马工程重点教材统一使用工作的督查。2022年，召开马工程重点教材统一使用工作约谈会，约谈上一年

度使用率较低的高校。下发《关于推进马克思主义理论研究和建设工程重点教材统一使用工作提示函》，督促全省本科高校查改马工程重点教材统一使用工作中存在的不足和漏洞，切实推进马工程重点教材统一使用工作。2021—2022 学年，四川省马工程重点教材覆盖率达到 99.20%，较上一学年增加了 6.73 个百分点。

2. 坚持问题导向，以强化教材教辅专项及常态化督查为中心

严格规范管理，高度重视各类教材教辅的排查整改工作，把握正确政治方向，全面提高教材质量。2022 年，认真组织本科高校开展教材教辅自查整改工作，制定《四川省普通本科高校教材教辅排查整改专项抽查方案》，下发《四川省教育厅办公室关于开展普通本科高校教材教辅排查整改专项抽查工作的通知》《四川省教育厅关于做好 2022 年普通本科高校教材教辅排查整改工作的通知》，组织专家对本科高校教材教辅排查整改工作进行实地抽检，听取工作汇报 14 次，开展座谈 7 次，查阅有关材料 200 余份。全省 52 所本科高校协同各大出版社共排查教材教辅 64454 套，其中编写教材教辅 4318 套，选用教材教辅(除国家统编教材外)60136 套。开展全省高校课程思政教材教辅专项排查，对冠以"课程思政"名义或字样的 393 种教材进行排查，其中 52 所本科高校共排查相关教材教辅 176 种，使用数量达 347034 本。顺利迎接国家督查组对四川省教材教辅排查整改工作的抽检核查，并以此为契机，进一步规范全省本科高校教材教辅进校园以及常态化教材督查监管工作机制，加强政治把关、防范意识形态风险，全面落实教材工作责任。

3. 坚持多措并举，以提升教材研究水平和建设成效为中心

(1)积极谋划，主动担当作为。在全省范围内开展"十四五"期间本科教材建设建议意见征集工作。加强与上级主管部门对接沟通，提前启动省级"十四五"高等教育本科规划教材建设工作，积极研究制定《四川省"十四五"本科高校省级规划教材建设工作方案》，谋划《四川省本科高校教材建设和管理三年行动计划(2023—2025)》，多次召开专家研讨会，征求省教材建设指导委员会专家意见建议。

(2)对标先进，打造精品教材。以"对标竞进、争创一流"工作为牵引，围绕新时代人才培养要求和教材建设实际需要，服务教材建设重大战略、重要任务、重点工作，集中优势力量建设一批反映四川省本科高校学科优势特色、符合四川省人才培养需要，具有科学性、时代性和前沿性的高水平教材，打造四川高等教育教材品牌，鼓励支持高水平专家学者编写既符合国家需要又体现个人学术专长的高水平教材，充分发挥教材育人功能。如四川大学高等教育中外教材比较研究项目 3 个项目立项，立项数与清华大学、南京大学并列第一位。组织省内高校（不包括教育部直属高校）积极参与首届全国教材建设奖申报遴选工作，省内 7 所本科高校的 15 种教材获全国优秀教材奖（高等教育类），占全国获奖总数的 3.76%，在全国各省市排位第 8；4 所本科高校获得全国教材建设先进集体奖，占全国总数的 4%；7 名本科高校个人获得全国教材建设先进个人奖，占全国总数的 3.5%，积极推动教材建设研究高质量发展。

（3）立德树人，发挥培根铸魂作用。深入推进习近平新时代中国特色社会主义思想和党的二十大精神进课程教材，积极推进重大主题教育相关内容进教材。积极推进《习近平谈治国理政》多语种版本"三进"工作，确保系列重大主题教育相关内容有机融入高校课程教材系统。贯彻落实《新时代马克思主义理论研究和建设工程教育部重点教材建设推进方案》，组织全省本科高校对已出版的哲学社会科学部分教材进行摸底，共上报 133 本相关教材，着力推进全省马工程重点教材建设研究工作。西南财经大学围绕国家安全、"双碳"（碳达峰与碳中和）等前沿领域积极推动科研成果教材化，组织编写了 27 部课程思政系列丛书，推动习近平新时代中国特色社会主义思想系统融入高校财经类专业教材。

（4）强化培训，提升教材使用能力和研究水平。持续加强教材研究队伍建设及课程教材研究。积极组织高校选派教师参加新编教材培训学习活动，协同高等教育出版社积极组织开展省级培训，提高教师的教材使用能力。相继选派相关学科带头人和业务骨干 245 人参加教育部马工程教材任课教师示范培训班，先后 5 次邀请马工程教材首席专家来川对省内高校 830 余名任课教师开展现场集中培训。组织开展马工程教材任课教师网络全员培训工作，培训教师共计 2276 名。支持省内高校参与马工程重点教材的编写、遴选、修订，组织 26 种马工程重点教材对应课程任课教师参与教育部统一培训。组织省内 52 所本科高校 1763 名教师报名参加教育部全国高等学校《理解当代中国》系列教材任课教师培训，提高教师的教材使用能力。组织召开四川省普通本科高等学校教材建设与管理培训会议，全省本科高校相关负责人共 100 余人参会，搭建全省各高校在教材建设管理上的跨校交流与合作平台。

(四)"四结合"：将教材建设与课程建设、产业发展、人才队伍建设及现代信息技术相结合

1. 将教材建设与课程建设相结合

课程是教学的主线，教材则是课程内容的载体，二者相辅相成。推进教材与课程，特别是课程思政相结合。在教材建设中既注重教材的专业性，又强调教材对课程思政教育的基础引领作用。坚持知识传授与价值引领相统一、显性教育与隐性教育相统一，如西南交通大学坚持标杆引领、点面结合，建设"教材-课程-教师-案例"四维一体"高铁中国"特色课程思政云平台。以教材建设为基础，充分发掘各类课程和教学方式中蕴含的思想政治教育资源。

2. 将教材建设与产业发展相结合

教材工作在党和国家事业发展全局中具有重要地位，深入实施科教兴国战略、人才强国战略、创新驱动发展战略，办好人民满意的教育，教材发挥着基础性、关键性支撑作用。在教材建设中紧密结合全省高等教育学科优势，服务四川省工业"5＋1"①、服务业"4＋6"②、农业"10＋3"③现代产业体系建设，重点瞄准四川重大发展战略、新兴产业、特色产业人才培养需求，支持建设原创价值高、地域特色突出的精品教材。2023年，四川大学的未来产业(碳中和)、电子科技大学的新一代信息技术(新一代通信技术)、成都理工大学的绿色环保以及西南交通大学的交通4个团队入选教育部战略性新兴领域"十四五"高等教育教材体系建设团队。

3. 将教材建设与人才队伍建设相结合

高素质、专业化的人才队伍是推动教材建设高质量发展的重要保障。要求全省本科高校设立教材建设管理的专职人员，建立四川省大中小学教材编审专家库，全省共

① 指电子信息、装备制造、食品饮料、先进材料、能源化工五个支柱产业和数字经济。
② 指商业贸易、现代物流、金融服务、文体旅游四大支柱型服务业和科技信息、商务会展、人力资源、川派餐饮、医疗康养、家庭社区六大成长型服务业。
③ 指川粮油、川猪、川茶、川菜、川酒、川竹、川果、川药、川牛羊、川鱼十大优势特色产业和现代农业种植业、现代农业装备、现代农业烘干冷链物流三大先导性产业。

有 2016 名高校教师申请入库，为全省本科高校教材编写、选用、审核提供专家咨询。在各类课题申报中设立有关教材的专业研究项目，四川大学的"化学类通识课程教材知识内容覆盖现状及标准研究"等 10 项课题获批四川省 2021—2023 年高等教育人才培养质量和教学改革项目，以教改项目为抓手，积极引导和鼓励高校教师加强教材研究。同时，加强马工程重点教材专家队伍建设，组织省内高校直接推荐国家教材委高校哲学社会科学（马工程）专家委员会学科专家组专家 7 位，遴选推荐专家 5 位。

4. 将教材建设与现代信息技术相结合

信息技术的发展推动了教育的数字化改革，在这一背景下，教材建设作为教育改革的重要组成部分，必须与现代信息技术相融合，以适应新时代的需求。一方面，随着四川高等教育智慧教育平台建设的启动，优质线上教学资源能够更便利地汇聚共享，许多高校建立了线上教材资料信息库和教材样本库，推进信息技术与教材建设管理深度融合。另一方面，大力推进数字化新形态教材的建设与应用。

二、教材工作存在的主要问题及短板

（一）教材管理机制有待进一步完善

部分高校教材建设、管理等机制不健全，导致相应工作开展过程中职责不清晰、机制不顺畅，对学校教材建设、选用和管理工作的指导作用发挥不够充分，相关的约束机制和激励机制还不够完善。部分高校原有的教材管理政策和机制，不能满足国家新出台的相关文件要求，部分教材政策存在执行不到位的现象，教材管理信息化水平不高，实际操作时执行成本高、效率低。

（二）马工程重点教材统一使用工作有待进一步加强

教材使用能力还需进一步提升。部分高校的一些任课教师还没有充分认识到选用马工程重点教材的重要性，在实际使用过程中，仍存在虽选用了马工程重点教材，但对教材的钻研还不够深入，只是机械、片面地为了完成任务，在日常教学过程中没有发挥马工程教材的优势和价值，高校也缺乏对相关教师的培训。

(三)本科教材选用标准有待进一步细化

对本科教材选用工作，原则上的要求多，系统性、科学性的标准相对较少，各校将原则性的要求转化为操作性的标准时会存在差异情况，不同主体对教材内涵的理解差异容易导致管理和执行上的偏差。部分高校对本科教材选用标准进一步细化不够，导致一些原则上的要求实际上没有成为学校教材选用的硬性条件。同时，部分高校教材工作信息化管理程度较低，课程教材库建设滞后、更新较慢，教材使用过程中常态跟踪、长效管理机制不够健全，导致国家和省级规划教材、精品教材及获得省部级以上奖励的优秀教材选用比例较低。

(四)新形态教材建设力度有待进一步提高

教材形态比较单一，以传统纸质教材为主，以数字教材为引领的新形态教材建设相对滞后，教材的呈现方式和功能拓展不够。纸质版教材内容更新不够及时，新时代背景下的新知识、新情况和新进展不能及时融入，新形态数字化教材、可视化教材内容，如图片、视频等教材资源内容不够丰富。大数据、人工智能等新兴学科专业及交叉学科专业教材建设不多，难以充分满足国家战略需求和地方经济社会发展需要。

(五)教材建设和研究能力有待进一步增强

在教材建设过程中，还存在一定程度滞后性，提前谋划和整体布局意识还不够，基础学科、前沿学科、交叉学科、紧缺急需专业学科以及对接现代产业体系领域的教材编写和研究建设力度不足，教材对教学改革新理念、新要求体现不足，在话语权竞争激烈的新领域教材出版数量较少。教材建设及研究的专业人才队伍培养、培训和引进都仍需加强。

(六)教材建设成效宣传推广力度有待进一步提升

虽然在教材建设和管理过程中涌现出一批先进工作者和优秀教材，但由于宣传意识不强、宣传渠道有限以及宣传内容单一，导致对这些优秀成果的经验分享、宣传推广和奖励都有所欠缺和不足。

三、下一步工作计划及重点

下一步，四川省将进一步贯彻落实党中央、国务院关于加强和改进新形势下高校教材建设工作的新要求，把党的领导落实到教材建设和管理各方面各环节，进一步提高政治站位，强化政治责任和领导责任，严格落实教材建设和管理责任分工，着力构建党委统一领导、党政齐抓共管、部门各负其责的工作格局，充分发挥教材在培养社会主义建设者和接班人中的重要作用，围绕国家和四川省委、省政府重要战略部署，全面规范教材管理，切实提升教材质量。

(一)进一步完善教材管理机制

全面落实国家关于本科教材建设和管理的政策，进一步完善"国家—省—高校"三级管理机制，明晰权责、明确任务。进一步健全高校层面的教材管理委员会等教材管理组织机构和工作机制，充分发挥其对学校教材建设、选用和管理工作的指导作用，逐步完善相关的约束机制和激励机制。进一步修订完善省级层面的教材管理制度，同时指导各高校完善学校层面的教材管理办法，从制度建设上加强对教材编写、教材审核、教材选用的规范要求，将选用教材质量和教学效果纳入教学评估的范围。进一步严格教材检查监督，持续做好本科高校教材的排查整改工作，切实提高高校教材、教辅、读物等的质量。

(二)进一步加强马工程重点教材建设及统一使用工作

一是坚持问题导向，指导高校完善马工程重点教材工作中的不足和漏洞。持续推进马工程重点教材统一使用工作，指导各高校将使用马工程重点教材纳入哲学社会科学相关专业人才培养方案和相关课程教学计划，落实"凡是开设与马工程重点教材相应的课程必须使用马工程重点教材"要求。尚未开设与马工程重点教材相应课程的，鼓励对哲学社会科学相关专业人才培养方案进行调整，逐步把马工程重点教材建议对应课程列为必修课或选修课，并统一使用马工程重点教材。督查高校建立健全马工程重点教材使用情况年度检查和通报制度。

二是适时开展专项督查，构建马工程重点教材使用和管理长效机制。督促高校将马工程重点教材使用情况纳入二级学院考评体系，将统一使用马工程重点教材作为教学评估、专业认证、教学考核的重要指标，促进马工程重点教材统一使用工作与专业人才培养过程有机结合。进一步明确和细化各级各单位的工作职责与纪律要求，建立健全督查制度和问责机制，确保马工程重点教材统一使用真正落到实处。

三是贯彻落实《新时代马克思主义理论研究和建设工程教育部重点教材建设推进方案》，加强对哲学社会科学教材建设的指导，配合教育部教材局修订新编一批体现中国立场、中国智慧、中国价值的哲学社会科学教材，支持省内高校做好各相关专业学科马工程教材建设申报工作。积极组织马工程重点教材任课教师开展高质量全员培训，真正做到"先培训、后上课"，提升教师教学能力。充分利用好马工程优质教材，以教材选用的高质量，推动人才培养的高水平，切实推进四川省马工程重点教材统一使用工作。

(三)进一步细化教材选用标准

对本科教材选用工作的指导，坚持原则性与系统性相结合，促进各高校将原则性的要求转化为内涵一致的操作性管理，促进高校对本科教材选用标准进一步细化，将原则性的要求作为学校教材选用的硬性条件，坚持教材"凡编必审""凡选必审"，严把政治关、学术关。指导高校建立课程教材库，尽量选用适合课程教学的新版教材，优先推荐选用国家和省级规划教材、精品教材及获得省部级以上奖励的优秀教材。

(四)进一步提升教材建设质量

质量是教材的生命线，教材质量直接决定育人质量，不断提高教材质量，打造高水平精品教材，是下一步教材建设工作的"重中之重"。

一是大力支持鼓励一批政治强、业务精、品德优、学风正的优秀人才编写教材，形成研究力量与一线教学团队相结合、国内高水平团队与国外知名专家相结合的教材编写队伍，形成教师积极主动参与教材编写的良好氛围。二是引导高校重点编写适应国家和四川省经济社会战略需求的、学科优势和区域特色突出的及紧缺薄弱急需领域的教材。根据教育部部署，开展"十四五"本科省级规划教材建设，打造一批培根铸魂、启智增慧、适应新时代要求的精品教材，充分发挥教材在本科人才培养中的关键性支撑作用。三是组织开展"十四五"高等教育"中国系列"教材体系建设工作，加快建设体现时代精神、融汇产学共识、凸显数字赋能、具有战略性新兴领域特色的高等教育专业教材体系，牵引带动相关领域核心课程、重点实践项目、高水平教学团队建设，着力提升人才自主培养质量。四是加大以数字教材为引领的新形态教材建设力度，以数字资源赋能更新纸质版教材内容，及时融入新时代背景下的新知识、新情况和新进展。

(五)进一步增强教材研究能力

切实发挥四川省普通高校教材建设教学指导委员会等专家组织的智库作用，进一步加强本科高校教材研究能力。推动各高校加强教材基础研究，鼓励高校积极创建教材建设重点研究基地。推动各高校把教材建设作为本科高校教育教学工作的重要内容，与学科专业建设、教研教改统筹考虑，鼓励各高校加大对教师的教材建设成果的奖励支持力度，实现教材成果与科研成果、社会服务成果同等认定，同时把教材建设情况作为教学单位年度考核重要指标。加强教材建设专业人才队伍培养培训，提升全省教材研究水平。同时，加强与企业、行业、出版社等机构部门的合作交流，形成教材研究多元化合力。

(六)进一步深入推进习近平新时代中国特色社会主义思想和党的二十大精神进课程教材

一方面，指导高校将课程思政建设与教材建设相融合，鼓励教师编写与"课程思政"示范课程相匹配的教材。同时在授课过程中正确解读教材内容，坚持马克思主义指导地位，自觉运用马克思主义立场观点方法并贯彻始终。体现马克思主义中国化要求，体现中国和中华民族风格，体现党和国家对教育的基本要求，体现国家和民族基本价值观，体现人类文化知识积累和创新成果。另一方面，持续做好《习近平谈治国理政》多语种版本进高校、进教材、进课堂工作，抓好《理解当代中国》多语种系列教材使用工作，充分发挥教材在本科人才培养中的铸魂育人重要作用。

(七)进一步加大宣传推广力度

一是及时组织全省高校传达学习教材建设管理的最新文件精神，要求各高校通过多种途径将中央精神和相关要求传达到基层教学单位。二是加强教材建设优秀成果和先进经验的宣传推广，形成教材建设研究的良好氛围。三是落实国家和省级教材奖励制度，支持高校探索和建立优秀教材编写激励保障机制，加大对优秀教材的支持，全面推进教材高质量发展。

(执笔人：攀枝花学院何建朝；西南财经大学冉茂瑜；四川警察学院薛俐)

第四篇　陕西省高校教材建设和管理年度报告

教材是国家意志的重要体现，是学校教育教学的基本依据，是落实立德树人根本任务的重要载体。陕西省历来高度重视教材建设和管理工作，特别是在国家加强教材建设工作以来，陕西省各级教育行政部门和各级各类学校，以习近平总书记关于教材建设的重要指示批示精神、党的二十大精神和全国教育大会关于教材建设的重要论述为指导，在省委、省政府的坚强领导下，按照党中央、国务院关于加强和改进新形势下大中小学教材建设的重要部署，将教材建设作为培养中国特色社会主义合格建设者和可靠接班人的基础性、战略性工程，高站位统筹、高起点谋划、高标准把关、高质量落实，以高度的政治责任感和使命感，有力、有序、有效地推进陕西省高校教材建设健康发展。

一、健全组织机制，加强顶层设计，
为教材建设高质量发展提供有力支撑

(一)加强机构建设，落实工作职责

为进一步加强对教材工作的管理，2018 年，陕西省教育厅以机构改革为契机，在减少 5 个处室、压缩 5 个编制的情况下，单设教材处，配置 4 个编制，并优先配齐工作人员。为了突出加强党对教材工作的领导，还先后由教育工委副书记和主管意识形态工作的工委委员分管教材工作。

为进一步统筹全省教材管理资源，提升教材的规范建设水平，落实好立德树人根

本任务，陕西省于 2022 年成立了由分管副省长任主任，由省委宣传部、省委统战部、省发展改革委等 19 个部门领导和院士在内的 25 名专家任委员的陕西省教材委员会，并起草了陕西省教材委员会议事规则和工作规程。省教材委员会下设若干学科专业委员会，覆盖各类教育各个专业领域。

在省级健全教材机构的积极引领下，全省各级教育行政部门、高校相继建立和完善了教材管理工作体制和机制。各高校成立了学校教材建设领导机构，由学校党委书记、校长负总责，牵头负责学校教材建设的整体规划和宏观管理。设立"学校教材工作委员会"，具体负责组织教材规划、立项、审核、选用和评优等工作；设立"学院教材工作组"，由二级学院党委书记和院长任组长，全面负责学院教材工作。形成了学校党委对本校教材工作负总责、党政齐抓共管、部门各负其责的教材工作管理协调机制。

(二)完善制度建设，夯实管理基础

2017 年，陕西省制定出台《关于加强和改进新形势下大中小学教材建设管理的实施意见》，明确了新形势下全省教育系统抓好教材建设管理工作的思路和原则，提出建立长效机制、落实国家规定课程、强化教材思想性、严格审查教材、规范选用教材等 5 项重点任务。

2019 年，国家教材委员会印发《全国大中小学教材建设规划（2019—2022 年）》、教育部印发《普通高等学校教材管理办法》等 4 个教材管理办法后，陕西省紧跟国家政策导向，于 2020 年出台了中小学、职业院校和普通高等学校教材建设规划和教材管理实施细则，以及《学校选用境外教材管理实施细则》等规章，推进落实教育部等五部门联合印发的《关于教材工作责任追究的指导意见》，搭建起了陕西省教材建设体系的"四梁八柱"，明确了各学段各类教材建设工作的总体思路、建设目标、管理职责、重点任务、保障措施和责任追究，进一步规范了陕西省教材编、审、选、用、修、奖、惩等各个环节的运行，也为陕西省各级教育行政部门和各类学校的教材工作指明了方向。

各高校、职业院校对标省级各类文件要求，陆续出台了学校的《教材工作委员会章程》《"十四五"教材建设规划》《教材管理实施细则》《教材选用实施细则》《优秀教材评选办法》《教材核查与质量管理办法》等系列制度、规章、办法，从组织机构、教材规划、教材编写、教材审核、教材选用、支持保障、监督检查等方面建立了严密的制度规范要求，实现教材建设"有组织，有支持，有督查，有奖励"闭环规范管理。

（三）强化多元保障，激发创新潜能

教材建设是一项繁复庞杂的工程，除了在管理机制、政策保障等方面做好框架搭建，还需要在队伍建设、专项经费、绩效引导等多个层面构筑教材建设保障体系。

一是组建了中小学、职业学校、高等学校教材审定专家委员会，建立起覆盖大中小学各学科各学段、总数达 2800 多人的教材评审专家库，从根本上保证了教材评审的科学性和权威性。依托省教育科学研究院和课程教材管理中心开展教材建设研究，积极发挥专家学者的咨询指导与审查把关作用，为提升教材质量奠定了专业基础。同时，邀请全国专家对全省各级教育部门和高校、职校、出版社负责人等 2100 余人进行教材工作培训。

二是激励高校改革教学奖励津贴和质量津贴办法，将教材建设工作纳入教师职务评聘、评优评先、岗位晋升的重要指标，加大对优秀教材奖励力度，调动教材编写积极性，提高教材编写质量。西北工业大学于 2021、2022、2023 年分别投入教材建设经费 433、886、826 万元，出版教材 84、104、106 部。以 2022 年为例，建设经费是"十三五"期间年均经费的 3.8 倍，出版教材是"十三五"期间年均出版教材的 2.3 倍。西北农林科技大学与中国农业出版社等行业优秀出版社建立"教育出版战略合作伙伴关系"，每年投入专项经费 200 余万元资助教材建设。改革教学奖励津贴和质量津贴办法，加大对优秀教材奖励力度，持续开展校级优秀教材评选，最高奖励 15 万元/种。

三是把教材建设成效列为高校教学工作审核评估重要观测点，以高校评估推动教材建设发展。在陕西省高等教育重大战略"双一流"建设中，明确要求将高水平教材建设纳入"一流专业"建设标准。同时，深化教育评价改革，提升教材建设成效在教育教学实绩中的比重。西北农林科技大学建立"申请有帮助，编写有支持，出版有奖励，使用有要求"的"四有"工作体系，完善以质量为导向的教材建设激励长效机制。

（四）坚持需求导向，开展规划教材建设

为深入贯彻落实全国职业教育大会、全国教材工作会议精神，打造一批具有陕西

地域特色的培根铸魂、启智增慧职业教育精品教材，在入选首批"十四五"国家职业教育规划教材91部的基础上，陕西省于2023年开展首批"十四五"职业教育省级规划教材建设工作。重点规划体现区域特色的中职学校、高职院校、本科层次职业学校公共基础选修课程教材和专业课教材，其中专业课教材重点规划服务国家战略和陕西省产业转型、民生需求紧缺领域的专业教材、新兴专业和薄弱专业教材、新形态教材、地方特色教材等。按照"一审核、两公示、一公开、一保密"原则，通过复核进入一批、遴选进入一批、立项建设一批的方式，层层遴选出适宜性强、实用性强、师生满意度高的优质教材。目前，入选陕西省首批"十四五"职业教育规划教材的有237种。西安交通大学将教材工作纳入学校"十四五"规划纲要，出台教材建设规划，重点布局新兴交叉及国家急需领域，建设校级"十四五"规划教材258种。

下一步，陕西省将紧跟国家"十四五"普通高等教育本科规划教材建设工作要求，将本科规划教材建设工作做细做实。

二、坚持党的领导，坚定政治方向，为教材规范使用保驾护航

(一)全面推进习近平新时代中国特色社会主义思想进教材

一是做好《习近平新时代中国特色社会主义思想进课程教材指南》《"党的领导"相关内容进大中小学课程教材指南》的落实工作。陕西省及时向全省各高校下发通知，并召开高校负责人会议，对落实工作提出明确要求，进行了具体部署。西北大学等高校结合学校实际，制定了《习近平新时代中国特色社会主义思想和"党的领导"相关内容进课程教材实施方案》，切实推动思政内容"应进必进、应落尽落"。

二是做好党的二十大精神进教材工作。党的二十大召开后，陕西省在认真学习领会会议精神的基础上，制定工作方案，全面推进党的二十大精神进教材。截至目前，已指导1366部高校自编教材完成修订。例如，西北工业大学2023年最新出版的《新视野大学英语：长篇阅读》第四版题材丰富多样，富含中国气息，每单元都新增中国相关选篇，帮助学生领悟中国智慧，坚定文化自信。

三是将《习近平新时代中国特色社会主义思想概论》（以下简称《概论》）教材的全面使用工作作为重大政治任务，高度重视。在 8 月 28 日央视《新闻联播》节目播出《概论》出版发行新闻后，多次专题研究《概论》使用工作，接连下发通知进行专项部署，对高校《概论》教材使用提出具体要求；明确专人一对一督促高校做好征订工作，到高校深入课堂实地检查教材使用情况；在全国率先举办《概论》教材全员培训班，引导教师融会贯通、精准讲解；相关部门不定时了解使用动态，讨论研究教材征订和使用中的困难和问题，确保《概论》教材在陕西省高校的使用效果。截至目前，《概论》在陕西省高校的覆盖率已达到 100%。

四是发挥地域优势，开发革命传统教育教材。延安大学紧紧围绕红色文化、革命传统教育主题，在高等教育出版社、人民出版社等出版了《红色经典导论》《延安精神概论》《陕北文化概论》等多部特色教材，其中《延安精神概论》教材选用量 2.6 万册，《红色经典导论》等教材被 97 所高校选用。"十四五"期间，又启动建设《陕甘宁边区新闻史》等四部思政系列教材，利用大学课堂讲述红色故事，传承红色基因。

(二)积极加强马工程重点教材统一使用

马工程重点教材是三进工作的重要载体，陕西省坚持将马工程重点教材使用情况作为高校教材重点工作。

一是印发《关于进一步推进马克思主义理论研究和建设工程重点教材统一使用工作的通知》，将马工程重点教材使用纳入对高校领导班子和意识形态工作年度考核，作为"双一流"建设评估、本科教学评估检查的重要指标，推动责任落实。各高校重视程度进一步提高，均采取多项措施进行落实。

二是及时组织各高校开展每个学年"马工程重点教材使用情况采集系统"填报工作，掌握教材覆盖和使用情况，并对省属高校马工程重点教材使用情况进行通报，对教材覆盖率不足 100% 的高校进行督导核查。召开高校负责人会议，对推进不力的学校进行约谈通报，督促抓好教材使用工作。

三是每年定期举办陕西高校马工程重点教材任课教师培训班，邀请马工程重点教材编写课题组专家集中讲解教材的指导思想、编写意图、总体框架以及需要把握的重点、难点问题，帮助任课教师吃准吃透马工程重点教材的主要内容和基本精神，把思想认识和行动统一到对马工程重点教材的理解和运用上，推动教材优势向教学优势转化。

经统计，陕西省属高校 2019—2020 学年马工程重点教材覆盖率提高了 33.53 个百分点，使用率提高了 37.92 个百分点；2020—2021 学年马工程重点教材覆盖率、使用率较上学年分别提升了 21.4 和 23.4 个百分点，均达 94%，高于全国平均水平；2023年，92.2% 的省属本科高校覆盖率达 100%，全省高校覆盖率为 99.6%，使用率为96%，分别超过全国平均值 4.6 和 6.5 个百分点，实现了覆盖率和使用率逐年提升的目标。

(三)提高优秀教材的使用率

各高校紧密围绕学校人才培养目标，规范教材选用工作。哲学社会科学相关专业、课程统一使用国家统编的思想政治理论课教材、马工程重点教材；数学与自然科学类课程和其他人文社科类课程选用教育部等有关部门推荐教材、国家级重点教材或省部级以上获奖教材；公共基础必修课程、学科专业核心课程教材选用国家、省部级重点规划教材或校编优秀教材；新设专业及新课程选用国内外相关专业或领域学术界公认的高质量教材，确保教材选用质量。例如，西北农林科技大学创新优秀教材遴选机制，细化遴选内容，具体内容包括教材类型审核、教材质量审核、教材内容审核、教材版本审核、教学内容审核以及政治审核等。

三、打造精品教材，突显陕西特色，
实现教材管理良性循环

(一)强化政治把关，教材排查常抓不懈

深入贯彻习近平总书记关于教材工作的重要指示精神，把教材内容排查工作推向纵深。确保教材排查工作全覆盖、无遗漏，数据准确无误，结论真实可靠。一是指导

高校开展第一批、第二批、第三批、第四批等政治、宗教有害出版物排查工作，对发现的政治有害出版物，立即停用，及时处置和上报。二是在陕西省大中小学教材内容专项排查"回头看"工作中，重点核查外国语言类教材与其他学科专业类境外教材意识形态风险，确保教材坚持正确的政治方向、价值导向，核查出的疑似问题教材上报教育部复核。三是指导各高校开展非法出版物及有害信息专项整治工作，开展高校图书馆馆藏书籍集中清理和第二批外国语言类教材、专业类境外教材核查整改工作，逐一核实、分析研判。四是根据教育部反馈的教材研判清单，督促省内出版社及时做好问题教材的修订，进一步严格阵地管理，严防错误思想言论传播。

(二)提高教材准入门槛，切实做到"应审尽审"

一是细化审核原则和要求。对高校教材实行分级分类审核，坚持"凡编必审""凡选必审""凡审必严"，重点关注境外教材、自编新教材的内容审核。审核中严把政治关、学术关，促进教材质量提升。政治把关要重点审核教材的政治方向和价值导向，学术把关要重点审核教材内容的科学性、先进性和适用性。审核时要求政治立场、政治方向、政治标准有机融入教材内容，不能简单化、"两张皮"；政治上有错误的教材不能通过；选文篇目内容消极、导向不正确的，选文作者历史评价或社会形象负面的、有重大争议的，必须更换；教材编写人员政治立场、价值观和品德作风有问题的，必须更换。

二是精挑细选审核专家队伍。教材审核人员包括相关学科专业领域专家和一线教师等。各级党委对教材编写人员、评审专家执行严格的政审制度，要求专家们具有较高的政策理论水平、较强的政治敏锐性和政治鉴别力，客观公正，作风严谨。高校组织教材审核时，充分发挥高校学科专业教学指导委员会、专业学会、行业组织专家作用，也会邀请一定比例的校外专家参加。例如，西安交通大学组建了由院士、名师、优秀教材主编、领军学者等组成的 314 人教材专家库，在校院两级党委领导下，开展各级教材规划、审核、指导及评议事宜；西北农林科技大学遴选建立了由 50 位教授组成的教材专家库，组建了学院教材审核专家组，制定了教材编写、出版和选用审核"三表三图"，明确主体责任，构建起分层分级审核体系。

三是规范审核流程。加强过程管理，要求将审核工作相关会议讨论记录和结果意见记录在案，遵循"谁选用谁负责"原则，并将所有相关材料封存保管备查。各高校对确需选用的境外教材升级审核要求，由教师提出申请，学校组织专家从学科建设需要、教材内容情况、同类同版本教材全国覆盖情况等方面进行论证，通过论证审核的境外教材方可进入课堂。例如，西安理工大学在安排每学期的教学任务时，要求各学院严格按照任课教师推荐、系室初审、学院复审、教务处把关、校党委终审的程序，加强对选用教材的审核；陕西工业职业技术学院按照三级管理和四级审核机制，对自编教材(讲义)、新引进教材进行思想政治审核和专业综合审核。

(三)依托教材评优，引领教材质量整体提升

一是以评促建，建立省级优秀教材奖评选机制。陕西省从 2005 年起就组织开展了高等学校优秀教材评选工作，此后每 2 年遴选 1 次。截至 2023 年年底，全省共开展省级优秀教材评选 8 次(两年开展一次)，累计评选出优秀教材 787 种，类型覆盖理、工、农、医、人文社科类，教材使用范围涵盖本科、高职和成人教育，有力推进了全省高校教材质量提升。经向教育部积极推荐，陕西省高校获得首届全国优秀教材奖 40 项，数量列全国第五；受表彰先进个人 10 名，数量列全国第四。

二是不断完善教材奖励激励机制，把优秀教材建设作为评价学校软实力的"硬指标"。将优秀教材获奖情况纳入高校绩效考核奖补体系，落实教材建设成果与教学、科研成果同等认定、同等待遇政策。截至 2023 年年底，省级共下达资金 3000 余万元，支持高校教材建设。西北工业大学完善教材"国家级—省部级—校级"三级奖励机制，激发教师参与教材建设的积极性。对标国家教材建设奖励办法，出台学校教材奖励办法，每年评选一次，为 2 年一次的陕西省优秀教材奖、4 年一次的全国教材建设奖构建蓄水池。该校仅在 2021 年首届全国教材建设奖评选中，就荣获 6 个奖项。西北农林科技大学入选农业农村部、国家林业和草原局等省部级规划教材 116 种，入选数量名列全国农业院校第一。

三是设立教材管理专项课题，持续加强教材研究，鼓励更多优秀人才参与教材建设。2023 年省教育厅设置课题 8 项，研究领域包括基础教育、高等教育两类，高校课题研究内容包括新时代陕西本科高校高质量教材管理体系创新优化建设研究、陕西本科高校教材建设制度体系构建研究、陕西本科高校教材建设成果与教师待遇挂钩政策

研究、陕西本科高校教材建设与管理信息化实施研究等。省内综合实力较强的高校积极建立教材管理和优秀教材奖励资金，以课题立项为支撑推进全省高水平教材培育工作；激励各学院和基层教学组织积极参与新兴学科、新兴交叉学科、应用学科、基础学科教材课题研究；遴选优秀的教材建设团队参与国家教材研究课题。陕西师范大学黄达远教授的相关教材研究课题，论证了在全国大中小学开设民族团结课程的必要性，并提出 5 项改进民族团结教材建设的具体建议，相关建议得到了国家有关部门的采纳和高度评价。

(四)建设特色教材，助力优势专业发展

一是在教材规划立项时，结合学校专业现状，制定科学、长远的规划方案。重点聚焦学校优势专业，鼓励在现有基础上加强高层次高水平课程和教材建设同步进行，同时以项目建设带动教材发展；对新办专业相应的课程和教材进行重点建设，力求在新兴专业领域内及时占领高地、填补空白、有所突破；加强本科和研究生课程、教材统筹规划；对弱势专业加大扶持力度，统筹提升学校课程、教材建设整体水平，完善教材建设质量保障体系。长安大学十多年来坚持年度立项教材建设，共立项 456 种教材，已形成系统性建设模式。

二是实行校级、省部级和国家级三级规划联动，紧扣学校传统专业优势与特色，支持政治强、业务精、品德优、学风正的优秀人才参与教材精品化建设，集中优势力量编写高质量教材。例如，西安建筑科技大学加强与中国建筑工业出版社、冶金工业出版社等行业单位深度合作，出版符合国家、行业领域需求的高水平教材。近 3 年该校获批教育部教指委、住建部规划教材 65 部，其中《混凝土结构设计原理》《水工艺设备基础》《工程经济学》等多部教材被全国百余所高校使用，在行业内具有很强影响力。又如，截至 2023 年年底，西安工业大学出版的《工程材料》教材已印刷 7 次，被北京交通大学、北京理工大学、哈尔滨工业大学、中国人民大学等 34 所高校采用。与教材配套的"工程材料学"在线开放课程已在学习强国、中国大学 MOOC、学银在线、智慧树等平台上线运行 6 年，服务学生上万人。

三是瞄准国家重大战略，聚焦社会发展重点领域，大力支持体现地域、区域优势的课程教材。例如，陕西师范大学发挥教师教育学科优势，围绕西部地区和共建"一带

一路"国家教师教育教材、民族教育教材等教材建设的基础理论、实践应用、发展战略及国际比较等进行深入研究，开展西部教师教育振兴与教材建设、西部民族问题与教材建设、西部教育脱贫攻坚与教材建设、"一带一路"教育人文交流与教材建设等，依托学校与共建国家联合开展相关教材共建、编译、共享和比较研究。

四是紧抓国家深化职业教育改革机遇，对职业教育教材建设进行再升级。陕西省教育厅指导各职业院校将教材建设工作列入"十四五"发展规划、"双高"建设工作计划（中国特色高水平高职学校和专业建设计划）中，及时吸收行业发展新技术、新工艺、新规范，深化"产教融合，工学结合"，积极组织规划编写一批对接区域主导产业、具有示范引领作用、适用于教学的精品专业课程教材。例如，杨凌职业技术学院等校的自编教材成功入选国家相关部委的国家规划教材。又如，陕西国防工业职业技术学院积极推动校企深度合作，共享校企优质资源，学校在整合模块化课程体系的基础上，加强校企联合研发教材，对标产业和岗位需求，依托陕西国防工业职业教育集团、中国航天科技教育联盟等，整合中国船舶重工集团公司第 872 厂、中国兵器工业集团第212 研究所、戴姆勒、比亚迪等最新技术工艺，重塑知识结构，精选教学内容，推动开发项目化、立体化的工作手册、活页式教材和双语教材。

（五）创新管理理念，开展数字化教材建设

陕西省申请建设并积极研发"教学用书评审系统"，以配合省级各类教材评审工作。同时，升级原本仅用于中小学教材的"教学用书管理系统"，计划将本科高校、高职院校用书管理纳入网络监管系统，实现动态掌握全省各校教材选用数据、了解教材使用变化趋势、规范管理教材使用、搜集教材使用意见建议、畅通各校教材信息交流。

各高校结合自身师资和管理优势，对数字化教材建设和信息化平台管理进行优化。例如，陕西铁路工程职业技术学院坚持纸质教材与数字教材一体化建设，提高教材信息化水平。学校要求所有申请的自编教材（讲义）必须建立信息化资源，配备二维码（包含视频、课件、动画、电子教案、教学设计等），且覆盖课程的全部重点内容。又如，西安电子科技大学联系 MOOC 平台，将教材建设与 MOOC 建设和"微专业"建设融合，打造与主教材配套的网络教材、教学指导书、电子教案等立体化教材；按照教育信息化建设方向，进行管理系统开发，建设教材选用系统、审核系统、评奖系统和备案系

统等，逐步建成学校教材专家库和教材库。此外，西安理工大学等高校在智慧校园建设中将教材建设作为重点建设模块，进一步完善教材管理与服务平台，统一数据格式，更新教材书目库。同时，在教材选用、教材汇总与数据导出、学生教材预订等方面优化流程，提高教材管理信息化水平，提高工作效率，提升管理质量。

(六)建立更新及退出机制，实现教材体系动态调整

一是建立两年一审的更新机制，引导高等院校更新教学用书，对新获得国家各部委、省级各部门奖项的教材加大关注力度，积极推荐使用。同时，协调出版发行单位对教材进行更新修订。

二是将省级部署的教材插图、内容的全面排查，各类专项排查和学校自查相结合，对政治立场、价值导向、科学性方面存在严重问题的教材建立黑名单，坚决停止使用。

三是以师生满意度为导向，充分发挥学校教材征订的主渠道作用。例如，西安理工大学克服班级多、操作难度大等困难，以班级为单位预订教材，满足了学生个性化教材需求。

(七)延伸管理链条，构建教材督查体系

一是于2023年启动课程实施与教材使用监测工作，到2027年完成对中小学所有学科课程及教材、职业院校所有专业大类教材的监测，所有高校实行教材使用情况年报制度，逐步实现大中小学教材监测工作全覆盖和常态化。普通高等学校重点监测马工程重点教材统一使用、国家规划教材选用使用情况，监测结果作为教材选用、教材奖励的重要依据。

二是将高校教材选用情况作为每年秋季开学督导的重要内容。对高校教材管理机构设立情况、教材制度建立情况、马工程重点教材使用情况、师生对教材的评价情况进行分项督导，并将存在的问题反馈给相关高校，对高校的后期整改进行追踪督查，推动高校教材体制机制建设日趋完善。

三是各高校和二级学院采取阶段检查和不定期质量评议等方式，建立日常监控处理机制，对编写和选用的教材进行质量跟踪，及时总结和纠正教材中出现的问题，建立教材使用"负面清单"，及时反馈教材质量信息，对发现的所有问题图书建立问题台账，坚持落实整改工作。

四、教材建设存在的问题

回顾陕西省教材建设与管理工作，虽然取得了显著的成绩，但在总体发展中还有许多瓶颈需要克服。

(一)教材建设发展不均衡

现阶段陕西省的高校教材发展仍存在校际差距，主要体现在以下几个方面。

一是教材编写方面。由于师资影响，综合实力强的高校在教材编写方面存在天然优势，这些学校鼓励学术造诣深、科研成果显著、教学经验丰富的优秀教师组建团队编写高质量精品教材，这些教材出版后也得到了更多高校的使用和肯定。而实力较弱的学校除了教师学术基础不够强，后续发展中参加高水平教材交流、研究、调研的机会也比较少，只能囿于理解教材、使用教材，教师甚至无法深入教材编写行列，学校教材建设方面的成果有限。

二是教材研究方面。教材研究薄弱主要体现在高职院校。很多高职院校在高职教育教材建设与管理方面进行了探索，但研究工作基础薄弱、经费不充足、学术力量单薄等因素严重阻滞了研究工作走向纵深。一些学校每年都立项新的教材建设项目，累积起来教师编写出版的教材总量不少，但是质量不高、使用率低、影响力小的教材仍不少，教材建设发展乏力。

三是个别民办院校受体制机制、经费等影响，制度建设滞后，现有的教材管理制度仅体现在教材选用层面上，缺少教材编写、审核、支持保障、使用评价等机制，在一定程度上制约了教材管理效率和质量的提升。

同时，高校内部由于学科发展水平不一，其各学科的教材建设也存在不均衡的现象。

（二）新形态教材编写滞后

随着信息技术与教育教学不断融合，网络媒介成为当代大学生获取知识的重要途径，教材建设亟待与时俱进，更大力度和范围探索 AI＋新形态数字化教材的编写是大势所趋。但从陕西省高校的教材使用情况来看，传统纸质教材仍是目前主流使用形态。主要原因在于：一是面对教材数字化建设与改革的新趋势，部分教师接受并主动转变新形态教材编写思维意识不够，守正创新精神不足，对这方面教材研究投入与探索的积极性有待进一步加强。同时，由于教师年龄、专业、视野、现代化信息技术水平等方面的限制，自身能力、素养有时较难满足数字化教材的编写要求。二是由于数字化教材是新兴行业，还没有操作性强、规范、细致的编写和出版标准，导致在这方面出现了混乱迹象。有些纸质教材的数字化，仅是对原有内容的简单数字化呈现，不能满足新型教学模式的需求。三是在高职院校，有些教材的开发建设无法与科技发展、教育发展和学科专业发展同步，一些产教融合、应用性特点强的校企合作自编教材，以及适合项目制教学、案例式教学的实用性强、时代感浓的新形态教材建设需要进一步加强。

（三）教材选用质量监测体系仍需完善

如何建立长期有效的教材选用质量监测体系，既是难点，又是高校教材建设和管理方面的短板，需要省级教育行政部门与各校院两级共同努力，加紧筹划。2023 年年底，陕西省已经初步启动教材监测工作，但在推进工作落实、组建工作队伍和专家团队、明确工作任务、制定工作标准、加强专题培训等方面，还有很多工作要做。同时，如何指导高校做好本校组织编写的教材的监测工作，需要对当下各校的教材质量评价反馈机制继续细化和完善，包括监测结果如何运用等问题都需要统筹规划，只有这样，才能高质量推进教材监测工作，确保评选出的教材经得住各方检验。

五、下一步工作计划

当前，我国社会经济发展已经进入新时代，文化教育事业更是进入高质量发展阶段，从教育大国走向教育强国。教育理念、育人模式的深刻变革，对教材建设提出新的更高要求。针对目前教材发展中出现的问题，陕西省将进一步做好以下工作。

(一)持续加强教材管理，确保教材安全可用

把住教材意识形态的领导权，就是把住教材建设的政治关和质量关，也是把住人才培养的过程关和结果关，使人才培养符合国家发展的战略需求，确保党的教育方针的全面落实。在高校教材建设中将继续坚持"党管教材"的总原则，将教材工作作为党建和思政工作的重要指标，强化教材的思想性、政治性、民族性导向，构建教材编写、审核、选用"事前报备、事中监管、事后督查"的全过程管理机制。同时，对意识形态属性强的哲学社会科学课程教材和境外教材进行重点审核，确保发挥好教师队伍"主力军"、课程教材"主阵地"、课堂教学"主渠道"作用。

(二)打造教材交流平台，提升教材整体建设水平

针对各校教材发展水平、教材建设能力参差不齐的状况，发挥省级教育行政职能，通过建立专家培训、教师座谈、参观学习、教材展览、新闻宣传、教材管理系统、教材评奖评优等平台，支持各高校在教材建设领域开展更深层次、更高水平的研讨合作，切实加强对高校教材管理工作的优势互补，使各学校能相互借鉴经验，更好地推动教材建设和管理工作。

(三)深化融合创新，推动教材转型

　　充分发挥省级和各高校教材委员会"高端引领、参谋咨询、监督推动"的重要作用，分类指导各校瞄准国家战略需求，结合学科专业优势，组织教学名师、学科专业带头人、教学骨干等，围绕人工智能、大数据、区块链、网络空间安全、环境科学、能源科学等领域，通过建设立项开展培育，调动教师的积极性，鼓励编写新兴教材；围绕纸质教材内容，开发表现形式多样的数字化导学助学资源，推动教材立体化、形象化、智能化；发挥各校学科特点，遴选一批具有开发潜质的课题或者适宜开发的优势学科(专业)试点，以点带面，优先进行数字化改造或建设；顺应国家提升学生实践能力、创新创业能力的需求，开发"融媒体"教材、新型电子设计实验教材、实践性教材和创新创业教育教材。以教材形态转型升级激发教育潜能，更好地服务信息化时代教育教学需要。

　　总体来看，陕西省高等教育教材建设工作在近些年取得了一定成绩，教材管理制度基本健全、建设体系逐步升级、教材质量显著提升，但与党和国家对教材工作的要求相比，还存在不小的差距。下一步，陕西省将进一步贯彻落实习近平总书记来陕考察重要讲话重要指示，肩负教材工作者立德树人的伟大使命，充分发挥教材在为党育人、为国育才中的培根铸魂、启智增慧作用，以感恩之心、赶超之志努力构建我省高等教育教材建设新体系，为推动高等教育内涵发展注入新的活力！

　　(执笔人：陕西省教育厅李艳茹)

第五篇　甘肃省高校教材建设和管理年度报告

2023 年，甘肃省全省教材工作战线以习近平新时代中国特色社会主义思想和党的二十大精神为指引，紧紧围绕全省教育中心工作，牢牢把握正确政治方向，全面落实教材建设国家事权，深入研究谋划，坚持问题导向，积极创新体制机制，细化完善政策措施，按照"抓重点、夯基础、利长远、防风险、补短板、强保障"工作思路，持续抓执行、全面促落实，一体推进大中小学教材建设与管理，努力建构和打造教材工作新格局。

一、基本情况介绍

甘肃省共有普通高等院校 50 所[其中：本科层次高等学校 22 所(普通本科高校 20 所，本科层次职业高校 2 所)；专科层次高等学校 28 所(高等职业学校 26 所，高等专科学校 2 所)]。全省深入贯彻落实党中央、国务院关于加强和改进新形势下大中小学教材建设的意见，坚持党对教材工作的全面领导，牢牢把握正确政治方向和价值导向，压实教材建设管理主体责任，构建适合甘肃高等教育改革发展需要的高质量教材工作体系，为建设新时代振兴中西部高等教育改革先行区发挥示范引领作用和辐射带动效应，为高等教育创新提质发展提供基础保障和战略支撑。

一是落实立德树人根本任务。教材工作坚持和弘扬社会主义核心价值观，落实教材国家事权，服务国家战略和区域经济社会发展需求，服务自主知识体系构建，站稳中国立场、讲好中国故事、传播好中国声音，遵循教育教学规律和人才培养规律，注重守正创新，推动学科交叉、产教融合、科教融汇，为建设教育强国、培养德智体美劳全面发展的社会主义建设者和接班人提供坚强支撑。

二是高度重视教材建设的政治方向。将推进习近平新时代中国特色社会主义思想进课程教材作为教材建设工作的首要政治任务，省教育厅印发《关于做好党的二十大精神进教材工作的通知》《关于进一步推进习近平新时代中国特色社会主义思想进课程教材及实施工作的通知》，深入推进习近平新时代中国特色社会主义思想、党的二十大精神进教材工作，强化对意识形态属性较强教材审核把关，完成343册高校自编教材修订任务。组织开展全省《习近平新时代中国特色社会主义思想概论》教材使用培训、全省高校思想政治理论课2023年版教材使用培训，督促指导各高校用好《习近平新时代中国特色社会主义思想概论》教材。各校结合教育教学实际，根据不同学科专业特点，加强系统设计，实现学科专业横向配合、协同联动，确保习近平新时代中国特色社会主义思想全面系统融入课程教材。

三是教材工作体制机制不断健全。省政府成立由分管副省长为主任的甘肃省教材委员会，下设基础教育、职业教育、高等教育教材专家工作委员会，统筹指导全省大中小学教材工作，定期研究解决教材建设中的重大问题，切实加强教材建设的政治领导和工作指导。省教育厅整合相关处室职能，组建成立教材处，承担省教材委员会办公室日常工作，具体负责全省大中小学教材建设和管理工作。省委教育工作领导小组推动地方和高校建立健全教材工作领导机构，全省逐步形成了主体明确、职责明晰、上下贯通、多方联动的教材建设运行机制。学校党委切实担负起教材建设与管理职责，把好教材编写（修订）、审核、选用使用关，坚持课程教材建设的社会公益属性，会同有关部门从严加强开发、出版单位管理，存在违法违规情况不得续用，确保课程育人为本，教材按需编写、规范使用，杜绝被经济利益绑架等不良倾向。

典型案例：省教育厅印发《关于进一步加强全省职业院校教材建设和管理工作的通知》《关于进一步加强全省普通高校教材建设和管理工作的通知》等文件，对高校教材建设和管理工作提出明确要求，压实高校教材建设管理主体责任。各高校成立了由学校党委领导的教材工作领导机构，设置明确的工作部门或专门的教材工作机构，明确具体工作职责，强化教材工作专职人员配备，统筹全校教材规划、编写、审核、出版、选用、征订和质量监测评价等工作。把教材建设作为学校人才培养规划、教育教学改革、二级教学单位考核和学科专业内涵建设的重要内容，作为"双一流"建设、"双万计划"、学科专业评估、教学团队和基层教学组织督导考核的重要指标，纳入学校党建和思想政治工作、履行教育职责考核评估体系。

全省职业院校中，所有学校均制定了教材管理实施细则，96%的职业院校成立了教材工作领导机构和选用机构，93％的职业院校落实教材选用公示和备案制度较好，78％的职业院校建立了完善的教材质量监控和评价机制。全省职业院校教材管理机制建设情况如图 3-5-1 所示。

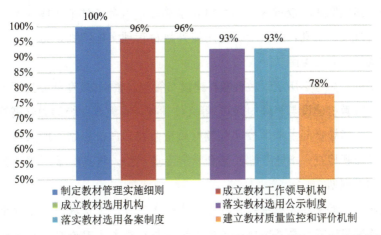

图 3-5-1 甘肃省职业院校教材管理机制建设情况（数据来源：各职业院校）

全省普通高校中，所有学校均制定了教材管理实施细则，成立了教材工作领导机构及选用机构。85％的普通高校配备了专职教材工作人员，90％的普通高校成立了教材编写选用审核机构，85％的普通高校建立了相对完善的教材质量监控和评价机制，90％的普通高校有效落实了教材选用和备案制度。全省普通高校教材管理机制建设情况如图 3-5-2 所示。

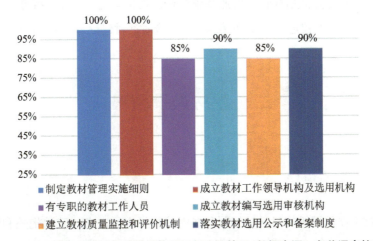

图 3-5-2 甘肃省普通高校教材管理机制建设情况（数据来源：各普通高校）

四是教材建设管理制度体系更加完善。建立"一规划、两目录、六细则"教材制度体系。依据国家教材建设规划，制定出台甘肃省落实国家教材建设规划的实施方案，明确重点任务、目标方向、重大措施、重要工程和时限要求，为全省大中小学教材工作架梁立柱。落实职业院校省级规划教材目录制度，出台了甘肃省职业院校、普通高等学校教材管理实施细则，以及学校选用境外教材管理实施细则，为加强全省大中小学教材管理提供了制度保障。

五是统筹推进高等学历继续教育教材建设与管理。根据《教育部办公厅关于加强高等学历继续教育教材建设与管理的通知》等文件精神，省教育厅统筹做好高等学历继续教育教材工作，指导督促主考学校完善教材质量监控和评价机制，加强对自学考试教材选用工作的监督检查；指导各学校结合学科专业优势，将高等学历继续教育教材纳入本校教材建设规划。

典型案例：省教育厅首次组织开展全省高等教育自学考试教材质量评审，明确选用标准、规范选用环节。要求思想政治理论课、马克思主义理论研究和建设工程重点教材必须使用国家统编教材。优先选用最新出版的国家规划教材、省级重点教材及获得省部级以上奖励的优秀教材，对境外教材选用和管理严格按照国家相关规定执行。组织专家对2024年计划开考的9所院校45个专业322种选用教材进行了质量评审，对68种不符合质量要求的教材要求有关高校重新选用，严把自学考试教材选用审核关，为提升自学考试质量提供保障。

六是加强教材专业队伍建设。按照基础教育、职业与成人教育、高等教育领域，分学科和专业大类遴选组建近3000人的专家库，为全省教材建设与管理工作提供专业支撑。

二、教材建设情况

(一)严格教材编写审核

各校教材工作领导机构对学校编写和选用的教材进行常态化政治把关和学术把关，确保教材质量。政治把关重点审核教材的政治方向和价值导向，学术把关重点审核教材内容的科学性、先进性和适宜性。各校根据国家和省级要求，结合自身实际，制定了科学合理、严格规范的教材审核标准和审核流程，覆盖教材工作全过程各环节，明确了每个环节的审核主责部门、审核责任主体、审核人员构成、审核规范和审核要点。严格落实教材编审分离制度，遵循回避原则。

典型案例： 兰州资源环境职业技术大学建立教材审核专家库，涉及 14 个专业群相关专业领域的专家、教科研人员、一线教师、行业企业能工巧匠等；实行教材编审分离、回避盲审制度，在所编修教材正式送审前，以外聘专家为主的专家组，依据专业教学标准和课程标准对教材的思想性、科学性、适宜性进行全面把关。

(二)教材编写质量不断提升

各校发挥学校专业特色优势，提高教材建设质量。将教材建设管理工作作为基础性、支撑性、战略性工程抓好抓实，突出高等教育类型特征，体现产教融合发展生态，主动对接全省主导产业、支柱产业和战略性新兴产业需要，提升教材的实用性，努力打造符合学校人才培养目标和专业优势，符合学生认知特点，体现先进职业教育理念，既培根铸魂又启智增慧的精品教材。职业院校专业课程教材以真实生产项目、典型工作任务等为载体，体现产业发展的新技术、新工艺、新规范、新标准，反映人才培养模式改革方向，将知识、能力和正确价值观的培养有机结合，适应专业建设、课程建设、教学模式与方法改革创新等方面的需要，满足项目学习、案例学习、模块化学习等不同学习方式要求，有效激发学生学习兴趣和创新潜能。

典型案例： 全省 18 所职业院校组织编写的 41 部教材入选首批"十四五"职业教育国家规划教材，向教育部推荐 14 部 2023 年职业教育优质教材，职业院校教材工作不断取得新成效。兰州资源环境职业技术大学围绕"一带一路"倡议，编写了 3 部国际化双语教材，被塔吉克斯坦、赞比亚等国家院校和企业选用，为"一带一路"国际产能合作，助推职业教育"走出去"作出了积极贡献。

(三)持续推进教材建设与培育工作

高校以专业建设、课程建设、教学改革研究成果为依托，重点支持优势学科、教学名师、学术领军人物、一流课程团队，瞄准国家和区域战略发展需求，编写高质量特色教材。加强教材建设与培育，围绕一流学科、一流专业建设加快特色教材建设，着力培育优势教材、重点教材、特色教材。鼓励和引导优秀教师承担国家级、省级教材编写修订审核任务，立足教育教学需要和师生发展需求，编写出版更多服务学校人才培养需要、适应新时代要求的精品教材。

典型案例：兰州大学成立新材料领域教材建设团队，团队成员 20 人，围绕新材料领域，建设功能材料、新能源材料、微纳器件三类系列教材，以带动新材料领域核心课程、重点实践项目、高水平教学团队建设，着力提升新材料领域人才自主培养能力。西北师范大学不断开创"教材＋"融合创新路径，推动教材建设综合改革，提升特色教材育人功能，将陇原文化、黄河文化、文化旅游、服务"一带一路"等融入教材体系，分类建设 30 余种学科专业特色鲜明的校本教材。同时，设立"五育"特色教材培育项目，先后建设《敦煌壁画临摹》等 17 部"五育"特色教材；翻译出版《吉尔吉斯斯坦常用法律》《哈萨克斯坦常用法律》，作为学校涉外法治人才、丝绸之路文明基础学科拔尖学生培养的基础教材，为国内企业在中亚国家投资、合作、发展提供法律支持，为共建"一带一路"贡献力量。

（四）教材选用制度日趋完善

教材选用坚持"凡选必审"原则，做到公开、公平、公正，并对教材选用结果进行公示。各高校组建了教材选用委员会或教材选用领导机构，具体负责教材选用工作。职业学校在新学期开学前一个月将教材选用结果在省教育厅备案。高校教材选用坚持选优选新原则，优先选用近年出版的国家规划教材和获得省部级以上奖项的优秀教材。高校严格按要求使用国家统编的思想政治理论课教材、马工程重点教材。职业院校专业核心课程和公共基础课程教材原则上从国家和省级规划教材目录中选用。各校教材选用程序不断规范，选用质量持续提升。

（五）教材保障机制逐步建立

引导各校设立教材建设专项经费，充分保障教材编写、审核、选用、研究和队伍建设、信息化建设等工作。按照国家和省级要求,各校建立健全优秀教材编写激励保障机制,支持甘肃省高水平高等职业学校、优质中等职业学校和教科研机构参与承担省级规划教材编写修订任务,并按有关规定落实相应政策待遇。

典型案例: 兰州石化职业技术大学建立"大学教材与数字资源精准服务平台",采用信息化手段,持续提升教材管理和服务水平。学校的教材管理、征订、审核、供应、数据统计等均通过信息平台完成,平台还提供了在线电子教材及数字资源服务,为广大师生提供丰富的学习资源。

(六)教材质量监控和评价体系进一步完善

省教育厅加强教材工作的检查监督,各高校定期对本校教材进行全面排查,对教材审核、使用、排查过程中发现的问题建立台账,按照大中小学教材问题办理工作规程,按程序及时上报,按职责及时处理、及时排查、及时整改,确保教材问题及时发现和有效解决。各校根据教材质量跟踪,将教材使用评价与选用工作相结合,每学期教材评价结果作为下次教材选用的重要依据。

典型案例: 兰州交通大学发布《兰州交通大学本科生教材征订及使用监督管理办法》等办法,执行年度教材考核评议制度,组织学院及师生代表从教材供应、质量、服务、价格等维度进行综合考评,提升师生教材满意度。

(七)落实马工程重点教材统一使用

严格落实《新时代马克思主义理论研究和建设工程教育部重点教材建设推进方案》,各高校把马工程重点教材统一使用作为落实意识形态工作责任制的重要内容,推动各高校根据自身实际,逐步建立校级培训机制,提高团队教学能力,切实提高教材使用能力和课堂教学水平,积极引导和鼓励教师加强马工程教材研究,改革教学方法、丰富教学手段,不断提高相关课程教学水平和教学质量。2023年,全省高校马工程教材使用率为100%,组织《特殊教育概论》《教师道德修养》两部教材申报第一批新时代教育部马工程重点教材建设项目。

(八)建立定期评估总结工作机制

根据国家和甘肃省教材工作相关要求，建立定期总结评估上报教材建设规划推进落实情况和教材建设管理情况的工作机制。各高校每年 12 月 31 日前全面梳理总结学校教材工作成效，凝练特色亮点，梳理问题短板，厘清工作思路，对年度工作进行评估总结。

三、教材选用情况

(一)职业院校教材选用情况

2023 年度各职业院校共选用教材 9888 种，其中专业课教材 9037 种，占 91.4%，公共基础课教材 851 种，占 8.6%。选用数字教材等新形态教材 407 种，占教材总数的 4.1%。

专业课教材中，国家规划教材 3844 种，占 42.5%；省级规划教材 163 种，占 1.8%；行业规划教材 1300 种，占 14.4%；普通教材 3681 种，占 40.7%；校内自编教材 49 种，占 0.5%；未选用境外教材。如图 3-5-3 所示。

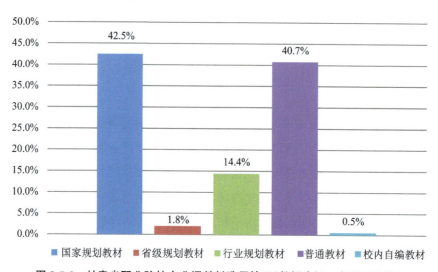

图 3-5-3　甘肃省职业院校专业课教材选用情况(数据来源：各职业院校)

公共基础课教材中，国家规划教材 508 种，占比 59.7%；省级规划教材 19 种，占比 2.2%；行业规划教材 2 种，占比 0.2%；普通教材 304 种，占比 35.7%；校内自编教材 18 种，占比 2.1%；未选用境外教材。如图 3-5-4 所示。

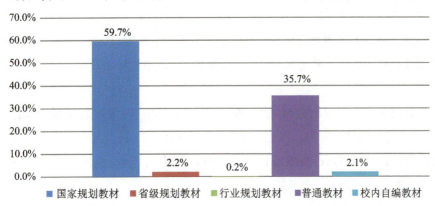

图 3-5-4　甘肃省职业院校公共基础课教材选用情况（数据来源：各职业学校）

职业院校各专业大类教材选用比例分别为：资源环境与安全大类 15.3%，装备制造大类 11.5%，电子与信息大类 9.1%，医药卫生大类 8.5%，财经商贸大类 8.5%，土木建筑大类 7.7%，教育与体育大类 6.3%，交通运输大类 5.7%，农林牧渔大类 5.5%，文化艺术大类 4.0%，公共管理与服务大类 3.8%，能源动力与材料大类 3.4%，轻纺食品大类 3.0%，旅游大类 2.9%，生物与化工大类 2.7%，公安与司法大类 1.3%，水利大类 0.8%。如图 3-5-5 所示。

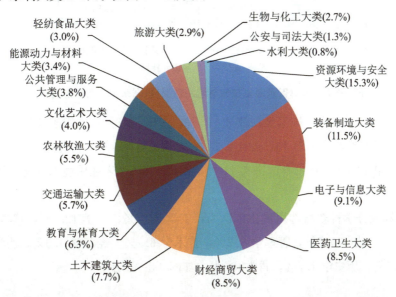

图 3-5-5　甘肃省职业院校分专业大类教材选用情况（数据来源：各职业学校）

(二)普通高校教材选用情况

2023 年各普通高校共选用教材 13970 种，其中专业课教材 13190 种，占比 94.4％，公共基础课教材 780 种，占比 5.6％。选用教材中新形态教材 386 种，占选用教材总数的 2.8％。

选用教材中，国家规划教材 4850 种，占比 34.7％；省级规划教材 390 种，占比 2.8％；行业规划教材 883 种，占比 6.3％；普通教材 6873 种，占比 49.2％；校内自编教材 257 种，占比 1.8％；校本或讲义 258 种，占比 1.8％；境外教材 459 种，占比 3.3％。如图 3-5-6 所示。

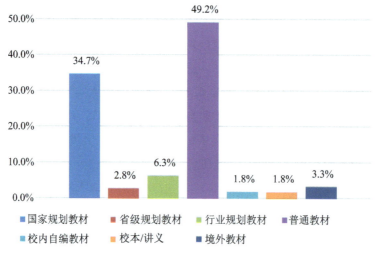

图 3-5-6　甘肃省普通高校教材选用情况(数据来源：各普通高校)

公共基础课教材中，国家规划教材 412 种，占比 52.8％；省级规划教材 24 种，占比 3.1％；行业规划教材 21 种，占比 2.7％；普通教材 304 种，占比 39.0％；校内自编教材 8 种，占比 1.0％；校本或讲义 11 种，占比 1.4％；未选用境外教材。如图 3-5-7 所示。

普通高校分学科教材选用占比依次为：工学 24.4％，医学 12.7％，理学 12.7％，农学 12.4％，文学 9.7％，管理学 8.2％，艺术学 6.1％，经济学 4.9％，法学 4.3％，教育学 3.1％，历史学 1.2％，哲学 0.3％。如图 3-5-8 所示。

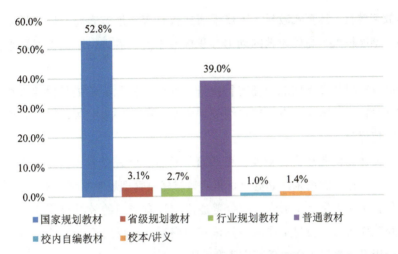

图 3-5-7 甘肃省普通高校公共基础课教材选用情况（数据来源：各普通高校）

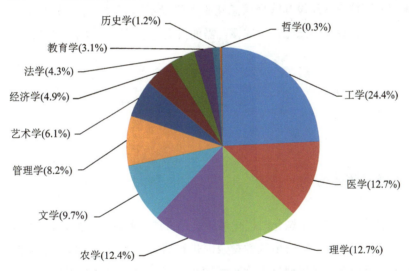

图 3-5-8 甘肃省普通高校分学科教材选用情况（数据来源：各普通高校）

四、存在的问题及不足

一是职业本科教材建设不足。教材建设滞后于课程建设的矛盾较突出，适用于职业本科专业的教材种类少，教材选用的局限性大，不能满足职业本科专业教学，部分专业布点少的特色专业（如气象类专业）可选用的规划教材和信息库教材不足。

二是数字教材、活页式教材、工作手册式教材等新形态教材及通用性实训教材开发成本高，难度较大，高校建设的动力和积极性不足，需进一步加大对新形态教材建设的支持力度。

三是高校教材建设支撑能力还有待提升。部分高校无明确的教材建设规划，教材建设工作缺少统筹，国家、省、校三级规划机制有待进一步完善，缺乏专项经费支持等必要的支持保障。

四是管理体制机制还有待健全。各校督导检查、问题处置、责任追究、监测使用等常态化教材工作机制尚未建立健全，落实教材建设管理规章制度还不够到位。

五是教材工作力量有待加强。部分普通高校没有专门的教材编写选用审核机构和专门的教材工作人员，教材工作队伍建设相对滞后，教材工作人员的能力素质和专业化水平亟待提升，教材工作责任落实还有差距。

六是部分高校教材建设和管理信息化平台建设不够完善，学校教材工作信息化水平不高，教材工作缺少信息化技术支撑，需加快推进教材工作数字化转型。

五、下一步工作考虑

(一)开展培根铸魂行动

全面推进马克思主义中国化时代化最新成果进课程教材，及时推进教材编写编修。督促相关编写、出版单位对所出版教材及时进行修订，确保分学段分学科落实习近平新时代中国特色社会主义思想进大中小学课程教材要求。加强资源建设，组织兰州大学、西北师范大学等高校专门力量，广泛开展马克思主义中国化时代化最新成果解读。推动开发建设一批针对性、实效性强，富有吸引力、感染力的多形态资源，服务教材编写、修订、使用，确保党的创新理论最新成果进课程教材落实落细。

(二)加强教材建设规划

研制"十四五"职业教育省级教材建设实施方案和"十四五"普通高等教育本科省级

教材建设实施方案，对高校教材建设工作进行整体规划和统筹安排，确保教材建设的质量和效果。加强学校与行业企业的合作，围绕高素质技术技能人才培养，服务专业改革与发展，着力建设一批体现协同育人、彰显行业特色的高等教育优质教材。"十四五"期间，分批建设150种左右职业教育省级规划教材和500种左右普通高等教育本科省级规划教材。对接国家战略和区域经济社会发展的主导产业、支柱产业、战略性新兴产业需要，建设一批适应国家特别是甘肃区域发展战略需求的优秀教材，推动一批省级优秀教材入选国家级规划教材，着力打造体现中国特色、支持甘肃教育事业发展的高质量高等教育教材体系。

(三)加大支持保障力度

坚持教材建设面向服务国家和区域发展战略，将教材建设融入国家战略需求和甘肃经济社会改革发展大局，加大经费投入和政策支持，创新工作方式方法，多方协同，努力打造具有甘肃特色、学校特色的全学科融入、全过程监测、全链条管理的高质量教材工作体系。加强省级、学校教材建设经费保障，明确各责任主体经费保障职责，按规定将教材建设相关经费纳入预算。教材出版单位加大对教材研发、使用培训、跟踪监测等方面的经费投入。

(四)完善教材选用管理制度机制

督促各校落实教材选用公示和备案等制度，严格教材选用程序，确保选用教材的先进性和适用性。加强教材的"精品意识"，严把政治关、学术关和适用关，坚持"选优选新"原则，优先选用国家和省级规划教材、精品教材、重点教材及获得省部级以上奖励的优秀教材，加大数字教材等新形态教材的选用比例。

(五)加强队伍建设，完善激励机制

严格落实教材建设成果与教育教学、科研成果同等认定、同等待遇政策，将优秀教材作为代表性成果纳入人才评价评审的指标体系。推动实施教材建设省级奖励制度，提高奖励的针对性、精准性。鼓励高等学校加强教材工作奖励，吸引支持更多优秀人才参与教材工作。鼓励和支持有条件的普通高等学校招收教材建设和管理方向的研究生，加强教材专业人才培养。分级分类组织开展教材编写、编辑、审核及管理人员培训，注重思想理论培训，加强学术交流与合作，不断提升教材队伍专业化水平。

(六)健全教材使用监测评价机制

根据《甘肃省职业院校教材使用监测工作方案》《甘肃省普通高等学校教材使用监测工作方案》部署，启动全省高校教材使用监测工作，到2027年，所有高校完成一轮教材监测，逐步实现教材监测工作全覆盖和常态化。建立不合格教材淘汰制，健全国家、省级、学校、出版单位共同参与的监测体系，形成教材编写、审核、出版、使用质量监督改进闭环。高校依托专业机构研究构建教材质量监控和评价机制，突出教材育人效果评价。

(七)打造特色精品教材体系

充分发挥全省各校特色学科专业优势，打造具有甘肃品味的高等学校精品教材体系，将教材建设管理工作作为基础性、支撑性、战略性工程，立足高校改革发展实际、教育教学需要和师生发展需求，充分利用我省特有的丝路文化、红色文化、农耕文化、黄河文化、敦煌文化、民俗民族文化和考古文化以及自然地理和生态环境保护资源优势，用心打造符合学校人才培养目标和学科专业优势、既培根铸魂又启智增慧的精品教材体系。

(八)加强教材研究

推进省级职业教育教材研究基地和普通高等教育教材研究基地遴选创建工作，分级分类设立一批课程教材研究专项课题，整合优势学科、一流专业的师资力量共同开发和研究教材。深入探索产学研一体化教材开发模式，研制一批实践类教材、创新创业教材，培育一批新兴交叉学科紧缺教材，打造一批经典教材。建立教材周期修订制度，推动最新科研实践成果进教材。支持学校协同省内有关厅局单位等，共同支持组织开展教材研究成果交流，努力推动研究成果及时转化。加强试点试验，吸收各有关方面正确意见建议，汇聚多方智慧和合力，为进一步加强全省高校教材建设和管理赋能增效。

(九)加大对新形态教材建设的支持

鼓励学校结合专业教学改革实际，开发活页式、工作手册式、适合智能教学且内容丰富的数字教材等新形态教材。充分利用新一代信息技术，整合优质资源，创新教材呈现方式，提升教材新技术研发能力和服务水平，以数字教材为引领，建设一批理念先进、规范性强、集成度高、适用性好的示范性新形态教材，探索构建灵活、开放、规范的新形态教材建设与管理运行机制。

(十)提升教材工作信息化水平

统筹推进甘肃省教材建设和管理信息化平台建设，做好同国家管理平台和甘肃省智慧教育平台的数据共享与对接，完成教材审核、选用备案、监测等系统开发并上线运行，实现课程、教材、教辅、读物等信息化管理全覆盖。精准掌握各地各校教材建设与管理基本数据，进一步加大教材数据统计、分析和研究，支撑服务教材工作决策，不断提高教材工作质量和效率。

(十一)健全责任追究和问题处置机制

细化责任追究办法，强化教材编写、审核、出版、印制发行、选用、使用等各环节责任主体履职尽责。对违反规定、未认真履行职责造成严重不良后果的单位和人员，严格按照教育部等五部门《关于教材工作责任追究的指导意见》及有关规定予以严肃问责。严格落实大中小学教材问题处理规程，明确各类教材问题的责任主体和处理流程，确保社会反映和排查发现的问题及时得到核实处置。加强涉教材舆情应对，强化部门协同和部省联动，尽早发现、妥善应对。

（执笔人：甘肃省教育厅史玺锋；兰州资源环境职业技术大学王学强）

04

第四部分

代表高校教材建设和管理
研究情况

第一篇　北京大学教材建设和管理年度报告

一、教材工作基本情况

北京大学教材工作坚持以习近平新时代中国特色社会主义思想为指导，贯彻落实党和国家关于教材工作的重大决策部署，强化国家事权，围绕立德树人根本任务，全面加强党的领导，采取一系列措施，大力推进教材建设。强化顶层设计和整体统筹，抓好发展方向和政策引导。加强教材工作体系建设，完善教材管理体制机制，建立健全教材管理制度。严格规范教材选用，全面审核各学科专业选用教材。深入开展教材研究，提升教材建设专业化水平。加大投入，奖励优秀，制定以教材建设为核心的人事激励政策，加强教材队伍建设。积极推进习近平新时代中国特色社会主义思想进课程进教材进头脑，努力打造培根铸魂、启智增慧的精品教材，加快构建中国特色高质量教材体系。

二、持续推进教材建设，助力构建中国特色
高等教育教材体系

(一)积极推进校级教材建设

1. 开展教材建设立项工作，遴选校级规划教材、立项教材

北京大学每两年开展一次教材建设立项工作，围绕人才培养目标，充分发挥学校

学科优势，立足国际学术前沿，建设高水平北大品牌教材。党的十八大以来，学校立项支持近 400 项规划教材和立项教材编写，其中 2022 年立项支持 65 项教材，重点支持在教学实践中取得良好效果且影响广泛的教材进行修订，打造经典教材。

2. 加强数字化教材建设

为促进现代信息技术与教育教学的深度融合，引领师生教与学方式的改变，自 2019 年起，北京大学大力开展数字化教材建设工作，每年组织一次数字化教材建设立项，共立项支持 63 项数字化教材。目前已建成包括嵌入二维码绑定数字资源的传统数媒融合和纯数字化完全线上发布等数字化教材 100 余种，其中，通过北京大学出版社博雅云学堂平台上线发布数字化教材 23 项。同时，学校结合教学实际，着眼师生需求，探索数字化教材建设路径、内容和形式，持续推进数字化教材和教学资源建设。目前，博雅学与练、博雅云学堂两个数字教学平台用户近 20 万，点击量超过 100 万。

(二)积极推进中国特色哲学社会科学教材体系建设

1. 推进党的二十大精神进教材

根据国家教材委员会办公室《关于做好党的二十大精神进教材工作的通知》精神和要求，北京大学党委和行政高度重视，将推进党的二十大精神进教材工作作为我校当前和今后一个时期教材建设工作的重要政治任务，加强整体设计，采取扎实措施，确保及时、全面、准确地在教材中落实党的二十大精神。

学校成立专项工作小组，结合教材修订制度，制定了北京大学《党的二十大精神进教材工作实施方案》，由学校校长办公会议和党委常委会会议审议通过后下发至各院系和相关单位落实实施。

各院系认真组织学习，梳理立项教材出版情况，组建教材修改修订团队，确定修改修订教材清单，明确修改修订方向。经学校组织专家审核，教材建设委员会工作会议审议，确定了修改修订教材 70 余种。

北京大学出版社为修改修订教材选优配强责任编辑队伍，并加强导向管理和质量控制，确保高质量按时完成修改修订教材的编写及出版任务。目前，各项教材正在按照修改修订方案开展研究和编写工作。

2. 积极推动马工程重点教材修订

党的二十大召开后，积极支持北京大学教师开展马工程重点教材修订工作，及时将党的二十大精神融入教材，北京大学教师主持修订的马工程重点教材均按要求按时完成了修订工作和专家审核。

3. 重点支持首批中国经济学教材和马克思、恩格斯、列宁关于哲学社会科学及各学科重要论述摘编（分论—政治学）编写工作

北京大学整合相关学科师资力量，组成高水平申报团队，积极申报首批中国经济学教材和马克思、恩格斯、列宁关于哲学社会科学及各学科重要论述摘编。2021 年 10 月，北京大学三种教材入选首批中国经济学教材，分别是《中国宏观经济学》《中国开放型经济学》《中国区域经济学》；2022 年 2 月，北京大学申报的"分论—政治学"入选马克思、恩格斯、列宁关于哲学社会科学及各学科重要论述摘编。学校重点支持这些入选教材编写出版，依照相关规定按国家级重大项目予以支持，按 1∶1 比例拨付专项资助经费，确定出版单位，加强管理，督促各团队按照编写工作方案要求及时开展编写工作。目前，以上各项目均按要求按时完成了书稿和专家审核。

4. 积极支持《理解当代中国》多语种系列教材编写

为全面推进《习近平谈治国理政》多语种版本进高校进教材进课堂，中共中央宣传部、教育部组织编写了《理解当代中国》多语种系列教材。北京大学教师承担了其中韩国语系列教材的编写，学校高度重视教材编写工作，将其作为深化新时代外语教育改革、构建外语教育自主知识体系、全面开展外语专业课程思政建设的重要举措予以大力推进，为教材配备高水平编写人员，拨出专项经费予以支持。

5. 重点开展哲学社会科学教材建设

2021 年起，北京大学开展课程思政教材专项建设工作。着力建设一批集价值引领、知识传授、能力培养于一体，兼具思想性、时代性、科学性的课程思政教材；重点新编修订一批哲学社会科学教材，坚持马克思主义指导地位，体现马克思主义中国化要求，推进习近平新时代中国特色社会主义思想进教材。2021—2023 年共立项支持 20 项课程思政教材，出版了《原子物理学》《经济学科课程思政教学设计》等充分融入理想信念教育和社会主义核心价值观教育等课程思政元素或总结课程思政教学经验的教材教辅。

规划并重点支持"北京大学中国系列"教材建设。注重在教材中及时融入中国式现代化新道路新经验和马克思主义理论研究新成果，建设体现中国特色、具有中国品格、解决中国问题的优秀教材。首批已规划编写出版 6 种"北京大学中国经济学系列"教材。近期正在规划建设中国法学教材和中国新闻学教材。

三、坚持"凡选必审"，把好教材选用使用关

严格执行《普通高等学校教材管理办法》《北京大学教材选用管理办法》《北京大学境外教材选用管理暂行办法》等文件规定，对选用教材严格把关，坚持正确的政治方向和价值导向，严把教材政治关、科学关、适用关，防范错误政治观点和思潮渗透。建立了由 190 余名知名专家组成的校级教材审核队伍；按照教材局和北京市教委部署，先后开展了哲学社会科学各学科、民族学、法学、境外教材和外国语言类、经济学、政治学和新闻学教材专项审核工作，2021 年年底至 2022 年年初全面审核各学科专业选用教材，圆满完成教材局和北京市教委布置的任务。每学期定期审核新开课教材，重点审定境外教材，编制《北京大学境外教材选用目录》，共列入 557 种各学科专业境外教材。

积极推动哲学社会科学相关课程统一使用马工程重点教材。加强组织领导，以制度推动工作落实，《北京大学教材选用管理办法》明确规定哲学社会科学相关课程须统一使用马工程重点教材；认真组织相关学科专业教师参加教育部举办的马工程重点教材示范培训班；学校图书馆设立马工程重点教材专架方便师生使用。近两年学校开设的与马工程教材相关的课程已经全部使用马工程重点教材。

四、教材建设与管理主要举措

(一)加强教材管理体制机制建设

1. 构建北大特色教材工作体系

坚持党对教材工作的全面领导，学校党委在教材工作中负总责。学校党委和行政

高度重视教材工作，将其纳入重要议事日程，定期听取教材工作汇报，审议教材管理制度和教材工作重大事项。

学校教材建设委员会统筹领导全校教材工作，教务部为具体负责全校教材工作的职能部门。在教材建设委员会指导下，教务部、研究生院、出版社、图书馆等部门各负其责，协同配合推进教材工作；各院系党委和行政发挥主体作用，负责审核课程使用教材，制定院系教材建设计划，组织教师编写教材。

经多年实践，已经构建起"党委领导、全校统筹、部门协同、院系主责、教师重视"的教材工作体系，为推进我校教材建设和管理工作提供了坚强组织保证。

2. 完善教材管理机制和制度体系

学校建立起"院系主责—教学管理部门审核—教材建设委员会审定"的教材管理机制，严格落实国家教材管理政策和规定，建立健全教材管理制度。近年来，制定和出台了一系列教材管理制度，如《北京大学优秀教材评选及奖励办法》(2015)、《北京大学教材建设立项项目管理办法》(2015)、《北京大学教材选用管理办法》(2017)、《北京大学境外教材选用管理暂行办法》(2017)、《关于进一步推进高水平教材建设的指导意见(试行)》(2019)。《全国大中小学教材建设规划(2019—2022年)》和四个管理办法印发后，学校对照国家教材委员会和教育部最新要求，修订《北京大学教材建设立项项目管理办法》(2020)、《北京大学教材选用管理办法》(2020)等管理文件，并在实际工作中严格落实执行以上管理制度，进一步规范教材建设与管理工作。

3. 加强顶层设计和整体统筹

为做好"十四五"期间学校教材建设工作，北京大学在广泛调研的基础上，紧密围绕党和国家事业发展对人才培养的要求，围绕"双一流"建设，围绕学校学科、课程发展和建设需求，研制北京大学"十四五"教材建设规划。2021年11月，《北京大学"十四五"教材建设规划》印发，确定了"十四五"期间学校教材建设的指导思想、建设原则、建设目标、工作任务和保障措施。同时，加强对各院系教材工作的统筹协调，指导院系结合各自学科建设和课程建设，制定院系教材建设规划，建设具有学科特色的系列教材、经典教材和新形态教材。

4. 着手建立教材建设博雅特聘教授岗位聘任制度

为贯彻落实党中央、国务院近年来关于教材建设的重大战略部署以及习近平总书记关于教材建设的系列重要指示和批示精神，应对和解决教材工作中存在的挑战和问题，北京大学着手建立教材建设博雅特聘教授岗位聘任制度，旨在以人事激励制度机制来保障和促进教材队伍建设和高水平教材建设。

在广泛调研和征求意见的基础上，《北京大学教材建设博雅特聘教授岗位聘任管理办法》已由校长办公会和党委常委会审议通过。该管理办法从岗位管理原则、聘期、名额、待遇、岗位职责、遴选条件、聘任程序、岗位管理、考核评价、支持保障等方面进行了规定。目前已启动岗位聘任和教材遴选工作。

(二)建设高水平教材队伍

着力建设高水平专业化的教材队伍。通过政策激励、经费投入、奖励优秀等措施，吸引和汇聚政治立场坚定、学术造诣深厚、教学经验丰富的专家学者组成教材队伍。学校严把队伍入口关，对教材编者就政治立场、价值取向、师德师风、学术诚信等方面进行综合考察。

越来越多的学术水平高、教学经验丰富的专家、学者担任教材主编，带动一批学有所长的中青年教师加入教材编写队伍，已建成一支院士领衔、国家级教学名师挂帅、中青年学者积极参与的高水平教材建设队伍，姜伯驹、涂传诒等十几位院士，温儒敏、阎步克等十几位国家级教学名师在教材建设中积极发挥引领作用。

(三)开展教材研究，推动国家级和校级教材基地建设

2018 年、2021 年国家教材委员会办公室启动两批国家级教材基地遴选工作，北京大学积极组建高水平学科团队参加申报，最终共入选高校政治思想理论课毛泽东思想和中国特色社会主义理论体系概论教材研究基地(以下简称"毛中特概论教材基地")、高等学校政治学教材研究基地和高等学校文学教材研究基地三个基地。

毛中特概论教材基地聚焦习近平新时代中国特色社会主义思想内容体系，系统探讨"习近平新时代中国特色社会主义思想""毛泽东思想和中国特色社会主义理论体系"以及其他思政课教学内容之间的关系，重点研究教学内容体系，推动和指导全国高校

高质量开设"习近平新时代中国特色社会主义思想概论"课程。基地举办系列研讨活动，开展多个重大项目研究，持续开展对学生状况的调研，组织 13 期集体备课活动，全国高校思政课教师参与总人数近 5000 人。2022 年，"习近平新时代中国特色社会主义思想专题讲座"数字课程上线，为全国高校全面开设习近平新时代中国特色社会主义思想概论课程作出重要贡献，被教育部社会科学司推荐全国使用。

为积极推进"大思政课"建设，推出优质教学资源，毛中特概论教材基地组织编写《中流砥柱——习近平经济思想在国有企业的实践》《走向共同富裕——习近平经济思想在农村的实践》两种教学案例，2023 年 9 月出版。

2023 年 9 月 15 日，北京大学高校思想政治理论课"毛泽东思想和中国特色社会主义理论体系概论"国家教材建设重点研究基地举办《习近平新时代中国特色社会主义思想概论》教材研讨会，深入探讨如何从整体上把握整本教材的逻辑，准确理解每章的内容安排，如何真正用好教材，更好地用习近平新时代中国特色社会主义思想铸魂育人。

2023 年 7 月，政治学和文学两个基地入选第二批国家教材建设重点研究基地。两个基地有序推进各项工作，结合国家教材委员会办公室要求拟定建设方案和规划，筹备成立基地学术委员会，研究确定教材研究项目，开展相关学科教材使用情况调查，筹备举办学术研讨会和高端学术论坛。2023 年 10 月，召开国家教材建设重点研究基地工作交流会，北大副校长、教务长王博主持会议，各国家教材基地负责人、联络人，基地所在院系教学院长（主任）和相关职能部门人员参加会议。会议交流了基地建设经验、建设计划和存在问题。

为进一步提升教材建设科学化、专业化水平，2020 年北京大学率先在高校设立校级教材研究与建设基地。目前已经设立 14 个校级教材基地，并投入 300 余万元年度专项经费支持基地开展教材建设重大理论和实践问题研究，为完善教材体系编写高水平教材提供理论支撑。2019 年起，学校在教育教学改革项目立项中设立教材研究项目，组织院系和教师开展教材理论研究，至今已经立项支持 25 个教材研究项目。

(四)奖励优秀教材

2021 年，北京大学 30 种教材荣获全国优秀教材奖，其中高等教育类 26 种，职业教育和继续教育类 2 种，基础教育类 2 种。

学校每两年开展一次优秀教材评选奖励工作，2022 年共评选出 29 种北京大学优秀教材。

为表彰这些优秀教材，激励更多高水平教师参与教材建设，学校拨出专项经费对获奖教材和作者进行了奖励。

(五)强化支持与保障

落实和实施《进一步推进高水平教材建设的指导意见(试行)》推出的系列激励政策，将教材成果纳入教师考核评价体系。教材编写出版计入教师教学工作量，教材成果视为同级别教育教学改革项目立项成果，校级及以上获奖教材视为相同级别获奖教学成果和科研成果，并作为教师职称评聘、岗位聘用、职务晋升的重要依据。前文所述《北京大学教材建设博雅特聘教授岗位聘任管理办法》实施后，将进一步强化政策激励引导。

学校将教材经费纳入校级预算，近年来进一步加大教材建设经费投入，2022、2023 年两年共投入 1347 万元经费支持教材建设和奖励优秀教材。

学校和北京大学出版社密切合作，建立起行之有效的立项教材出版保障机制，由学校组织的各类型立项教材均由北京大学出版社负责出版，免除出版费用。

(六)推进教材管理信息化建设

为全面提升教材管理工作质量和效率，学校开发建设教材工作管理系统，全面设计、分批推进。自 2020 年 5 月子系统境外教材审定系统上线以来，境外教材的推荐、院系审核、专家审核等环节均在线上完成。目前，正在开发教材选用管理系统，后续将陆续开发教材建设立项管理、出版教材管理等子系统，以逐步实现教材建设全方位、全环节、全过程信息化管理。

五、工作经验

(一)党政领导重视，是做好教材工作的重要保障

学校党委、行政高度重视教材建设和管理工作，深入贯彻习近平总书记关于教材工作的重要指示批示要求，始终将教材作为教育教学的关键要素、立德树人的基本载体，以构建具有北大特色的高质量教材体系为目标，不断完善教材工作机制和制度体系。

2019年《全国大中小学教材建设规划（2019—2022年）》和四个管理办法印发后，学校党委、行政就落实规划做出部署和安排，指示有关部门开展调研，制定具体措施推进规划落地实施。2020年首届全国教材工作会议、2021年全国教材工作会议暨首届全国教材建设奖表彰会后，学校党委常委会、校长办公会第一时间学习传达会议精神，并就提高教材编写质量、增强教材育人功能作出工作部署。

学校党委、行政将教材建设作为历年的工作重点，在年度工作要点中专设章节部署做好教材工作。

(二)建立健全教材管理制度，为做好教材工作提供了制度保障

学校不断完善教材工作机制和制度体系，织密制度网格，管理制度覆盖教材规划、立项、编写、出版、选用、政策激励等各个环节，为更好地开展教材工作提供了制度保障。

(三)拥有一支高水平的教材建设队伍，是提升教材质量的内在保障

教材编写队伍的水平直接决定教材质量。学校通过政策激励、经费投入等措施形成合力，加强教材编写队伍建设，建设了一支包括院士和名师在内的千余名优秀教师

组成的高水平教材编写队伍，为编写高质量教材提供了人才保障。

(四)落实激励政策，加大投入，保障出版，为做好教材工作提供了条件保障

学校将教材建设成果纳入考核评价体系，计入教师教学工作量，并作为教师评聘的重要依据，着手制定以教材建设为核心的人事激励政策，为做好教材建设提供了有力政策支持。

学校将教材经费纳入年度预算，加大对立项教材、优秀教材的支持和奖励力度，为教材建设提供了经费保障。

多年来建立起的顺畅的立项教材出版机制，为出版高质量教材提供了优质平台与助力。

(五)以研究促建设，为做好教材建设提供了理论支撑

国家级、校级教材基地和教材研究项目积极开展工作，围绕教材建设基础理论、实践应用、发展战略等开展研究，探索教材建设规律，为教材建设提供了理论支撑，提高了教材建设专业化科学化水平。

六、存在的问题与不足

北京大学教材建设和管理工作虽然取得了较为突出的成绩，但仍然存在着一些不足和薄弱点，主要体现在以下几个方面。

一是教材质量和水平有待进一步提高。立足国际学术前沿、具有广泛世界影响力的教材数量不足；适应新时代新要求、体现中国特色的高水平原创性教材不足。

二是教材队伍建设有待加强。教材编写队伍梯次配备、年龄结构不理想。目前，一批德高望重的老前辈，包括一批 80 多岁的老教授仍在教材编写、审读等一线工作中发挥主要作用，中青年学者参与教材编写的情况不理想。

　　三是总结中国实践、解决中国问题的"中国系列教材"建设不足。与中国特色社会主义建设取得的伟大成就和丰富实践相比，系统总结中国改革开放和中国特色社会主义建设实践、解决中国问题的"中国系列教材"建设没有形成完整的体系。"中国系列教材"建设仍处于探索之中，学科覆盖面太小，数量太少。

　　四是数字化教材建设有待加强。当前，数字化教材在功能设计、教学资源建设、开发力量配备及建设数量等方面存在问题与不足，在内容和形式上均需提升和改进。

　　五是教材研究不够深入。教材研究对教材建设的专业支撑不足，需进一步夯实研究基础，努力把握教材建设规律，及时回应国家发展重大需求和人才培养需求。

　　为改进和解决这些问题，下一步工作将以推进党的最新理论成果进课程教材、落实激励政策、打造经典教材、加强教材研究、加强数字化教材建设等工作为重点，强化政策引导，进一步推进新时代教材建设高质量发展。

七、下一步工作安排和建议

（一）下一步工作安排

1. 全面推进党的最新理论成果进课程教材

　　贯彻落实国家教材委员会《习近平新时代中国特色社会主义思想进课程教材指南》精神，坚持把贯彻习近平新时代中国特色社会主义思想进教材作为重中之重，推动各学科专业课程教材结合自身特点有机融入习近平新时代中国特色社会主义思想，全面介绍与阐释习近平新时代中国特色社会主义思想的时代背景、核心要义、精神实质、科学内涵、历史地位和实践要求，体现其基本立场观点方法，实现进课程教材全覆盖，全面增强课程教材铸魂育人功能。

　　落实国家教材委员会办公室《关于做好党的二十大精神进教材工作的通知》要求，根据党的二十大精神系统修订课程教材，完成教材修订任务。

　　通过推进习近平新时代中国特色社会主义思想进课程教材、党的二十大精神进教材工作，建设一批集价值引领和知识传授于一体的教材。

2. 落实人事激励政策

实施《北京大学教材建设博雅教授岗位聘任管理办法》，扎实做好教材建设博雅特聘教授岗位聘任工作，鼓励教师积极投身高水平教材建设工作，提升学校教材建设质量和人才培养质量，建设一批国内顶尖、国际有重大影响的优秀教材。

3. 推动教材质量全面提升

全力支持北京大学重点规划教材和"101 计划"教材建设，重点支持在教学实践中取得良好效果的教材进行修订，全面提升教材质量，打造经典教材。继续推进数字化教材建设，聚焦新时代人才培养需求和教学模式的改革，建设高质量新形态教材。

4. 建构以自主知识体系为核心的教材体系

重点推进北京大学"中国系列教材"建设，坚持以马克思主义为指导，立足中国实际，解决中国问题，建构以中国自主知识体系为核心的教材体系，除继续推进中国经济学教材建设外，规划建设中国法学教材和中国新闻学教材。

5. 加强教材研究

继续重点支持国家级和校级教材基地开展工作，聚焦国家重点战略和教材建设重大问题，开展前瞻性、基础性研究，充分发挥其对人才培养工作和教材建设的支撑作用。

6. 加快建设教材管理工作系统

推进教材工作管理系统开发与建设，完成教材选用管理、教材建设立项管理、出版教材管理等子系统建设，以信息化赋能教材管理，提高工作水平和效率。

（二）建议

1. 进一步加强统筹规划

建议尽快启动国家级规划教材遴选工作，更好地带动引领教材建设方向，促进中国特色高等教育教材体系建设。

2. 加强"中国系列教材"建设

建议扩大"中国系列教材"学科覆盖面，在经济学、法学、新闻学之外的更多学科中开展"中国系列教材"建设，以更好地总结中国实践、阐释中国理论、解决中国问题、讲好中国故事、传播中国价值观。

3. 加强教材队伍建设

建议构建和完善合理的人才评价机制、激励机制和培养机制，着力培养一批年富力强、锐意进取的中青年学术骨干，建立起老中青相结合的教材梯队，使中青年学者尽快担起教材建设重任；建议采取措施提高教材管理队伍专业化水平，提高教材管理人员的素质和能力。

4. 丰富教材呈现方式，建设新形态教材

建议加强数字化教材建设，加强配套教学课件、习题库、案例库、音视频等数字资源建设和教辅资料建设，从内容、功能、形式等各方面进行提升和改进。

（执笔人：北京大学刘建波、于瑞霞）

第二篇　首都师范大学教材建设和管理年度报告

教材是体现教学内容和教学方法的知识载体，是教师教学的基本工具，也是深化教育教学改革，培养创新人才的重要保障。首都师范大学教材建设工作始终坚持以习近平新时代中国特色社会主义思想为指导，深入贯彻党的二十大精神和党的教育方针，全面落实立德树人根本任务，坚持和弘扬社会主义核心价值观，加强党对教材工作的全面领导，牢固树立国家安全意识，彰显教材建设国家事权，深深扎根中国大地，牢牢站稳中国立场。

多年来，首都师范大学一直坚守师范姓"师"的初心使命和"双一流"高水平研究型大学的办学定位，以高水平学科群支撑高水平教材建设，通过重构教材工作体制机制，完善教材审核管理制度，强化教材队伍建设、创新开展教材研究、加强教材建设保障等工作，不断完善具有首都师大特色"一核多维全程"教材建设体系，尤其是在基础教育领域，为全面提高人才自主培养质量提供重要支撑。

一、构建"一核多维全程"教材建设体系

(一)育人为本：紧紧围绕"育人"核心开展工作

习近平总书记在全国教育大会中指出，要坚持党对教育事业的全面领导，坚持社会主义办学方向，就是要全面贯彻党的教育方针，坚持马克思主义指导地位，坚持中国特色社会主义教育发展道路。高校教材是高等学校教育教学的基本依据，是解决培养什么人、怎样培养人、为谁培养人这一根本问题的重要载体，直接关系党的教育方

针能否落实、教育目标能否实现。

教材建设是铸魂工程，必须体现党和国家意志，必须坚持马克思主义指导地位，体现马克思主义中国化要求，体现中国和中华民族风格，体现党和国家对教育的基本要求，体现国家和民族基本价值观，体现人类文化知识积累和创新成果。首都师范大学教材建设工作紧紧围绕"育人"这一核心，坚持全面贯彻党的教育方针，落实立德树人根本任务，扎根中国大地，站稳中国立场，充分体现社会主义核心价值观，加强爱国主义、集体主义、社会主义教育，引导学生坚定道路自信、理论自信、制度自信、文化自信，成为担当中华民族伟大复兴大任的时代新人。

(二)多措并举：多维度落实教材育人内涵

1. 以学科建设支撑人才培养和教材建设

鼓励、引导、支持学科带头人、教学名师编写教材，把最新的科研成果、理论体系向教材体系转化，不断提高教材建设的科学性和前沿性。首都师范大学是国家"双一流"建设高校，拥有"国家双一流建设学科"——数学学科，多个学科在教育部第五轮学科评估中进入 A 类水平。现有博士学位授权一级学科 17 个，国家重点学科 4 个，国家重点培育学科 1 个。现有国务院学位委员会学科评议组成员 5 人，教育部高等学校教学指导委员会副主任委员 2 人、委员 8 人，教育部基础教育教学指导专业委员会主任委员 2 人、副主任委员 1 人、委员 8 人，教育部高等学校小学教师培养教学指导委员会主任委员 1 人、委员兼秘书长 1 人，教育部高等学校中学教师培养教学指导委员会委员 1 人。

目前，学校拥有各类国家级教材 69 项，A 类学科所在学院拥有国家级教材 55 项，比例接近 80%，其中"双一流"建设学科数学 13 项，艺术学类 18 项，历史学和文学类均 6 项，教育学类 12 项，地理学类 3 项。省部级教材 127 项，A 类学科占 77 项，比例接近 61%，其中文学类 27 项，数学类 11 项，艺术类 16 项，教育类 18 项。值得提出的是，在优势学科带动下，首都师范大学新兴学科信息工程类国家级教材占 3 项，省部级教材达到 18 项，比例达到 14%。

在 2021 年首届全国教材建设奖评选中，首都师范大学共有 23 项教材(含参与编著)获奖，其中特等奖 2 项、一等奖 7 项、二等奖 14 项；徐蓝教授荣获全国教材建设先进个人。学校综合获奖数量位居北京市属高校首位，在全国师范院校中排名第三。此外，刘城等 14 位教师参与马工程教材编写，徐蓝、晏绍祥两位教授担任马工程教材首席专家，左东岭等 7 位教师入选"国家教材委高校哲学社会科学（马工程）专家委员会学科专家组"；13 部马工程教材由校内教师担任首席专家、主编、编委并参编，2 位教师参加"101 计划"教材编写。

2. 努力发挥大学服务能力，引领基础教育教材建设

首都师范大学现有基础教育教材研究、教育政策研究、教育管理研究专家孟繁华、徐蓝、劳凯声、石鸥、孙志钧、尹少淳、叶小兵、晏绍祥、王安国、林培英、王尚志、樊磊等，深度参与国家基础教育教材政策咨询，主持基础教育教材编写、教材审核与中小学课程标准研制，现行初中历史课程标准、高中历史课程标准、统编初中历史教材、统编高中历史教材、义务教育美术课程标准、普通高中美术课程标准、中小学书法教育指导纲要、义务教育阶段国家课程标准（综合）、普通高中国家课程标准（综合）、义务教育语文课程标准、普通高中语文课程标准等，均由首都师范大学基础教育专家领衔编写、修订或审核。学校在基础教育领域教材建设成绩突出。首届全国优秀教材奖总获奖数量为 23 项，其中基础教育类 19 项，比例达到 82.6%。首都师范大学为基础教育特等奖"义务教育三科统编教材"、义务教育历史教科书（七年级至九年级）和一等奖《义务教育教科书 美术 一年级 下册》的牵头单位、特等奖义务教育道德与法治教科书（一年级至九年级）和其他 5 个一等奖、11 个二等奖的参与单位。此外，徐蓝教授参与的基础教育统编教材编写工作得到国家最高领导人肯定，被誉为"铸魂工程"。

3. 重视教师教学关键环节，全面发挥教材育人作用

加强教材建设、发挥教材育人作用的关键是教师。首都师范大学通过加强对教师使用教材的培训，使教师能懂教材、会用教材，能够潜移默化地把教材的育人内容传递到学生心中、脑中，真正做到春风化雨、润物无声，实现教材体系向教学体系、教学体系向学生知识体系和价值体系的转化。

2018 年，首都师范大学成立党委教师工作部、教师教学发展中心，负责学校教师思想政治教育与师德师风建设和教师教学发展等工作。除了积极组织教师参加马工程教材使用培训外，还通过"教师大讲堂""教师交流坊""先进事迹报告会"等为教师们搭建教育教学、科学研究、身心发展的综合交流平台；思政示范课更是直接邀请专家指导教师进行课程思政设计，教师参与度高、效果好。2019 年以来，共开展各类讲座、交流、培训 94 次。

4. 重视教材研究，反哺教材实践

以研究反哺实践，充分发挥教材研究对教材建设实践的推动作用。教科书研究具有较高的学术价值和现实指导意义，是首都师范大学诸多学科研究成果中的一抹亮色，已经成为学校的一张学术名片。

2015 年，首都师范大学与教育部基础教育课程教材发展中心共同发起成立"中国基础教育教科书研究与评价中心"；2018 年 6 月，"中国基础教育教材研究院"在我校成立。两个机构旨在促进基础教育课程改革与发展，进一步提升基础教育教材的整体水平，着力打造教材专业研究、教材政策支持、教材质量监测、教材数据分析、教材研究专业人才发展五大平台，为国家教材建设提供专业支持和智力贡献。

首都师范大学建有教科书博物馆，目前博物馆馆藏 3 万余册教科书，时间跨度上从鸦片战争时期起，囊括教会学校、洋务运动、维新运动、民国时期，以及共产党根据地等各个时期的课本，所收藏的珍本数量及涵盖范围为国内之最。教科书研究团队近年来成果不断，填补了国内多项研究空白，在海内外产生了广泛影响。打造"海峡两岸暨港澳地区教科书学术论坛"国际化教科书论坛（已举办十一届），开展研究成果交流互鉴活动，提高国际影响力，推动中国优秀教材走出去。目前，学校在教材专业研究、教材政策支持、教材质量监测、教材数据分析、教材研究专业人才发展等方面的贡献力和引领力不断增强。近三届论坛主题见表 4-2-1。

表 4-2-1　近三届海峡两岸暨港澳地区教科书学术论坛主题

届次	论坛主题	分论坛主题
第九届	"赓续初心，担当使命：教科书建设的机遇与挑战"	"重大主题进入教科书研究" "教科书的政策与制度研究" "教科书的编写与使用研究" "教科书学的建构探索"
第十届	"新时代高质量教材体系建设的使命与探索"	"重大主题教育进入教科书研究" "中小学统编教科书的分析与使用研究" "教科书学的学科体系及话语体系构建" "教科书设计思想与数字教科书发展" "教科书的历史研究"

续表

届次	论坛主题	分论坛主题
第十一届	"适应拔尖创新人才培养，促进高质量教科书体系建设"	"重大主题教育进教材" "教材建设的理论与实践探索" "历史与未来：教科书发展" "什么是好教科书：教科书评价" "中小学教科书的使用研究"

第十一届论坛参与单位包括日本追手门学院大学、新加坡南洋理工大学，以及中国台北教育大学、台北市立大学、香港教育大学、澳门城市大学、北京师范大学、华东师范大学、浙江大学等海内外 60 多所高校；中国教育科学研究院、北京市教育科学研究院、江苏省教育科学研究院等 10 余所科研机构；北京市东城区史家胡同小学等 50 余所中小学；人民教育出版社、《光明日报》、《中国教育报》、《中国青年报》、《现代教育报》和《课程·教材·教法》等出版社、新闻媒体、学术期刊等机构。

二、管建结合：全流程设计教材建设管理工作

(一)重构教材工作体制机制

坚持党管教材，进一步明确主体责任，完善院校两级教材工作体制机制。2020 年重新修订《首都师范大学教材管理办法》，成立新一届学校教材建设委员会，设立院系教材建设工作小组。学校党委对教材工作负总责，党委宣传部、党委教师工作部、教务处、研究生工作部、学生工作部和院系基层党组织共同对教材工作进行政治把关。学校教材建设委员会由书记、校长任主任，负责对全校教材规划、编写、修订、审核、选用、评优等进行宏观指导，强调教材工作管理和使用监察；院系设立由书记、院长任组长的教材建设工作小组，确保基层教学单位教材管理工作扎实有效。

(二)"凡选必审"，完善教材选用备案制度

建立教材选用审批备案制度，明确教材选用审批流程及选用原则，定期公布教材选用情况，建设教材选用数据库，对全校教材使用情况进行动态管理，强化教材工作的规范化和科学化。依托学校教材建设委员会、院系教材建设工作小组、教学督导组对所选教材进行把关，健全教材使用进入退出机制，常态化开展教材专项排查。凡是马工程教材对应课程必须统一选用马工程教材，没有"马工程教材"的优先选用国家和省级规划教材、精品教材及获得省部级以上奖励的优秀教材，无上述教材的，可选用新版重点大学修订教材和校内教师自编教材或与其他院校合作编写的教材，但需要经各教学单位教材工作小组审核通过。2022—2023学年，首都师范大学涉及马工程重点教材的课程有156门，马工程教材使用的覆盖率、使用率接近100%。

(三)完善机制，推进教材培育和编写工作

以政策激励推动教材建设，将教材成果纳入教师考核评价体系，将教材编写、修订、出版和教材研究计入教师教学工作量，教材成果视为同级别教育教学改革项目立项成果，校级及以上获奖教材视为相同级别获奖教学成果和科研成果，并作为教师职称评聘、岗位聘用、职务晋升的重要依据。

为了发挥学科优势和特色，推动新的科研成果、理论体系向教材体系转化，提高教材建设质量，首都师范大学构建了包括教材建设项目、教材出版资助项目、高水平教材培育项目三位一体的教材培育项目体系，设立教材建设专项经费，发挥教师积极能动性，推进教材培育和教材研究工作。其中，教材建设项目共立项306项；教材出版资助项目共立项122项；高水平教材培育项目于2024年启动，旨在对我校教师主编的出版15年(含)以上教材，以项目制形式进行修订、完善，有针对性地建设一批高水平教材。教材编写实行主编负责制，教材编写人员必须政治素质过硬、师德师风优、教学能力强、学术水平高，教材建设项目均需经过院校两级审核，严把政治关。

成绩的取得既是学校全面贯彻党的教育方针、坚持落实立德树人根本任务、大力

推动"双一流"大学建设的显著成果，也是全体教师兢兢业业、扎扎实实教书育人显著成效的具体体现，代表了首都师范大学教材建设的先进水平与重要地位。

三、教材建设存在的问题与不足

首都师范大学在教材建设和管理工作上虽然取得了较为突出的成绩，但仍存在着一些不足和薄弱点，主要体现在以下几个方面。

一是教材队伍建设有待进一步加强。当前学校教材编写队伍梯次配备、年龄结构不甚合理，在教材编写一线发挥主要作用的仍然以老教师、老教授为主，教材编写队伍老中青衔接不足，长远来看不利于学校教材建设的可持续发展，是值得关注的问题。

二是高等教育教材建设质量和水平有待进一步提高。虽然学校在基础教育领域的教材建设成效突出，但立足国际学术前沿、具有广泛影响力的高等教育教材数量不足。作为师范类高校，在基础教育领域的教材成果体现了学校师范姓"师"的初心使命，但作为"双一流"建设高校和北京市高水平研究型大学，则需要更多高等教育教材建设成果支撑。

三是新形态教材建设有待进一步探索。教育数字化转型背景下，随着大数据、云计算、人工智能、可穿戴设备等技术路线的日益成熟，伴随着点播式、交互式、泛在化等学习模式的转变，新形态教材逐步进入教材建设的视野。目前学校虽然已经在教育、数学、美术等学科领域进行了新形态教材建设的试点布局，但尚未形成建设成果。

四、下一步工作规划

(一)推进党的最新理论成果进课程教材

贯彻落实国家教材委员会《习近平新时代中国特色社会主义思想进课程教材指南》精神，把马克思主义中国化最新成果系统纳入各个学科专业课程教材，用习近平新时代中国特色社会主义思想铸魂育人，推动大中小学一体化，不同学段全程贯通，确保习近平新时代中国特色社会主义思想在大中小学课程教材中相互衔接、层层递进。

推进党的二十大精神进教材、进课堂、进头脑。要把党的二十大提出的新理念、新提法、新论断、新要求、新部署学深悟透、融会贯通、落到实处，用党的理论创新成果武装广大师生头脑。

(二)提高政治站位，严格落实教材编写和使用的审核制度

在教材工作中全面贯彻党的教育方针，特别是习近平总书记关于教育教材、意识形态工作的重要论述，落实立德树人根本任务，加强爱国主义、集体主义、社会主义教育，引导学生坚定"四个自信"。在教材编写和使用中坚持马克思主义的指导地位，坚定落实习近平新时代中国特色社会主义思想。强化意识形态防控，充分重视并落实好马工程重点教材统一使用及年报工作，保证马工程重点教材使用覆盖率。

(三)建设高水平教材研究专业团队

聚集校内外专业力量，积极探索高水平教材编写和研究的人才培养模式；通过教材编写与教学实践等环节，加强该领域人才培养力度，力争培养一批涵盖基础教育和高等教育的课程教材建设学术带头人和中青年学术骨干。具体包括两个方面。

一是立足中国基础教育教材研究院、教材博物馆等基础平台，构建以"教材文献馆与数据库—教材研究与评估—新形态教材研发与改革—基础教育教材实践与应用"为核心的基础教育教材研究与建设模式。

二是学科专家、教育专家和课程教材研究专家领衔，围绕教材研究、课程开发、教材编写、资源数据整合等，建设"专家学者—教学名师—青年学者—高水平研究生"多层次、体系化的高等教育教材学科与学术研究团队。

(四)以一流课程培育和推进高等教育教材建设，推进新形态教材转化

落实学校重大成果培育战略，学校将积极推进一流课程向一流教材转化、一流教材向一流新形态教材转化。目前学校拥有 21 门国家一流课程，学校将分期分类推动这 21 门一流课程建设相应配套教材，实现课程成果到教材成果的转化。此外，在首届全国教材建设奖评选中，首都师范大学作为牵头单位的《世界史(古代卷、近代卷、当代卷、现代卷)》《新编书法教程》两部教材分别获评高等教育一等奖、二等奖。学校将以这两部教材建设为引领，积极推动新形态教材的探索和建设，用信息技术赋能教材建设，以更加便捷、更加多样的形式将教材建设成果惠及更多师生，助力教育数字化转型和教育强国建设。

(五)培育和产出高质量基础教育教材成果

以马克思主义唯物史观为指导，立足中国现代教材建设优良传统，吸收借鉴国外教材建设与研究的有益经验与方法，技术赋能新形态教材建设，构建面向未来基础教育的开放、创新、高效基础教育教材研究体制机制，全面梳理基础教育课程教材建设已有经验，分析存在的问题和面临的挑战，从经验总结、基础理论、实践应用、国际比较四个方面，加强基础教育课程方案、课程标准、教材编写、教学实践等专门化、专项化、系统化研究，突出特色、强化优势，出版系列丛书。

(六)建设基础教育教材编写和研究成果交流平台

积极推动基础教育教材编写和研究成果在国内的传播和实践，推动教材建设及相关研究成果在全国基础教育课堂和其他研究机构交流共享。积极构建中外教材研究学术交流机制，拓展基础教育教材建设国际视野，探索中国基础教育教材"走出去"的途径与方法。通过课程标准研制、教材编写、教材审核、教材评估等工作，为国家和各

省教育行政部门、基础教育一线学校提供咨询、指导和培训服务。

　　未来，首都师范大学将继续深入推进高水平教材建设，用心打造更多培根铸魂、启智增慧的精品教材，为加快推进教育现代化、建设教育强国、培养担当民族复兴大任的时代新人作出新的更大贡献。

　　（执笔人：首都师范大学杨美峰、钱益汇）

第三篇 中国传媒大学教材建设和管理年度报告

习近平总书记明确指出，教材建设是国家事权。加强教材建设和管理就要体现国家意志，坚持正确方向，弘扬主流价值。对于高校而言，教材建设工作不仅需要坚守经典、面向未来，更重要的是把好意识形态关，履行好"为谁培养人"的主体责任。

中国传媒大学坚持以习近平新时代中国特色社会主义思想为指导，全面贯彻落实党的二十大精神，把教材建设作为深化教育领域综合改革的重要环节，不断强化对做好这项工作的规律性认识和实践探索。学校坚持贯彻党中央、国务院关于加强和改进高校教材建设的意见，积极落实教育部《普通高等学校教材管理办法》和年度工作要点，健全教材管理和工作机制，严格教材审核把关，加强教材建设与管理，从制度保障、建设规划、管理创新等方面，不断加强和改进学校教材工作。现将 2022—2023 年度工作简要汇总如下。

一、学校教材工作基本概况

中国传媒大学是教育部直属的首批"双一流"建设高校，"211 工程"重点建设大学，"985 优势学科创新平台"重点建设高校。学校始建于 1954 年，2004 年 8 月由北京广播学院更名为中国传媒大学。学校秉承"立德、敬业、博学、竞先"的校训，以培养"弘道崇德、经世致用"的传媒人为己任。

进入新时代，学校党委励精图治，以系统化思维改革创新，以全新理念对学校进行战略性综合布局，统筹推进学校各项事业发展，更加重视教材工作在学校教育教学整体工作中的突出地位，实施"五个一流"（一流生源、一流师资、一流课程、一流教材、一流毕业生）教育质量提升工程。其中，"一流教材"建设以立德树人为根本，以国家战略为牵引，以智能媒体和智能传媒教育转型为契机，致力于打造融"思想、内容、技术、情怀"为一体的"经典性、特色性、前沿性"精品教材。

学校坚持校党委对教材工作负总责，坚决落实教材建设是国家事权的战略需求，从组织机制上保障教材工作。在党委统筹下，学校在教材工作的人财物等方面的保障力度不断加大，有效扭转了教材建设经费不足、人才匮乏、基础薄弱的局面。2022—2023年度，学校设立校级教材建设专项，2022年委托建设7个系列教材（总计69种），2023年以校院共建的创新模式建设10种，两年总投入近500万元用于系列化教材的建设，服务于国家需求和学科建设。学校明确管理职责任务，将教材建设中心升级设置为挂靠本科生院的校级机构。

学校对于教材建设的具体工作方针是"规范化发展、结构化布局、精品化输出、系列化建设"，遵循"1＋3＋2"规划教材建设主线（"1"为马工程系列教材，"3"包括智能传媒、国际传播和通识教育类教材，"2"包括经典教材再版和海外教材翻译）；创新教材建设理念，完善教材工作机制，强化教材全流程管理，探索教材建设的新模式；落实课程与教材建设"双组长制"，推进精品教材建设，服务构建哲学社会科学自主知识体系。

学校2022年秋季工作会议将教材工作列为需要落实好的十五项重点工作之一，指出要全面提高人才培养质量，持续提高教材建设质量，强化特色教材建设；紧密围绕学校"1＋3＋2"重点规划教材建设任务大力推进教材建设，创新教材建设选题征集和项目管理模式；强化教材建设专家指导和资源支持保障，推动教材建设工作规范化发展、结构化布局、精品化输出；以国际传播类教材和国别研究类教材为核心，完善特色教材建设。

学校2023年春季工作会议将教材工作视为围绕全面学习贯彻党的二十大精神这一学校首要政治任务和全年中心工作的核心组成部分之一，并将"进一步落实好国家事权，提升教材建设和管理水平"作为2023年度学校着力落实的二十六项重点工作之一。会议明确学校要深入推动党的二十大精神进教材、进课堂、进头脑，将党的二十大精神有机融入相关课程方案、课程标准、教材体系，加快推动"习近平新时代中国特色社会主义思想概论"示范课建设；结合混合式教学、专业学位研究生培养改革等重点工作，探索数字化教材、立体化教材建设，办好数字教材建设高端论坛，力争在新形态教材建设方面形成中传特色。

二、学校教材建设情况、主要成就及特色

(一)学校教材建设情况及特色

中国传媒大学在教材建设中重视围绕国家需求，突出学校学科建设特色，以面向未来传媒教育的本科、研究生教学改革为导向，为我国新闻传播、国际传播等事业贡献力量，打造建设了"实践中的马克思主义新闻观"特色教材体系，国际新闻与传播、智能媒体、通识教育等精品教材系列。

1. 强调教材思想育人导向，建设"实践中的马克思主义新闻观"教材体系

在思政教育与专业教育相互融合的过程中，中国传媒大学首创了"实践中的马克思主义新闻观"教学体系，并形成了传统教材与数字化新型教材相结合的"教材—案例—读本"的教材库体系。在中宣部、教育部统领下，学校组织编写了国内第一本《实践中的马克思主义新闻观——新闻报道经典案例评析》案例教材，精心选取近 60 个鲜活的新闻报道案例，配有记者手记和丰富的新媒体链接资源，对于推动全国新闻院校建设马克思主义新闻观课程体系发挥了重要作用。

2. 围绕党和国家需要，结构化建设国际传播系列教材

2021 年 5 月 31 日，习近平总书记在十九届中共中央政治局第三十次集体学习时强调：讲好中国故事，传播好中国声音，展示真实、立体、全面的中国，是加强我国国际传播能力建设的重要任务；要全面提升国际传播效能，建强适应新时代国际传播需要的专门人才队伍；要加强国际传播的理论研究，掌握国际传播的规律，构建对外话语体系，提高传播艺术。中国传媒大学积极响应国家需求，发挥学校在相关领域的学科特长，于 2021 年 7 月立项国际传播研究生系列教材 8 种、国际新闻与传播系列教材 6 种、区域国别研究系列教材 8 种。这三个系列教材立足国际传播人才教育培养的实际需要，以结构化、体系化的建设方式推进，相关成果预计 2024 年出版，为进一步做好我国国际传播人才的培养工作打下坚实基础。

3. 突出教材创新，打造面向智能媒体的系列教材

面向未来传媒的教育创新，落实在教材建设中，就是要在教材内容上体现智能媒体的前沿发展，在教材形态上呈现数字技术和智能技术的支撑与融入。基于此，学校一方面更新传统教材内容，加大投入力度建设大数据及智能媒体领域的系列化精品教材，对《数据新闻报道》《大数据技术导论》《手机摄影教程》《融媒体信息设计》等系列教材给予重点建设支持；另一方面对基于课件生发的"课程教学资源＋学习资源＋拓展资源"的立体化教材予以重点建设，涌现出了一批诸如《游戏引擎原理及应用》《新媒体交互》《广播电视网络技术》《大学物理精讲精练》等形式新颖、设计精美、内容丰富的新型教材课件资源。目前，已有多个教材课件项目获评北京市优质教材课件。

4. 立足学校语言人才培养优势，打造非通用语特色教材

非通用语是中国传媒大学特色育人体系的重要组成部分，是中国传媒大学乃至国家培养"一带一路"对外传播及区域国别人才的依托，而相应教材建设的重要性不言而喻。在已有非通用语教材的基础上，学校目前正着力推进朝鲜语、马来语、土耳其语、德语、阿拉伯语等多语种区域国别教材的系列化建设，从而进一步拓展学校国际化发展，为服务"一带一路"倡议、提升国际传播能力建设等国家重大需求打造具有中传特色的育人平台。

5. 彰显文化育人立德修身，重点建设通识系列教材

学校着力打造《中国历史通识读本》《中国古代文学通识读本》《中国现当代文学通识读本》等通识系列教材，其编写以提高学生的综合素质为目标，注重知识的系统性与完整性。同时，通识系列教材也注重实用性和趣味性，通过丰富的案例，让学生更好地理解和掌握知识。通过这些教材的学习，学生可以形成更为扎实全面的知识基础，并提高自身的人文素养，真正做到习近平总书记强调的"学以益智、学以励志、学以立德、学以修身"。

(二)年度教材建设主要成就

2022—2023 年特别是党的二十大以来，学校在党委统一领导和关心支持下，在教材建设和管理等方面取得了一系列新的工作成绩。学校积极推进习近平新时代中国特色社会主义思想与党的二十大精神进教材；围绕教材建设主线，集中资源结合"一体化、系列化、立体化"高质量建设原则，规划立项了一批校级精品教材。

1. 切实推进习近平新时代中国特色社会主义思想进教材工作

学校在全国率先开设"习近平总书记新闻工作重要论述研究"研究生课程，该课程获得教育部思政示范课称号。主讲教师雷跃捷教授获思政课名师称号，目前正在牵头编写《习近平总书记新闻工作重要论述研究》教材，组织校内外专家团队制作"习近平总书记新闻工作重要论述研究"慕课。

2. 认真做好马工程重点教材编修订工作，积极推动落实党的二十大精神进教材

中国传媒大学深刻认识并理解做好马工程重点教材建设是落实国家事权的重要使命与要求，重点支持、积极鼓励校内专家、名师参与马工程重点教材编写工作。截至目前，我校已有 4 位专家作为首席专家主编并出版 4 部马工程重点教材，另有 7 位专家作为成员参与马工程重点教材编写工作。其中，雷跃捷教授主编的《新闻学概论》于 2009 年出版，丁俊杰教授主编的《广告学概论》于 2018 年出版，高晓虹教授主编的《新闻学概论（第二版）》于 2020 年出版，哈艳秋教授主编的《中国新闻传播史》于 2021 年出版。

中国传媒大学积极推动落实党的二十大精神进教材工作。2023 年上半年，马工程重点教材《广告学概论》组织完成了修订工作；另有校内相关专家作为编写组成员参与由其他单位牵头的马工程重点教材修订工作。下半年，学校按照教育部相关文件要求，科学合理统筹规划，组织学校双一流学科专家团队参与新时代教育部马工程重点教材"中国新闻学"系列教材申报，为马工程教材建设积极贡献中传力量。

3. 服务国家战略需求，稳步推进区域国别研究系列教材

习近平总书记在中共十九届中央政治局第三十次集体学习时指出，要采用贴近不同区域、不同国家、不同群体受众的精准传播方式，推进中国故事和中国声音的全球化表达、区域化表达、分众化表达，增强国际传播的亲和力和实效性。中国传媒大学在教材建设工作中深入学习贯彻习近平总书记重要讲话精神，2021 年立项区域国别传媒与文化系列教材 8 种，2022 年继续立项区域与国别研究系列教材 22 种，包括《意大利大众传媒与文化》《日本大众文化与传媒》《俄罗斯大众传媒与文化》《西班牙大众传媒与文化》《印地语新闻阅读教程》《区域国别国际传播研究导论》《拉丁美洲传播体系研究》《东非传播体系研究》《阿拉伯重点国家战略传播体系研究》等主题突出、特色鲜明的规划教材。区域国别两个系列的教材建设项目具有较强的针对性及延展性，将有效推动我校区域国别研究和国际传播人才培养。

4. 探索立项建设新模式，校院统筹共同建设特色教材

2023 年度立项的中国传媒大学数字创意产业专项，是由学校教材建设中心牵头与文化产业管理学院共同建设的特色教材建设专项，体现了学校多级建设、多方共管、多措并举提升高质量教材体系的决心。该专项使用学院自筹经费，按照学校教材建设整体规划的要求统筹立项。项目立项面向全校开放，针对已有前期相关成果的团队资助出版，共立项建设《文化经济学》《数字艺术市场管理概论》《数字时代视频广告创意教程》等 10 种数字创意产业系列教材。目前，立项教材建设进展顺利，成果质量好、预期结项率高，创新的教材建设模式在校内外起到了良好的示范带动作用，已有更多学院愿意尝试探索特色教材建设专项。

5. 主办教材数字化创新论坛，积极探索教材发展方向

随着数字媒体技术的快速迭代革新，以大数据、物联网、人工智能等为代表的新技术正在推动教材数字化转型升级发展。学校紧抓机遇、应对挑战，通过专业活动集聚专家资源，共同探索教材建设的创新发展。

2023 年 11 月，以"中国式现代化与出版高质量发展"为主题的 2023 年全国出版融合发展论坛在中国传媒大学举办。该论坛由中宣部出版局指导，中国传媒大学出版学院、中国传媒大学教材建设中心、中国传媒大学出版社承办，其中"教材数字化建设与出版专业教学创新论坛"（分论坛）邀请主管单位领导、业内知名专家学者，聚焦教材数字化建设前沿进展和未来发展态势，针对高等教育数字教材建设实践与展望、教材数字化的实践与探索、中美数字教材发展比较分析等热点议题展开研讨，为探索教材数字化建设贡献中传智慧。

6. 面向智能传媒时代，大力推动智媒新技术系列教材建设

当前已进入智媒时代，传媒业态在发生大变革、大转型、大融合，以智能融媒体

为代表的信息媒介成为重要社会基础设施。中国传媒大学依托"技术＋艺术""技术＋人文"等融合类课程，推进大数据应用及智能媒体系列教材建设，围绕新文科、新工科推出一批填补专业空白的前沿教材。2022年，学校立项建设智能媒介新技术系列教材12种，包括《智能影像技术》《智能视频处理》《5G/6G媒体通信技术》《通信与感知融合技术》《传媒数据统计分析》等智媒前沿领域教材。

7. 指向传媒行业前沿，立项建设特色专业高质量教材

中国传媒大学致力于引领传媒行业的发展，满足传媒人才培养多元需求，构建传媒教育创新范式，以适应新时代的变化要求。2022年，学校立项建设视听传播、计算广告、数字经济、专业经典（播音主持艺术）等凸显行业前沿性的特色专业系列教材。这些教材针对当前市场趋势和发展需求，结合学校自身的学科优势和教学资源，打造具有深度和广度的特色专业知识体系。其中，计算广告系列教材旨在培养学生掌握数字广告的技术与艺术，让学生了解如何运用数据分析、人工智能等技术手段来优化广告营销的精准度和效果，帮助学生掌握跨学科的知识和技能；数字经济系列教材聚焦领域前沿动态和趋势，研究新兴技术对经济形态的影响，让学生深入了解数字经济的本质和规律，掌握数字经济领域的技术应用与市场动态。

8. 夯实育人成才根基，全力打造通识教育系列教材

面对经济全球化和智能化的迅速变革，一方面由于人文领域跨文化、跨语言的交流更加频繁，另一方面受到技术革命跨学科、跨行业更加深入的影响，社会对于人才培养提出了新的要求。未来人才所需的广阔视野，使多学科通识背景和综合科学人文素养成为必需。中国传媒大学致力于创新数字时代的通识教育，2022年立项建设通识教育系列教材10种，其中既有立足人文素养培育的《中国当代文学经典导读》《红楼梦与中国文化十五讲》等，又有重在塑造个人审美能力的《动态影像美学基础》《绘本叙事学教程》等，也有帮助学生认知时代科技前沿发展的《电子竞技产业概论》《计算思维导论——从信息流的角度认知》等。

三、学校教材使用情况

中国传媒大学坚持贯彻党中央、国务院关于加强和改进高校教材建设的意见，不

断强化教材国家事权意识，有效落实相关制度保障。2020 年以来，中国传媒大学依据党和国家关于教材的系列文件精神，全面修订了教材选用相关管理办法，出台《中国传媒大学教材选用管理办法》(中传教字〔2020〕282 号)、《中国传媒大学境外教材选用管理办法》(中传教字〔2020〕299 号)等文件。文件要求有马工程教材的课程须优先选择马工程教材；无马工程教材的课程，优先选用国家和省级规划教材、精品教材，以及获得省部级以上奖励的优质教材。学校教材的选用、审核、使用、反馈等均遵循上述文件及相关规定。

(一)教材审核程序

中国传媒大学坚持党对教材工作的全面领导，学校党委对教材工作负总责，学校设立教材建设工作委员会，统筹教材建设、管理及专项工作；学院设立课程与教材建设委员会，组长由单位党委(党总支)书记、主管教学院长共同担任，实行"双组长制"。

在学校相关组织机制的保障下，每年春秋两季针对所有课程指定教材进行审核，以图书馆等数据源及系统平台为支撑，依托校院两级专门人员推进审核工作，包含学院自查和校级专家复查两重程序。首先是学院自查，学院课程与教材委员会对本单位教材情况进行通读初查，形成学院审核结果及意见，报送本科生院、研究生院备案；之后是校级专家复查，根据学校相关工作方案成立校级审核专家组，并由相关教学单位推荐专家。

(二)马工程重点教材使用情况

2022—2023 学年，中国传媒大学除规定的思政课程外，共有 93 门次课程可选择马工程重点教材，实际使用课程 93 门次，选用率 100%。除数据平台匹配的课程外，中国传媒大学另有 11 门次课程在符合课程教学目标前提下优先选用了马工程重点教材。

中国传媒大学高度重视马工程重点教材与实际教学需要的有机结合，在推进重点教材统一使用的同时，针对文化产业、经济管理等专业注重实践教学的需要，充分发挥教学经验和资料积累的优势，进一步丰富课后习题等资源，打造与教科书配合的案例库、数据库和史料库辅助教学，依托马工程重点教材进行立体化延展与扩充。

四、学校教材管理的主要举措、经验做法及特色

（一）主要举措

1. 成立教材建设中心，打通教材建设管理全环节

中国传媒大学建立健全教材规划和管理制度，坚持建管结合、以管促建，基本形成全面覆盖教材建设环节、具有"四梁八柱"性质的管理制度体系。坚持教材"凡编必审""凡选必审"，探索建立全流程把关机制，加强政治性、思想性、科学性审核，拧紧教材进入学校课堂、学生书包的"安全阀"。

学校于2021年7月成立中国传媒大学教材建设中心，下设教材建设专家委员会、工作委员会以及中心内设人员，负责重点教材建设项目指导、审议、决策，教材建设规划的制定、论证、审议及问题教材审核、复议，教材审核专家库、编写专家库建设等（具体结构及职能见图4-3-1）。同时，以学校教材建设中心为平台，统筹本科生院、研究生院、出版社、图书馆等校内单位的资源和力量，集中做好教材建设和管理工作。2022年，将教材建设中心升级调整为挂靠本科生院的校级机构，逐步推动为教材工作配备专人并规范中心的建设运行，为学校教材事业的可持续发展规划了更清晰可行的路径。

2. 坚持重点教材应用尽用，严把教材选用政治关

中国传媒大学坚决贯彻《普通高等学校教材管理办法》《学校选用境外教材管理办法》等文件要求，2020年修订出台了《中国传媒大学教材选用管理办法》《中国传媒大学境外教材选用管理办法》。学校坚决落实教材"凡选必审"，严把教材选用政治关、学术关，严格执行马工程重点教材首选制，要求有马工程重点教材的课程必须选用相应教材，没有对应马工程重点教材的课程优先选用国家和省级规划教材、北京市精品教材以及获得省部级以上奖励的优秀教材。目前，学校课程已做到马工程重点教材的全覆盖。

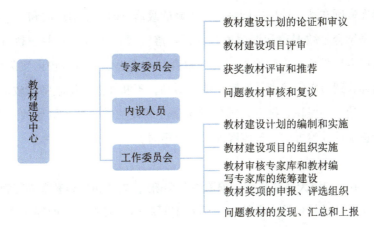

图 4-3-1　中国传媒大学教材建设中心结构及职能

3. 压实教材管理责任，强化教材选用审核全流程管理

依托中国传媒大学教材建设中心，学校全面落实教材选用、审核等工作，确保选用教材符合国家政策要求、满足课程大纲需求和学生学习需要。在教材选用和审核的过程中，建立工作台账，记录每本教材的选用过程和审核结果。同时，各二级单位通过"双组长制"课程与教材建设委员会，推动校院两级通力配合，确保教材选用、审核制度落实，推进教材选用、审核、排查长效机制，将教材工作贯穿于教育教学全过程。

4. 建立新学期教材使用审核机制，加强关键环节管理

学校聚焦教材工作的关键环节，在每个新学期开始前由教材建设中心组织对各专业所使用的教材进行审核，确保教材内容遵循国家有关政策法规，符合教育教学规律和学生成长规律，有利于培养学生的综合素质和能力。审核结果将作为后续教材选用和采购的重要依据，从而有效加强教材工作关键环节的管理。

(二)经验做法及特色

1. 重视教师培训工作，引导教师加强对教材选用的政治意识

中国传媒大学高度重视教师培训工作，深知教师是教育事业的核心力量，对于提高教育教学质量起着至关重要的作用。因此，学校积极引导教师加强对教材选用的政治意识，确保教师在教材选用中能够坚持正确的政治方向、价值取向和学术导向。

学校紧密结合思政课程和课程思政建设，落实教育部组织的各项教材培训工作，积极开展校内专题教育，将政治意识贯穿教育教学全过程。结合校内实际情况，开展专题教育活动，通过组织培训、经验交流等活动，不断加强任课教师的政治理论学习、增强教师的政治大局意识，提升教师的理论素养和政治敏锐性，引导教师在教材选用过程中坚持正确的政治方向、价值取向和学术导向。

2. 编写《中国传媒大学文科教材编写参考手册》，规范和指导教师编写教材

中国传媒大学教材建设中心针对教师在编写教材中可能遇到的知识产权、相关政策、编写流程等问题，委托中心课题组为全校教师编写了《中国传媒大学文科教材编写参考手册》，以提升本校教材编写的整体规范性，解决实际需求。在学校教材建设中心专家委员会主任的牵头下，手册从教材编写要求、教材编写基本规范、高校教材中的著作权问题等方面比较全面系统地为教师编写教材提供了详尽的指导意见。手册已经印刷并发放给全校千余名专任教师，反响良好。

3. 建立教材编写激励机制，夯实教材建设基础工程

中国传媒大学坚持"系统治理，创新驱动"发展理念，在深入推进教材工作同时，高度重视基础保障工作。2019 年，学校出台了《中国传媒大学精品教材建设项目实施办法（试行）》；2021 年，学校增投 400 万元立项经费，确定了"十四五"期间"1＋3＋2"重点规划教材任务，修订了《中国传媒大学科研、教学、创作项目及成果的认定与评价办法（修订）》；2022 年，学校修订了《中国传媒大学职称评审工作管理办法》，将教材建设纳入职称评聘、科研成果认定范围，旨在激发教材建设潜力，保障高质量教材产出。

4. 树立标杆典型，促进教材建设高质量发展

在 2021 年教育部公布的《国家教材委员会关于首届全国教材建设奖奖励的决定》中，中国传媒大学高晓虹教授主编出版的《实践中的马克思主义新闻观——新闻报道经典案例评析》荣获首届全国教材建设奖全国优秀教材（高等教育类）二等奖，高晓虹教授荣获全国教材建设先进个人奖。学校以获奖教材、先进个人为先进典型和示范标杆，2021 年组建了以全国教材建设先进个人、马工程教材编写专家、国家级教学名师、北京市教学名师及学科带头人为主的"国际传播专题系列教材"编写团队；2022 年首次创新以校内选题征集、委托专家建设的模式，围绕"区域与国别研究""计算广告""视听传播""专业经典""智能媒介新技术""通识教育""数字经济"7 个领域开展系列教材建设，确保教材建设高质量发展。

5. 以查促建，严格开展校内教材专项排查整改工作

中国传媒大学根据上级工作要求、结合本校工作实际，坚持聚焦风险隐患，在严控知情范围、预防舆情风险的情况下，成立了以主管校领导为组长，以校党委宣传部、本科生、研究生院、图书馆、出版社及各教学单位负责人为成员的工作专班，全面认真开展了 6 次教材排查整改工作。具体包括哲学社会科学类、法学类、外国语言类及其他学科专业类境外教材排查整改及图书馆内 230 余万册具有学校产权的图书、电子图书、电子期刊、学位论文等资源筛查。对于排查出的存疑教材依照要求进行上报，并进行调整、停用。坚持以排查为契机，查建结合，压实校内教材工作政治责任。

6. 建立教材使用反馈机制及教材定期修订机制

建立高校教材使用反馈机制及教材定期修订机制是提升教学质量、促进教育发展的重要举措。中国传媒大学教材建设中心制定了一套关于教材的使用反馈机制，主要步骤包括：评估指标、针对用户开展调研、建立反馈渠道、及时响应反馈等。首先是对教材的质量、适用性、内容深度和广度等方面制定评估指标，用于衡量教材的整体水平。其次是通过问卷调查、访谈、座谈会等方式定期对教师、学生和教材编写者进行调研，了解他们对教材的看法和意见。同时通过学校官方网站、教学平台、社交媒体等多种途径收集反馈，建立畅通的反馈渠道，让教师、学生和教材编写者能够方便地提出对教材的意见和建议。最后是对收集到的反馈进行及时响应，对合理、有效的建议进行采纳，对教材进行改进。同时，对于使用者遇到的问题，要给予及时解答和解决。

在实施教材定期修订机制方面，学校的主要实施路径为：第一，确定修订周期。根据教学计划和课程安排，确定合理的教材修订周期。一般而言，高校教材的修订周期为 3～5 年，以确保教材内容与时代发展紧密结合。第二，制定修订计划。在确定修订周期后，制定详细的修订计划，包括确定修订的目标、重点和时间表，以及分配任务给不同的团队成员。同时，要明确各阶段的工作内容和时间节点。第三，组织专家团队。组织一支由资深教授、学科专家和行业人士组成的专家团队，对教材进行深入

剖析和审核。专家团队要对教材的整体结构、内容更新、案例选取等方面进行严格把关。第四，更新与改进内容。根据专家团队的意见和建议，对教材内容进行更新与改进。可以增加新的理论研究成果、更新案例数据和图表、添加行业前沿动态等，以提升教材的实用性和前瞻性。第五，审核与校对。修订后的教材需要经过专家团队的再次审核和校对，以确保内容的准确性和连贯性。专家团队要对教材进行仔细审查和讨论，并对发现的问题及时提出修改意见。

五、教材建设的问题及短板

中国传媒大学对于教材建设工作统筹谋划，按照系列化、结构化、精品化的路径推进教材体系建设，建立相应管理机构，健全管理办法，力图实现全环节精细化管理。但教材工作既事关重大又千头万绪，在具体的项目规划建设和管理中仍存在改进提升的空间。

(一)教材建设数量与建设周期的关系仍需要调整

学校在教材建设工作中重视对于教材体系的规划，近年来以建设系列化的精品教材为主要发力方向，并为此投入大量资源，产出了一批成果。在探索建设教材体系的进程中，对于学校一个时间段内整体建设和管理的项目数量以及对于一本精品教材创作产生的周期都有一个不断提高认识的过程。对于项目建设时间、经费拨付方式、每年总体建设数量、校院两级建设侧重点等问题，通过不断总结经验，正在进一步优化。

(二)高质量的教材建设难度较大

学校过往建设的教材中有一批质量突出的优秀教材，如在 2021 年的首届全国教材建设奖中，电视学院高晓虹教授主编出版的《实践中的马克思主义新闻观——新闻报道经典案例评析》荣获首届全国教材建设奖全国优秀教材（高等教育类）二等奖，同时高晓虹教授荣获全国教材建设先进个人奖。虽然教材建设数量成果多，但总的来说，高质量教材的占比仍然偏少。

(三)教师编写教材的积极性还有待提升

教师编写教材的积极性有待提升。原因可能是多方面的，如编写教材需要投入大量时间和精力，且需要具备一定的学术水平和专业知识。此外，一些教师也缺乏对教材建设的认识和重视，认为教材编写要求高限制多，不如学术著作的编撰成果有代表性。

(四)教材管理工作水平还需进一步提高

教材管理工作贯穿教材的选择、审核、使用、评价等多个环节，需要建立健全的管理制度和机制。中国传媒大学在机构建设、建章立制、规范流程、组织建设、监督审核等多方面做出成绩，但当前教材管理工作还存在一些问题，如缺乏统一的评价标准、专职教材审核管理审核人员较少、系统培训不足等。因此，需要加强对教材管理工作的监督和指导，完善相关制度和机制，推动教材管理工作的规范化、科学化、专业化。

(五)部分教材修订工作需要加快

部分教材修订工作滞后，一些教材内容老化、陈旧，没有及时进行修订和更新。这可能是因为一些教师缺乏对教材建设的重视和认识，没有及时跟进学科发展和市场需求进行修订。此外，部分教材修订工作可能还受到出版周期长、审核流程烦琐等因素的影响，容易导致修订工作滞后。

六、下一步工作考虑和建议

(一)工作考虑与改进思路

1. 完善项目周期化建设机制

继续在系列化建设项目中落实总主编负责制度，经费拨付按照立项、中期、结项分阶段拨付，加强项目结项的过程考核机制。将每年度立项建设的校级精品教材项目总数稳定在 20 本左右，形成立项一批、考核一批、出版结项一批的教材建设结构。

2. 加大教材建设工作管理和监督力度

制定更加严格的教材建设管理规定和评价标准，加强对教材质量的监督和管理。同时鼓励教师和学生积极参与教材建设工作，提出意见和建议，推动教材质量的提高。增强教材选题的稳定性，进一步提升教材内容的先进性。

3. 提高教师编写教材的积极性

加大对教师编写教材的支持力度，提供必要的经费和奖励措施，激发教师编写教材的积极性。同时还应增加教师培训和学术交流活动，提高教师的学术水平和专业知识素养。在考核分数、职称晋升等环节将教材作为更加重要的考评元素。

4. 提高教材管理工作的质量和效率

建立健全的教材管理制度和机制，规范采购流程和管理平台建设。同时还应加强对教材使用情况的监督和评价工作，及时反馈教学质量和效果信息给相关部门和教师个人进行改进和提高。

5. 加速推进教材的修订和更新换代工作

立足学校教材工作实际，建立完善的教材修订机制和审核流程，保障更新换代工作的顺利进行。鼓励教师积极参与相关学科领域的学术交流活动，以便及时获取最新的学科发展动态，从而为教材修订工作提供有力支持。提醒教学团队关注学生的需求和发展趋势，适时调整和优化教材内容，以更好地满足实际教学需求和发展方向。鼓励跨学科教材编写，引导不同学科领域的教师共同参与，合作编写跨学科的教材，促进学科交叉融合，培养复合型人才，以适应社会发展的需要

(二)思考和建议

1. 加强教材研究工作，深刻认识教材建设科学规律

中国传媒大学在 2023 年由本科生院和研究生院分别面向数字教材、立体化教材、专业学位研究生教材研究立项教育教学改革项目，后续建议引导现有学术期刊和学术网站尤其是核心期刊更加重视教材研究学术成果的刊载推介。期刊、网站可通过开辟专栏、专题、专刊等方式，鼓励更多国家高层次人才、中青年骨干专家及优秀专业教师共同参与教材研究并加强成果交流与传播。

2. 增进教材建设信息共享，促进教材建设队伍培养

专业的教材建设管理队伍是高校教材建设和管理持续稳定发展的重要支撑和保障，必须重视相关队伍的人才建设工作。建议定期组织高校教材建设的学术研讨会议和管理经验交流会议，并在全国或者区域范围内形成教材建设信息和经验共享的平台。定期组织高校教材管理建设人员的专门培训，提升高校相关队伍的业务能力和政治水平。

3. 出台数字化教材建设指导方案，引导教材多维度拓展

建议教育主管部门出台数字化教材建设的指导方案，促进前沿教材数字化的发展，建设并扩展教材案例数据库，提升成体系的立体化教材在教材总量中的占比。加强数字化教材的安全保障，维护知识产权。教育主管部门和学校应加强对数字化教材的安全保障，防止盗版和侵权行为的发生。建立数字化教材建设专项经费保障机制，确保建设工作的持续推进。

4. 完善教材工作奖励激励机制

教材建设是国家事权，教材建设成果对于高校的学科建设支撑、科研工作提升、

教学质量发展、人才培养体系建设等多方面都有重大意义。中国传媒大学已将教材纳入职称评聘、科研成果认定范围，未来还应进一步将教材建设成果纳入高校学科、科研、教学、人才考核体系—考虑，在人才考核分数认定、校内立项通盘认定、评奖评优等方面进一步加强对于精品教材项目和教材建设成果与学校相关工作的对接和管理，增加对优秀教材成果的奖励和对优秀教材编写人员的激励，凸显教材工作的核心地位。

（执笔人：中国传媒大学赵斌、雷跃捷、马宁、张国涛）

第四篇　浙江大学教材建设和管理年度报告

尺寸教材，悠悠国事。教材建设是国家事权，是事关党和国家长治久安的战略工程。浙江大学教材工作始终坚持立德树人根本任务，全面贯彻落实党中央、国务院等《关于加强和改进新形势下大中小学教材建设的意见》《普通高等学校教材管理办法》《习近平新时代中国特色社会主义思想进课程教材指南》等系列文件精神，适应新时代高校教材建设的要求，肩负新时代立德树人、培根铸魂的责任使命，按照"更高质量、更加卓越、更受尊敬、更有梦想"战略导向，持续推进教材管理体制机制建设，将能力、知识、方法传授相结合，主动谋划精品教材建设，形成有思维传授能力、高质量、有影响的现代教材体系。

一、准确把握新的时代方位，深刻认识新时代教材建设的战略意义和责任使命

我国正在加速推进中国式现代化建设的进程，世界变局与复兴全局相互交织，在自主知识体系建设上更加强调扎根中国大地的中国特色，更加强调服务战略急需的"国之大者"，更加强调马克思主义在意识形态领域的指导地位。这要求我们在教材建设上坚持"为党育人、为国育才"的正确方向，深刻认识新时代教材建设的战略意义和责任使命，为培养堪当大任、全球胜任的时代新人，为服务中国式现代化建设需要提供更具方向性、引领性、思想性的教材。

（一）强化教材管理主体职责

浙江大学教材管理工作实行校院两级协同机制。学校党委对教材工作负总责，各

学院（系）党委、行政对本单位教材工作负主体责任。

2020 年，浙江大学成立教材工作领导小组，由校党委书记和校长担任双组长，领导小组办公室设在本科生院、研究生院、继续教育管理处，负责研究落实国家教材相关政策，研究审议学校教材重要事项，健全学校教材相关制度，加强教材建设和管理。校教材工作领导小组定期组织召开专题会议，学习并贯彻落实习近平总书记重要指示和全国教材工作会议精神，听取学校教材建设情况，部署教材建设工作。

2021 年，浙江大学成立教材管理办公室，专职 2 人负责推进上级部门和学校教材相关工作，确保我校教材管理工作制度化常态化，全面落实学校教材建设和选用的管理工作。各学院（系）成立教材管理工作小组，负责学院（系）的教材规划、编写、审核、选用等管理工作。

（二）完善教材管理制度建设

把牢政治方向，加强顶层设计，不断健全教材建设管理制度，积极出台各类教材相关文件（详见表 4-4-1），对教材管理工作提出明确的规定和要求，着力提高浙江大学教材建设科学化、规范化水平。

表 4-4-1　浙江大学出台教材相关文件目录

年度	教材相关文件
2020	出台《浙江大学教材管理办法》
	出台《浙江大学选用境外教材管理办法》
2021	修订《浙江大学教材管理办法》
	出台《浙江大学教材工作"十四五"规划》
	出台《浙江大学教材选用管理实施细则》
	出台《浙江大学关于推进习近平新时代中国特色社会主义思想进课程教材的实施方案》
2022	出台《浙江大学优秀教材奖评选办法》

（三）建立健全教材编、审、选、用全流程管理体系

坚持"凡编必审""凡选必审"原则，组建浙江大学教材教辅排查整改专项工作专班，

建立全流程的把关机制,把好教材编写关、审核关、选用关,确保每本教材从立项编写到出版使用都经过严格审核。

制定校院两级的教材出版流程、教材选用流程和选用教材专项排查流程。制定出台"第一主编申请—专家审读—学院(系)教材管理工作小组审核—学校教材主管部门备案"的教材出版流程,不断优化"任课教师推荐—专家审读—学院(系)教材管理工作小组审核—学校教材主管部门备案"的教材选用流程和"专家审读—学院(系)教材管理工作小组审核—学校专家组审议—学校工作专班审定"的选用教材专项排查流程。

常态化开展校内选用教材专项排查工作。每学期开学前完成使用教材教辅专项排查、整改工作。确保本科通识必修课程、本科专业基础课程、本科专业必修课程、研究生公共学位课程等原则上已选用正式出版的教材,确保选用的教材具有正确的政治方向、价值取向和学术导向。

近3年来,浙江大学组织开展使用教材专项排查7轮,共计排查教材5837本,覆盖学校现阶段所有使用教材。学校专业课程教材使用率也逐年显著提升。

二、培根铸魂育新人践初心,全面落实习近平新时代中国特色社会主义思想进课程教材

(一)全面推进习近平新时代中国特色社会主义思想进教材进课堂进头脑

制定《浙江大学关于推进习近平新时代中国特色社会主义思想进课程教材的实施方案》,建设完成并面向本科生开设"习近平新时代中国特色社会主义思想概论""四史"等思政类课程和"习近平法治思想概论"等专业基础课程。依托学校马克思主义理论教材建设重点研究基地,积极开展相关教材使用培训。

将习近平总书记关于教育的重要论述、习近平法治思想纳入教学体系。开设"习近平总书记关于教育的重要论述"相关课程并纳入教育学院专业基础课;开设"习近平法治思想概论"相关课程并纳入法学院专业基础课。落实《习近平总书记教育重要论述讲义》英文版进入高校课堂,组织相关授课教师进行集体备课。成立"三进"虚拟教研室,以现代信息技术为依托,落实《习近平总书记教育重要论述讲义》英文版与《习近平谈治

国理政》《理解当代中国》等多语种版本教材进入课堂。

(二)持续开展对习近平新时代中国特色社会主义思想的研究阐释

立足浙江"三地一窗口"①的政治优势，由校党委书记牵头，研究编写出版"新思想在浙江的萌发与实践"系列教材13本(详见表4-4-2)；牵头编写完成首批中国经济学教材2本；认真组织教师申报马工程重点教材，积极参与教育部马工程重点教材的编写、修订和审阅工作。

表 4-4-2 "新思想在浙江的萌发与实践"系列教材进展情况(截至 2023 年 10 月 31 日)

序号	书名	主要编者	日期
1	发展观决定发展道路	张彦	2020 年 7 月
2	统筹城乡兴"三农"	孙景淼	2020 年 7 月
3	文化软实力	陈野	2020 年 10 月
4	腾笼换鸟　凤凰涅槃	兰建平	2021 年 3 月
5	"千万工程"与美丽乡村	顾益康	2021 年 3 月
6	创新"枫桥经验"　建设平安浙江	卢芳霞	2021 年 6 月
7	县域治理与县域发展：样本与启示	盛世豪	2022 年 2 月
8	数字中国的浙江探索	刘亭、陈畴镛	2022 年 3 月
9	创新强省：浙江的探索与实践	魏江、黄灿	2022 年 5 月
10	山海协作：促进区域协调发展的有效载体	董雪兵	2022 年 5 月
11	法治浙江的实践逻辑	胡铭	2022 年 7 月
12	从"健康浙江"到"健康中国"	吴息凤	2022 年 8 月
13	生态优先与绿色发展：理论与浙江实践	黄祖辉	2023 年 4 月

---

① 中国革命红船的起航地、中国改革开放的先行地、习近平新时代中国特色社会主义思想的重要萌发地和新时代全面展示中国特色社会主义制度优越性的重要窗口。

（三）确保马工程重点教材在适用课程中 100％全覆盖

坚持马工程重点教材"应用必用"的要求，加强马工程重点教材审核管理，坚持统一使用国家统编的思想政治理论课教材和马工程重点教材。落实马工程重点教材使用情况数据同步报送工作，做好关键时间节点保障工作，完善使用情况反馈机制，确保学校马工程重点教材对应课程覆盖率和教材使用率均为 100％。积极组织教师参加教育部和浙江省教育厅开展的马工程重点教材任课教师培训班，帮助任课教师吃准吃透教材的主要精神和基本内容，提高教学能力和水平。

（四）专项部署党的二十大精神进教材工作

经浙江大学教材工作领导小组会议审议，学校研究并出台了《浙江大学党的二十大精神进教材修订工作实施方案》，明确了修订范围、修订内容、修订程序和进度安排等内容。

方案要求修订工作遵循新时代教材建设规律，主动识变、应变、求变，将时代要求与师生需求相结合，将育人规律与出版规律相统一，制定了"成立校级工作专班和专家组—制定校级工作实施方案—成立各教学单位工作专班和专家组—确定需要修订的教材目录—组织教材编修团队学习培训—编修团队提交教材修订大纲—专家组审定修订大纲—编修团队完成教材修订—专家组审读修订教材—报送相关出版社出版"的全过程修订流程。

三、贯彻落实浙江大学办学新理念，
稳步推进浙大特色高质量教材体系建设

教材是回答"为谁培养人、培养什么人、怎样培养人"这一教育根本问题的重要载体。进入向第二个百年奋斗目标进军的新征程，党和国家迫切需要我们加快推进新时代教材体系建设，为服务国家发展、培育时代新人提供基础性、先导性、战略性支撑。新时代的教材建设要呼应科技变革浪潮带来的全球知识体系重塑，要呼应中国式现代化进程中的自主知识体系建构，要呼应人的全面发展对知识学习革命的迫切需要。2021年，学校研究出台了《浙江大学教材工作"十四五"规划》，不断加强我校教材建设顶层设计和统筹规划，落实教材建设工作机制。

浙江大学持续开展精品教材千册计划，其中依托一流课程配套教材建设设立单本教材项目已立项324本，依托优势专业（群）系列教材项目建设系列教材已立项37项（529本），依托"名师-名课-名教材"计划重点打造精品教材已立项82本，依托教育数字化转型重点建设数字教材34项，通过整体布局、点面结合、突出重点，系统打造更高质量、更有影响力的浙江大学一流教材体系。

（一）开展一流课程配套教材建设

依托本科系列课程教学改革建设项目，浙江大学持续开展一流课程配套教材建设，2020—2023年度共计立项教材324本，出版教材105本。优先支持基础课程教材、通识核心课程教材、创新创业类课程教材、专业主干课程教材、新兴交叉学科教材，以及信息技术与教育教学深度融合的创新型新形态教材。

（二）推进优势本科专业系列教材建设

为充分发挥一流学科专业的优势，全面推进优势专业系列教材建设，自2021年以来，学校设立优势本科专业系列教材建设项目37项（529本），实现21个"双一流"学科、11个A＋学科全覆盖立项，目前已出版教材198本。

（三）启动"名师—名课—名教材"计划

2022年，学校启动"名师—名课—名教材"计划，推动以两院院士、文科资深教授、国家杰出青年科学基金项目资助获得者、长江学者、求是特聘教授等为代表的高层次人才领衔编写一流教材，目前已申报立项82本。在注重经典传承的同时，集聚力量开展关键核心技术教材建设，填补新兴领域行业空白。

(四)推动数字教材建设工作

在新时代背景下，数字教材建设是推进教育数字化转型的重要着力点。我校积极推进教材编写方式、呈现方式与信息技术的深度融合，"十三五"期间设立新形态教材建设 86 项、2023 年设立校级数字教材专项建设 34 项，积极探索数字教材建设的逻辑、体系和策略，使数字教材建设与教育数字化发展相适应，打造适应时代要求的新形态数字化教材。

(五)开展浙江大学优秀教材奖评选

为进一步落实全国教材工作会议精神，牵引开展高质量教材建设，浙江大学于 2022 年设立优秀教材奖，设特等奖、一等奖和二等奖，每两年评选一次。通过总结展示我校教材建设成果，表彰奖励优秀精品教材，全面提高教材建设质量，树立教材建设的先进典型和示范标杆。

2023 年，表彰浙江大学首届优秀教材 87 种，其中特等奖教材 26 种、一等奖教材 24 种、二等奖教材 37 种。

(六)注重教材建设研究工作

浙江大学成立了马克思主义理论、计算机学院 AI＋X、"土建类"新工科、医学四个校级教材建设研究基地。"数字化智能化背景下传统优势工科专业群教材建设研究基地"入选工信部"十四五"规划教材建设重点研究基地。

组建校院两级教材建设专家库，开展教材研究、咨询等相关工作，为教材体系建设提供智力保障。与高等教育出版社合作，设立"高校工科教材研究基地"，双方合作开展教材研究工作，推进精品教材出版建设。

通过设立教材研究基地、教材建设专家库，联合浙江大学教科书研究中心、教育部浙江大学基础教育课程研究中心，以及浙江大学数字出版研究中心的学术队伍，形成开展教育教学、课程教材研究的专业团队，开展教材规划和政策研究，积极参与研制各类高等教育教学质量国家标准，探索教材建设规律，研究高校教材评价标准，带动全校教材工作创新发展。我校教师在《中国社会科学》《教育研究》等各个领域高水平期刊发表论文共计百余篇，其中一大批论文被《新华文摘》、《中国社会科学文摘》、人大复印报刊资料相关专题、《高等学校文科学术文摘》全文转载，为我校开展高质量的教材建设与研究奠定了深厚的基础。

(七)引领全省教材建设新思路

成立省级教材建设研究中心，针对教材建设中面临的重大问题和挑战，开展理论和实践研究，积极探索浙江省大中小学教材高质量发展的新理念、新方法、新技术、新标准、新模式，为全省教材创新发展研究提供理论支持、智力支撑。

浙江大学作为浙江省高等教育学会教材建设分会理事长单位，坚持立足浙江、服务浙江、奉献浙江，落实教育部和浙江省教育厅有关教材建设文件精神，助力广大院校更好地建设高质量教材，促进优质数字化教学资源共建共享，为各级各类学校教材建设发挥引领、交流和示范作用。

(八)搭建教材管理信息服务平台

搭建智能化、高效的教材管理信息服务平台，依托现有教务系统，独立开发教材相关业务功能模块，建立学校出版教材登记库、完善使用教材管理库，提高教材管理工作效率，提升教材管理服务质量，为教材工作提供有力保障。

(九)首届全国教材建设奖获奖情况

在首届全国教材建设奖中，浙江大学共有 13 本教材入选首届全国优秀教材（高等教育类），其中一等奖 3 本，二等奖 10 本，优秀教材(高等教育类)获奖总数位列全国高校第四、C9 高校第三(详见表 4-4-3)；化学系王彦广教授和医学院李兰娟院士入选全国教材建设先进个人。

表 4-4-3　浙江大学"全国优秀教材(高等教育类)"奖励名单

序号		获奖教材	主要编者
1	一等奖	新编大学英语(第四版)综合教程 1	何莲珍
2		图学基础教程(第三版)	谭建荣
3		翻译概论(修订版)	许钧
4	二等奖	自动检测技术与装置(第三版)	张宏建
5		C 语言程序设计(第 4 版)	何钦铭
6		地基处理(第二版)	龚晓南
7		化工热力学(第五版)	陈新志
8		环境化学	朱利中
9		土壤学(第四版)	徐建明
10		传染病学(第 9 版)	李兰娟
11		概率极限理论基础(第二版)	林正炎
12		半导体薄膜技术与物理(第二版)	叶志镇
13		管理沟通：成功管理的基石(第 4 版)	魏江

(十)积极参与国家重点教材建设工作

紧跟教育部教材建设战略部署，学校 2 位教师担任马工程教材主编，10 位教师参与马工程教材的编写或修订工作，21 位教师参与马工程教材的审阅工作；2 个团队入选首批中国经济学教材编写团队；潘云鹤院士团队入选战略性新兴领域"十四五"高等教育教材体系建设团队；牵头或参与"101 计划"核心建设课程 8 门，具体课程情况详见表 4-4-4。

表 4-4-4　浙江大学牵头或参与"101 计划"核心建设课程名单

学科	学院	课程/教材	负责人
数学	数学科学学院	计算数学	包刚
化学	化学系	物理化学	彭笑刚
生物科学	生命科学学院	生物信息学	陈铭
基础医学	医学院	病原生物与医学免疫基础	王青青
经济学	经济学院	行为与实验经济学	陈叶烽
哲学	哲学学院	逻辑学导论	黄华新
植物生产	农学院	园艺栽培学	喻景权
计算机	计算机科学与技术学院	人工智能引论	吴飞

截至目前，浙江大学已入选教育部新兴领域教材研究与实践项目 3 项，入选科学出版社"十四五"普通高等教育本科规划教材 34 本，入选中国高等教育学会工程教育专业委员会新工科"十四五"规划教材 7 本，入选工业和信息化部"十四五"规划教材 13 本，入选住房和城乡建设领域学科专业"十四五"规划教材 15 本，入选农业农村部"十四五"规划教材 35 本，入选浙江省普通高校"十三五"新形态教材建设项目 79 本，入选浙江省普通本科高校"十四五"首批新工科、新医科、新农科、新文科重点教材建设项目 153 个。

(十一)教材建设典型案例和先进个人

教材建设既要做好经典教材的传承、特色教材的培育，也要布局学科前沿、开拓新兴研究领域，填补空白。

1. 经典教材传承典型案例：延续教材生命力和活力，修订再版经典教材

《材料力学Ⅰ、Ⅱ》由刘鸿文先生任主编，自第 1 版于 1979 年出版以来，一直是高校机械类各专业材料力学课程广泛采用的教材，深受广大教师和学生的好评。第 2 版于 1988 年获国家优秀教材奖，并于 1990 年在台湾高等教育出版社以繁体字再版，销往东南亚地区(如新加坡等)。第 3 版于 1997 年获国家级教学成果一等奖，同年获国家科学技术进步奖二等奖，这两个奖项是浙江大学获得的第一个国家级教学成果一等奖，同时也是浙江大学第一个通过教材建设获得的国家科学技术进步二等奖。第 4 版于2007 年获第七届全国高校出版社优秀畅销书一等奖。第 4、5 和 6 版分别入选普通高等教育"十五""十一五"和"十二五"国家级规划教材。第 1~6 版自 1979 年出版以来，已累计印刷约 110 次，累计发行已达 380 余万册，被国内近 200 所高校选用为教材。

刘鸿文先生去世后，浙江大学对材料力学经典教材的传承和延续高度重视，为持续保持经典教材的生命力和活力，专门组织人员开展多次协商，确定教材修订的作者人选，组织教材修订。在 2017 年修订出版的《材料力学 Ⅰ、Ⅱ》(第 6 版)中，将原来的纸质版教材升级成为可以扫描二维码获取视频资料的新形态立体化教材，其中很多视频都来自工程实际，便于学生理解、掌握和运用相关知识点，有利于培养学生理论联系实际的能力。目前正在进行第 7 版的修订工作。2023 年 9 月 23 日在浙江大学举行了材料力学课程与教材建设研讨会，与会专家对《材料力学 Ⅰ、Ⅱ》教材的重要性和影响力表示充分肯定，也期待新一版的《材料力学 Ⅰ、Ⅱ》教材有更好的创新和更大的发展，使教材内容更丰富并富有时代信息的特征，确保经典在得以传承的同时，又能与时俱进和创新发展。

2. 关键核心技术教材建设典型案例：聚焦芯片制造工程人才培养，助力国家突破卡脖子技术

集成电路是信息产业的核心，芯片强则国家强。在我国集成电路产业，尤其是集成电路芯片制造领域与世界先进水平依然有差距的背景下，浙江大学聚焦产业工程人才培养，助力国家突破芯片制造卡脖子技术，依托浙江大学原微纳电子学院建设的全国高校唯一一条 12 英寸 CMOS 成套工艺集成电路中试生产线，吴汉明院士组织团队编写出版了《集成电路制造大生产工艺技术》教材。

本教材聚焦大生产芯片制造工艺技术，围绕现有集成电路大生产线的成套工艺涉及的各主要技术环节，介绍基本工艺、工艺集成和相关技术，使读者可以系统了解芯片在生产线上制造出来的全过程。教材分为六篇 24 章，分别对晶体管工作原理，基础工艺技术，大生产制造工艺流程中的相关技术、工艺集成和工艺模块(短流程)，芯片制造中的一些实例，以及制造与设计的互相支撑关系等作了较为系统的介绍。本教材瞄准产业大生产技术应用，内容涉及集成电路制造工艺、设计制造一体化、装备材料、PDK 等众多领域，以产教融合理念支持新工科建设教材编写，各篇章既相互关联，又具有相对的独立性，读者可以根据自己的兴趣和需要选择相关章节学习。

集成电路制造领域的特点决定了产教融合的教学方式是培养卓越工程师最有效的途径。本教材以产教融合、实践性为导向，融合数字化教学资源，依托芯片制造平台，从基础工艺到短流程工艺模块，直观地展示了整个芯片大生产制造的成套工艺过程，具有串点成线、系统性强、案例生动、可读性佳的特点，对教育和培养全面型专业人才具有开创性意义。

3. 名师—名课—名教材典型案例：名师大家讲金课，一流课程培育一流教材

2018年9月，为解决新科技革命时代工程系统日趋复杂、工程对象所涉及的专业知识领域日趋交叉这一严重的工程科学问题，浙江大学杨卫教授（中国科学院院士）与赵沛教授（教育部青年长江学者）组成了教学团队，为大一新生开设了"力学导论"课程，以通识课的形式向新时代青年传授国家重大工程领域的入门问题和力学的专业知识，力争用最微观的课程演绎最宏观的家国情怀。同时，两位任课教师录制了本课程的慕课，面向社会学习者进行推广。经过数年的建设，课程取得了良好的效果，其线下课程入选首批教育部国家级一流本科课程，慕课入选第二批教育部国家级一流本科课程，也影响了天津大学、北京航空航天大学、西北工业大学等高校开设"力学导论"类似课程。

在该课程基础上，杨卫院士凝练出"力学3.0"的概念，其中1.0代表学科体系的奠基，2.0代表学科知识的辐射，3.0代表学科知识的嬗变。以该理念为指导，两位任课教师撰写了教材《力学导论》，2020年年底由科学出版社出版。该教材旨在从全视野的广度上展开力学的全貌，并织造一张学科交叉之网，囊括与力学相交叉的主要学科命题。出版后迅速形成了国内影响力，第一次印刷3500册已经售罄，被南京航空航天大学等多所学校采用为教材，被教育部高等学校力学类和航空航天类专业教指委指定为推荐教材。国务院学位委员会力学学科评议组召集人、北京理工大学前校长胡海岩院士称本教材为"尝试构建新的教材内容体系，是富有创意的探索"；教育部高等学校能源动力类专业教学指导委员会主任、国务院学位委员会动力工程及工程热物理学科评议组召集人何雅玲院士称本教材"开了第三次新形态教材改革的先河"，"在'全景式提供知识全貌'及为'基础性课程提供新貌'两方面做得非常出色"。

以"力学3.0"理念为指导，在"力学导论"课程和教材的建设过程中，浙江大学工程力学专业逐渐形成了新型工程科学人才培养范式，以杨卫和赵沛教授为前两位完成人的成果"'力学3.0'导向的工程科学人才培养体系构建与实践"获得2022年度高等教育

(本科)国家级教学成果奖一等奖。

4. 优秀教材工作者代表：勇于探索、不断创新、深耕教学的李兰娟院士

在浙江大学教材建设中，涌现出一批优秀教师，他们默默深耕在教学一线，秉持着教育工作者的荣誉感、责任感投入到教材编写、修订工作当中。获得首届全国教材建设先进个人奖的李兰娟院士也是这群人之一。

李兰娟院士时任传染病重症诊治全国重点实验室主任，国家感染性疾病临床医学研究中心主任，国家内科学（传染病）重点学科学术带头人。长期从事传染病临床、科研和教学工作。在 SARS、H7N9、COVID-19 等重大传染病疫情暴发时作出卓越贡献。

李兰娟院士主编的本学科多套国家级规划教材，针对不同层次的读者，创新相应的教材编写内容和编排体系，引导学生开展启发式学习、转化式学习，包括人民卫生出版社五年制临床医学专业规划教材《传染病学》（第 8、9 版）、长学制规划教材《感染病学》（第 3 版）、研究生规划教材《感染病学》（第 1、2 版）和器官-系统整合教材《病原与感染性疾病》（第 2 版）、高等教育出版社全国高等学校医学规划教材《传染病学》（第 1、2、3 版）等教材及配套用书 15 部。

李兰娟院士顺应教材建设发展趋势，在《传染病学》传统纸质教材的基础上，先后开辟数字教材、融合教材，同时出版数字课程，开辟在线课堂，将教学内容、教学活动和教学环境有机结合，实现教学环节的数字化、信息化、立体化。引领学科发展趋势，将研究生教材书名从《传染病学》更名为《感染病学》，拓宽了学科范围，组织跨领域专家共同编写，实现相关学科的交叉渗透；并根据热点设题，引导研究生开展转化式学习。创建"知识点—病例"配套编写法，将《传染病学》理论知识与临床实践有机衔接，强化临床思维训练，提升读者独立解决实际问题的能力，以及基于人文关怀的医患沟通能力。在 2021 年 9 月首届全国教材建设奖评选中，李兰娟院士被评为全国教材建设先进个人，其主编的《传染病学》第 9 版获全国优秀教材二等奖。

在她的带领下，浙江大学传染病学科成为国际一流的学术高地，采用"多元融合"理念，成功开辟三条育人主线——医教研融合、多学科联合攻关、立体化教材建设，迎合人才培养的多元融合规律。她坚守医者初心，始终把病人需要放在第一位。勇于探索，坚持科技创新。以坚韧、执着、奉献言传身教。她倡导并践行"严谨求实、开拓创新、勇攀高峰、造福人民"的科学精神，为我国成功应对各种传染病、保障社会稳定与经济发展作出了重大贡献，体现了我国科技工作者献身医学、服务人民、报效祖国

的高尚情怀。李兰娟院士荣获国家科学技术进步奖特等奖、教育部高校推广应用奖、浙江省教学成果一等奖。

四、完善教材建设激励机制，努力构建多层次教材建设质量保障体系

加大教材建设在人、财、物等方面的保障力度，从管理体制、政策机制、经费投入、绩效引导等多个层面构建教材建设的保障体系，形成教材建设的合力。

(一)完善教材建设激励机制

2021年出台《浙江大学教育教学荣誉奖励办法》，明确将获优秀教材奖纳入教育教学奖励范围，表彰奖励学校首届全国教材建设奖获得者，并将全国教材建设奖与国家三大科技奖视为同等级别。

会同人事部门从教学工作量核定、职称评聘、岗位聘任及评奖评优等方面，进一步加大对高水平教材的引导和鼓励。在专业技术职务评聘中，将教材建设成效纳入高校教师高级职务业绩条件内容，将教材编审作为教师职务评聘、职称评定的重要依据，作为求是教学岗、优秀教学岗、教学为主岗评聘和高层次人才期满考核的重要指标。

每年投入近千万元专项资金开展教材相关工作，以立项形式开展教材研究、培育，支持教材建设并资助出版经费。对出版校级及以上立项教材的，配套相关津贴，并给予一次性教学工作量奖励。

(二)强化教材建设主体责任

进一步强调学院(系)在教材工作中的主体责任，将教材建设作为学科专业建设、教学质量、人才培养的重要内容，纳入学院(系)"双一流"建设和考核与领导班子任期目标责任制考核的重要指标。

(三)加强五位一体的教材队伍建设

打造一支立场坚定、业务精湛、结构合理的教材研究队伍，培养教材建设带头人和中青年骨干，建设老中青相结合、理论研究专家与实践专家相结合、专职与兼职相结合的专家队伍，整体提升专业类教材建设支撑能力。

打造一支专业化的教材编写队伍。教材编写是门学问，教材建设有其自身的特点和规律，高水平、权威性的教材需要一支一流的专业化的编写队伍来保证，要深入开展"名师—名课—名教材"计划，不断提升教材编写队伍专业化水平。

打造一支职业化的教材管理队伍。教材管理关系着教材建设的政策适配、资源调配，影响教材建设的质量和效能。通过调研和交流，不断提高管理队伍的职业能力。

打造一支复合型的教材审核队伍。教材审核是教材质量的检验关口，包括政治审核和专业审核，既涉及政治方向、价值导向，又涉及学科内容。通过建立校级教材建设专家库，保障审核队伍政治过硬、一专多能、优势互补。

打造一支高水准的教材培训队伍。依托校级、院级教材研究基地，组建高水准的教材培训队伍，提高使用教材的教师对教材的理解、领悟和运用水平。

五、教材工作中遇到的问题

(一)教材建设管理面临新挑战

进入新时代以来，习近平总书记多次强调教材建设是国家事权和铸魂工程，明确要求要用心打造培根铸魂、启智增慧、适应时代要求的精品教材。党的二十大报告首次提出要"加强教材建设和管理"，将教材建设作为深化教育领域综合改革的重要环节。这一系列重要部署既凸显了教材工作在党和国家事业发展全局中的重要地位，也为新时代教材建设和管理提供了根本遵循。站在新的历史起点上，教材建设管理如何应对新的要求与挑战，如何在数字智能时代更好地落实教材建设国家事权，是高校教材工作的重中之重。

(二)教材研究力度有所欠缺

目前浙江大学设有省级教材建设研究中心 1 个，校级教材研究基地 4 个，学院（系)教材研究基地 13 个，但在教材建设、教材编写模式等方面的理论和应用研究不够，研究的广度和深度有待进一步加强，国家级教材研究基地尚待突破。

(三)教材评价方式不够全面

教材工作重教材编写选用而轻教材评价，教材评价主要还是以编写适用性为主，考核评价的内容不够全面，过于强调学生群体使用评价，对定性评价重视不够，尚未形成科学合理的教材评价体系。

六、推进教材建设改革创新，实现教材标准化建设和规范化管理

浙江大学将始终坚持学校党委对教材工作的领导，深刻领会党的二十大报告首次明确提出"深化教育领域综合改革，加强教材建设和管理"这一重大部署对新时代教材工作的新判断新要求，坚持改革创新，凝聚全校思想共识，努力开创教材工作新局面，着力构建具有浙大特色的高质量教材体系。

(一)加强教材建设和管理，全面落实教材建设国家事权

教材管理工作在加强顶层设计的同时，必须继续破解深层次体制机制障碍，不断把制度优势更好转化为治理效能。教材工作者要切实提高政治站位，强化目标导向，着眼国家发展战略全局，充分认识教材工作肩负的重大使命、做好教材工作的重大意

义和中央对教材工作提出的明确要求。

积极推动教材建设与一流专业、学科建设相结合，把服务国家战略需求作为最高追求、根本目标。将教材建设纳入一流本科专业建设体系中，推动教材建设、教材项目布局与教育教学改革相匹配，与学科前沿理论相融合，与学校现阶段专业核心知识图谱构建、高水平专业核心课程群打造的工作相结合，主动谋划和推进本科生核心课程、研究生核心课程配套教材建设。

(二)积极开展教材研究工作

积极开展教材建设内容和体系的研究，努力营造教师研究教材与教学方法的氛围，依托各级教材研究基地和基层教学组织，鼓励各学科专业负责人以及骨干教师积极开展教材研究，带头促进教材建设，推进教育教学改革，为提高教材建设的政治性、科学性、规范性和专业性提供专业保障。

积极探索教材编写模式，立足现有一流课程的教学讲义，借鉴国内外经典教材的编写理论与方法，确立符合国情、具有时代特征的编写思路，推进教材数字化建设、立体化编写，加快构建具有浙大特色的高质量教材体系。

(三)建立健全教材监测评估机制

质量是教材的生命线，监测评估是提升教材质量的关键举措。监测评估工作要重点关注马工程重点教材统一使用情况、普通高等教育国家规划教材选用使用情况，以及学校使用的各类教材在政治性、思想性、科学性、适宜性等方面的情况。

建立健全教材监测评估机制，将教材工作作为教育督导和学校评估的重要内容，加强对各类教材特别是境外教材、校本教材的监管，不断优化教材使用反馈制度，积极探索教材评价指标体系，包括教材内容、教材结构、教材配套资源等方面的评价指标。制定评价方法和评价标准，包括定性评价和定量评价相结合，综合评价教材的优缺点并及时反馈，为教材的改进提供依据。

（执笔人：浙江大学李娜）

第五篇　中山大学教材建设和管理年度报告

一、基本情况介绍

　　教材建设是育人育才的重要依托，体现国家意志，是国家事权。党的十八大以来，党和国家高度重视教材建设工作，为教材建设标定方向、擘画路径。中山大学始终紧紧围绕习近平总书记关于教材工作的重要指示批示精神，围绕党和国家对教材工作的大政方针，积极落实国家教材委员会、教育部在教材领域的部署和要求，深入推进习近平新时代中国特色社会主义思想进教材、进课堂、进头脑，稳步提升教材建设和人才培养质量，强化教材铸魂育人作用，落实立德树人根本任务。

　　面向新时代，面对新形势、新要求，学校不断探索实践，以"五个抓住"提纲挈领，在教材建设工作中深耕细作，加快建设高质量教材体系，彰显习近平新时代中国特色社会主义思想的理论价值和实践伟力，服务学生全面发展、健康成长。

二、学校教材建设情况、主要成就及特色

　　聚力建设门类齐全、布局完善的教材体系。2016 年以来，学校教师主编出版教材 546 本，形成涵盖文理医工各学科的教材体系（文科占 41％，理科占 15％，医科占 31％，工科占 13％），为学校教学工作的高质量开展提供了有力支撑，其中一些教材还辐射国内其他高校，被广泛使用。例如，《生理学》（第 9 版，人民卫生出版社）被北京大学、中国医科大学等 200 多所高校学生使用，是国内同类生理学教材中发行量最多、

覆盖影响面最广的教材。

聚焦打造培根铸魂、启智增慧的精品教材。精品教材紧跟学术前沿和时代发展步伐，为培养服务于国家战略需求和经济社会发展的人才提供了保障，育人成效显著。在首届全国教材建设奖评选中，学校教师担任主编或副主编的教材有 17 本获奖，其中一等奖 5 项，二等奖 12 项；高等教育类 14 项，职业教育与继续教育类 3 项。如王庭槐教授主编的《生理学(第 9 版)》、夏书章教授主编的《行政管理学(第六版)》、兰平教授主编的《外科学(第 4 版)》等获一等奖。中山医学院获得全国教材建设先进集体称号。学校教师主编的《管理心理学(第四版)》《组织学与胚胎学(第三版)》与学科特色深度融合，入选首批"十四五"职业教育国家规划教材。创新创业教材建设是中山大学创新创业教育优质课程建设的重要抓手。学校教师主编的《创新创业学》《国家金融科技创新》获评 2022 年广东省高校创新创业教育精品教材。2021 年，使用《创新创业学》教材的双创课程"创业基础"获评广东省高校创新创业金课，2022 年入选广东省高校就业创业特色示范课程。

聚智承担马工程重点教材、国家部委规划教材编写任务。中山大学 6 名教师入选国家教材委高校哲学社会科学(马工程)专家委员会学科专家组。学校教师担任马工程重点教材《思想政治教育学原理》《人类学概论》《城市社会学》的首席专家。周大鸣教授、蔡禾教授还在分别主持推动第二版《人类学概论》、第二版《城市社会学》的修订工作，及时将党的二十大报告中的新理念、新提法、新要求融入教材中。由学校党委书记陈春声教授担任主编的编写团队负责马克思、恩格斯、列宁关于哲学社会科学及各学科重要论述摘编"历史学"分论项目。学校作为入选该项目的全国八所高校之一，进一步推进马工程重点教材建设工作。学校计算机学院牵头的新一代信息技术(大数据)教材编写团队、生命科学学院牵头的未来产业(生物医学)教材编写团队入选教育部战略性新兴领域"十四五"高等教育教材体系建设团队。此外，学校教师积极承担国家卫生健康委员会规划教材、国家卫生和计划生育委员会规划教材的编写任务。2016 年以来，中山大学教师主编的医学教材中，有 24 本被列为国家卫生和计划生育委员会规划教材、国家卫生健康委员会规划教材等，对培养政治思想素质过关、业务能力过硬的医学专业人才发挥了重要作用。2023 年，学校 12 名教师入选国家卫生健康委员会"十四五"规划教材五年制本科临床医学专业第十轮规划教材主编、副主编。

三、学校教材使用情况

坚持正确导向、适用性、优秀性原则，严格落实教材凡选必审，充分重视对教材意识形态和学术质量的审核。每学期对下学期拟选用的教材进行全面审核，常态化把好教材进课堂的安全关。2022—2023学年，共对5544本次的教材进行审核备案，其中，选用教育部国家级规划教材1594本次，选用马工程重点教材299本次，马工程重点教材使用实现应用尽用。教务部每学期组织专家对教学单位审查通过的新增境外教材进行复审，对在审核中发现存在风险点的教材立即责令整改。

推动马工程重点教材贯穿学科人才培养工作的各环节。按照党和国家关于人才培养的要求组织制定人才培养方案，规范开展教学活动，安排教学任务，并在教学大纲中突出强调，凡教材选用范围中有马工程重点教材的，必须选用马工程重点教材。教师在教学目标和教学大纲的指导下设计教案和课程考核方案，课程考核方案以课程教学内容和教材为依据，制定考试内容与标准，将马工程重点教材内容纳入考试内容。学校开展马工程重点教材使用培训，帮助教师提升教学能力。通过培训活动，教师对于如何把思政教育融入教学活动中、如何引导学生把握习近平新时代中国特色社会主义思想的核心要义、如何运用中国理论话语体系解释中国实践、如何提高学生分析问题与解决问题的能力等核心问题有了较好的认识把握。

重视《习近平谈治国理政》多语种版本"三进"工作，在课程设置、师资培训、教材选用、教学开展等各个环节制定措施，推动全员参与、全领域覆盖、全方位融入。教师将《习近平谈治国理政》多语种版本以案例分析、课程思政等方式融入教学内容；将"四个自信""人类命运共同体""讲好中国故事"等习近平新时代中国特色社会主义思想理论中的重要论述有机融入课堂教学中，在专业教育的同时注重对学生价值观的塑造。例如，在讲解教材《理解当代中国（英语演讲教程）》时，通过"以小见大"的方式，润物细无声地融入思政教育，聚焦"思政英语演讲的愉悦感因素研究"，实现科研与教学紧密结合。在实现知识传播的同时达到价值引领的目的，激发学生讲好中国故事、提高国际传播能力、构建中国话语和中国叙事体系。

四、学校教材管理的主要举措、经验做法及特色

(一)抓住机制，落实责任

教材管理实行校、院两级管理，形成统一领导分级负责的全链条责任管理体制。学校党委对教材工作负总责，设立中山大学教材工作领导小组，全面指导学校教材管理工作。专设教务部教材处，负责统筹监管全校教材管理工作。各教学单位教材工作领导小组负责具体落实本单位教材的选用和建设工作。

规范管理，制度先行。修订《中山大学本科教材管理办法》，从制度层面规范教材工作的各个环节，形成一套完整、可操作的教材编写和教材选用流程，强化责任落实。制定《中山大学关于习近平新时代中国特色社会主义思想进课程教材实施细则》，加强对教材落实习近平新时代中国特色社会主义思想和"党的领导"相关内容情况的审核把关，为各学科教师编写教材提供指导和帮助，促进教材质量提升。学校党委常委会传达学习习近平总书记关于教材工作重要指示和全国教材工作会议暨首届全国教材建设奖表彰会精神；专题研究思政课建设工作，强调思政课教材建设的重要性，深入研讨推进习近平新时代中国特色社会主义思想进课程教材。

(二)抓住队伍，提升素质

依托教师培训、课程思政建设，提高教师的政治理论素养。常态化开展教师日常培训、教师岗前培训，组织开展教师试讲、教学观摩、教学研讨、集体备课、专题讲座、教学竞赛等教学研究实践活动，将习近平新时代中国特色社会主义思想作为教师培训必修内容，使教师吃准吃透教材中的习近平新时代中国特色社会主义思想和党的二十大精神，做到融会贯通、精辟讲解。2021年、2022年学校分别举办了第九届、第十届中山大学教师教学竞赛，单列思政组赛道进行思政课程授课比赛，提升教师的思想政治素质与教育教学能力。

各教学单位通过教职工大会、党组织生活会、教研室研讨会等多途径，组织教师认真研读党的二十大报告和党章，让教师充分认识推进习近平新时代中国特色社会主义思想、党的二十大精神进教材工作是一项重要的政治任务，并为准确把握习近平新时代中国特色社会主义思想、党的二十大精神进教材的内容要求打好基础。通过课程思政示范课、课程思政改革示范项目建设，锻炼提升教师的理论水平。2020 年以来，中山大学共立项建设 1092 种校级课程思政示范课，其中 2 种被认定为国家级课程思政示范项目、47 种被认定为省级课程思政建设改革示范项目、37 种被认定为省级课程思政优秀案例。学校获广东省课程思政示范高校认定，2 个课程思政研究中心被认定为省级中心。

开展教材建设交流研讨，探索创新教材建设新理念、新路径，提升教师教材编写技能和水准。召开教材编写会议，针对具体编写任务进行思想碰撞，达成共识；与人民卫生出版社、科学出版社等单位进行教材建设座谈，加强深度交流；开展教材建设研讨会，邀请文理医工各领域专家为教师分享教材编写经验。在 2023 年 8 月召开的全校教材建设研讨会上，各领域专家分别提出自身对教材编写、研究方面的见解，对广大教师具有较大启发意义。例如，中山医学院王庭槐教授提出建设一流医学教材要做到"三个要"：一要主动适应"五新"，即新教学模式、新教学方法、新教学内容、新学习形态、新知识传播形式；二要有"三度"，即新高度、新深度、新广度；三要"五个做到"，即做到"少而精"，做到"易学易懂启思"，做到引起学生兴趣、激发好奇心，做到教材思政"润物细无声"，做到教材形式数字化、立体化、多样化、随身移动化。附属第一医院王连唐教授认为教材建设要传承优良传统；加强团队建设；以改促教；紧跟科技时代潮流，适应学生学习方式的改变，大规模应用新技术。外国语学院王哲教授强调理念先行，教师要做教学理念的引领者，做教学内容的构建者。

支持开展教材研究项目，挖掘教师参与教材研究的主动性、能动性，推动教材建设队伍专业能力提升。教学质量工程项目支持教材研究项目立项，针对性探究学科发展尤其是新兴学科、交叉学科发展对教材的新需求，现已开展集成电路、人工智能等领域教材研究。研究认为该领域应整合跨学科跨院系教师资源，联合业界导师与学术导师，打造产教融合的"专业基础类"教材，强化面向产业前沿与实际问题的"专业类"教材，增加产教结合的"拓展类"教材。学校教师主持的教育部新兴领域教材研究与实践项目《中国特色、世界一流生物医学领域教材建设标准及机制的研究与实践》结题验收结果为"优秀"（全国共 9 个项目验收结果为"优秀"）。

（三）抓住关键，把握方向

严格落实教材凡编必审，从教材编写人员到教材编写内容，规范教材编写审核程序，形成从教材主编自查，到教学单位全面审核，再到学校主管部门备案的审核流程，保障教材的价值导向和内容质量。教材出版合同的审批流程中，确保每名教材编写人员已经由所在单位党组织审核同意，并经所在单位公示无异议。教材审核采用个人审读与教学单位教材工作领导小组会议审核相结合的方式，经过集体充分讨论，形成书面审核意见，得出审核结论。教材工作领导小组讨论涉及教材审核议题时，须三分之二以上成员到会，决议以全体成员三分之二以上同意方为通过。教材审核中严把政治关、学术关。政治把关重点审核教材的政治方向和价值导向，学术把关重点审核教材内容的科学性、先进性和适用性。严格落实、审核把关习近平新时代中国特色社会主义思想、"党的领导"相关内容、党的二十大精神进教材工作，政治立场、政治方向、政治标准要有机融入教材内容，不能简单化、"两张皮"。未经政审通过的编写人员不得出版教材，未经审核通过的书稿不得出版。

以信息化促进精细化，合理运用信息化手段，构建教材选用、教师教材领用一体化管理平台。从2020—2021学年起，教材选用工作在教务管理系统"教材管理"模块操作运行，分为"教材选用管理""教材库管理""教师领用教材备案"三项子模块，实行学校—教学单位—课程负责人三级联动管理。"教材选用管理"关联了全校所有教学单位的开课数据，教材信息与课程信息互联互通，从课程负责人自查填报到教学单位审核再到教务部审批备案，做到教材选用审核有依据、有流程、有记录、有节点，教材信息、审核信息更加规范化。通过教务部审批备案的教材进入教材库，并对审核中发现存在风险的境外教材列入黑名单管理，任何课程不得使用。课程负责人、任课教师根据学校审核备案的结果领用教材，开展教学活动。此外，教务部根据课程库，梳理马工程重点教材相应课程清单并嵌入系统，确保凡教材选用范围中有马工程重点教材的课程，均选用马工程重点教材。

以抓铁有痕、踏石留印的态度，落实教材专项排查工作要求。先后组织开展法学类、经济学类、外国语言文学类教材专项排查，哲学社会科学类教材专项排查，境外原版教材专项排查，封面插图专项排查，涉香港相关表述专项排查等专项工作，重点审核教材中意识形态属性较强的内容以及涉及国家主权、国家安全、海洋权益、社会安定、民族宗教等方面的内容。

(四)抓住规划，提升质效

中山大学将加强教材建设的相关内容写入学校"十四五"规划，加强教材建设系统规划，打造涵盖文理医工各学科的、较为完善的课程教材体系，切实提升教材建设质效。将"强化思想政治理论课教材体系建设"及"加大对教材研究和教材编写的支持，建立以院系为主体的学科—教材建设体系，推进与学科特色深度融合的精品教材建设，重点支持一批反映学科建设成果、突出学科特色的教材立项建设，努力打造一批高质量的精品教材和优秀教材"等列为学校"十四五"期间的重点任务。

以习近平新时代中国特色社会主义思想进课程教材为统领，确保教材建设方向性。推动思政课教材建设，实施思政课和马克思主义理论专业类教材、教学辅导资料建设工作，推出一批体现马克思主义中国化最新理论研究成果的精品教材和教学辅导资料。中山大学马克思主义学院已出版教材《新时代党的建设方略》,《新时代政治建设理论与实践》等 11 本教材现已完成书稿编写。推动党的二十大精神进教材、进课堂、进头脑，遵循教育规律、学生认知发展规律，把党中央新精神转化为学生可认知、可理解的语言，有效落实在课程教材中。

面向国家战略需求、产业前沿和实际问题，紧密对接现代化产业体系建设要求，开拓新兴领域教材建设，组织编写新一代信息技术、生物产业、新材料等新兴领域教材，体现学科交融、科教融汇、产教融合。已主编出版集成电路领域教材《智能光电感知》,先进电子材料领域教材《太阳电池物理与器件》,计算机视觉、人工智能技术领域教材《视频图像技术原理与案例教程》,可穿戴显示领域教材《可穿戴光电显示科技》,电子信息领域教材《电磁波与天线技术实验》等，在编高端医疗器械领域教材《生物医学传感器实验》、建筑信息模型技术应用领域教材《材料与工程力学实验指导书》等。

紧跟科技发展潮流，突破传统教材模式，积极探索新形态教材建设，主动适应学生学习方式的改变，创造了数字资源与纸质资源有机融合的、生动新颖的知识传授模式，延展教材深度、广度。例如，《现代遗传学教程》利用数字资源、公众号，拓展教材内容、发展学生学习兴趣、倡导尊敬科学先驱和健康发展科学的理念，配套资源与主教材相得益彰。又如，《病理学（第 4 版）》实现了纸质教材与网络数字课程紧密结合、深度融合；网络数字课程中涵盖了数字切片、360 度立体观察图、微动画、小视频、静态图、语音讲解等丰富且多元化的数字资源，既体现了学科的课程特色，又兼顾了学科未来改革方向。该教材还独创性率先引入了"病理电子扫描玻片"和"3D 立体图像"的内容，与时俱进，使用手机扫描二维码的方式让学生随时随地均可无障碍地学习全景病理镜下资源，为将来形态学图片全面数字化、大数据分析与人工智能打下了坚实的基础。再如，《会展概论》配有即测即评二维码链接和大量案例供师生使用，教材主编作为主讲教师录制的中国大学慕课与该教材实现完美配套，搭建线上线下全链条课堂，辅助教材知识内容的拓展的同时，让学生实现主动式课堂学习；线上慕课"会展概论"也是国内开办会展经济与管理专业的本科院校中唯一一门线上课程，累计选课人数8000 余人。

（五）抓住保障，激发热情

统筹利用政策、资金等综合手段保障教材编写工作。结合学校"十四五"规划编制，将教材建设内容纳入各院系规划任务加强推进，鼓励将教材建设作为资助的重点支持对象。2021 年以来全校共资助教材建设项目 477 项，每项资助经费平均约 10 万元。

将教材编写作为教师评优评先的重要评价指标。将主编出版教材或获得省级以上一流课程认定，作为学校教学名师参评的必要条件；将教材建设作为教学成果奖评选的重要评价指标；将主编出版教材纳入代表性学术成果，作为教师高级职务聘任的重要指标等。

大力宣介优秀教材，扩大优秀教材的影响力，充分发挥优秀教材典范作用。将学校首届全国教材建设奖获奖教材宣传稿件集结成册，印发全校学习。微信公众平台专栏展示教师在教材建设上做出的努力和取得的成绩，推动广大教师用心打造更多培根铸魂、启智增慧、适应时代要求的精品教材。随着宣传工作的深入开展，有效发挥优秀教材、经典教材、新兴领域教材、新形态教材的示范引领作用。

五、教材建设的问题及短板

当前，学校教材管理和建设工作还面临较大的挑战，工作中还存在一些不容忽视的问题，有待进一步完善。主要表现在"新需求、新形态、新人才、新管理"方面。

一是新需求。教材自主原创水平有待提高，尤其是新兴学科、交叉学科等领域的教材建设亟须进一步推动，以实现面向未来培养人才的工作需求。

二是新形态。教材形态仍然较为单一，以传统纸质教材为主，在新形态教材建设、数字教材建设方面还有较大提升空间，配合研讨式、混合式、项目式等教学方式的课程教材还需与教育信息化技术深度融合。

三是新人才。教材队伍建设有待进一步加强，需要进一步调动教师积极性，吸引一批有影响力的院士、长江学者、杰青等国家高层次人才领衔主编教材。

四是新管理。教材质量监控和评价机制还需完善，教材使用评价反馈渠道还需进一步畅通，需形成从教材编写、出版至教材使用、反馈、修订的闭环管理机制。

六、下一步工作考虑

面对新挑战，中山大学及时调整工作方向，优化工作措施，寻求新的突破。主要工作考虑如下。

(一)积极开展教材研究和教材建设研究，提升教材自主原创水平

紧跟教材发展前沿，深入开展教材研究交流研讨，探索创新教材建设方法路径，努力提升教材自主原创水平。进一步加大教材研究项目支持力度，尤其是针对新兴学科、交叉学科等国家亟待建设的学科领域开展教材研究，形成教材建设合力。总结具有推广价值的经验做法和高质量的研究成果，有效指导、有力推进教材建设。

(二)积极推动教材编修工作，打造新兴领域教材和经典教材

未来三年拟建设一批"新工科、新医科、新农科、新文科"、交叉学科和紧缺专业等方面的教材，大力推进"101计划"系列教材建设工作，修订一批经典传承教材。邀请教材编写专家为各学科专业教材的编写工作提供专业指导与培训。

(三)推动数字化教材建设，推动数字化课程、教材一体化建设

党的二十大首次将"推进教育数字化"写入报告，明确了教育数字化未来发展的行动纲领。学校将积极推动教材内容数字化发展，鼓励教师开发表现形式多样的数字化学习资源，推动教材立体化、形象化、智能化，重点围绕新一代信息技术、新能源、新材料、人工智能、集成电路、生物医药等领域探索新形态教材、数字教材建设，更好服务信息化时代教育教学需要。

(四)健全激励保障体系，全面调动教师编写教材的积极性

利用政策、宣讲等多种途径，鼓励国家高层次人才以及资深教授承担教材编写、审核、研究等工作，为教师编写教材提供充分的条件保障与支持。

(五)健全教材质量评价体系，建立畅通的教材意见反馈渠道

综合运用大数据、问卷调查、实地访谈等方式开展教材使用监测，搭建师生读者与编写人员之间的互动反馈机制，广泛听取师生和社会各界意见建议，精准对接读者需求，集思广益，提升教材编写水平。

教材是育人载体，集中体现党和国家意志，学校将持续高度重视教材工作。一方

面做好教材选用、教材编写的审核工作，把好政治关、学术关。另一方面着力加强教材建设，将习近平新时代中国特色社会主义思想、党的二十大精神有机融入教材之中，把好教材建设政治方向，融入红色基因，教育学生爱党爱国爱社会主义，为学生打好中国底色、铸牢中国魂；立足学术前沿，关注师生、社会、国家战略需求，以全面提高教材质量为重点，创新教材建设理念，增强教材育人功能；不断提升管理水平，推动教材建设、人才培养高质量内涵式发展，为培养社会主义合格建设者和可靠接班人保驾护航。

（执笔人：中山大学冒荷芬、张雁）

05

第五部分

高校教材建设和管理发展趋势

第一篇　高校教材建设和管理发展报告

一、光辉历程：党的领导下高校教材建设的探索与经验

以史为鉴，开创未来。回顾在中国共产党领导下我国高等教育教材建设的发展历程，总结所取得的历史成就和基本经验，能够为新时代进一步开拓中国特色社会主义教材建设道路提供宝贵借鉴和行动坐标。

(一)党的领导下我国高校教材建设的历程

新中国成立以来，我国高等教育教材建设经历了引进改造、自编探索、解决有无、提高质量、形成特色的发展阶段，不断在实践中探索，在发展中创新，逐步建立了完备的教材管理体系，理顺了教材建设体制机制，在新时代教材建设国家事权思想指导下，通过国家教材治理体系的顶层设计，将教材建设与高校教育教学改革和创新人才培养模式变革紧密结合，将教材建设推入新的发展阶段。

1. 起步阶段(1949—1976 年)

新中国成立初期，在高等教育制度整体借鉴学习苏联经验的大背景下，面对教材极为短缺的局面，采取有计划、有步骤地翻译苏联高等学校教材的方式，迅速引进教材。同时，开始建设符合我国高等教育发展需要的教材制度。1951 年，教育部印发《高等学校教材编审委员会暂行组织条例》，规定委员会的任务是调查搜集国内外教材资

料，制订高校教材编辑与翻译计划。1952年，中央人民政府教育部正式成立了高等学校教材编审委员会，统筹组织全国高等学校及其有关单位翻译苏联高等学校教材。印发《关于翻译苏联高等学校教材的暂行规定》，要求各高校制订翻译苏联教材的计划，并报教育部教材编审委员会审核。据统计，1952年至1956年翻译出版苏联高等学校教材1393种。1956年出台的《高等学校教材编写管理暂行办法》规定，由高教部、教育部、卫生部、文化部和各有关业务部门分工负责组织编写及审批各类高校教材。《关于高校自编教材出版分工的暂行规定》确定由人民出版社、中华书局、商务印书馆、高等教育出版社等43家出版社承担高校自编教材的出版任务。

在第二个五年计划发展时期(1958—1962年)，1961年根据中共中央书记处指示，教育部会同国务院有关部门抓紧解决高等学校、中等专业学校教材问题。党中央提出"两步走"的原则，即"先解决有无、再逐步提高"，对现有教材采取"未立不破"原则，采取"选""编""借"的办法解决教材问题，在引进的同时开始自主探索编写了部分基础课教材。成立了高等学校及中等专业学校理工农医各科教材工作领导小组，开展理科专业基础课程及工科基础课程、公共基础技术课程教材的选编工作。1961年8月，全国理工农医类高等学校的530多个专业中，有360多个专业统一选编了教材。1961年，中共中央宣传部会同教育部、文化部在北京召开全国高等学校文科和艺术院校教材编选计划会议，拟定了中文、历史、哲学、政治经济学、政治、教育、外语7种专业和艺术院校7类专业教学方案，设立文科教材编选工作办公室，按专业成立14个教材编选工作组，到1965年年底，共编出73种、187本教科书和参考教材。1962年，教育部成立高等工业学校基础课和各类专业共同基础技术课教材编审小组，以及高等学校理科和工科基础课程教材编审委员会。1965年，高等教育部印发《关于进一步开展高等学校及中等专业学校理工农医各科教材建设工作的报告》，提出密切配合教育改革，逐步提高教材质量，扩大教材种类。这一时期，在党中央、国务院的领导下，初步建立了教材编审、出版、发行的管理体系，中央各有关部委开始按照专业分工负责教材编审任务，出版则由专业出版社和地方出版社协同开展。

2. 恢复与重建阶段(1977—1985年)

1977年，教育部在北京召开高等学校教材编审出版工作座谈会，提出要有计划、有步骤地加快高等学校教材建设工作，对国务院各部委在高校教材建设方面的分工作了明确安排，逐步重建教材编审、出版和发行机构。1977年，教育部开始从美、英、联邦德国、法国、日本等国家引进大、中、小学教材，供我国编写教材参考。至1978年2月，进口的外国教材达2200册，其中大学教材占65%。1977—1980年，全国先后成立124个教材编审委员会，聘请委员2630人，列有教材选题2680种。1978年《教育部、国家出版事业管理局关于全国教材出版发行工作会议的报告》以"按时、足量"使用为要求，拉开了我国高校教材建设实践与探索序幕，制定了教材建设的具体任务和出版计划，将适应办学要求、反映科学水平、具备风格和特色作为教材建设质量的根本要求。1979年，教育部、外交部、财政部联合下发《关于加速引进外国高等学校教材的几项规定》，全国分批成立了13个外国教材中心，分工引进各科教材。同年，教育部发布《关于建立高等学校理科教材和工科基础课程教材编审委员会的通知》，成立5个高等学校理科教材编审委员会、8个工科基础课程教材编审委员会和1个理工科公共外语教材编审委员会。到1981年年底，累计编审出版2149种教材，初步实现理工农医各基础课程以及主要专业课程有通用教材可选。

"六五"时期(1981—1985年)，以"提高质量、扩大品种"为教材建设的主轴，计划在1985年前编审出版适应各种办学形式和要求、具有不同风格和特色、反映国内外先进科学水平的社会主义新教材。教育部专门组织编制了高等学校理科、工科基础课程、理工科公共外语课程五年教材编写规划，以及普通高等师范专科教材和函授及职工大学基础课程教材编写规划。1984年，教育部下发《关于正式成立高等工业学校应用理科、技术科学及边缘学科八个教材编审委员会的通知》，成立应用物理、应用化学等学科的教材编审委员会。

在高校教材管理体制方面，恢复各项教材管理制度，包括编审制度、出版、选用、引进制度等，重建以教育部为主导的部委对口教材管理体制。1978年《关于高等学校教材编审出版工作若干问题的暂行规定》要求：各类专业的公共课教材、理科教材，以及工科各类专业中适应面较广的基础课教材，由教育部及所属出版社负责编审和出版；工科各类专业中全国通用的专业课教材和部分基础课教材，以及农科、医科及体育、艺术类的全部通用教材由有关对口部委及出版社负责组织编审和出版；文科及艺术类教材由国家出版事业管理局有关出版社出版。各部委有交叉的教材以对口部委为主通过协商解决。

3. 规范初建阶段(1986—1991年)

在高等教育体制改革背景下，高教教材制度是教育改革的重要内容。在"七五"时期（1986—1991 年）建立了中央宏观管理的教材管理体制和以国家部委为主体的教材编审制度。1985 年，国家教委下发《关于加强外国教材引进和改进外国教材中心图书室工作的意见》，提出在引进方针上，由过去主要引进理工科教材转变为全面、系统、及时、有计划地成套引进国外著名大学的现用教材。1986 年，国家教委发布高等教育教材建设"七五"规划。1987 年，国家教委出台了《高等学校优秀教材奖励实行条例》，建立了教材奖励制度。1988 年发布《高等学校教材工作规程（试行）》，对高校教材建设的具体任务进行部署，指出要把建设重点聚焦于本校具有优势和特色的学科专业、主干课程和基础课程，同时大力开展教材研究工作，以保障教材编写及选用的质量，指出要有计划地分级、定期组织高校教材评估工作，建立教材评估工作指标体系。"七五"时期，成立了 200 多个教材编审委员会或课程教学指导委员会等专家组织，聘任了6000 余名专家，组织了 1.7 万余名教师从事教材编审、规划及编写修订工作，累计编审出版高等教育教材 1 万余种；初步形成了由国家教委统一指导、规划、部署、协调，国务院各业务部门按照专业对口的原则分工负责制定规划、组织编审，全国各高等学校支持配合，各有关出版社及时印刷出版、新华书店保证课前到书的高等教育建设体制。

4. 改革发展阶段（1992—2011 年）

1991 年颁布的《全国普通高等教育"八五"期间教材建设规划纲要》提出，高校教材建设的总目标是建立起适应社会主义现代化建设需要，面向 21 世纪的具有中国特色的社会主义教育体系的基本框架。1991 年的《关于普通高等教育教材编审出版选用若干问题的暂行规定》分别对国家、地方、高校在教材建设中的职责进行规定，理顺了对口专业教材建设中的组织管理体制。1992 年的国家标准《学科分类与代码》（GB/T 13745—1992）共设自然科学、农业科学、医药科学、工程与技术科学、人文与社会科学五个门类，58 个一级学科，为教材分类建设指明了方向。"八五"时期，教材质量得到了全面提升，出版了一批特色教材，基本满足了教学需要，实行教材选用目录制度，提出了建设教材质量跟踪调查制度以及教材质量评价机制。

"九五"时期（1996—2000 年），根据党中央对"抓好重点教材，全面提高质量"的方针，国家教委出台《关于"九五"期间普通高等教育教材建设与改革的意见》，着力破解教材内容先进性不足、教材体系配套不强、特色不鲜明、编写水平与出版质量不高的问题，重点抓在人才培养过程中对实现教育目标起关键作用和具有重大影响的教材。

在"高等教育面向21世纪教学内容和课程体系改革计划"等项目支持下，到2002年共出版"面向21世纪课程教材"930种，体现了跨世纪教材建设理念的转变，体现了教材建设与课程改革的密切结合。以1997年《关于加强普通高等教育教材编写与选用管理的若干意见》为标志，从全面提升本科教材质量、充分发挥教材在提高人才培养质量中的基础性作用出发，将"全面加强"教材质量作为高校教材建设的核心，明确"高质量教材进课堂"是教材建设的首要任务，以适应高等教育人才培养模式变革的需要。同时，积极推动教育管理体系和运行机制改革，进一步明确国家教委、国务院有关部委教育主管部门及地方教育行政部门在高校教材工作中的主要职能。

"十五"期间（2001—2005年），2001年教育部印发的《中宣部　教育部关于"十五"期间普通高等教育教材建设与改革的意见》要求，正确把握21世纪教学内容和课程体系改革方向，实施精品战略，抓好重点规划；明确国家、地方和学校三级教材管理的主体责任和权责关系，建立以国家规划教材为重点，多学科、多类型、多层次、多品种系列配套的教材体系；建立教材编审主编负责制、教材出版实现出版社责任制，完善教材选用、评价和引进制度；在优化选题、优选编者、出版精品等方面进行尝试和改革，"编""选"并重，注重提高优质教材的使用效益，同时积极推动电子教材建设。

以马克思主义理论研究和建设工程（以下简称马工程）重点教材为突破口，有序推进教材分类建设。2004年，中共中央印发的《关于进一步繁荣发展哲学社会科学的意见》提出：力争用10年左右的时间，形成全面反映马克思列宁主义、毛泽东思想、邓小平理论和"三个代表"重要思想的教材体系。2004年，国家正式启动马工程重点教材建设工作，这些教材包括中宣部组织编写的41种和教育部组织编写的93种，基本涵盖了哲学社会科学各专业基础课程和主要的专业课程，弥补了人文社会科学类教材建设的不足。

高度重视以高等学校思想政治理论课为代表的哲学社会科学学科教材建设。2005年，经中共中央政治局常委审定，中宣部、教育部印发《中宣部　教育部关于进一步加强和改进高等学校思想政治理论课的意见》，提出要形成比较完善的学科体系和课程体系，编写出充分体现当代中国马克思主义最新成果的教材。决定将高校思想政治理论课教材纳入马工程系列，集中力量编写全国高校思想政治理论课教材。同年还印发了《中宣部　教育部关于加强和改进高等学校哲学社会科学学科体系与教材体系建设的意见》，要求加大高等学校哲学社会科学体系建设力度，全面开展高等学校哲学社会科学重点教材建设工作，力争用7年左右时间，编写150种左右基本覆盖哲学、政治经济学、科学社会主义、中共党史以及政治学、社会学、法学、历史学等学科专业的基础理论课程和专业主干课程教材。2006 年，教育部办公厅发出通知，要求全国普通高校统一使用由中共中央宣传部、教育部组织编写的、由高等教育出版社出版的马工程重点教材，未经相关部门批准，各省教育厅教育部门、高校和教师不得自行组织编写各种名义的高校思想政治理论课教材。

"十一五"期间（2006—2010 年），教育部启动"十一五"国家级规划教材项目，强调分类指导和统筹规划，坚持多样性，鼓励编写具有不同风格和特色，适应不同层次、不同类型院校的教材。总计 11765 种教材进入"十一五"国家级规划教材目录，有力地推进实施马克思主义理论研究和建设工程，打造反映当代中国特色社会主义理论与实践成果、体现中国学术研究和教材编写最高水平的重点教材体系。2007 年启动的普通高等教育精品教材评选工作，制定了本科理工农医类、本科人文社科类、高职高专类三类精品教材评价指标，4 年共评选精品教材 992 种。2011 年印发的《高等学校哲学社会科学繁荣计划（2011—2020 年）》全面规划了高校哲学社会科学发展的主要任务、重点任务以及经费保障和组织实施，明确指出要扎实做好马工程重点教材编写和使用工作，建立马工程重点教材统一使用工作的检查监督机制。

5. 深化改革高质量发展阶段（2012 年至今）

进入新时代，中国共产党进一步巩固了党对教材建设的全面领导地位，更加强化马克思主义对教材建设的指导作用，构筑了具有中国特色的教材建设新格局，落实了国家事权，全面推进教材治理体系和治理能力现代化。"十二五"期间（2011—2015 年），在高等教育从以规模扩张为特征的外延式发展向以质量提升为核心的内涵式发展转变背景下，以创新体制机制为突破口，不断提高质量；更加强调育人为本，在全面推进、确保质量的基础上，继续实施精品战略；数字教材建设不断推进；在引进一批反映学科发展前沿的境外优秀教材的同时，部分重点大学教材也在积极"走出去"。

2016 年，习近平总书记在全国高校思想政治工作会议上指出："教材建设是育人育才重要依托。建设什么样的教材体系，核心教材传授什么内容、倡导什么价值，体现国家意志，是国家事权。"同年，中央办公厅、国务院办公厅联合印发《关于加强和改进新形势下大中小学教材建设的意见》，提出了深化教材体制机制改革的新要求。"十三五"期间（2016—2020 年），着眼"培养什么人、怎样培养人、为谁培养人"这一根本问题，从事关党和国家长治久安的战略高度，党和国家对大中小学教材建设作出了一体化顶层设计，并进行了国家教材管理体制变革。

在这一时期，教材工作领导体制和工作体系基本确立，党对教材建设的领导全面加强。在中央教育工作领导小组的领导下，2017年成立国家教材委员会，教育部成立教材局，理顺了国家教材管理的主体责权，标志着我国教材建设工作步入新的发展阶段。2018年成立课程教材研究所（国家教材委员会专家委员会秘书处），从2019年开始分批次成立国家教材建设重点研究基地，形成决策、实施、研究三位一体工作格局。各有关部门各地各高校分工负责的工作体系已初步建立，高校主体责任进一步夯实。2019年，国家教材委员会印发《全国大中小学教材建设规划（2019—2022年）》，教育部印发《普通高等学校教材管理办法》，构建了教材建设和管理体系的"四梁八柱"。2020年，教育部召开首届全国教材工作会议，要求从加强党的领导、坚持正确方向、加强政治把关、健全教材体系、注重改革创新五方面推进教材建设和管理。据统计，截至2022年年底，90%左右的高校已成立由学校党委书记、校长牵头负责的教材工作领导机构，明确了教材工作专门机构和人员。90%以上高校出台教材管理办法实施细则，教材管理制度及相关配套措施基本建立。

"十三五"期间，我国正式出版的高校教材超过4.3万种，覆盖了12个学科门类的公共基础课、专业基础课和专业课。据2022年统计，高校教材种数已超过10万种。在这一新阶段，马工程重点教材、国家和省级规划教材及精品教材进一步深化了高校教材分类建设，对推动高质量教材建设起到了示范引领作用。尤其是马工程教材体系很大程度上解决了哲学社会科学教材短板问题，提高了人文社会科学教材分类建设的质量。2017年，《国务院关于印发国家教育事业发展"十三五"规划的通知》指出，要"推动马克思主义理论研究和建设工程重点教材编审和使用，实施马克思主义理论人才重点支持培养计划和青年马克思主义者培养工程"。2017年，教育部对马工程重点教材建设和管理工作机制进行调整，健全编写、审查、使用和保障机制，将教材使用情况纳入高等教育质量国家监测体系，作为教育督导和本科教学评估的重要内容，开展教材使用年报工作，对全国1100余所本科院校教材使用情况进行分析和反馈。2018年，教育部强化马工程重点教材编写集中研讨、集中修改环节，加强编审指导，推动马克思主义基本原理与学科专业知识有机融合，提升教材编写质量。国家教材委员会全体会议审查通过《中国史学史》等20种马工程重点教材，涵盖哲学、经济学、政治学、法学、新闻学、教育学等10个学科领域。同时，全面推进马工程重点教材使用，教育部会同中宣部举办高校思想政治理论课新教材使用培训班，对全国8.3万余名任课教师进行全员培训。加强马工程重点教材使用督查，将教材使用纳入高校意识形态工作督查和开学检查，强化地方领导责任，督促高校落实主体责任，有效提升教材使用率和覆盖率。至 2019 年年底，63 种马工程重点教材已出版并投入使用，举办马工程重点教材国家级培训班，组织 396 所高校的 2500 名教师参加。2020 年，马克思主义理论研究和建设工程工作会议召开，王沪宁指出，"要加快构建中国特色哲学社会科学，更好地引领推动学科体系、教材体系、话语体系、评价体系建设"。2022 年 2 月，教育部印发《新时代马克思主义理论研究和建设工程教育部重点教材建设推进方案》，强调要整体推进不同学段、不同类型高校哲学社会科学相关学科专业教材建设，用 5 年时间重点建设 200 种精品教材，形成以马克思主义为指导、体现中国学科发展要求的高校哲学社会科学教材系列。截至 2023 年 9 月，已出版马工程重点教材 116 种，其中中宣部 36 种，教育部 80 种，基本实现了高校思想政治理论课程全覆盖，哲学社会学科各学科基础主干课程大体覆盖。自国家教材委员会成立以来，新出版和新修订的马工程重点教材高达 113 种。已出版马工程重点教材已覆盖哲学、经济学、历史学、法学、马克思主义理论、政治学、社会学、文学、新闻学、艺术学、教育学、管理学等哲学社会科学学科。马工程重点教材使用课程覆盖率达到 94.9%、使用率达到 89.5%。

(二)党领导高校教材建设的基本经验

1. 以马克思主义为指导思想，始终坚持党对教材工作的全面领导

马克思主义中国化是马克思主义基本原理同中国具体实际不断结合的历史过程，先后形成了包括毛泽东思想、邓小平理论、"三个代表"重要思想、科学发展观、习近平新时代中国特色社会主义思想。我国高校教材建设在坚持马克思主义指导下，在充分运用其观点和方法的基础上，不断发展和更新教材体系。党的二十大报告强调"中国特色社会主义最本质的特征是中国共产党领导，中国特色社会主义制度最大的优势是中国共产党领导"，这是对中国共产党领导教育工作的百年历程和经验的深刻总结。中国共产党作为中国特色社会主义发展的领导核心，必然是推进教材建设特色化发展的核心力量。党在革命、建设和改革的各个时期都高度重视教材建设，正是在党的全面领导下，教材建设才能取得辉煌成就。

中国共产党成立后，即着手清除国民党政府教材体制机制和停用封建教材，编研

以马克思列宁主义思想为指导的共产主义教材，确立党全面领导教材建设工作的核心地位。在抗日战争时期，党为了服务全面抗战，出版发行了大量抗战革命教材，这些教材成为宣传革命话语和实现政治动员的最佳思想武器。新中国成立初期，毛泽东明确指出教育必须为无产阶级政治服务，"教材成了维持政权合法化的主渠道、传播国家主流意识形态的主要媒介、维持社会稳定的有力武器，教材的政治化功能得以充分体现"①。在改革开放和社会主义现代化建设时期，邓小平认为课程教材建设"应该永远把坚定正确的政治方向放在第一位""要以马列主义、毛泽东思想为指导，坚持四项基本原则……为学生树立起正确的世界观和人生观，坚持无产阶级的立场，才能避免在复杂的政治斗争中迷失方向"②。进入新时代，习近平总书记指出，教材建设事关重大，要始终坚持正确政治方向和价值导向，坚持以马克思主义为指导和社会主义办学方向。在习近平新时代中国特色社会主义思想指导下，国家不断强化教材建设顶层设计，健全党的教材领导工作体制。百年来党领导高校教材建设的一个基本经验就是：牢牢把握教材工作的领导权，通过加强党的思想领导、政治领导和组织领导，确保党的意志和党的领导落实到教材工作的各方面、各环节，使教材领域成为坚持党的领导的坚强阵地。

2. 坚持中国特色社会主义，强调马克思主义中国化

习近平总书记在全国教育大会上强调："办好中国的教育，必须坚持中国特色社会主义教育发展道路，扎根中国、融通中外，立足时代、面向未来，发展具有中国特色、世界水平的现代教育。"我党始终把坚持中国特色社会主义作为政治原则、作为思考和谋划教材建设工作的逻辑起点，培养社会主义建设者和接班人，将社会主义本质规定与中国教材建设的具体国情有机结合，形成具有中国特色的社会主义教材建设之路。强调马克思主义中国化，既是对教材内容的要求，也是对教材建设工作的要求。坚持中国教材建设关键在于从马克思主义基本理论出发，体现中国和中华民族风格，扎根中国大地，聚焦中国问题，立足中国国情，体现国家和民族基本价值观。我国 70 多年来的教材建设史，是一段由照搬照抄到本土化再到自觉打造"中国人的教材"的曲折历程：从 20 世纪 50 年代开始亦步亦趋译介苏联教材，到 80 年代引进欧美各国教材并开

① 潘信林，陈思琪. 毛泽东教材建设思想及其当代价值[J]. 湘潭大学学报（哲学社会科学版），2019(6)：12.

② 苏良亿. 邓小平的课程教材建设思想简析[J]. 广西师范大学学报（研究生专辑），1992, 28 (A1)：2-3.

启"中国化"研究，到 90 年代对世界各国教材有选择性、批判性地借鉴，直到今天，建设中国特色的教材体系已经成为历史的大势所趋，是新时代教材建设的必然要求。

新中国成立初期，"毛泽东将教材工作的重心放在了对'苏联模式'的模仿上，以实现新中国与苏联教育体系的对接……并从中汲取到现代工业发展所需的知识体系以提升国内的工业水平"[①]，使新中国在第一个五年计划期间形成了基于模仿苏联教育模式的教材体系。1957 年，毛泽东认识到仿照"苏联模式"的弊端，提出要将教材建设与全面建设社会主义联系起来，开启中国教材独立探索之路。在毛泽东思想指导下，我国开始探索将马克思主义的基本原理同我国革命和建设的具体实践相结合的教材建设。邓小平多次强调课程教材建设要符合我国的实际情况，要有中国特色。要面向世界，必须立足本国，要大力提倡吸收借鉴，洋为中用，反对囫囵吞枣，生搬硬套。[②] 习近平总书记强调教材工作必须坚定文化自信，彰显中国特色，提出要立足我国改革发展实践，挖掘新材料、发现新问题、提出新观点，提炼标示性学术概念，打造具有中国特色和国际视野的学术话语体系，构建中国自主的知识体系，加快构建具有中国特色、中国风格、中国气派的哲学社会科学教材体系。当下，构建体现中国特色的高校教材体系，需要立足中华民族历史文化，反映中华民族的基本价值观、历史传统、文化底蕴和民族性格，继承和弘扬伟大的民族精神和时代精神，将具有世界水平的科学理论，用中国人身边的实践经验，用中国人熟悉的话语方式，用中国人的价值观念体系，有计划、有序列地传播给青年一代。

3. 落实立德树人根本任务，打造人民满意的高质量教材

在革命、建设、改革的百年历程中，中国共产党始终将满足人民的需要作为教材建设的出发点和落脚点，秉承以人民为中心的教育理念。这体现在教材建设以建设人民满意的优质教材为目标，以学生发展为基点提升教材质量，突出教材的育人特征。

毛泽东教材建设思想中一个重要原则就是教材要服务人民，不断了解他们的需求，牢固树立群众意识，强调教材的编写要与人民的实际需求相结合，教材既是教本，也是学本，要以学生为中心。[③] 邓小平在科学和教育工作座谈会上的讲话中指出："现代

---

① 潘信林，陈思琪. 毛泽东教材建设思想及其当代价值[J]. 湘潭大学学报（哲学社会科学版），2019，43(6)：11.

② 刘立德. 邓小平教科书改革思想探析[J]. 课程·教材·教法，2016，36(8)：17-24.

③ 潘信林，陈思琪. 毛泽东教材建设思想及其当代价值[J]. 湘潭大学学报（哲学社会科学版），2019，43(6)：13-14.

自然科学一日千里，教材要做到精，就要合乎现代科学的发展水平，要用最新的科学知识来教育青年。"2005年，中宣部、教育部印发的《中宣部 教育部关于进一步加强和改进高等学校思想政治理论课的意见》中提出"贴近实际、贴近生活、贴近学生"原则。党的二十大报告再次强调"坚持以人民为中心发展教育"，基本立足点是促进教育公平和提高教育质量。高质量教材建设是高质量教育体系的重要组成部分，也是提升教育质量的重要抓手。习近平总书记指出，"高校哲学社会科学有重要的育人功能，要面向全体学生，帮助学生形成正确的世界观、人生观、价值观，提高道德修养和精神境界，养成科学思维习惯，促进身心和人格健康发展"，要求加快形成中国特色高质量教材体系，为培养德智体美劳全面发展的社会主义建设者和接班人提供有力支撑。在高等学校深化人才培养模式改革背景下，教材建设更加紧密围绕构建德智体美劳全面培养的教育体系和更高水平人才培养体系，以学生的成长和发展为目标，服务学生能力提升和全面发展。

4. 分级分类推进高校教材建设，将思想政治教育融入教材建设全过程

一是构建分级分类教材建设机制。首先，将意识形态属性最强的高校思想政治理论教材以及意识形态较强的人文社科类公共课和核心通识课教材作为教材建设的重中之重，列为国家统编教材，由国家层面统一组织编写；其次，对于一部分影响面较大的公共基础课教材和专业核心课程教材以及国家重点关注领域教材，将之列入马工程重点教材或国家规划教材；最后，将其他教材依次归口于省级教育部门和高校分级负责建设，建立一个以立德树人为轴心目标的高校教材体系。二是实行国家、地方、高校三级规划制度。国务院教育行政部门负责全国高等教育教材建设规划，省级教育部门组织体现区域优势特色的教材规划，高校制定能够实现人才培养目标和体现本校学科优势的建设规划。在教材审核方面实行分级分类审核。选用以高校为责任主体，明确标准和程序。建立教材监测反馈机制，多措并举、多管齐下的教材管理体系。三是建立完备的思想政治理论课程教材体系。高校思政课教材建设是培养社会主义合格建设者和接班人的重要保证，在党中央治国理政战略全局中的地位不断加强，取得了突出成就。新中国成立初期我国高校就开设了思政课，教材多由高校或教师自行或协作编写，教材建设也经历了教师、高校自编，到择优推荐、自主选择，再到全国统一编写和使用的过程。① 20 世纪 80 年代建立了包含马克思主义理论课和思想教育课程的"两课"体系，学校可以自由选择使用推荐教材或根据教学大纲自编教材。1998 年，教育部组织编写各门课程的示范教材，向全国推荐使用，除教育部批准的改革试点之外，各高校不再自编教材。2005 年后调整为"思想政治理论课""中国近代史纲要课"和"形势与政策"三门课，基本形成完备的思政课课程体系。2006 年开始统一出版思政课教材。进入新时代，重点开设"习近平新时代中国特色社会主义思想概论"课程，2019 年后，大中小学思政课教材实现统编统审统一使用。高校思政课教材对于培养学生对马克思主义、对中国特色社会主义、对中国共产党的政治认同发挥了重要作用。

二、显著成就：加快构建中国特色高校教材体系

改革开放以来，特别是党的十八大以来，我国高校教材建设取得了显著成就，基本建成了规模庞大、类型齐全、体系完整、覆盖全面的高校教材体系。教材内容不断更新、质量持续提升、门类逐步齐全、体系日益完善、育人功能不断增强，涌现出一批具有中国特色、适应时代要求、高质量高水平的教材。

(一)设立首届全国教材建设奖

为落实《关于加强和改进新形势下大中小学教材建设的意见》关于"建立完善教材表彰激励机制，实施教材建设国家奖励制度，每 4 年评选一次"的要求，充分调动教材建设各方面的积极性，2020 年，国家教材委开始组织首届全国教材建设奖的评选工作。2021 年 9 月，经过评审，国家教材委正式颁布奖励决定。这是新中国成立以来首次实施全面覆盖教材建设各领域的国家级奖励项目，是完善教材建设表彰激励机制的重要制度设计，对于强化编写优秀教材的鲜明导向，鼓励吸引更多优秀人才参与教材建设，引领和推动教材建设高质量发展具有重要意义。

首届全国教材建设奖评审按照"价值导向鲜明、教育理念先进、质量水平高、社会

---

① 刘亚琼. 高校思想政治理论课程教材体系建设的成绩、困难和改进路径[J]. 高校辅导员，2020(1)：25-29.

评价好"的标准，评选出高等教育类优秀教材 399 种，其中特等奖 4 种、一等奖 80 种、二等奖 315 种。通过对获奖教材数量和结构进行分析，可以了解当前我国高校教材发展现状。

1. 首届全国教材建设奖高校获奖教材主要特点

(1)优秀教材来源分布相对集中。"双一流"建设高校是优秀教材的主要来源。高等学校是高校优秀教材建设的主力军，顶尖"双一流"建设高校是优秀教材编写的主导力量。由于不同地区办学规模和水平差异，获奖教材的区域分布不平衡。399 种教材共有 737 个编写单位，其中高等学校占比高达 98%。明确著者的 380 种教材均来自高等学校，按照主要编者所在单位统计，其中来自"一流大学建设高校 221 人，占比 58%；一流学科建设高校 96 人，占比 25%；普通高校 63 人，占比 17%"①。排名前十的高校分别是：北京大学、中国人民大学、清华大学、复旦大学、浙江大学、武汉大学、北京师范大学、上海交通大学、中山大学、四川大学。

(2)大部分优秀教材为团队合作编写。399 种获奖教材中，独著教材 57 种，占 14%；合著(编)教材 342 种，占 86%。独著教材编者全部为高校教师，其中来自"双一流"高校的编者 43 人。合著(编)教材主要采取高等学校内部合作的模式，尤其以"双一流"高校内部合作为主，"一流大学建设高校参与率为 67.4%，'双一流'建设高校的参与率为 91.2%，'双一流'建设高校的内部合作率为 71.2%"②。"多元合作"教材编写模式不常见，高校与校外机构合作也比较少见，尚未实现多元主体参与。

(3)优秀教材编写由高水平专家领衔。明确编著者的 380 种教材中，编著者拥有学术头衔的(两院院士，国家高层次人才、资深教授、一级教授、终身教授等)约 123 人，占 32.4%，其中两院院士 55 人；有或曾经有行政职务的第一编著者有 253 人，占 66% 以上，其中院系级领导 143 人，校级领导 11 人，无行政职务的教师占比较低。主要编者所在高校分布层次上，一流大学建设高校占 50%，一流学科建设高校占 24%，普通高校占 26%。这说明教材编写需要统筹协调多方资源，行政力量主导十分重要，同时

---

① 金文旺，李正福，刘湉祎. 多样化、合作与创新：推动高等教育教材建设高质量发展：基于首届全国教材建设奖全国优秀教材(高等教育类)的描述性分析[J]. 中国高教研究，2022 (4)：66.

② 金文旺，李正福，刘湉祎. 多样化、合作与创新：推动高等教育教材建设高质量发展：基于首届全国教材建设奖全国优秀教材(高等教育类)的描述性分析[J]. 中国高教研究，2022 (4)：66.

"大师领衔"是主要趋势。

（4）优秀教材出版单位相对集中、层次较高。399 种获奖教材出版单位排名前 5 的分别是：高等教育出版社（38.6%）、人民卫生出版社（7.8%）、中国人民大学出版社（6.8%）、科学出版社（4.3%）和清华大学出版社（4%），5 家合计占比高达 61.5%。全部获奖教材中，91% 以上的出版单位为国家一级出版社或中央出版社。

（5）优秀教材学科门类分布不均衡。获奖教材覆盖了高等教育所有学科门类、76 个本科专业类。按照学科门类划分：工学类（126 种，占比 32%）获奖教材种类数量最多，其次是医学（45 种，占比 11%）、理学（43 种，占比 10%）、管理学（33 种，占比 8%）等学科，哲学等学科获奖教材最少（6 种，占比 1.5%）。按照所属学科划分：人文类（哲学、文学、历史学、艺术学）60 种，占比 15%；社科类（经济学、法学、教育学、军事学、管理学）106 种，占比 27%；理工农医类（理学、工学、农学、医学）233 种，占比 58%。特等奖教材中理工农医类 3 种，社科类 1 种，无人文类。一等奖教材中理工农医类 46 种，占比 58%；社科类 20 种，占比 25%；人文类 14 种，占比 17%。从获奖教材的学科门类分布看，不同学科优秀教材分布不均衡，理工农医类尤其是工学类占比较高，人文类占比最低。

2. 打造精品高校教材的经验与启示

（1）推动教材建设与学科建设协同发展。习近平总书记指出："学科体系同教材体系密不可分。学科体系建设上不去，教材体系就上不去；反过来，教材体系上不去，学科体系就没有后劲。"[1] 学科体系是教材体系建设的基础依据，教材体系是学科体系发展的重要动力。要优化学科布局，克服重理工轻人文倾向，促进不同学科多样化、特色化、交叉化发展，尤其是新文科、新工科、新医科、新农科等专业门类，加快推进体现中国学科发展要求的高校哲学社会科学教材体系建设，为构建中国自主的知识体系发挥基础性导引性作用。

（2）发挥"双一流"建设高校在教材建设中的引领辐射作用。《普通高等学校教材管理办法》提出："'双一流'建设高校与高水平大学应发挥学科优势，组织编写教材，提升我国教材的原创性，打造精品教材。"应该继续发挥"双一流"建设高校等顶尖高校在教材建设中的主导和引领示范作用，继续深化"双一流"建设高校、一流学科建设高校和专业研究机构之间的合作，构建教材研究共同体，培育专业研究集群力量，加强多

---

① 习近平. 在哲学社会科学工作座谈会上的讲话[M]. 北京：人民出版社，2016：23.

方研究力量的交流。

(3)引导普通高校教材建设特色化发展。不同的高校在办学目标、教学资源、学科特色上存在诸多差异，在发挥"双一流"建设高校引领作用的同时，也要注重推动普通高校教材建设差异化、特色化发展。普通高校在选好用好教材的基础上，应根据人才培养目标和学科专业优势，因校制宜制定体现自身特色的教材建设规划，集中优势资源打造特色精品教材，注意避免同质化、低水平重复、"千校一面"问题。

(4)持续优化教材编写队伍结构。《普通高等学校教材管理办法》要求："高校要加强教材编写队伍建设，注重培养优秀编写人才；支持全国知名专家、学术领军人物、学术水平高且教学经验丰富的学科带头人、教学名师、优秀教师参加教材编写工作。"当前，高校教材编写已经呈现以高水平专家领衔、高校行政力量主导的样态，发挥了合作编写模式的优势，要在此基础上进一步完善政府、高校、行业、研究机构等多方合作机制，在大力鼓励两院院士等学术领军人物和资深专家领衔编写的同时激发青年骨干教师、教学名师等多元主体参与教材编写积极性，坚持大师领衔和一线教师广泛参与，发挥各方在学术水平、专业素养、教学能力、实践经验等方面的优势，建立多元跨界的教材编写团队，不断优化编写队伍结构，持续培养教材建设人才。

(二)守正创新：新时代哲学社会科学教材体系建设迈上新台阶

习近平总书记在哲学社会科学工作座谈会上的重要讲话全面系统阐述了当代中国哲学社会科学研究和建设的一系列重大问题，为新时代哲学社会科学教材体系建设指明了方向。习近平总书记指出："不断推进学科体系、学术体系、话语体系建设和创新，努力构建一个全方位、全领域、全要素的哲学社会科学体系。"[1]提出构建中国特色哲学社会科学包括构建学科体系、学术体系和话语体系三大体系的任务，深刻回答了新时代哲学社会科学建设什么样的教材体系、怎样建设教材体系的问题。要以马克思主义为根本指导，以立德树人为核心目标，以适应中国特色社会主义发展要求、立足国际学术前沿、门类齐全为基本遵循，以系统反映哲学社会科学各学科知识体系、理论体系和实践为主要内容。

---

[1]　习近平. 在哲学社会科学工作座谈会上的讲话[M]. 北京：人民出版社，2016：22.

1. 党的十八大以来中国特色哲学社会科学教材体系建设的主要成就

党的十八大以来，哲学社会科学教材体系建设坚持以马克思主义为指导，以深入推进习近平新时代中国特色社会主义思想进教材为主线，切实加强教材建设和管理，初步形成了适应新时代中国特色社会主义发展要求、覆盖哲学社会科学主要领域、支撑不同学段不同层次人才培养需求、紧跟国际学术前沿的哲学社会科学教材体系。

(1)深入推进落实习近平新时代中国特色社会主义思想进教材。一是先后出台《习近平新时代中国特色社会主义思想进课程教材指南》《"党的领导"相关内容进大中小学课程教材指南》《新时代学校思想政治理论课改革创新实施方案》《大中小学国家安全教育指导纲要》《普通高等学校宪法学教学重点指南》等系列重大主题教育进课程教材指南，为习近平新时代中国特色社会主义思想以及党的领导等相关重大理论成果和实践成果进教材进行顶层设计和具体指导。二是编写使用《习近平新时代中国特色社会主义思想学生读本》《习近平总书记教育重要论述讲义》等重要教材读本，翻译出版英文版《习近平总书记教育重要论述讲义》，多渠道专题推动习近平新时代中国特色社会主义思想入脑入心。三是全面修订教材。全面深入推进习近平新时代中国特色社会主义思想有机融入各学科教材。制定实施《党的二十大精神进课程教材工作方案》，部署修订各级各类课程教材，将习近平新时代中国特色社会主义思想和党的二十大精神及时融入课程教材，重点做好已出版的马克思主义理论研究和建设工程重点教材编写修订工作及在编在审教材的编写指导工作。四是开展统编教材培训。新编出版和全面修订后的马工程重点教材都开展教材统一使用培训，推动教材体系向教学体系，教学体系向学生的知识体系、价值体系转化，用习近平新时代中国特色社会主义思想武装师生头脑。目前已对76种专业课教材的12万名任课教师开展了培训，教材统一使用取得突破，基本实现全覆盖。

(2)聚力打造门类齐全的哲学社会科学教材体系。一是教材种类极大丰富。据2022年统计，高校教材种数已超过10万种，其中哲学社会科学教材占45%左右，覆盖马克思主义理论(含宗教学与民族学)、哲学、政治学、法学、社会学、经济学、文学、历史学、新闻学、教育学、管理学、艺术学等哲学社会科学主要学科门类和专业。二是重点推进马工程重点教材建设。截至2023年9月，马工程重点教材已累计出版116种，基本实现了高校思想政治理论课程全覆盖，哲学社会学科各学科基础主干课程大体覆盖。2022年，教育部印发《新时代马克思主义理论研究和建设工程教育部重点教材建设推进方案》，计划用 5 年时间，重点建设约 200 种意识形态属性强、价值引领作用明显、文化传承意义大的精品教材，建立健全覆盖专科本科研究生各学段、普通高等教育和高等职业教育协同推进的高校哲学社会科学教材体系，马克思主义在意识形态领域，特别是在哲学社会科学教材体系中的指导地位更加巩固。三是持续推进国家级规划教材建设，坚持推进国家规划教材建设实施精品战略。"十二五"国家级规划教材中，哲学社会科学教材占比 30%～40%。四是积极推动重要教材读本编写工作。启动马克思、恩格斯、列宁关于哲学社会科学及各学科重要论述摘编，以及《国家安全教育读本》《新时代中国宪法理论》等的编写工作。

(3)着力建设立足国际学术前沿、体现中国特色的精品教材。一是加快"中国系列"教材建设。加快推进首批 9 种 25 本中国经济学教材建设，启动中国法学、中国新闻学教材建设，用中国理论解读中国实践，用中国实践丰富中国理论，用中国话语阐述中国发展，服务中国自主知识体系构建。二是启动哲学等基础学科系列"101 计划"教材建设工作，开发一批具有"高阶性、创新性、挑战度"、反映国际学术前沿、国内高水平学术发展成果的核心教材。三是推动哲学社会科学教材"走出去"。从依靠引进境外教材，发展为国内优秀教材"走出去"，已有一批教材被翻译出口到其他国家和地区，在更大范围内讲好中国故事。例如，完成《习近平总书记教育重要论述讲义》英文版海外出版发行，《中国特色社会主义政治经济学史纲》等已翻译为英语、土耳其语、波斯语等多个版本。

习近平总书记指出："经过努力，我们在实施马克思主义理论研究与建设工程的过程中，教材建设取得了重要成果，但总体看这方面还是一个短板。"[1]我国高校哲学社会科学教材体系建设取得了重要成就，但从党中央要求，特别是从服务中华民族伟大复兴、满足国家重大战略需求、培育时代新人来看，还存在一些短板和不足，亟须改进提升。

2. 当前哲学社会科学教材建设存在的主要问题

(1)马克思主义在教材中"失踪"的问题基本解决，但系统、深入、有机融入教材体系有待加强。一是深度融通资源、创造性转化不够，"硬融入""贴标签""语录堆砌""生搬硬套"等情况仍然存在，马克思主义与哲学社会科学各学科内容没有深度融合，没有做到政治性、学理性和系统性的内在统一。二是理论自信不足。在分析批判西方错误

---

① 习近平. 在哲学社会科学工作座谈会上的讲话[M]. 北京：人民出版社，2016：23-24.

观点和思潮时，显得功力不足、本领不够，存在说理方式单调、论据材料陈旧、叙述话语生硬等问题，不能做到有理有据地分析、回应、批判，甚至刻意"回避"思想交锋。三是针对性仍有待加强，所用教材、所学内容趋同问题突出，难以满足培育不同层次人才的需求。从一线教师和学生的反映看，当前教材体系尚未照顾到不同学段、不同地域、不同类型、不同层次学校和学生的差异化需求，同一本教材在专科、本科、研究生不同学段的课程中使用，在高校、党校与科研院所等不同类型机构中使用，在人文社会科学与非人文社会科学的不同学生群体中使用。四是使用效果不理想。部分教材没有充分适应新时代青年学生的知识结构、思维方式、逻辑水平和理论需求，不仅没有充分有效地向学生展示马克思主义科学真理的力量，反而给学生带来说教感，甚至让学生误认为马克思主义无力解释、解决当代现实问题，导致马克思主义在师生心中的经典程度不够、内在吸引力和竞争力不足。

（2）教材知识体系基本完备，但原创性、创新性、时代性不足。新时代以来，意识形态领域一度出现的被动局面得到根本扭转，照搬照抄西方、崇洋媚外等错误观念在教材领域得到了全面的清理。但是，与习近平总书记提出的"建构中国自主的知识体系"的要求仍有明显差距，反映学术前沿、理论创新不够充分。一是教材原创性不够。学科体系、学术体系和话语体系的创新不足直接制约着教材体系建设。有的教材缺乏文化自信、理论自信和学术自信，缺乏正确解读中国现实和回答中国问题的学术创造力，缺乏中国特色的标识性概念，仍存在"搬运"西方理论、模仿西方教材设计、采用西方概念话语的问题，中国特色、中国风格、中国气派体现不足。二是教材陈旧问题较突出。部分教材修订不及时，缺乏创新意识，没有做到与时俱进、推陈出新。2022年，教育部组织对部分高校正在使用的教材进行摸底排查，在抽查的部分重点高校中，44%的政治学教材、37%的新闻传播学教材、28%的经济学教材、24%的法学教材出版时间跨度均在10年以上，没有及时体现党的创新理论成果和学术研究最新进展。三是数字化转型滞后。"活页式""融媒体"等新形态教材开发还处于初步设计阶段，高校教材数字化管理水平、效能较低，一些教材面临信息社会挑战，不适应"慕课"等新型教学方式。

（3）教材体系基本形成，但新兴学科、交叉学科等领域教材建设与研究比较薄弱。一是冷门绝学、交叉学科、新文科等前沿新兴学科紧缺教材建设滞后。冷门绝学、前沿交叉型教材因开发难度较大，且在现有遴选机制下难以进入国家级教材规划，编者和出版社都缺乏动力。近年来，新文科教材建设虽有所进展，但成效不够显著。二是民族宗教等重点学科教材建设基础薄弱。马克思主义宗教学、民族学等学科教材建设难度大，进展不够理想。三是教材研究专业支撑不足。高校结合自身特点和优势探索精品教材建设的主动性和力度还不够，教材研究能力薄弱，缺乏有力的组织保障，大部分省级教育部门未设立教材研究基地。

3. 加快构建以马克思主义为指导的中国特色哲学社会科学教材体系

新时代教材建设要坚持以马克思主义为指导，加强党对教材工作的全面领导，深入推进习近平新时代中国特色社会主义思想进教材，加强原创性创造，加强数字化转型，加强组织化研究，加快构建中国特色、世界一流的哲学社会科学教材体系。

(1)加强党的领导，全面贯彻教材建设国家事权。在中央教育工作领导小组的领导下，进一步加强国家教材委的统筹指导，完善教材工作体制机制。一是压实地方和高校党委责任，进一步提高对教材建设国家事权的认识，把思想和行动统一到习近平总书记对教材工作的重要论述上来，把教材工作作为重要议题进行专题研究部署，把党管教材落到实处。二是发挥教育督导、巡视作用，推进各级教材领导机构、工作机构、专家机构建设，确保教材工作有领导管、有专人干、有行家建。三是加强管理和培训。重点加强对境外教材的全过程管理，做到引进机构"凡引必审"、高校"凡用必审"。通过系列培训，积极宣介教材制度建设宝贵经验和有益做法，指导各地各高校结合自身实际制定教材建设和管理的规划、办法。

(2)坚持马克思主义指导地位，始终保持理论联系实际、实事求是的优良学风。"坚持以马克思主义为指导，是当代中国哲学社会科学区别于其他哲学社会科学的根本标志，必须旗帜鲜明加以坚持。"①一是自觉把马克思主义，特别是马克思主义中国化的最新理论成果，贯穿于教材编写、使用、评价、研究的全过程，推动中国特色哲学社会科学教材成为学习宣传贯彻习近平新时代中国特色社会主义思想的重要载体。二是坚持马克思主义理论联系实际、实事求是的优良学风，避免以教条主义对待马克思主义，不用马克思主义现成话语代替各学科的具体研究，努力形成既具有中国特色和时代特色，又富有原创性和解释力的观点和命题。三是努力实现马克思主义与哲学社会科学各学科内容深度有机融合，避免生硬拼接和硬融入损坏教材的学理性，将马克思主义基本原理、党的理论成果和方针政策有机融入各学科教材体系内容之中，努力做

---

① 习近平. 在哲学社会科学工作座谈会上的讲话[M]. 北京：人民出版社，2016：8.

到价值性、学理性和知识性的内在统一。①

（3）加强原创性创造，全面推进体现中国自主知识体系的教材建设。一是加快推进"中国系列"哲学社会科学教材体系建设。遵循适应中国特色社会主义发展、立足国际学术前沿、门类齐全基本要求，以马工程重点教材建设为龙头，构建哲学社会科学精品教材体系，加强对部分学科建设"中国系列"教材的研究和论证工作，逐步扩展覆盖主要学科领域。二是推动教材体系覆盖学科专业、课程和层次、学段，形成螺旋上升、有机衔接的教材体系，努力打造适应各地区、各院校、各学科门类实际需求的多样化、差异化的教材版本。三是批判性吸收国际学术前沿成果，提炼具有创新意义和中国特色的标示性概念，打造新范式、新观点、新表述，防范教材体系西化问题，不当西方理论"搬运工"，能够通过中西对比、循循善诱的方式"讲好中国故事"，提升教材的引导力、感染力和说服力。

（4）加强数字化转型，全面提升教材现代化治理效能。一是加快推进高校教材基础数据平台建设，实现对高校教材使用数据的统一编码与存储，通过集成管理、集中调配，实现"让数据跑路，而不是让人跑路"。二是有效打破高校教材建设各环节的壁垒，为一个个散落各处的"数据孤岛"架设起"立交桥"，支撑教材编写、审核、评奖等多场景应用，推进教材管理流程再造，实现各项教材工作"一网通办""一网统管"。三是推进教材管理模式扁平化，实现教材垂直管理业务信息系统与各高校数据互联、业务互通，做到整体协同、敏捷高效、职能精准，提升教材治理水平和治理能力。

（5）加强组织化研究，全面打造高校教材研究的主阵地主渠道主力队伍。一是创办中国教材建设研究专业期刊，推进教材建设和管理研究专业化、科学化、规范化。发布高校哲学社会科学教材研究课题指南，引领研究方向，着力破解重大基础理论和实践问题。二是建强专业研究队伍，切实调动教材专家机构、知名学者、一线教师、期刊编辑、出版单位等多方面的积极性。三是加强课程教材研究所、国家教材重点研究基地、高校教材研究中心的研究组织体系建设，不断推出高质量、可转化的决策服务成果。

---

① 简繁. 中国特色哲学社会科学教材体系建设成就、问题与路径探析[J]. 思想理论教育导刊，2020(5)：104-108.

三、建章立制：构建高校教材建设和管理的制度体系

党的十八大以来，中央提出了一系列关于加强和改进大中小学教材建设的要求，强调要健全教材建设相关规章制度，依法依规推进教材建设。国家教材委进行了顶层设计，形成了统筹为主、统分结合、分类指导的教材制度体系。高校教材体系的制度化、规范化建设，体现在教材编写、推广、使用体制机制的创新上，以 2019 年国家教材委员会、教育部印发"一规划四办法"为标志。其中《普通高等学校教材管理办法》是新中国成立后第一个系统的高校教材管理办法，在确保高校教材建设的正确政治方向和价值导向基础上，分别从管理职责、教材规划、教材编写、教材审核、教材选用等方面建立健全高校教材建设和管理工作机制。

(一)构建顶层设计机制

1. 强化组织领导

加强党对教育工作的全面领导，是办好教育的根本保证。为贯彻落实党的教育方针，落实立德树人根本任务，2017 年 7 月，国家教材委员会成立，主要职责为指导和统筹全国教材工作，研究审议教材建设规划和重大问题，审查国家课程设置和课程标准制定以及意识形态属性较强的国家规划教材，这是新中国成立以来首次设立的国家级教材工作机构。教育部组建教材局，牵头负责教材建设和管理，并承担国家教材委员会办公室日常工作。国家教材委员会在全面推进高校教材体系建设的系统性和规范性上，在全面提升高校教材体系建设的思想性、科学性、时代性上履行着重要职责，发挥着重要作用。2018 年，教育部成立课程教材研究所，承担国家教材委员会下设各专家委员会秘书处工作，搭建国家级教材专业研究和咨询平台。在国家教材委领导下，遴选了首批和第二批国家教材重点研究基地，汇集力量开展教材重大理论和实践问题研究，目前已有北京大学、清华大学、中国人民大学、复旦大学、南开大学等 10 个高校教材重点研究基地。

2. 压实管理责任

我国已形成上下贯通、多方联动的教材管理组织架构，体现了权责统一、科学高效的现代治理理念。各级教育行政部门、各高校职能部门积极创新教材工作体制机制，健全组织体系，制定或修订相关文件，强化教材建设和管理。安徽、福建、广东等省专门出台了加强和改进大中小学教材建设的实施意见。截至 2023 年年底，全国已有 24 个省（区、市）成立了省级教材委员会或教材工作领导小组，21 个省级教育行政部门成立了教材处或教材办。为了强化责任、树牢责任意识和阵地意识，教育部直属高校已经建立了统一领导、分级负责的教材制度机制，均明确了教材工作领导机构和工作部门，已经形成党委统一领导、党政齐抓共管、校（院、系）各负其责的工作格局。

3. 加强统筹规划

《普通高等学校教材管理办法》规定高校教材实行国家、省、学校三级规划制度，赋予高校一定程度的规划权。国务院教育行政部门负责制定全国高等教育教材建设规划，重点组织编写和遴选公共基础课程教材、专业核心课程教材，以及适应国家发展战略需求的相关学科紧缺教材、新形态教材。省级教育部门组织制定体现区域学科优势与特色的教材规划。高校可以根据学校人才培养目标和学科优势，制定本校教材建设规划。高校教材规划构成国家教材规划体系的重要内容，是高校自主选编教材的重要依据和具体体现，保障《中华人民共和国高等教育法》关于高校根据教学需要自主选编教材的规定落到实处。教育部直属高校聚焦国家战略需求和学科前沿发展方向，凸显学科和资源优势，大力加强本校特色教材的规划，加强中国特色哲学社会科学教材、自然科学教材、新兴交叉学科教材建设。

2022 年，新时代马工程重点教材建设规划颁布实施，教育部印发《新时代马克思主义理论研究和建设工程教育部重点教材建设推进方案》，计划用 5 年左右的时间，全面推进高校哲学社会科学各学科专业的教材建设，进一步巩固马克思主义在高校意识形态工作的指导地位。为了引领和推进未来几年教材战线工作，2023 年，国家教材委发布《教材建设和管理行动计划》，这一纲领性文件以党的二十大精神为统领，突出目标导向、问题导向和效果导向，提出加快支撑普通高等教育高质量人才自主培养体系的系列教材建设，开展"十四五"普通高等教育本科国家级规划教材建设；为支撑国家基础学科拔尖人才培养战略行动("419计划"),基础学科和新工科、新医科、新农科、新文科关键领域核心课程建设(系列"101计划"),立项新编一批突出前沿性、创新性的核心课程教材。

(二)健全高校教材编写修订制度

在重大主题备案制度的基础上,为进一步健全高校教材编写机制,确保工作规范有序、科学严谨,《普通高等学校教材管理办法》规定教材编写实行主编负责制。大力支持政治立场坚定、学术水平高且教学经验丰富的学科带头人、教学名师、优秀教师参加教材编写工作,支持高校多出高水平原创性教材,增强教材的丰富性和多样性。在编写机制上,进一步强化集中编写环节,加强对重大政治、理论和学术问题的研究和讨论,广泛征求一线教师意见,着力提高教材质量。为确保党的理论创新成果、科学技术最新突破、学术研究最新进展等内容及时体现在教材中,《普通高等学校教材管理办法》规定高校教材须及时修订,建立高校教材周期修订制度,及时淘汰内容陈旧、缺乏特色或难以修订的教材,如教育部及时部署党的二十大精神进课程教材,制定《党的二十大精神进课程教材工作方案》,印发《关于做好党的二十大精神进教材工作的通知》,对标党的二十大精神,组织全面修订相关教材。

(三)完善高校教材管理制度

1. 完善教材审核制度,坚持"凡编必审"

近年来,我国教材管理明显加强,但仍面临不少亟待解决的问题和挑战,如管理职责任务还不清晰,审核选用标准和程序还不明确,激励保障和监督机制还不完善等。《普通高等学校教材管理办法》规定高校教材实行分级分类审核,坚持凡编必审,实行编审分离制度,遵循回避原则。国家统编教材由国家教材委员会审核,发挥审核专家指导作用,建立全书逐章审核制。

高校党委在学校教材建设和管理中担负着极其重要的职责,是抓好高校教材工作的"牛鼻子"。在管理职责部分,《普通高等学校教材管理办法》进一步强化高校在教材管理和审核中的主体责任，规定高校党委对教材工作负总责。目前，85％以上高校已成立教材审核专家委员会和教材选用机构，落实"凡编必审""凡选必审"。各校依据《普通高等学校教材管理办法》出台实施细则，制定了教材审核的规范性文件，强化对意识形态属性较强的教材和自编教材的专题审查、常态检查、专项排查等，加强对教材编写人员的资质管理，严把教材审核关。

2. 健全选用使用制度，坚持"凡选必审"

一是制定高校教材选用管理办法，完善高校教材遴选使用、质量监控和评价机制，对政治立场、价值导向、科学性等方面存在问题的教材坚决停止使用。《普通高等学校教材管理办法》将高校定位为教材选用工作主体，要求学校教材工作领导机构负责本校教材选用工作、制定教材选用管理办法，明确各类教材选用标准和程序。坚持凡选必审、质量第一、适宜教学、公平公正的原则。教材选用要经集体决策，选用结果须公示备案。二是健全马工程重点教材统一使用工作机制。2020年12月，马克思主义理论研究和建设工程工作会议在北京召开，王沪宁出席会议并发表讲话，指出马克思主义理论研究和建设工程是党的思想理论建设的基础工程、战略工程。统编教材强化人文学科的育人优势，突出对学生的价值引领，为培养国际眼光与本土情怀统一、创新精神与引领能力兼具、能够担当民族复兴大任的时代新人提供了丰富的精神食粮，为推动教育高质量发展、加快建设教育强国提供了重要的战略支撑。教育部进一步健全马工程重点教材统一使用工作机制，将统编教材使用情况纳入高校教育质量国家监测体系，作为教育督导和本科教学评估的重要内容；开展教材使用年报工作，对全国1100余所本科院校教材使用情况进行分析和反馈，将年报与督查相结合，以年报促落实。各校严格落实对应课程统一使用马工程重点教材相关要求，坚持"应用必用"，实现马工程重点教材使用全覆盖。

3. 加强高校思政课教材教学管理

2017年，中共教育部党组印发《关于加强高校课堂教学建设提高教学质量的指导意见》，完善高校课程设置管理制度，建立课程审核、评估、准入和退出机制。充分发掘和运用各类课程蕴含的思想政治教育资源，促进思想政治教育与专业知识教育紧密结合，使各类课程与思想政治理论课同向同行。严肃课堂教学纪律，把坚持正确政治方向作为课堂教学管理的根本要求，强化教师授课纪律。2018年，教育部会同中宣部举办高校思想政治理论课新教材使用培训班，采用"现场培训＋视频直播"的方式，对全国8.3万余名任课教师进行全员培训。各高校加大对任课教师培训力度，全面提高任课教师深入领会、准确把握和科学运用教材的能力。

4. 完善教材监督检查机制

《普通高等学校教材管理办法》规定，国务院教育行政部门、省级教育部门负责对高校教材工作开展检查监督，相关工作纳入教育督导考评体系。对于存在政治方向或价值导向问题、严重科学性错误、未经审核程序、擅自使用国家标识等问题的教材，坚决停止使用。视情节轻重和所造成的影响，对相关责任人进行追责。规定高校要完善教材质量监控和评价机制，加强对本校教材工作的检查监督。

（四）完善教材建设激励机制

1. 实施高校教材建设奖励制度

2020年，中共中央、国务院印发《深化新时代教育评价改革总体方案》，提出"完善教材质量监控和评价机制，实施教材建设国家奖励制度，每四年评选一次，对作出突出贡献的教师按规定进行表彰奖励"。国家正式设立的全国教材建设奖，由国家教材委员会主办、教育部承办，是新中国成立以来首次设立全面覆盖教材建设各领域的专门奖励项目，首届评奖已于2021年完成。作为一种长效机制，全国教材建设奖的设立，在总结展示教材建设的重大成就、表彰优秀教材以及有突出贡献的集体和个人、吸引更多先进单位和优秀个人参与教材建设等方面发挥了巨大作用。

各地各校积极建立教材建设奖励制度，以高素质队伍保障教材高质量发展。北京、山西等地推动建立优秀教材编写激励机制，湖南推动建立省级教材建设奖励机制。武汉理工大学、贵州大学、华北电力大学、河海大学等32所高校将高水平教材建设作为教师职务评聘、人才评选等重要核心指标。浙江大学对入选国家级规划教材、承担马工程重点教材编写修订任务的主编分别给予10万元/种的津贴奖励。清华大学特设"教材成就奖"，奖励具有重大影响或重大创新的优秀教材。北京师范大学明确将全国优秀教材建设获奖纳入学校重大业绩奖励范畴。

2. 完善考核评估机制

《普通高等学校教材管理办法》要求把教材建设作为高校学科专业建设、教学质量、人才培养的重要内容，纳入"双一流"建设和考核的重要指标，纳入高校党建和思想政治工作考核评估体系。建立优秀教材编写激励保障机制，着力打造精品教材。承担马克思主义理论研究和建设工程重点教材编写修订任务，主编和核心编者视同承担国家级科研课题；承担国家规划专业核心课程教材编写修订任务，主编和核心编者视同承担省部级科研课题，享受相应政策待遇，作为参评"长江学者奖励计划""万人计划"等国家重大人才工程的重要成果。审核专家根据工作实际贡献和发挥的作用参照以上标准执行。教材编审工作纳入所在单位工作量考核，作为职务评聘、评优评先、岗位晋升的重要指标。

部分高校细化评价指标设计，在专业建设、高水平教师评聘、评优评先、岗位晋升等方面发挥"指挥棒"作用，鼓励高水平教师切实拿出时间精力投入教材编写工作，推动一流作者编写一流教材。北京、山西建立教材编审激励机制，将教材编审纳入教师工作量考核，作为职务评聘、评优评先、岗位晋升的重要指标。湖南推动建立省级教材建设奖励机制，研制湖南省教材建设奖方案初稿。河南明确省级优秀教材奖等同省级优秀教学成果奖。北京大学、上海交通大学、兰州大学、河海大学等 16 所高校将教材成果纳入考核评价体系，并作为职称评聘、科研成果认定的重要依据。

3. 建立宣传通报制度

为了引领教材建设方向、加大成果宣传力度、推广先进典型经验，教育部教材局建立教材信息工作通报制度，通过《教材建设信息通报》等内参形式，加强信息交流和宣传，强化对教材建设的推动和指导。同时，定期召开工作经验交流会，交流推广典型经验，指导推动战线工作。

4. 推动构建重点教材使用监测机制

2022 年，起草教育部马工程重点教材监测评估实施方案，建设监测平台，围绕教材使用研制形成 18 项监测要点，以马工程重点教材《管理学》为试点，确定监测网点，形成监测评估年度报告。

四、培根筑基：构建高校教材建设和管理的保障体系

(一)教材建设基础保障不断强化

教材建设是一项长期性、系统性工程，没有坚实的基础保障，教材建设就难以实现高质量发展。党的十八大以来，党中央高度重视教材工作，在党中央的高度重视和亲切关怀下，教材工作以推进教材建设和管理高质量发展为主题，强化国家事权、完善体制机制、严格制度规范、加强全程监管，加快建设中国特色高质量教材体系，为全面提高人才自主培养质量提供有力支撑。

1. 教材建设队伍专门化和专业化不断加强

2017 年，按照学科专业和学段遴选知名专家学者和高水平一线教师，组建包括高校哲学社会科学(马工程)在内的 10 个专家委员会及专家库，具体负责教材审核把关。2023 年，国家教材委员会办公室组建马克思主义理论(含民族理论和宗教理论)、哲学等 12 个学科专家组，遴选 206 名专家。各地、各高校不断加强教材工作人才队伍建设，如甘肃省组建近 3000 人的基础教育、职业与成人教育、高等教育教材工作专家库；福建省首次举办覆盖全省市、县教育局和高校的全省教材管理人员培训，着力提升教材管理队伍的政治素质和业务能力。

2. 教材建设经费保障不断加强

中央财政设立教材建设专项，各级财政加大教材建设投入，形成多渠道投入保障机制。一是完善财政投入机制，各地按规定将教材建设相关经费纳入预算。中央财政支持统编教材编写，包括高等学校马工程重点教材。2019 年制定印发《课标教材审读费支付及使用管理办法》，健全国家教材委员会课标教材审读工作经费保障机制。二是积极争取中央财政支持，加大教材建设经费投入力度。教育部教材工作经费财政预算由2019 年的 8000 万元增加至 2022 年的 1.2 亿元，增幅达到 50%。

3. 教材建设和管理数字化建设稳步推进

国家教材信息化管理平台基础功能建设迅速发展。大中小学教材数据库、教材审核管理系统、教材建设规划与管理办法落实评估系统、高校教材建设和管理基础数据平台等系统陆续建成，教材管理信息化水平不断提高。一些高校也大力加强教材管理信息化建设，如中山大学打造教材管理一体化信息平台，关联全校所有教学单位的开课数据，教材信息与课程信息互联互通，做到教材选用审核有依据，有流程、有记录、有节点，教材信息、审核信息更加规范化。

4. 有组织的教材研究不断加强

一是研究机构建设。自 2019 年开始，教育部认定两批国家教材重点研究基地，开展针对性研究，形成多份有影响力的研究成果。二是通过设置教材研究专项课题、增设教材研究专栏等方式，推动教材研究不断深化。近年来，教材研究的数量和质量都显著提升。研究主题更加多元，既有教材建设顶层设计、教材管理体制机制建设的宏观问题，也有各类学科教材研究的微观问题；研究领域更为全面，既有基础教育教材的研究，也有职业教育、高等教育、特殊教育教材等的研究；研究内容更为丰富，既有教材编写、评价等理论探讨，也有教材出版发行等实践问题；研究形式更立体，既有传统纸质教材研究，也有新形态、数字教材的研究；研究主体更加多元，既有高校专家学者，也有一线教师和编辑出版行业研究人员；研究方法更加多样，包括历史研究、理论思辨、科学实证、数据分析、跨学科研究、比较研究等，教材研究水平不断提升。

(二)下一步加强教材建设和管理的重点保障举措

在国家教材委领导下，针对高校教材工作过去长期受重视程度不够、工作体系缺位、制度体系缺漏、管理机制缺乏等突出问题，国家教育行政部门、各地方高校抓紧建队伍、建制度、建机制，取得了明显成效。但要清醒地看到，新的制度工作体系仍处于初步确立、逐步完善落实过程中，高校教材建设和管理在支撑与服务教育强国建设的能力方面还存在一些薄弱环节，体现在教材队伍专业能力不强、教材研究基础较为薄弱等。面对新形势新任务新要求,教材工作要紧密围绕学习贯彻习近平总书记关于教材建设的重要论述,突出问题导向、狠抓工作落实,加快推进高校教材治理体系和治理能力现代化。

1. 加强教材专业队伍建设

做好教材工作关键在人。一是依托重点教材建设、重大研究项目、重点研究基地、高水平学科专业等,造就一批教材编审名家大家,培养一批带头人和骨干,集聚一批青年后备力量,构建教材研究共同体。二是加强国家教材委员会专家委员会秘书处专业能力建设,推进学科秘书队伍专业化发展。三是加强教材专业研究人才培养,推动教材研究学科化发展。研究论证建立教材学科,增设教材学研究方向,拓展研究生学位布点,招收培养高层次教材专业人才。四是加强培训指导,进一步提高教材编、审、用、管、研队伍的整体水平,为建设高质量教材体系提供坚强支撑。

2. 强化教材基础研究

教材研究对于提升教材质量、落实立德树人具有重要智力支持作用,是为服务国家重大发展战略和人才培养需求而加强部署和优先谋划的重要环节。在深入总结教材建设实践经验的基础上深化基础理论研究,构建中国特色的教材研究理论体系、学术体系、话语体系,筑牢教材强国建设理论基石,是教材研究的责任与使命所在。要积极探索加强教材建设、提升教材质量的规律性认识,将人才培养规律、教育教学规律和教材编写规律融会贯通于教材建设的实践之中。大力培育教材研究力量,依托各级教材研究机构、高等学校、出版机构等,创新工作机制,及时总结经验,建好用好国家教材重点研究基地。加大教材研究立项支持力度,在国家和地方社会科学基金(含教育科学规划)、自然科学基金、教育部人文社会科学研究等项目设置中支持教材研究,聚焦教材建设的基础理论和重大实践问题,集中力量攻关,推出一批高质量的研究成果,有效服务教材建设。

3. 强化教材激励保障

要进一步健全教材建设奖励和激励机制,落实好教材建设成果与教育教学、科研成果等同认定、同等待遇政策,将优秀教材作为代表性成果纳入人才评价评审指标体系,鼓励一流人才参与教材研究与建设。各地各高校要严格落实国家已有教材工作激励保障政策，提高教材编审在教师和科研人员评价考核中的权重，完善优秀教材编修在工作量计算、科研成果统计、职务职称评聘等方面的认定机制和具体政策。同时还要用好教材建设奖励制度，鼓励各省和高等学校建立省校两级教材奖励制度，吸引支持更多优秀人才参与教材建设。

4. 加快推进教材管理信息化建设

落实国家教育数字化战略行动总体部署，系统推进国家教材管理信息化平台建设，建设和完善国家大中小学教材基础数据库。推动地方和高校建设教材管理信息平台，扎实推进教材建设和管理数字化。全面推进高校教材数字化转型，塑造信息化立体化高校教材工作新模式，建立和完善课程教材、示范课例、资源案例三个数据库，丰富配套支撑资源。

（执笔人：课程教材研究所政策研究与宣传中心罗妍；课程教材研究所高校教材研究中心马丽琳、王陈平）

第二篇　大事记

本部分整理并选编了党的十八大以来高等教育课程教材建设有关的重大政策、制度规章、重大事件、会议等，或有遗漏，敬请谅解。大事记按时间排序。

2012 年

11 月 21 日，教育部发布《教育部关于印发第一批"十二五"普通高等教育本科国家级规划教材书目的通知》，确定 1102 种教材入选第一批"十二五"普通高等教育本科国家级规划教材。

2013 年

7 月 28 日，中央办公厅转发《中央宣传部关于马克思主义理论研究和建设工程实施情况和下一步工作的意见》。指出要以对历史负责的精神，继续做好工程重点教材相关工作，编写完成已规划教材，根据教学实践和最新学术发展及时修订已出版教材，不断完善和巩固我国哲学社会科学教材体系，为坚持马克思主义在我国意识形态领域的指导地位奠定坚实学理基础，要加强马工程重点教材在高校统一使用工作。

9 月 30 日，教育部、中宣部发布《教育部 中共中央宣传部关于高校哲学社会科学相关专业统一使用马克思主义理论研究和建设工程重点教材的通知》。提出要把统一使用马工程重点教材工作作为高等教育教学的重要任务，要加强马工程重点教材任课教师全员培训，从 2014 年起实行马工程重点教材使用情况年度通报制度。

10月20日，马克思主义理论研究和建设工程工作座谈会在北京召开。中共中央政治局常委、中央书记处书记刘云山出席会议并讲话，强调思想理论建设是党的根本性建设，要把马克思主义理论研究和建设工程作为一项长期的战略任务，为实现中华民族伟大复兴的中国梦提供理论支持。

12月9日，教育部召开马克思主义理论研究和建设工程重点教材编写工作座谈会。教育部部长袁贵仁主持会议并讲话，强调要把好教材编写、审议的政治关和学术关，力争用两年时间，到2015年年底基本完成教育部负责的96种工程重点教材编写出版工作。会议宣布成立教育部马克思主义理论研究和建设工程重点教材审议委员会，聘请28位专家对经学科专家审议通过的工程重点教材提纲和书稿进行审定。

2014 年

3月12日，教育部发布《教育部办公厅关于开展"十二五"普通高等教育本科国家级规划教材第二次推荐遴选工作的通知》。指出本次推荐遴选工作要注重教材内容质量、出版质量和使用效果，坚持突出重点、锤炼精品、改革创新、特色鲜明的原则，鼓励推荐使用面广、效果好、影响大的基础课程教材、专业核心课程教材、实验实践类教材。

3月26日，教育部印发《完善中华优秀传统文化教育指导纲要》。要求把中华优秀传统文化教育系统融入课程和教材体系，鼓励有条件的高等学校统一开设中华优秀传统文化必修课，拓宽中华优秀传统文化选修课覆盖面，在高等学校统一推广使用马克思主义理论研究和建设工程重点教材《中国文化概论》。

3月30日，教育部发布《教育部关于全面深化课程改革落实立德树人根本任务的意见》。指出要基本建成高校、中小学各学段上下贯通、有机衔接、相互协调、科学合理的课程教材体系；要研究提出高等学校相关教材编写、修订和使用意见；要用好已出版的马克思主义理论研究和建设工程重点教材并及时修订完善，同时编好、修订工程规划教材以外的大学相关教材。

10月16日，教育部发布《教育部关于印发第二批"十二五"普通高等教育本科国家级规划教材书目的通知》。确定1688种教材入选"十二五"普通高等教育本科国家级规划教材。

2015 年

1月6日，教育部印发《关于开展马克思主义理论研究和建设工程重点教材使用情况调研的通知》。将对高校哲学社会科学相关专业领域已出版的27种马工程重点教材使用情况开展全面调研。

新华社1月19日电，中共中央办公厅、国务院办公厅最近印发《关于进一步加强和改进新形势下高校宣传思想工作的意见》。要求切实推动中国特色社会主义理论体系进教材进课堂进头脑；抓紧编写完成马工程重点教材，充分反映党的理论创新成果，充分体现中国特色社会主义实践经验和生动案例；注重吸纳广大师生的意见，及时充实修订已出版教材，不断完善以马克思主义为指导的高校哲学社会科学教材体系。

6月23日，马克思主义理论研究和建设工程工作座谈会在北京召开。中共中央政治局常委、中央书记处书记刘云山出席并讲话，强调实施马克思主义理论研究和建设工程是党的一项根本性建设，是强基固本的工作，要切实抓好马工程重点教材的使用，改进和创新思想政治理论课，增强说服力感染力吸引力。

7月27日，中宣部、教育部印发《普通高校思想政治理论课建设体系创新计划》。提出以统编教材为基础，建设思想性、科学性和可读性统一的思想政治理论课立体化教材体系等7个方面的重点建设内容。

9月10日，教育部印发《高等学校思想政治理论课建设标准》。该标准共设5个一级指标，22个二级指标，其中二级指标"教材使用"中的一个三级指标为"使用马克思主义理论研究和建设工程重点教材思想政治理论课最新版本统编教材"。

11月17日，教育部发布《教育部办公厅关于报送马克思主义理论研究和建设工程重点教材2015年使用情况的通知》。决定建立马工程重点教材使用情况年报制度，各地各高校每年定期上报马工程重点教材使用情况，中宣部、教育部将及时对马工程重点教材使用情况进行通报，对落实不力的进行问责。

2016 年

5月17日，习近平总书记在北京主持召开哲学社会科学工作座谈会并发表重要讲话。习近平总书记指出，学科体系同教材体系密不可分。学科体系建设上不去，教材体系就上不去；反过来，教材体系上不去，学科体系就没有后劲。要抓好教材体系建设，形成适应中国特色社会主义发展要求、立足国际学术前沿、门类齐全的哲学社会科学教材体系。在教材编写、推广、使用上要注重体制机制创新，调动学者、学校、出版机构等方面积极性，大家共同来做好这项工作。

9月9日，教育部办公厅印发《教育课程教材改革与质量标准工作专项资金管理办法（试行）》。规定专项资金主要用于教材建设和管理等方面，具体包括高等学校相关学科专业教材的编写、修订和审查以及使用情况监管等。

10月21日，中共中央办公厅、国务院办公厅印发《关于加强和改进新形势下大中小学教材建设的意见》。对大中小学教材建设作出一系列顶层设计，明确教材建设国家事权，全面加强党的领导，加强普通高等学校教材管理，打造精品教材，切实提高教材建设水平。

2017 年

1月10日，国务院印发《国家教育事业发展"十三五"规划》。提出完善教材审查审定和使用监测制度。建立支持和奖励机制，激励教师面向经济社会新需求，强化课程研发、教材编写、教学成果推广。加强马克思主义理论学科建设，推动马克思主义理论研究和建设工程重点教材编审和使用。

1月25日，据新华社电，近日，中共中央办公厅、国务院办公厅印发《关于实施中华优秀传统文化传承发展工程的意见》。指出要推动高校开设中华优秀传统文化必修课，在哲学社会科学及相关学科专业和课程中增加中华优秀传统文化的内容；加强中华优秀传统文化相关学科建设，重视保护和发展具有重要文化价值和传承意义的"绝学"、冷门学科。

2月27日，据新华社电，中共中央、国务院近日印发《关于加强和改进新形势下高校思想政治工作的意见》。指出要发挥哲学社会科学育人功能，加快建设一批哲学社会科学专业核心课程教材，规范哲学社会科学教材选用，建立国家优秀教材评选奖励制度。

3月29日，教育部印发《教育部办公厅关于成立教材局、基础教育司等机构及相关

职责调整的通知》。指出教育部教材局承担国家教材委员会办公室工作,拟订全国教材
建设规划和年度工作计划,负责组织专家研制课程设置方案和课程标准,制定完善教
材建设基本制度规范,指导管理教材建设,加强教材管理信息化建设。教材局下设课
程教材规划处、中小学教材编写处、马工程教材编写处、教材审查管理处、综合协
调处。

5月16日,据新华社电,近日,中共中央印发《关于加快构建中国特色哲学社会科
学的意见》。指出要把中国特色社会主义理论体系贯穿到学科建设、人才培养、科学研
究、课程设置、教材编写、学术评价等各环节;要加快构建中国特色哲学社会科学学
科体系;要加强教材建设规划,建立健全高校教材编审机制,创新教材编写、推广、
使用的体制机制,调动学者、学校、出版机构积极性。

7月3日,国务院办公厅发布《国务院办公厅关于成立国家教材委员会的通知》。指
出为贯彻落实《关于加强和改进新形势下大中小学教材建设的意见》,进一步做好教材
管理有关工作,国务院决定成立国家教材委员会。国家教材委员会的主要职责是指导
和统筹全国教材工作,贯彻党和国家关于教材工作的重大方针政策,研究审议教材建
设规划和年度工作计划,研究解决教材建设中的重大问题,指导、组织、协调各地区
各部门有关教材工作,审查国家课程设置和课程标准制定,审查意识形态属性较强的
国家规划教材。国家教材委员会办公室设在教育部,由教育部教材局承担办公室工作。

7月4日,国家教材委员会第一次全体会议在北京举行。中共中央政治局委员、国
务院副总理、国家教材委员会主任刘延东出席会议并讲话,强调教材建设是事关未来
的战略工程、基础工程、教材体现国家意志。要落实党中央、国务院决策部署,坚持
社会主义办学方向,推进大中小学教材建设,服务学生德智体美全面发展,为培养中
国特色社会主义事业合格建设者和可靠接班人提供有力保障。

9月24日,据新华社北京电,近日,中共中央办公厅、国务院办公厅印发《关于深
化教育体制机制改革的意见》。提出要健全促进高等教育内涵发展的体制机制;把创新
创业教育贯穿人才培养全过程;建立健全学科专业动态调整机制,完善课程体系,加
强教材建设和实训基地建设。

12月26日,教育部印发《教育部关于设立课程教材研究所的通知》。指出为落实中
央关于加强和改进教材工作的决策部署,搭建国家级高水平课程教材专业研究平台,
做好课程教材建设专业支撑,根据中央机构编制委员会办公室有关批复,经部党组研
究决定,设立课程教材研究所。课程研究所的主要职责是:组织开展课程教材建设重

大理论和实践问题研究，为国家课程教材建设决策提供咨询服务，参与拟定国家课程设置方案和课程标准（教学基本要求），参与组织国家统编教材的编写和审查工作，参与国家课程实施和教材使用的培训、监测和评估，为地方和学校课程教材建设提供咨询和服务，开展课程教材研究的国际交流与项目合作，承担国家教材委员会下设各专家委员会秘书处工作，开展教育部和有关部门委托的其他工作。

2018 年

1月30日，教育部发布《普通高等学校本科专业类教学质量国家标准》。该标准涵盖普通高校本科专业目录中全部92个本科专业类、587个专业，涉及全国高校5.6万多个专业点。这是我国发布的第一个高等教育教学质量国家标准。

4月9日，教育部印发《教育部关于加强大中小学国家安全教育的实施意见》。提出要研究开发国家安全教育教材，教育部编制国家安全教材编审指南，明确各学段教材编审原则；在大学现有相关课程中丰富和充实国家安全教育的内容，组织编写高校国家安全专门教材。

5月14日，教育部召开全国高校思想政治理论课2018年版教材使用培训班开班式。教育部部长陈宝生出席并讲话，强调推动习近平新时代中国特色社会主义思想进教材、进课堂、进头脑，是当前教育系统的一件头等大事。要用好、讲好新修订的高校思政理论课教材，用中国特色社会主义最新理论成果武装大学生头脑，培养社会主义建设者和接班人。

5月22日，教育部召开课程教材研究所成立大会。教育部基础教育课程教材发展中心主任田慧生任研究所党委书记、所长。教育部部长陈宝生出席并为课程教材研究所揭牌。教育部副部长朱之文出席会议并讲话。会议指出，建立课程教材研究所是贯彻落实中央决策部署、加强和改进大中小学教材建设的重大举措，国家教材委员会及其专家委员会、教育部教材局、课程教材研究所，形成决策、实施、研究三位一体的工作格局，为推进教材建设提供了有力的组织保障。

9月10日，全国教育大会在北京召开。习近平总书记出席会议并发表重要讲话。习近平总书记强调，要注重教材建设。教材是传播知识的主要载体，体现着一个国家、一个民族的价值观念体系，是老师教学、学生学习的重要工具。教材要坚持马克思主义指导地位，体现马克思主义中国化要求，体现中国和中华民族风格，体现党和国家对教育的基本要求，体现国家和民族基本价值观，体现人类文化知识积累和创新成果。要大力加强少数民族文字教材建设。教材建设要加强政治把关。政治上把握不对、不到位的教材，要一票否决。简单贴政治标签，不顾教材体系完整、逻辑完备，断章取义塞入政治内容，搞得不伦不类的教材，也要不得。

9 月 17 日，教育部、中央政法委印发《教育部、中央政法委关于坚持德法兼修实施卓越法治人才教育培养计划 2.0 的意见》。鼓励高校组建跨专业、跨学科、跨学院教学团队，整合教学资源，积极探索新型教学模式，编写出版一批具有创新性、交叉性的教材。

12 月 14 日，北京师范大学教材研究院挂牌成立。教育部副部长朱之文出席成立大会并讲话，强调北京师范大学教材研究院的成立，是贯彻落实中央部署和全国教育大会会议精神的成果，能够更充分地发挥北京师范大学的科研力量和教育资源，更好地开展国家教材建设的研究工作。

2019 年

1 月 15 日，教育部教材局印发《关于做好教材意见建议听取和处理工作的通知》。指出教材编写出版单位要健全教材意见建议收集处理工作机制，确保沟通渠道畅通。对意见建议的处理应及时、严谨、客观，按照程序开展登记整理、研判处理、申请复核等工作。

1 月 31 日，教育部印发《教育部关于首批国家教材建设重点研究基地认定结果的通知》。该通知指出，教育部认定北京师范大学大中小学德育一体化教材研究基地等为首批国家教材建设重点研究基地。基地要围绕聚集专业力量、探索教材建设规律、建设教材数据中心、促进研究成果交流传播、开展咨询指导服务五个方面任务，明确定位，研究制定基地五年工作规划。

2 月 23 日，据新华社北京电，近日，中共中央、国务院印发《中国教育现代化2035》。文件提出，要推动习近平新时代中国特色社会主义思想进教材、进课堂、进头脑，加强课程教材体系建设。强化教材建设国家事权，统筹为主、统分结合、分类指导，增强教材的思想性、科学性、民族性、时代性、系统性，切实发挥教材育人功能。

对意识形态属性较强、涉及国家安全等内容的教材实行国家统一编写、统一审查、统一使用。完善教材编写、修订、审查、选用、退出机制。加强教材建设重大理论和实践问题研究，建设一批国家教材建设重点研究基地，建设高素质专业化教材编审队伍。加强少数民族文字教材建设。加强特殊教育教材建设。实施教材建设国家奖励制度。

3月22日，北京外国语大学"中国外语教材研究中心"成立仪式在北京举行。中国外语教材研究中心旨在汇聚全国外语教材研究专业力量，全面贯彻党中央在教育领域深化改革的精神，推动全国外语教材研究，完善外语教材专业化建设，构建中国特色的外语知识体系、教材体系与话语体系。

3月29日，教育部印发《教育部关于切实加强新时代高等学校美育工作的意见》。强调学校美育具有很强的意识形态属性，要加强公共艺术课程教材建设，深化美育教学改革，重点研究高校美育的课程和教材体系、教学规律和模式、考核评价标准、教师队伍建设等。

8月14日，据新华社北京电，近日，中共中央办公厅、国务院办公厅印发《关于深化新时代学校思想政治理论课改革创新的若干意见》。指出要加强思政课教材体系建设，国家统一开设的大中小学思政课教材全部由国家教材委员会组织统编统审统用；研究编制习近平新时代中国特色社会主义思想进课程教材指导纲要，研究编制中华优秀传统文化等内容进课程教材指南，分课程组织编写高校思政课专题教学指南。

9月16日，教育部举行首批国家教材建设重点研究基地工作启动会议暨授牌仪式。教育部副部长郑富芝出席会议并讲话，强调国家教材基地要成为国家教材建设管理工作的高级智库，成为编好用好教材的主要专业支撑。在研究方向上，要注重服务党和国家重大战略；在研究内容上，要注重创新转化，把学科体系转化为学生易学、乐学的教材体系，发挥教材育人功能；在研究方式上，要在理论研究的同时，更加注重实证研究、跟踪研究，找出规律性。

10月31日，国家教材委办公室发布《关于开展全国大中小学教材调查统计工作的通知》。要求对2006年1月至2019年10月期间，国内正式出版的、供我国各级各类学历教育教学正在使用的教材进行统计。

11月12日，据新华社电，近日，中共中央、国务院印发《新时代爱国主义教育实施纲要》。指出要充分发挥课堂教学的主渠道作用，将爱国主义精神贯穿于学校教育全过程，推动爱国主义教育进课堂、进教材、进头脑；在普通高校将爱国主义教育与哲学社会科学相关专业课程有机结合，加大爱国主义教育内容的比重。

2020 年

1月7日，根据教育部网站，国家教材委员会印发《全国大中小学教材建设规划（2019—2022 年)》，教育部印发《中小学教材管理办法》《职业院校教材管理办法》《普通高等学校教材管理办法》《学校选用境外教材管理办法》。该规划提出，到 2022 年，教材建设全面加强，教材管理体制基本健全、体系基本完备、质量显著提升，更加适应中国特色社会主义发展要求，更具中国特色和国际视野，育人功能显著增强，开创教材建设新局面。四个教材管理办法根据各类型、各领域教材的特点分别提出了有针对性的要求。

1月13日，教育部印发《国家教材建设重点研究基地管理办法》。该办法共 7 章 24 条，分为总则、管理体制、机构设置、工作任务、运行机制、条件保障、考核监督，以强化国家教材建设重点研究基地的管理。

1月21日，教育部、国家发展改革委、财政部印发《关于"双一流"建设高校促进学科融合 加快人工智能领域研究生培养的若干意见》。提出要加强课程体系建设，加快推动人工智能领域最新研究成果转化为教学内容，建设一批有影响力的教材和国家精品在线开放课程。

4月22日，教育部等八部门印发《教育部等八部门关于加快构建高校思想政治工作体系的意见》。提出要强化哲学社会科学育人作用，加强哲学社会科学教材规划编审和规范选用工作。

5月28日，教育部印发《高等学校课程思政建设指导纲要》。提出要讲好用好马工程重点教材，推进教材内容进人才培养方案、进教案课件、进考试。

7月15日，中共教育部党组发布《中共教育部党组关于印发〈习近平总书记教育重要论述讲义〉的通知》。该通知指出，习近平总书记关于教育的重要论述从根本上回答了中国特色社会主义教育发展的一系列方向性、根本性、全局性、战略性的重大问题，为中国特色社会主义教育事业指明了前进方向，为新时代教育改革发展提供了根本遵循。要求开好相关课程，系统讲授习近平总书记关于教育的重要论述。全国重点马克思主义学院要先行先试，做好试讲。高校要全面推进、集中讲授，把习近平总书记关于教育的重要论述作为高校(含高等职业学校)教书育人的重要内容，覆盖全体大学生。

高校要面向教育学学科本科生、研究生，马克思主义理论学科研究生和全体师范生，开设"习近平总书记关于教育的重要论述研究"必修课；面向全体大学生，开好"形势与政策"课，把《习近平总书记重要论述讲义》作为必修教材，深入讲解、系统掌握。

9月4日，教育部、国家发展改革委、财政部印发《教育部 国家发展改革委 财政部关于加快新时代研究生教育改革发展的意见》。提出要加强课程教材建设，提升研究生课程教学质量；培养单位要紧密结合经济社会发展需要，完善课程设置、教学内容的审批机制，优化课程体系，加强教材建设，编写遴选优秀教材。

9月28日，教育部印发《大中小学国家安全教育指导纲要》。该纲要在"管理与保障"中提出，全国国家安全教育指导委员会负责开展国家安全教育教学的研究、咨询、指导、评估、服务等工作，会同国家教材委员会相关专家委员会组织开展国家安全教育高等学校教材和中小学（含中职）读本审查。国务院教育行政部门指导开发适合中小学（含中职）学生认知特点的国家安全教育读本，组织编写高等学校国家安全教育公共基础课教材。

10月13日，据新华社电，近日，中共中央、国务院印发《深化新时代教育评价改革总体方案》。提出要完善教材质量监控和评价机制，实施教材建设国家奖励制度，每四年评选一次，对作出突出贡献的教师按规定进行表彰奖励。

11月29日，习近平总书记给人民教育出版社老同志回信。习近平总书记指出，百年大计，教育为本。希望人民教育出版社紧紧围绕立德树人根本任务，坚持正确政治方向，弘扬优良传统，推进改革创新，用心打造培根铸魂、启智增慧的精品教材，为培养德智体美劳全面发展的社会主义建设者和接班人、建设教育强国作出新的更大贡献。

12月10日，马克思主义理论研究和建设工程工作会议在北京召开。中共中央政治局常委、中央书记处书记王沪宁出席会议并讲话，指出马克思主义理论研究和建设工程是党的思想理论建设的基础工程、战略工程。要加快构建中国特色哲学社会科学，更好引领推动学科体系、教材体系、话语体系、评价体系建设。

12月14日，教育部召开学习贯彻习近平总书记给人民教育出版社老同志重要回信精神座谈会。座谈会以"培根铸魂、启智增慧，奋力开拓新时代教材建设新局面"为主题，教育部副部长郑富芝出席并讲话。郑富芝指出，学习贯彻落实好总书记重要回信精神，关键是要聚焦精神实质和核心要义，在把好方向和提升水平上下功夫。一是要聚焦培根铸魂，在把好政治方向和价值导向上下功夫；二是聚焦启智增慧，在提升科学性和思想性上下功夫；三是聚焦育人规律，在增强适宜性和有效性上下功夫。

12月18日，中共中央宣传部、教育部印发《新时代学校思想政治理论课改革创新实施方案》。提出要完善教材编审制度，健全一体化教材建设机制，加强教材研究，构建大中小学思政课立体化教材体系。

12月24日，国家教材委员会办公室发布《国家教材委员会办公室关于开展首批中国经济学教材申报工作的通知》。决定启动首批中国经济学教材申报工作，首批重点建设《中国特色社会主义政治经济学》等9种中国经济学教材。

2021 年

1月21日，教育部印发《普通高等学校本科教育教学审核评估实施方案（2021—2025）》。根据该方案附件《普通高等学校本科教育教学审核评估指标体系（试行）》，学校党委应高度重视教材建设与管理工作，做到相关工作机构、工作制度健全，教材审核选用标准和程序明确有效，并将对教材选用工作出现负面问题的处理情况等作为普通高等学校本科教育教学审核评估要点之一。

4月19日，教育部召开"强化阵地意识，把好教材政治关"座谈会。教育部副部长郑富芝主持并讲话。郑富芝指出，必须强化阵地意识，做到"四个更"。一是站位要更高，必须认识到教材事关"培养什么人"这一根本问题，事关国家长治久安，要把教材建设作为一项重要的政治任务。二是队伍要更强，重点抓好管理、编写、审查和研究等四支队伍建设。三是标准要更细，要区分不同学段、不同学科教材类型管理要求，形成管理标准体系。四是制度要更严，要不断完善和严格执行教材编、审、用各环节工作制度。

6月10日，国家教材委员会办公室发布《国家教材委员会办公室关于开展马克思、恩格斯、列宁关于哲学社会科学及各学科重要论述摘编申报工作的通知》。指出要围绕马克思、恩格斯、列宁关于哲学社会科学及各学科的重要论述，编写1个总论和10个分论。总论，从整体上体现马克思、恩格斯、列宁对哲学社会科学的方向定位、功能特征、重要意义等方面的重要论述摘编。分论，分别编写马克思、恩格斯、列宁关于哲学、历史学、经济学、政治学、法学、社会学、新闻学、教育学、文学艺术、民族宗教等学科的重要论述摘编。

7月9日，教育部召开《习近平新时代中国特色社会主义思想学生读本》（以下简称《学生读本》）工作座谈会。教育部部长陈宝生出席会议并讲话，指出《学生读本》是新时代推进用习近平新时代中国特色社会主义思想铸魂育人的标志性成果，是推动大中小学思政课一体化建设的又一次历史性跨越，今年秋季学期将正式投入使用。教育行政部门、出版单位和大中小学校要把读本使用工作作为一项重大政治任务，压紧压实责任，统筹做好各项工作。要落实经费、配好资源，为一线教学提供更多有效支撑。要做好教师培训，加强跟踪，切实提高读本的教学效果。

7月21日，国家教材委员会印发《习近平新时代中国特色社会主义思想进课程教材指南》。明确了习近平新时代中国特色社会主义思想进课程教材的重大意义、基本原则、总体目标、主要内容、学段要求、课程安排及组织实施七个部分，明确了习近平新时代中国特色社会主义思想进课程教材"进什么""如何进""怎么教"。

9月26日，国家教材委员会印发《"党的领导"相关内容进大中小学课程教材指南》。该指南是首次对"党的领导"教育教学基本原则、总体目标、主题内容、载体形式、学段要求、课程教材安排等内容一体化融入大中小学课程教材作出的整体设计。大学课程教材安排上，要求以思想政治理论课和政治学类课程教材为主，法学类、历史学类课程教材有重点地体现，哲学社会科学其他课程教材和理工农医类、军事类课程教材全覆盖。

10月12日，全国教材工作会议暨首届全国教材建设奖表彰会在北京召开。国务院副总理、国家教材委员会主任孙春兰出席会议并讲话，指出教材建设要充分体现党和国家意志，坚定文化自信，深入推进习近平新时代中国特色社会主义思想进教材，用中国理论解读中国实践，形成中国特色的话语体系。要坚持统筹为主、统分结合，加强教材系统规划和建设，根据不同学段学科、不同类型教育的特点，推动大中小学教材、不同学科教材有机衔接，既要传承经典、保持课程内容相对稳定，也要与时俱进、体现新知识新思想新观念。要加强教材全过程管理，只要进入校园、进入课堂、进入书包的教材必须严格把关，规范选用机制，形成高质量教材有效普及、劣质教材加速淘汰的机制。各地各部门和学校要加大经费、人员、项目等支持，加强教材队伍建设，加快形成中国特色高质量教材体系。

10月28日，国家教材委员会办公室公布首批中国经济学教材编写入选学校及团队名单。经资格审查、书面审核、会议答辩和面向社会公示及异议复核，首批9种中国经济学教材编写共有13所学校、25个团队入选。

10月29日，教育部办公厅印发《普通高等学校宪法学教学重点指南》。明确规定了宪法学教学重点，要求加强对各院校宪法学教学工作的统筹指导，确保教学工作坚持正确的政治方向，加强宪法学理论研究和教材建设研究，积极参与马工程重点教材《宪法学》的编写修订，切实做好教材统一使用。

12月6日，教育部举行学习贯彻习近平总书记给人民教育出版社老同志重要回信一周年座谈会。教育部部长怀进鹏出席会议并讲话，强调要牢记"培根铸魂、启智增慧"，推进新时代教材建设高质量发展。要筑牢阵地，紧紧围绕立德树人根本任务，坚持党对教材工作的全面领导，强化责任意识、阵地意识、风险意识，健全管理体制和工作机制，将党管教材落实到教材编写、审核、出版、使用、管理的每一个环节。要打造精品、把握规律、建强队伍、强化统筹，建立健全工作机制，抓住教材编写核心要素，加强使用过程中的教学研究、培训指导、跟踪监测、效果评价，切实提高教材使用的实际效果。

2022 年

1月6日，教育部举行2021—2025年高校思想政治理论课教学指导委员会成立大会暨工作会议。教育部部长怀进鹏出席会议并讲话，强调要全面加强党的领导，完善铸魂育人长效机制，健全课程体系，完善教材建设机制，深化教学改革，强化学科支撑。

1月14日，教育部召开首批中国经济学教材编写工作启动会。教育部副部长郑富芝出席会议并讲话，强调首批9种中国经济学教材编写是一项开创性、示范性工程，要突出导向性，把马克思主义立场观点方法贯穿编写全过程，把习近平新时代中国特色社会主义思想特别是习近平经济思想有机融入教材。要突出原创性，立足中国，从中国视角阐述经济学理论，分析中国经济实践，体现中国智慧、中国价值。要突出可读性，充分考虑"00后"学生认知特点和互联网时代阅读方式，创新呈现形式、表述方式。

2月14日，国家教材委员会办公室公布马克思、恩格斯、列宁关于哲学社会科学及各学科重要论述摘编入选名单。经资格审查、书面评审、综合评议和面向社会公示，论述摘编1个总论和10个分论共有8所高校11个团队入选。

2月16日，教育部办公厅发布《教育部办公厅关于部分直属事业单位机构调整的通知》。课程教材研究所和教育部基础教育课程教材发展中心整合，组建新的课程教材研究所。

2月19日，教育部印发《新时代马克思主义理论研究和建设工程教育部重点教材建设推进方案》。提出要整体推进不同学段、不同类型高校哲学社会科学相关学科专业教材建设，用5年时间，重点建设200种精品教材，形成以马克思主义为指导、体现中国特色的高校哲学社会科学教材系列。该推进方案在教材编写、出版、使用等方面大力创新，采取国家直接编写、高校等单位申报编写和从现有教材中遴选修订等多种方式建设，支持一流学者和有实力、高水平的高校、科研出版机构参与，合力打造精品。

3月16日，教育部、中国科学院举行会商会议。教育部部长怀进鹏出席会议并讲话，强调要共同推动科学教育深度融入各级各类教育，统筹大中小学课程设计，根据各学段学生认知特点和学习规律改进教育教学；要合作推动教材建设，鼓励和支持一大批政治立场坚定、学术专业造诣精深、实践经验丰富的院士和一流科学家投入教材编写，打造一批具有权威性、示范性的优质教材。

3月28日，国家智慧教育公共服务平台正式上线。平台一期项目包括国家中小学智慧教育平台、国家高等教育智慧教育平台等，专设教材专栏。

5月24日，据教育部网站信息，近日，教育部、国家新闻出版署、中央网信办、文化和旅游部、市场监管总局联合印发《关于教材工作责任追究的指导意见》。该指导意见针对大中小学教材编写、审核、出版、印制发行、选用使用等各环节存在的主要责任问题，明确追责情形和处理方式，实行全覆盖、全链条、规范化责任管理。

5月27日，据新华社电，近日，中宣部、教育部联合印发《面向2035高校哲学社会科学高质量发展行动计划》。强调要以育人育才为中心，坚持马克思主义指导地位，强化教材体系建设，推动中国特色案例建设，引领新时代社会文化风尚，更好发挥新时代高校哲学社会科学育人功能。

6月15日，教育部举行医学教育专家座谈会。教育部部长怀进鹏主持会议并讲话，强调要在提升质量要素改革建设上下功夫，建设一流医学核心课程、核心教材，建设一支高水平医学核心师资团队、一批医学核心实践项目。

11月25日，教育部召开"学习宣传贯彻党的二十大精神 推动习近平新时代中国特色社会主义思想'三进'"座谈会。教育部部长怀进鹏出席并讲话。会议强调，全面推动习近平新时代中国特色社会主义思想进教材、进课堂、进头脑，要坚持在全面学习、全面把握和全面贯彻上下功夫。

2023 年

5月29日，中共中央政治局就建设教育强国进行第五次集体学习。习近平总书记发表重要讲话。习近平总书记强调，加强教材建设和管理，牢牢把握正确政治方向和价值导向，用心打造"培根铸魂、启智增慧"的精品教材。

6月15日，国家教材委高校哲学社会科学学科专家组成立大会暨培训会议召开。教育部副部长王嘉毅出席并讲话。教材局局长田慧生宣读12个学科专家组名单。学科专家组近200名专家参加培训，并分组审议了《国家教材委高校哲学社会科学学科专家组工作规程》、相关学科教材建设目录，对工作规程、教材目录名称、教材内容及建设方式等提出了意见建议。

7月12日，课程教材研究所2023年度项目研究阶段性成果展示交流会召开。课程教材研究所所长张国华主持会议。教育部教材局局长田慧生对项目成果进行点评并讲话。田慧生指出，下一阶段，要做好战略研究者、政策传播者和典型发现者，及时对地方和学校课程教材改革的典型经验案例进行宣传推广；做好改革创新者，形成课程教材改革实验的常态化、长效化机制，为教材建设和管理高质量发展提供更加有力的支撑。

7月14日，教育部公布第二批国家教材建设重点研究基地名单。

8月29日，首批国家教材建设重点研究基地工作交流会召开。教材局局长田慧生出席并作总结讲话，指出各基地要着力做好落实开展教材建设研究、提供咨询指导服务、交流传播研究成果、建设教材研究队伍、培养专业人才、汇集教材建设数据六个方面工作。11个国家教材建设重点研究基地分别汇报了基地建设基本情况及重点工作、研究项目及其他项目进展情况、存在的问题和建议、下一阶段工作计划。

8月29日，中宣部、教育部组织编写的《习近平新时代中国特色社会主义思想概论》出版发行。《习近平新时代中国特色社会主义思想概论》是第一部全面系统阐述习近平新时代中国特色社会主义思想的统编教材，是高校思想政治理论课的权威用书，是推进中国特色哲学社会科学教材体系建设的重要成果。

9月26日，中国教育出版传媒集团出版质量工作会议举行。教育部副部长王嘉毅出席会议并讲话。王嘉毅强调，用心打造培根铸魂、启智增慧的精品教材，是建成教育强国的应有之义和先导行动。一要坚持政治引领，将党的领导贯彻到教材编写、出版、研究全过程。二要坚持立德树人，将马克思主义中国化时代化最新成果系统有机融入教材。三要坚持统筹联动，不断完善教材建设的责任链、流程链、服务链。四要坚持创新驱动，加快教材数字化转型升级，提高信息化管理水平。五要坚持筑牢底线，强化风险意识，多措并举守牢守好教材意识形态阵地。

9月27日，教育部第二批国家教材建设重点研究基地工作交流会召开。教育部副部长王嘉毅出席会议并讲话，提出六点要求：一要明确认识定位，深刻领会设立国家教材基地的重要意义；二要提高政治站位，用习近平新时代中国特色社会主义思想铸魂育人；三要夯实研究基础，努力把握教材建设规律；四要强化咨询指导服务，及时回应国家需求和群众关切；五要关注数字赋能，推动教材形态变革；六要汇聚各方力量，不断提升队伍专业水平。

10月9日，据新华社电，近日，教育部组织翻译的《习近平总书记教育重要论述讲义》英文版出版发行。《习近平总书记教育重要论述讲义》英文版忠于原文原意，同时在表现形式上适应海外读者阅读习惯，表述准确、语言规范、行文流畅，有助于读者深入了解新时代中国教育改革发展的时代背景、重大意义、主要内容、实现途径，对深刻理解习近平总书记关于教育的重要论述的丰富内涵具有重要意义。

10月9日，教育部副部长王嘉毅在《人民日报》发表署名文章《深入推进党的二十大精神进教材》。文章指出，深入推进党的创新理论进教材，是构建中国特色高质量教材体系的重大原则，是教材工作必须完成好的重要政治任务。教育部坚持以习近平新时代中国特色社会主义思想为指导，全面贯彻落实党的二十大精神，把教材建设作为深化教育领域综合改革的重要环节，不断深化对做好这项工作的规律性认识和实践探索，确保党的二十大精神进教材落到实处、取得实效。

10月16日，教育部教材局组织召开"学习贯彻习近平文化思想、推进马工程重点教材编修"专题研讨会。会议重点围绕深刻学习领会"两个结合"重大意义，贯彻落实习近平总书记重要讲话精神，加快修订完善相关教材展开研讨。

11月4日，中国政法大学组织召开"教育部高等学校法学国家教材建设重点研究基地启动仪式暨首届法学教材建设论坛"。论坛提出，基地要在法学教材研究和建设方面发挥示范、引领作用，团结汇聚全国法学专家学者，一体化、系统化研究教材、建设教材，为国家教材建设献计献策。

11月10日，"中国新闻传播学自主知识体系建构与教材建设院长论坛"在复旦大学召开。论坛由复旦大学新闻学院和高校新闻学国家教材建设重点研究基地共同主办，提出中国新闻传播学教材体系建设应该充分体现自主性、专业性、体系性。高校新闻学国家教材建设重点研究基地应紧扣教材主业加强研究，深入分析教材建设的需求、规律，推出更多国家级的高水平成果。

11月11—12日，首届公共管理学科发展与教材建设研讨会在中南财经政法大学召开。研讨会由课程教材研究所、中南财经政法大学共同举办。参会专家学者共同探讨如何进一步推进公共管理学科发展与教材建设，为加快建构中国自主知识的体系建言献策。

11月20日，教育部办公厅印发《"十四五"普通高等教育本科国家级规划教材建设实施方案》。指出要深入推进新时代党的创新理论进教材，重点建设一批关键领域核心教材，培育和打造一批经典传承教材，探索建设一批示范性新形态教材。

11月24日，教育部发布《教育部关于深入推进学术学位与专业学位研究生教育分类发展的意见》。提出要分类加强教材建设。学术学位教材应充分反映本学科领域的最新知识及科研进展，专业学位教材应充分反映本行业产业的最新发展趋势和实践创新成果，支持与行业产业部门共同编写核心教材。学科评议组、专业学位教指委负责组织编写、修订、推荐本学科专业领域的核心教材。

11月25—26日，课程教材研究所、南京大学共同举办"首届哲学学科发展与教材建设研讨会"。参会专家学者重点围绕新时代哲学学科教材建设的成就与经验等议题展开深入研讨。

11月28日，《习近平新时代中国特色社会主义思想概论》教材出版座谈会召开。中共中央政治局委员、中宣部部长李书磊出席会议并讲话。会议指出，《习近平新时代中国特色社会主义思想概论》教材，是推动党的创新理论进教材进课堂进头脑工作的标志性成果，也是中国特色哲学社会科学教材体系建设的标志性成果。要以《习近平新时代中国特色社会主义思想概论》教材出版使用为契机，推动授课教师学深悟透党的创新理论，强化理论研究对教学的支撑作用，改进优化教学方式，加大师资培养培训力度，切实提升教学质量和效果，更好培养担当民族复兴大任的时代新人。

12月9—10日，课程教材研究所、教育部高等学校历史学类专业教学指导委员会、山东大学、全国新文科教育研究中心共同举办"首届历史学科发展与教材建设研讨会"。参会专家学者重点围绕中国史、世界史、考古学教材建设展开深入研讨。

12 月 20 日，教育部发布《教育部关于全面实施学校美育浸润行动的通知》。提出要做好艺术教材编审选用，配发义务教育阶段艺术教材，遴选推荐一批优质美育课后读物。

12 月，国家教材委员会就加强教材建设和管理作出重要工作部署，开展系列行动。系列行动以习近平新时代中国特色社会主义思想为指导，聚焦落实立德树人根本任务、服务国家重大战略、完善教材管理体制、强化教材建设支撑等关键问题，着力开展四方面工作。一是进一步强化教材编写修订，加强大中小学思政课教材一体化建设，推进新时代马克思主义理论研究和建设工程重点教材建设，全面推进马克思主义中国化时代化最新成果进课程教材。二是建设支撑高等教育人才自主培养的系列教材，加快推进教材数字化转型，促进教材建设服务国家重大战略和人才培养需求。三是落实部门、地方、学校、出版单位职责分工，健全教材使用监测、问题监督和处置、责任追究、引导激励等机制。四是加强教材队伍建设和教材研究工作，加强教材建设经费保障，强化教材建设支撑。

（执笔人：课程教材研究所高校教材研究中心王陈平）

06

第六部分

教材建设和管理名家名篇

第一篇　新时代高校哲学社会科学教材建设的指导思想和基本遵循

顾海良 *

摘要：习近平总书记教育重要论述，为新时代高校哲学社会科学建设什么样的教材和教材体系、怎样建设教材和教材体系提出了新理念新思想新观点。新时代高校哲学社会科学教材建设，马克思主义为指导是基本思想原则、坚守和提升文化自信是根本依循、各学科教师的担当精神和学术使命感是关键力量、加强党对哲学社会科学教材建设的领导是根本保证。习近平提出的四个"基础和条件"，对于新时代增强高校哲学社会科学教材建设信心有着重要启迪。要着力增强教材建设理论自信和学术自信，提出具有自主性、独创性的理论观点，彰显中国哲学社会科学思想和学术智慧。教师的核心素养和根本依循，对哲学社会科学教材建设中，教师应该发挥什么样的关键作用、怎样发挥关键作用，有着重要的理论和实践的指导意义。

关键词：习近平总书记教育重要论述；哲学社会科学；教材建设文化自信

高校哲学社会科学教材建设，不仅是高校哲学社会科学学科发展的重要标识，也是整个高等教育学科建设水平、科学研究绩效和人才培养质量的基础工程，还是中国特色社会主义高等教育发展的重要方面。新时代高校哲学社会科学教材建设，要以习近平新时代中国特色社会主义思想为指导；习近平新时代中国特色社会主义思想特别是教育重要论述，不仅提出了高校哲学社会科学教材建设的指导思想和发展路向，而且也提出了高校哲学社会科学教材建设的基本遵循和主要指向，为新时代高校哲学社会科学建设什么样的教材和教材体系、怎样建设教材和教材体系提出了新理念新思想新观点。

---

　* 时任国家教材委员会委员，北京大学马克思主义学院教授。原文载《中国大学教学》2019 年第 8 期。

一、新时代高校哲学社会科学教材建设的指导思想

党的十八大以来，习近平总书记高度重视高校哲学社会科学及其学科体系和教材体系建设问题，在一些会议的讲话中，其中主要有 2013 年 8 月召开的全国宣传思想工作会议、2016 年 5 月召开的哲学社会科学工作座谈会、2016 年 12 月召开的全国高校思想政治工作会议、2018 年 9 月召开的全国教育大会和 2019 年 3 月召开的学校思想政治理论课教师座谈会上的重要讲话中，对这个问题作了深刻阐释。这些重要讲话中的论述，体现了习近平新时代中国特色社会主义思想的核心要义和精神实质，拓展了新时代中国特色哲学社会科学教材和教材体系建设的新境界。

习近平总书记教育重要论述，集中体现在对新时代中国特色社会主义教育事业规律性认识的九个方面。这九个方面就是：坚持党对教育事业的全面领导，坚持把立德树人作为根本任务，坚持优先发展教育事业，坚持社会主义办学方向，坚持扎根中国大地办教育，坚持以人民为中心发展教育，坚持深化教育改革创新，坚持把服务中华民族伟大复兴作为教育的重要使命，坚持把教师队伍建设作为基础工作。对于高校哲学社会科学教材建设来讲，习近平总书记教育重要论述的指导意义凸显在以下六个方面。

第一，坚持以马克思主义为指导，是新时代高校哲学社会科学教材建设的基本思想原则。哲学社会科学各学科及相应教材的基本范畴、主要原理、学术体系和研究方法，在根本上与研究者和教学者秉持的思想政治上的立场、观点和方法须臾不可分离地联结在一起的。以马克思主义立场、观点和方法为教材建设的指导，是对教材研究者和教学者的根本要求，也是教材建设本身必须坚持的思想原则。在哲学社会科学工作座谈会的讲话中，习近平总书记强调："在我国，不坚持以马克思主义为指导，哲学社会科学就会失去灵魂、迷失方向，最终也不能发挥应有作用。"①哲学社会科学是这样，高校哲学社会科学教材建设更是这样。

第二，新时代高等教育发展方向和根本任务的新要求，是高校哲学社会科学教材建设的路向规定。新时代高等教育在发展方向和根本任务上，一要坚持"四服务"的发展方向，即"我国高等教育发展方向要同我国发展的现实目标和未来方向紧密联系在一

---

① 习近平. 在哲学社会科学工作座谈会上的讲话[M]. 北京：人民出版社，2016：9.

起，为人民服务，为中国共产党治国理政服务，为巩固和发展中国特色社会主义制度服务，为改革开放和社会主义现代化建设服务"①，高等教育发展要同新时代党的全部理论和实践的主题、同实现中华民族伟大复兴的宏伟目标紧密结合，牢牢把握中国高等教育的历史方位、现实发展和未来趋势。二要把握高等教育"三培养"，即"高校培养什么样的人、如何培养人以及为谁培养人"②的根本问题，确立高等教育立德树人根本任务。它们作为新时代高等教育发展的"根本目标"，高校的"学科体系、教学体系、教材体系、管理体系要围绕这个目标来设计，教师要围绕这个目标来教，学生要围绕这个目标来学"③。新时代高等教育发展方向和根本任务上的新要求，明确了高校哲学社会科学教材建设中"教什么""教给谁"和"怎样教"的路向规定。

第三，坚持立足中国大地办教育，是高校哲学社会科学教材建设的内在要求。建设什么样的教材和教材体系、怎样建设教材和教材体系，是国家事权，实质上是国家意志的体现。高校哲学社会科学教材建设，要体现国家和民族的价值观体系，要从巩固意识形态的马克思主义指导地位，繁荣发展中国特色哲学社会科学的高度，建成具有中国特色、世界水平的哲学社会科学教材体系。

第四，坚守和提升文化自信，是高校哲学社会科学教材建设的根本依循。习近平总书记指出："文化兴国运兴，文化强民族强。没有高度的文化自信，没有文化的繁荣兴盛，就没有中华民族伟大复兴。"④在中国特色社会主义道路自信、理论自信、制度自信和文化自信中，文化自信是更基本、更深沉、更持久的力量。一个国家的哲学社会科学教材和教材体系建设的能力和水平，是文化软实力的集中体现，是以国家文化自信为根据和基础的。在哲学社会科学教材体系建设中，要以文化自信为根本依循，彰显哲学社会科学教材中的中国立场、中国智慧和中国价值。

第五，哲学社会科学各学科教师的担当精神和学术使命感，是高校哲学社会科学教材建设的关键力量。教师是立教之本，也是兴教之源。高校哲学社会科学教材建设，

---

① 把思想政治工作贯穿教育教学全过程　开创我国高等教育事业发展新局面[N]. 人民日报，2016-12-09.

② 把思想政治工作贯穿教育教学全过程　开创我国高等教育事业发展新局面[N]. 人民日报，2016-12-09.

③ 坚持中国特色社会主义教育发展道路　培养德智体美劳全面发展的社会主义建设者和接班人[N]. 人民日报，2018-09-11.

④ 习近平. 决胜全面建成小康社会　夺取新时代中国特色社会主义伟大胜利：在中国共产党第十九次全国代表大会上的报告[M]. 北京：人民出版社，2017：40-41.

各学科教师是关键、是根本。关键因素要聚合关键力量、发挥关键作用。高校哲学社会科学各学科教师，要从"培养社会发展、知识积累、文化传承、国家存续、制度运行所要求的人"①上，增强培养社会主义建设者和接班人的社会责任感、学术使命感，提升哲学社会科学教材建设的自觉性、主动性和创造性。

第六，加强党对哲学社会科学教材建设的领导，推进高校哲学社会科学教材建设体制的改革和完善。加强党的领导是教育工作的根本保证，也是高校哲学社会科学教材建设的根本保证。高校党委要从如何巩固马克思主义在高校意识形态领域的指导地位、如何实现立德树人根本任务上，加强高校哲学社会科学教材建设指导思想和政治方向的领导和管理，重视哲学社会科学教师队伍的思想建设和理论提升，加强高校哲学社会科学教材编写、使用和成效评价等体制和机制建设和完善。

二、新时代高校哲学社会科学教材建设的基础和条件

党的十八大以来，中国特色社会主义建设事业的全面推进，高校哲学社会科学的繁荣发展，使我们更有信心把高校哲学社会科学教材建设得越来越好，也使我们能"以更高远的历史站位、更宽广的国际视野、更深邃的战略眼光"②，拓展新时代高校哲学社会科学教材建设的新境界。

在学校思想政治理论课教师座谈会上，面向新时代的新变化，习近平总书记谈到"我们完全有信心有能力把思政课办得越来越好"具有的"根本保证""有力支撑""深厚力量"和"重要基础"的四个"基础和条件"③。对这四个"基础和条件"的阐释，对于我们理解新时代增强高校哲学社会科学教材建设信心，同样有着重要启迪。

这四个"基础和条件"，对于高校哲学社会科学教材建设的意义在于：

第一，党的十八大以来，以习近平为主要代表的中国共产党人，始终坚持马克思主义指导地位，对意识形态工作高度重视，对哲学社会科学工作高度重视，大力推进中国特色社会主义学科体系建设，为高校哲学社会科学教材和教材体系建设确立了更

---

① 习近平. 在北京大学师生座谈会上的讲话[M]. 北京：人民出版社，2018：5.

② 坚持中国特色社会主义教育发展道路 培养德智体美劳全面发展的社会主义建设者和接班人[N]. 人民日报，2018-09-11.

③ 用新时代中国特色社会主义思想铸魂育人 贯彻党的教育方针落实立德树人根本任务[N]. 人民日报，2019-03-19.

为坚实的思想政治上的根本保证。

　　这一根本保证要求，高校哲学社会科学教材建设要自觉地把中国化马克思主义，特别是把作为中国化马克思主义最新成果的习近平新时代中国特色社会主义思想，贯穿于教材建设的全过程。把 21 世纪马克思主义的最新成果，科学地结合进哲学社会科学教材建设中。坚持以马克思主义为指导，重要的是坚持"立足中国、借鉴国外，挖掘历史、把握当代，关怀人类、面向未来"①的发展理念。

　　第二，党的十八大以来，我们对共产党执政规律、社会主义建设规律、人类社会发展规律的认识和把握不断深入，极大地拓展了中国特色社会主义理论和实践发展的境界，中国特色社会主义取得举世瞩目的成就，中国特色社会主义道路自信、理论自信、制度自信、文化自信不断增强，为高校哲学社会科学教材建设提供了更具说服力的学理上的有力支撑。

　　这一有力支撑，对哲学社会科学教材建设提出了教材建设思想导向、学术内容、科学体系等方面的新要求。习近平总书记指出："学科体系建设上不去，教材体系就上不去；反过来，教材体系上不去，学科体系就没有后劲。"②哲学社会科学各学科教材内容，在根本上是根据各学科对象内容和体系的发展而发展的。当代中国经济社会发展的新的实践和新的理论，为哲学社会科学相应学科的教材建设提供了丰富的内容，各学科教材建设要"以我们正在做的事情为中心，从我国改革发展的实践中挖掘新材料、发现新问题、提出新观点、构建新理论，加强对改革开放和社会主义现代化建设实践经验的系统总结"③。新的实践、新的理论，就是各学科教材建设的现实根据和思想源泉，就是各学科教材发展的学术基础和学理支撑。

　　第三，马克思主义中国化在新时代的新发展，中华民族几千年来形成的博大精深的优秀传统文化，我们党带领人民在革命建设改革过程中锻造而成的革命文化和社会主义先进文化，为哲学社会科学教材建设增添了更具感召力的思想文化上的深厚力量。

　　这一深厚力量表明，哲学社会科学教材建设要更为有力地融通哲学社会科学各种思想资源和学术资源。其中，特别要把握好三方面资源的融通：一是马克思主义的思想资源和学术资源，包括马克思主义科学原理和科学精神资源，马克思主义中国化形成的成果及其思想文化资源，如党的理论和路线方针政策，中国特色社会主义道路、

①　习近平.在哲学社会科学工作座谈会上的讲话[M].北京：人民出版社，2016：15.
②　习近平.在哲学社会科学工作座谈会上的讲话[M].北京：人民出版社，2016：23.
③　习近平.在哲学社会科学工作座谈会上的讲话[M].北京：人民出版社，2016：21-22.

理论、制度，我国经济、政治、法律、文化、社会、生态、外交、国防、党建等领域形成的哲学社会科学思想和成果。习近平新时代中国特色社会主义思想，是 21 世纪马克思主义的最新理论资源。这些是哲学社会科学教材建设最为丰富、也是最为重要的主体思想资源和学术资源。二是中华优秀传统文化和革命文化、先进文化资源，这是中国特有的最为宝贵的资源。要把握好中华优秀传统文化的资源，这是哲学社会科学相关教材建设不可多得的资源。要加强对中华优秀传统文化的挖掘和阐发，使中华民族最基本的文化基因与当代文化相适应、与现代社会发展相协调，把其中蕴含的具有当代价值的思想、文化和学术资源弘扬起来，赋予其新时代哲学社会科学教材体系的新内涵和新样式。三是国外哲学社会科学的资源，包括世界所有国家哲学社会科学取得的积极成果，无疑也是哲学社会科学相应教材的有益滋养。对待这方面资源，要坚持"以我为主、为我所用"。在怎样对待经济学的国外学术资源问题上，习近平总书记提出："坚持马克思主义政治经济学基本原理和方法论，并不排斥国外经济理论的合理成分。"一方面，"西方经济学关于金融、价格、货币、市场、竞争、贸易、汇率、产业、企业、增长、管理等方面的知识，有反映社会化大生产和市场经济的一般规律的一面，要注意借鉴"；另一方面，"对国外特别是西方经济学，我们要坚持去粗存精、去伪存真"，特别是"对其中反映资本主义制度属性、价值观的内容，对其中具有西方意识形态色彩的内容，不能照抄照搬"。[①]

要坚持古为今用、洋为中用，融通各种资源，不断推进知识创新、理论创新、方法创新。[②] 在高校哲学社会科学教材建设中，怎样把作为主体的马克思主义资源，同中华优秀传统文化资源和中国革命文化、先进文化资源，以及国外哲学社会科学资源，实现有机结合和有效配置，是新时代哲学社会科学教材和教材体系建设的重要课题和必然路径。

第四，高校哲学社会科学教材建设长期以来形成的一系列规律性认识和成功经验，为哲学社会科学教材建设守正创新提供了更为牢固的重要基础。

这四个方面的基础和条件，增强了高校哲学社会科学建设的底气和底蕴，提升了建设好高校哲学社会科学教材和教材体系的信心和信念。

[①] 中共中央党史和文献研究院．十八大以来重要文献选编（下）[M]．北京：中央文献出版社，2018：6-7.

[②] 习近平．在哲学社会科学工作座谈会上的讲话[M]．北京：人民出版社，2016：16.

三、新时代高校哲学社会科学教材建设中的文化自信

"坚定文化自信，推动社会主义文化繁荣"①，是党的十九大报告中习近平总书记对中国特色社会主义文化建设提出的总要求。新时代哲学社会科学教材建设要"坚定文化自信"，要着力于增强教材建设理论自信和学术自信，提出具有自主性、独创性的理论观点，彰显中国哲学社会科学思想和学术智慧。

哲学社会科学各学科教材中的重要学术范畴、主要理论原理和基本研究方法，是教材和教材体系的核心要素和基本构件，是学科体系、学术话语体系和学术话语权的根本体现，也是对学科体系、学术话语体系和学术话语权的提升。习近平总书记提出："要善于提炼标识性概念，打造易于为国际社会所理解和接受的新概念、新范畴、新表述，引导国际学术界展开研究和讨论。这项工作要从学科建设做起，每个学科都要构建成体系的学科理论和概念。"②

在哲学社会科学教材建设中，"提炼标识性概念"和"构建成体系的学科理论和概念"，在根本上就是恩格斯在评价马克思《资本论》科学成就时提出的"术语的革命"的问题。

1867年《资本论》第一卷德文第一版出版后不久，马克思就认为，剩余价值、劳动二重性和工资范畴是《资本论》第一卷中三个"崭新的因素"③。1886年恩格斯在《资本论》第一卷"英文版序言"中指出："一门科学提出的每一种新见解都包含这门科学的术语的革命。"④在恩格斯看来，剩余价值、劳动二重性和工资，作为《资本论》"术语的革命"的标识性概念和范畴，是马克思政治经济学学术话语体系的表达和学术话语权的体现。《资本论》"术语的革命"可以分为两类：一类是原始创新性的"术语的革命"，如劳动二重性、剩余价值等范畴，这是马克思在政治经济学科学革命中独创的；另一类是批判借鉴性的"术语的革命"，如工资等范畴，这是马克思对当时已有的政治经济学范

---

① 习近平. 决胜全面建成小康社会 夺取新时代中国特色社会主义伟大胜利：在中国共产党第十九次全国代表大会上的报告[M]. 北京：人民出版社，2017：40-42.

② 习近平. 在哲学社会科学工作座谈会上的讲话[M]. 北京：人民出版社，2016：24.

③ 马克思恩格斯文集：第10卷[M]. 北京：人民出版社，2009：275.

④ 马克思恩格斯文集：第5卷[M]. 北京：人民出版社，2009：32.

畴的批判性借鉴，其中包含对术语内涵的根本性的变革。这两类形式，不仅揭示了《资本论》"术语的革命"的深刻意蕴，厘清了马克思在政治经济学中实现的更为广泛的"术语的革命"的思想来源和基本过程，而且也为当代哲学社会科学"术语的革命"提供了理论上和方法论上的重要启示。

"提炼标识性概念"和"构建成体系的学科理论和概念"，也是发现问题、筛选问题、研究问题、解决问题的过程，实际上这也是一个以文化自信为底气和底蕴、不断坚定和提升文化自信的过程。要以我们正在做的事情为中心，从我国改革发展的实践中挖掘新材料、发现新问题、提出新观点，提炼标志性学术概念和学科理论。习近平总书记认为："一切有价值、有意义的文艺创作和学术研究，都应该反映现实、观照现实，都应该有利于解决现实问题、回答现实课题。"①只有以中国现实为研究基点，才能形成无愧时代的哲学社会科学学术思想和学术成果，才能构建具有中国特色的哲学社会科学教材和教材体系。

坚定哲学社会科学教材体系建设的文化自信，重要的在于对哲学社会科学学术思想和学术方法的正确方向和理念的遵循上。在哲学社会科学教材建设中，坚持以马克思主义为指导，在于坚持马克思主义基本原理和贯穿其中的立场、观点和方法，在于坚持理论联系实际、实事求是的优良学风；而不是去照搬照抄马克思主义的现成理论结论，更不是用这些理论结论替代哲学社会科学各学科的具体研究。如果不顾历史条件和现实情况的变化，教材中什么都用马克思主义经典作家语录来说话，马克思主义经典作家没有说过的就不能说；或者只会用"贴标签"、用语录堆砌的方法生硬"裁剪"生动现实；或者不顾教材体系的完整性和逻辑性，断章取义地塞进政治内容，损害教材政治性和学理性、价值性和知识性的内在统一的做法等等，绝不是以马克思主义为指导的本意，而是对马克思主义科学原理和科学精神的背弃。

坚定文化自信，要正视一个时期哲学社会科学教材建设中存在着当西方理论"搬运工"的现象。由于缺乏正确解读中国现实和回答中国实际问题的学术创造力，缺少文化自信的信心和内在力量，有些学科在引进借鉴西方相应学科教材时，直接搬用教材中理论原理、术语范畴和研究方法等，这些学科的教材建设所起的只是西方理论"搬运工"的作用。

不当西方理论"搬运工"，并不是对西方国家哲学社会科学各种理论一概简单地拒

---

① 坚定文化自信把握时代脉搏聆听时代声音 坚持以精品奉献人民用明德引领风尚[N]. 人民日报，2019-03-05.

绝和排斥。对于西方国家哲学社会科学的各种理论和学派，不应当妄自菲薄，将其视为"信条"而顶礼膜拜；也不应当妄自尊大，将其说得一无是处，拒绝加以研究和鉴别。不当西方理论"搬运工"、要做中国学术的创造者，要坚持把教材体系建设中学科和学术的评价标准掌握在自己手中，决不能照搬照抄西方学科和学术的评价标准，决不能唯西方学科和学术评价是从。

习近平总书记指出："如果不加分析把国外学术思想和学术方法奉为圭臬，一切以此为准绳，那就没有独创性可言了。如果用国外的方法得出与国外同样的结论，那也就没有独创性可言了。"①照搬照抄西方哲学社会科学教材的学术话语，就会丧失以中国特色的"标识性概念"和"构建成体系的学科理论和概念"为基点的学术话语权。

坚持以马克思主义为指导，同提倡各具体学科的学术思想和学术流派的切磋交流，以及提倡对各种思想文化广纳博鉴，绝不是相互对立的，而是相互结合、有机地统一在一起的。哲学社会科学学科和学术评价标准，是学者从事学科建设和坚守学术方向的导航仪，也是学科体系和教材体系建设的指挥棒。坚定文化自信，就要确立哲学社会科学教材评价体系的政治方向、价值取向、学术导向和学术规范。

四、新时代高校哲学社会科学教材建设的教师关键作用

高校哲学社会科学教材，是高校相关学科专业知识传授及其高校通识教育知识传播的载体，是学生学习的基本工具和主要根据，起着教育教学"根本"的作用。要发挥好这种"根本"的作用，把教材的思想性、理论性和学术性、学理性真正落实下来，教师起着关键的作用。

在全国教育大会上，习近平总书记提出："建设社会主义现代化强国，对教师队伍建设提出新的更高要求，也对全党全社会尊师重教提出新的更高要求。"②在新时代高校哲学社会科学教材建设中，从"新的更高要求"上，发挥教师的关键作用是至关重要的。在学校思想政治理论课教师座谈会上，习近平总书记从"新的更高要求"上，对思政课建设中教师的关键作用，特别对起着关键作用的教师的核心素养和根本依循问题作了

---

① 习近平. 在哲学社会科学工作座谈会上的讲话[M]. 北京：人民出版社，2016：19.
② 坚持中国特色社会主义教育发展道路 培养德智体美劳全面发展的社会主义建设者和接班人[N]. 人民日报，2018-09-11.

深刻阐释。这些阐释中的道理，对于高校哲学社会科学教材建设中发挥教师关键作用也是适用的。

习近平总书记提出，教师关键作用的发挥要以"六个要"为核心素养。从哲学社会科学教材建设来看，这些核心素养的要义在于：一是政治要强，要让有信仰的人讲信仰，善于从政治上看问题，在大是大非面前保持政治清醒。二是情怀要深，保持家国情怀，心里装着国家和民族，在党和人民的伟大实践中关注时代、关注社会，汲取养分、丰富思想。三是思维要新，学会辩证唯物主义和历史唯物主义，给学生深刻的学习体验，引导学生树立正确的理想信念、学会正确的思维方法。四是视野要广，引导学生从历史、现实和未来的广泛的内在联系中，通过生动、深入、具体的纵横比较，把一些道理讲明白、讲清楚。五是自律要严，自觉弘扬主旋律，积极传递正能量。六是人格要正，有人格，才有吸引力。亲其师，才能信其道。要用高尚的人格感染学生、赢得学生，用真理的力量感召学生，以深厚的理论功底赢得学生，自觉做为人为学为事的表率。

"六个要"的核心素养，包含了对教师在信仰坚定、学识渊博、理论功底和教学水平上综合素质和内在修养的全面的要求，凸显了教师的思想魅力、学术魅力和人格魅力。在思想魅力上，教师自己要信仰坚定，能自觉用习近平新时代中国特色社会主义思想武装头脑，能成为学习和实践马克思主义的典范；在学术魅力上，要具有深厚的马克思主义理论功底，要广泛涉猎其他哲学社会科学和自然科学的知识，要具有广阔的知识视野、理论视野、历史视野、国际视野，培育自身的崇尚学术、严谨治学、注重诚信、讲求责任的优良学风；在人格魅力上，能坚持正确的政治方向，立足于引导学生坚定理想信念，自觉修身修为，润物无声地给学生以理论滋养、思想内涵、人生启迪和精神力量，以高尚的人格魅力引领风气，在为祖国、为人民立德立言中成就自我、实现价值。

习近平总书记还提出教师发挥关键作用的"八个相统一"的理念和方法，是教师发挥好关键作用的根本依循。这"八个相统一"就是：一要坚持政治性和学理性相统一，教材建设要能以透彻的学理分析回应学生，以彻底的思想理论说服学生，用真理的强大力量引导学生；二要坚持价值性和知识性相统一，寓价值观引导于知识传授之中；三要坚持建设性和批判性相统一，传导主流意识形态，直面各种错误观点和思潮；四要坚持理论性和实践性相统一，用科学理论培养人，重视教材内容的学理性和实践性；五要坚持统一性和多样性相统一，落实教学目标、课程设置、教材使用、教学管理等方面的统一要求，又因地制宜、因时制宜、因材施教；六要坚持主导性和主体性相统一，教学离不开教师的主导，同时要加大对学生的认知规律和接受特点的研究，发挥学生主体性作用；七要坚持灌输性和启发性相统一，注重启发性教育，引导学生发现问题、分析问题、思考问题，在不断启发中让学生水到渠成得出结论；八要坚持显性教育和隐性教育相统一，挖掘其他课程和教学方式中蕴含的思想文化教育资源。

"八个相统一"的各个方面，融会贯通于教学内容、环境、过程、形式和方法等各个环节和整体过程，是相互联系、紧密结合的方法和依循。在教材建设和教学过程中，教师的关键作用，就在于发挥好这八个方面的"组合拳"的作用。

习近平总书记对教师提出的核心素养和根本依循的要求，虽然是对学校思想政治理论课教师提出的，对哲学社会科学教材建设中，教师应该发挥什么样的关键作用，怎样发挥关键作用，同样有着重要的理论的和实践的指导意义。

五、新时代高校哲学社会科学教材建设的制度化建设

党的十八大以来，高校哲学社会科学教材建设，特别是"马克思主义理论研究和建设工程"规划的哲学社会科学重点教材建设，取得了一些标志性成果，也形成了一些制度化建设的经验。在高校哲学社会科学教材建设，形成一系列重要理念，其中主要有：要坚持以马克思主义为指导，体现马克思主义中国化的根本要求，体现国家和民族基本价值观，把中国化马克思主义理论贯穿于教材研究、教材编写、教材使用和教材评价全过程；要体现党和国家对新时代中国特色社会主义教育的基本要求，从培养什么样的人、如何培养人以及为谁培养人的根本问题，同"教什么""教给谁"和"怎样教"路向的内在统一上，把哲学社会科学各学科教材建设凝聚到培养社会主义建设者和接班人的根本目标上；要辨明哲学社会科学各学科特定的对象和方法，探索各学科的教材体系和内容，深化各学科学术思想和学术观点的切磋交流，坚守百花齐放、百家争鸣、创新发展；要善于把握和吸收中华优秀传统文化的宝贵资源，倡导对各种思想文化的广纳博鉴，在教材建设中体现人类文化知识积累和创新成果；要坚定文化自信和学术自信，特别要提升教材体系建设中彰显中国立场、中国智慧、中国价值的信念和信心。这些理念，将提升中国特色哲学社会科学教材体系建设的自觉、自信和自强，也将拓展新时代中国特色哲学社会科学教材和教材体系建设新境界。

　　"加强党对教育工作的全面领导，是办好教育的根本保证。"①高校是教材选用主体，高校党委对本校教材工作负总责。在哲学社会科学教材编写、审查和选用上，高校党委不仅要从政治立场、政治方向、政治原则、政治道路等方面把关，对政治上把握不对、不到位的教材，要一票否决；还要从高校教学过程、科学研究、学科建设和人才培养等各方面，全面规划和加强哲学社会科学教材建设。从高校教育发展整体上看，哲学社会科学教材建设的重要性，远远超出哲学社会科学学科专业本身的范围。在对哲学社会科学各学科教材建设意义的阐释中，习近平总书记特别提道："高校哲学社会科学有重要的育人功能，要面向全体学生，帮助学生形成正确的世界观、人生观、价值观，提高道德修养和精神境界，养成科学思维习惯，促进身心和人格健康发展。"②现在教育部马克思主义理论研究和建设工程重点教材近百种，其中既有哲学社会科学各学科专业的基础教材和主干教材，也有涉及多学科的素质教育和通识教育的通用教材，面向高校各学科专业所有大学生。应该看到，哲学社会科学教材对所有大学生的思想政治素质、人文素质和心理素质教育等方面，都发生着重要的影响、发挥着不可替代的作用。

　　党的十八大后，教育部党组决定成立"教育部马克思主义理论研究和建设工程重点教材审议委员会"，进一步加强教材建设编写和审议力度，完善教材建设的体制和机制。教育部规划的哲学社会科学的近百种重点教材，主要是哲学社会科学各学科专业的基础教材和主干教材，涉及哲学、历史学、经济学、政治学、法学、社会学、民族学、新闻学、教育学、心理学、宗教学等学科的教材。法学学科专业教材多达 14 种，构成较为完整的中国特色社会主义法学教材体系。这些教材的编著者，特别是各教材课题组的首席专家、主编，政治意识强、学术水平高、责任意识强，勠力同心、努力奋斗，有志于打造中国特色的哲学社会科学教材体系。

　　在哲学社会科学工作座谈会的讲话中，习近平总书记指出："培养出好的哲学社会科学有用之才，就要有好的教材。经过努力，我们在实施马克思主义理论研究和建设工程的过程中，教材建设取得了重要成果，但总体看这方面还是一个短板。"③为从制度上改变这种"短板"状况，全面推进中国特色社会主义教材体系建设，国家教材委员会

---

① 坚持中国特色社会主义教育发展道路 培养德智体美劳全面发展的社会主义建设者和接班人[N]. 人民日报，2018-09-11.

② 习近平. 在哲学社会科学工作座谈会上的讲话[M]. 北京：人民出版社，2016：23.

③ 习近平. 在哲学社会科学工作座谈会上的讲话[M]. 北京：人民出版社，2016：23-24.

于 2017 年 7 月正式成立。国家教材委员会的主要职责为指导和统筹全国教材工作，贯彻党和国家关于教材工作的重大方针政策，研究审议教材建设规划和年度工作计划，研究解决教材建设中的重大问题，指导、组织、协调各地区各部门有关教材工作，审查国家课程设置和课程标准制定，审查意识形态属性较强的国家规划教材。国家教材委员会坚持以习近平新时代中国特色社会主义思想为指导，深入贯彻党的十九大精神，全面贯彻党的教育方针，大力推进课程教材体系改革，把牢政治关，突出教材建设关键重点，严格规范管理，全面提升教材质量。国家教材委员会将在全面推进高校哲学社会科学教材体系建设的系统性和规范性上，在全面提升高校哲学社会科学教材体系建设的思想性、科学性、时代性上，在全面建成适应新时代中国特色社会主义发展要求、立足国际学术前沿、门类齐全的哲学社会科学教材体系上履行重要职责、发挥重要作用。

哲学社会科学教材体系的制度化建设，体现在教材编写、推广、使用体制机制的创新上。要严格教材审查程序，提高审查质量，严把政治关、学术关。要集中各学科骨干力量，统筹优质资源，切实提升教材质量。教材建设根本在编写、关键在使用，教师和学生使用是教材建设的"硬道理"。现在正在实行的马克思主义理论研究和建设工程新教材出版前，组织一线教师，结合教学实际，进行精细审读，对提升教材质量意义重大；出版后举办骨干教师培训，教材编写者与任课骨干教师互相切磋，对教材有效使用起到重要作用。对于教材使用，要按照习近平总书记提出的"大家共同来做好这项工作"①的原则，进一步完善教材编写、推广和使用的协同机制，有效提高哲学社会科学优秀教材的使用率、覆盖率。

在哲学社会科学工作座谈会的讲话中，习近平总书记提出"要抓好教材体系建设"，确立了"形成适应中国特色社会主义发展要求、立足国际学术前沿、门类齐全的哲学社会科学教材体系"②的建设要求和目标。高校哲学社会学科教材建设，要牢记使命、砥砺前行，为达到这一建设要求、实现这一建设目标而努力奋斗。

---

① 习近平. 在哲学社会科学工作座谈会上的讲话[M]. 北京：人民出版社，2016：24.
② 习近平. 在哲学社会科学工作座谈会上的讲话[M]. 北京：人民出版社，2016：24.

第二篇　学习贯彻党的二十大精神 加强教材建设和管理

田慧生 *

摘要： 党的二十大以来，教材战线认真学习领会二十大精神，持续深化基础教育课程改革，加快推进新时代教材发展，取得了一系列重大成就。当前，教材工作面临新形势新要求，要以深入推进习近平新时代中国特色社会主义思想和党的二十大精神进课程教材为主线，以推进教材建设和管理高质量发展为主题，强化国家事权、完善体制机制、严格制度规范、加强全程监管，加快建设中国特色高质量教材体系。教材编写出版单位要以教材全面编修为契机，紧紧围绕立德树人根本任务，坚持正确政治方向，强化精品意识，全面提高教材编写出版质量。

关键词： 党的二十大精神；教材建设；教材管理；教材修订

进入新时代以来，习近平总书记多次强调教材建设是国家事权和铸魂工程，明确要求要用心打造培根铸魂、启智增慧、适应时代要求的精品教材。党的二十大报告首次提出要"加强教材建设和管理"，将教材建设作为深化教育领域综合改革的重要环节。这一系列重要部署既凸显了教材工作在党和国家事业发展全局中的重要地位，也为新时代教材建设和管理提供了根本遵循。站在新的历史起点上，系统梳理党的二十大以来教材工作取得的新进展新成绩，科学研判教材工作面临的新形势新要求，谋划明确下一步教材建设的重点工作，对于加快构建中国特色高质量教材体系具有重大意义。

一、教材工作取得的新进展新成绩

2022 年，极不平凡、极其不易，教材战线在思想上和精神上经受了深刻洗礼。我

---

* 时任教材局局长、研究员。原文载《课程·教材·教法》2023 年第 9 期。

们认真学习领会、坚决贯彻落实党的二十大精神，聚焦用习近平新时代中国特色社会主义思想铸魂育人，持续深化基础教育课程改革，加快推进新时代教材发展，全力应对教材领域的风险和挑战。

(一)党的二十大精神进课程教材全面推进

为深入贯彻党的二十大精神，及时全面准确地在大中小学课程教材中体现党的二十大精神，教育部教材局 2022 年专门制定了《党的二十大精神进课程教材工作方案》，对标党的二十大精神，组织全面修订中小学课程标准和相关大中小学教材，重点修订中小学(含中等职业学校)三科课程标准、习近平新时代中国特色社会主义思想学生读本、中小学(含中等职业学校)三科统编教材和教育部马工程重点教材，在课程教材中更加全面准确地体现党的二十大精神，进一步发挥课程教材的铸魂育人作用。

一是课程标准、教材修订工作有序推进。部署各地各高校、有关课程标准修订组、有关大中小学教材编写单位认真学习领会党的二十大精神。分别召开相关课程标准、中小学三科统编教材、教育部马工程重点教材修订启动会，组织专家宣讲党的二十大精神，开展培训研讨。组织相关课程标准修订组、教材编写组在认真学习党的二十大精神基础上，分别形成课程教材修订方案。对标党的二十大报告、新修订的党章和习近平总书记在党的二十届一中全会上的重要讲话，组织相关课程标准修订组开展修订工作，组织相关教材编写组先后开展春季学期和秋季学期教材修订工作。目前，修订审核后的中小学国家课程教材已按期投入使用。义务教育课程方案和课程标准已形成修订送审稿，普通高中课程方案和课程标准、中职三科课程标准修订工作正在推进。

二是组织研制教材建设和管理三年行动计划。以党的二十大精神为统领，突出目标导向、问题导向和效果导向，在全面评估、分析 2019—2022 年全国大中小学教材建设规划实施情况的基础上，研制三年行动计划文本，明确未来三年推进教材建设和管理的总体思路、工作目标、重点任务和主要举措。这将是引领、推进未来几年教材战线工作的一份纲领性文件。

三是《习近平总书记教育重要论述讲义》外文版翻译出版。推动该讲义英文版进高校课堂，作为相关学科专业课程教学资源和学习参考材料，列入中宣部出版宣介项目，面向海外推广。同时，初步完成法文版、俄文版、西班牙文版和阿拉伯文版翻译审核工作，推动中国教育发展的新思想、新理念、新观点在国际社会广泛传播。

四是印发《新时代马克思主义理论研究和建设工程教育部重点教材建设推进方案》。计划用 5 年时间再打造 200 种左右的重点教材，目前已形成第一批拟重点建设教材目录。这一措施旨在创新教材编写、出版方式，支持更多一流学者和高水平高校、科研出版机构积极参与。

五是"中国系列"教材启动建设。组织 13 所高校开展首批 9 种 25 本中国经济学教材编写工作。研究提出第二批中国经济学教材建设目录和重点。研制形成中国法学、中国新闻学教材建设方案，明确建设思路、重点和方式。

(二)新修订的义务教育课程方案与课程标准颁布实施

2022 年 4 月，教育部发布新修订的义务教育课程方案和课程标准，落实"五育并举"时代新人培养要求，完善育人目标，优化课程设置，重组课程内容结构，增强课程育人功能，系统绘就新时代义务教育的育人蓝图。新修订的课程方案和课程标准已于 2022 年秋季学期开始执行。

新修订的课程方案变化主要有三点。一是完善培养目标。结合义务教育性质及课程定位，从有理想、有本领、有担当三个方面，明确义务教育阶段时代新人培养的具体要求。二是优化课程设置。整合小学原品德与生活、品德与社会和初中原思想品德为"道德与法治"，进行九年一体化设计，之前教材已增加、调整了相关内容，这次从课程方案上调整到位了；改革艺术课程设置，1—7 年级以音乐、美术为主线，融入舞蹈、戏剧、影视等内容，8—9 年级分项选择开设；科学、综合实践活动开设起始年级提前至一年级；落实中央要求，将劳动、信息科技及其所占课时从综合实践活动课程中独立出来。三是细化实施要求。增加课程标准编制与教材编写的基本要求；明确省级教育行政部门和学校课程实施职责、制度规范，以及教学改革方向和评价改革重点，对培训、教科研提出具体要求；健全实施机制，强化监测与督导要求。

新修订的课程标准的变化主要有五点。一是各课程标准基于义务教育培养目标，将党的教育方针具体化、细化为本课程应着力培养的学生核心素养，体现正确价值观、必备品格和关键能力的培养要求。例如，道德与法治课程明确了政治认同、道德修养、法治观念、健全人格、责任意识等培养要求。二是优化了课程内容结构。基于核心素养要求，遴选重要观念、主题内容和基础知识技能，精选、设计课程内容，优化组织形式。涉及同一内容主题的不同学科间，根据各自的性质和育人价值，做好整体规划与分工协调。设立跨学科主题学习活动，加强学科间相互关联，带动课程综合化实施，强化实践要求。三是研制了学业质量标准。依据核心素养发展水平，结合课程内容，整体刻画不同学段学生学业成就的具体表现，形成学业质量标准，引导和帮助教师把握教学深度与广度，为教材编写、教学实施、考试评价等提供依据。四是增强了指导性。各课程标准针对"内容要求"提出了"学业要求""教学提示"，细化了评价与考试命题建议，注重实现教、学、考的一致性，增加了教学、评价案例，不仅明确了"为什么教""教什么""教到什么程度"等问题，而且强化了对"怎么教"的具体指导。五是加强了学段衔接。注重幼小衔接，基于对学生在健康、语言、社会、科学、艺术领域发展水平的评估，合理设计小学 1～2 年级课程，注重活动化、游戏化、生活化的学习设计。依据学生从小学到初中在认知、情感、社会性等方面的发展变化，把握课程深度、广度的变化，体现学习目标的连续性和进阶性。了解高中阶段学生特点和学科特点，为学生进一步学习做好准备。

为使新修订的义务教育课程方案和课程标准准确落地，教育部组织近 300 位课程标准修订专家，设计开发义务教育新课标国家级示范培训课程，国家中小学智慧教育平台网络培训课程资源上线仅 71 小时，就有超过 700 万人在线观看，点击量达 9840 万人次，"五星"好评率达 97%。

（三）研制出台《义务教育国家课程教材编写修订规范（试行）》（以下简称《规范》）

研制《规范》的目的是从源头抓起，压实责任，加强对教材编修的指导、规范和过程管理。一是突出编写环节这个教材质量的源头，压实编写出版单位的主体责任。习近平总书记强调，要用心打造培根铸魂、启智增慧的精品教材。如何落实这一要求？必须实行严格的全流程质量控制措施，其中，编好是前提、是基础。从这些年的实践来看，提交审核的教材，质量参差不齐，一些显而易见的问题经常在审核中被发现。这反映出有的教材编写出版单位在编写环节的质量责任落实不到位，编写入口没有抓好，导致本应该在编写单位内部、在编写过程中发现和解决的问题，积压到了审核这个最后环节。因此，制定《规范》，就是要把住编写这个第一关口、压实编写出版单位的第一责任，切实让提高教材质量的行动前移。二是明示编写环节的基本规则和要求，规范和引导编写行为。这些年，为了提高教材质量，教育部采取了一系列措施。比如，修定中小学课程方案和课程标准，细化各科课程要着力培养的核心素养，提出学业质量标准和教材编写建议等，为教材编修明确了方向和依据。又如，出台《中小学教材管理办法》，其中对提高教材的思想性、科学性、适宜性提出了总体要求。再如，严格规范了教材审核规则，细化了审核标准和流程，为保证教材质量加固了防火墙。同时，在编写环节，探索开展了组织专家进行编写指导等措施。在上述这些工作的基础上，这次又制定教材编修规范，以文件形式明确编写的规则和要求，使编写出版单位有了具体遵循，以便对编写环节进行质量控制，从而把"做什么"和"怎么做"、把思想认识和实现路径统一起来。由此，与其他各项措施相互衔接、形成闭环，使教材质量建设更加科学、规范、严谨。

研制《规范》的总体思路是突出导向、瞄准问题、细化要求。一是突出导向。坚持正确的政治方向、价值取向和育人导向，推动教材编写出版单位提高政治站位，紧扣用习近平新时代中国特色社会主义思想铸魂育人这一主线，突出教材建设是铸魂工程的基本属性，在教材编修中充分体现党和国家的意志。二是瞄准问题。面向时代要求、教育改革和社会关切，聚焦这些年发现和反映的教材质量问题，剖析在编修环节存在的空白点、薄弱点，增强《规范》的针对性。三是细化要求。面向教材编修的全要素、全流程，提出明确、具体、可行的规范和指引，让整个教材编修工作有章可循。

明确教材"编排体例"的目的是规定教材的主要构成部件。除正文外，一般还应包括前言、栏目、作业系统、附录、后记等。这些构成部件，都有其特定的功能，在教材编修中要统筹设计，确保教材成为一个有机整体。一是前言。主要面向学生介绍教材的编写思路、学习内容、学习方法等，为学生学习提供总的指导，激发学生的学习兴趣。二是栏目。主要是对正文的拓展、延伸和补充，与正文相搭配，起到导学、助学等作用，有助于增强学习效果。三是作业系统。主要包括思考练习、评价检测、探究活动等，体现学业质量标准的要求，用于检验学生的学习效果。四是附录。主要是与课程学习有关的参考资料和辅助工具，为学生学习提供便利。五是后记。主要用来明示教材投入使用后意见反馈的渠道。

明确教材"内容选择与呈现"的目的是对教材内容的选择、编排逻辑和呈现方式提出要求。一是准确性。强调教材内容要表述准确，符合中央精神，体现学界主流共识；

数据和资料要真实可靠；各类素材要具有典型性，避免争议。二是适宜性。强调教材的总体容量、难度要适宜，注重使用情境设置、问题探究、实践活动等方式，内容的展开要体现循序渐进、螺旋上升的原则。三是时代性。强调教材内容要及时反映经济社会发展新变化、科学技术进步新成果，兼顾城市和乡村区域差异。四是可读性。强调教材的语言表述要通俗易懂、风格统一，注重将文件语言、学术语言转化为教材语言。五是规范性。强调教材要符合国家语言文字、表述口径、教材管理等方面的有关规定和编辑出版规范。

明确教材"插图绘制和选用"要求的目的是从方向导向、形象展现、艺术风格、图文匹配、地图绘制和使用规范、技术标准等方面对教材插图的绘制和选用提出明确具体的要求。一是方向导向。所传达的信息要正确体现党和国家的理念、主张，弘扬社会主义核心价值观，体现育人导向，维护党和国家形象。二是形象展现。要体现中华民族自尊自信自强，反映新时代中国人民健康积极向上的精神面貌，体现人民和谐安康团结的生活状态。三是艺术风格。要清新雅正，采用比较经典和大众喜闻乐见的绘图风格。四是图文关系。要反映学科特色，编排合理、图文匹配，符合学科教育、学科特点和学生需要。教材插图不是越多越好，如数学教材插图，更多的是结构图、示意图、思维导图，插图的目的是帮助学生理解教材内容，因此要认真研究，与教材内容脱节的插图要引起高度重视。五是地图绘制和使用规范。要符合国家有关法律法规和管理规定的要求，有利于强化学生国家版图意识，体现我国的外交政策和立场。六是技术标准。要完整、准确、清晰地呈现要表达的信息，色彩协调、图片清晰、来源明确，插图作者不能存在争议。

《规范》既是义务教育国家课程教材编修的基本规范，也可供其他教材编修参考，下一步我们还将研制高中阶段国家课程教材编修规范。《规范》是第一次制定，虽然在制定过程中征求了方方面面的意见，但难免还有不尽完善的地方，所以是试行，在实施过程中还将不断加以完善，使其更加符合教材编修的需要。

（四）印发《中小学教材选用管理办法》

为进一步规范中小学教材选用工作，教育部教材局对 2014 年颁布的《中小学教科书选用管理暂行办法》进行修订，印发了《中小学教材选用管理办法》（教材〔2023〕1 号），对中小学教材的选用范围、选用机构、选用程序等作出明确规定。一是对标中央关于教材建设和管理的新精神新要求，聚焦近年来各地教材选用工作中存在的现实问题，充分吸收各方面意见建议，进一步厘清管理责任，细化选用要求，优化选用程序。二是对中小学国家课程教材、地方课程教材，以及校本课程教材、各类专题教育教材和读本选用工作提出明确要求，进一步强化中小学教学用书目录管理；对教材选用委员会、学科组的职责、构成、人数、成员资格条件等方面作出明确规定，鼓励将教材选用权下放到具备条件的普通高中学校。三是明确规定中小学教材选用要按照"发布选用方案、学科组初选、选用委员会确定选用结果、公示、备案"等程序依次进行，并对教材重新选用、更换版本的情形和程序作出了具体规定。四是要求建立教材选用、使用监测评估机制，对教材使用情况开展监测评估，作为教材继续使用或更换的依据。

（五）全面排查整改教材教辅问题

2022年，组织开展全国大中小学教材教辅和中小学校园课外读物排查工作，会同国务院教育督导委员会办公室对排查整改工作进行专项督查。开通教材问题反映专用邮箱，组建教材问题受理中心，制定教材问题处理规程。这次排查整改工作，组织国家教材委员会专家委员会对中小学在用的国家课程教材进行了全面审读。组织专家对中小学三科统编教材配套教辅、中等职业学校公共基础课教材、"十四五"首批职业教育国家规划教材进行专门审核；组织各地对中小学地方课程教材进行全面审读，对中小学（含幼儿园）校园课外读物进行全面排查，对排查中发现的问题进行了全面整改。这次排查整改是对全国大中小学教材教辅和进校园读物的一次全面体检和净化，为全面提高教材质量奠定了良好基础。

二、教材工作面临的新形势新要求

面对新形势、新任务，如何加强教材建设和管理、充分发挥教材的基础支撑作用，培养德智体美劳全面发展、堪当民族复兴大任的时代新人，是我们面临的一项重大光荣使命。

(一)深刻领会党和国家对教材工作的新要求

党的二十大报告把教育、科技、人才"三位一体"统筹安排,从"实施科教兴国战略,强化现代化建设人才支撑"的战略高度,对"办好人民满意的教育""加快建设高质量教育体系"作出新的部署,并首次在党代会报告中提出"加强教材建设和管理"。这一系列重要部署,凸显了教材工作在党和国家事业发展全局中的重要地位,凸显了教材作为强国之要、强教之基的特殊重要性,充分体现了党中央对教材工作的高度重视和殷切期望。教材工作者要切实提高政治站位,强化目标导向,跳出教材看教材,着眼国家发展战略全局,充分认识教材工作肩负的重大使命、做好教材工作的重大意义和中央对教材工作提出的明确要求。

(二)主动适应人民群众对教材工作的新期待

教材作为育人育才的重要依托,体现着教育立场,关系到教育质量。教材的内容、插图和配套教辅、课外读物等方方面面,社会高度关注。教材问题受到社会各界高度关注的背后,反映的是人民群众对更高质量教材、更高质量教育的热切期待。这就要求我们,必须牢固树立质量意识,以更加科学严谨、精益求精的态度编好教材,把打造精品落实到每一个学科、每一册教材、每一项内容、每一幅插图中,推出更多经得起时代、人民和历史检验的精品教材,更好地满足人民群众对高质量教育的需求。

(三)紧盯深化课程改革的新目标

当前,世界上越来越多的国家把课程改革作为增强综合国力、集聚国际竞争力的战略措施加以推行,注重课程功能的转变,力争使新一代的国民具有适应21世纪政治、经济、社会、科技、文化发展所必备的素质。近年来,为落实党和国家对人才培养提出的新目标、新要求,教育部加快推进课程改革,先后颁布实施了新修订的普通高中课程标准和义务教育课程标准，推动人才培养质量不断提升。课程标准是教材编写的基本依据，集中反映了这些年基础教育改革的经验和成果，为教材建设明确了基本的方向、目标和任务。做好教材编写、修订工作，是把课程标准规划的育人"蓝图"转化为"施工图"的关键一步。我们必须增强改革意识，强化效果导向，坚持守正创新，做好课程标准到教材的科学转化，从理念、内容、方式方法等方面，推动教材的系统性创新和整体化提升。

(四)积极应对教材工作面临的新挑战

当前，教材工作正处在新旧交替、爬坡过坎的特殊时期。国家对教材工作作出整体部署是在党的十八大之后，特别是从 2016 年开始，明确提出教材是国家事权，党和国家对教材工作提出了全新的要求。这就需要把过去的短板补上，还要开创教材工作的新局面。2017 年以来，在国家教材委员会的领导下，教育部针对教材工作过去长期重视不够，工作体系缺位、制度体系缺漏、管理机制缺乏等一系列突出问题，抓紧建队伍、建制度、建机制，取得了明显成效。但新的制度和工作体系仍处于初步确立、逐步完善落实的过程中，过去长期形成的历史欠账短时间内尚未完全有效解决。一方面教材工作社会高度关注，另一方面新制度的建立落地需要时间。教材舆情呈现出长期化、常态化趋势。这些都对教材工作带来了新的挑战。教材工作不到位，将直接影响到人民群众对教育的评价、对教育体系的信心。我们一定要站稳人民立场，强化问题导向，树牢教材工作出不得任何偏差的思想意识，本着如履薄冰的谨慎态度，全面提高教材建设和管理水平，努力打造让人民群众放心的高质量教材。

三、加强教材建设和管理的重点举措

面对新形势新要求，我们要以深入推进习近平新时代中国特色社会主义思想和党的二十大精神进课程教材为主线，以推进教材建设和管理高质量发展为主题，强化国家事权、完善体制机制、严格制度规范、加强全程监管，加快建设中国特色高质量教材体系，为构建高质量教育体系、全面提高人才自主培养质量提供强有力的支撑。

(一)深入推进党的二十大精神进课程教材

把全面推进习近平新时代中国特色社会主义思想和党的二十大精神进课程教材作为首要任务和持续推进的重大工程，落实《党的二十大精神进课程教材工作方案》，加快推进中小学相关课程标准和大中小学教材修订工作，在课程教材中系统、全面、准确落实党的二十大精神，切实增强课程教材的铸魂育人功能。一是完成义务教育、普通高中课程方案和课程标准修订审核工作，将于 2023 年年底前全部印发。二是指导各地学好用好《习近平新时代中国特色社会主义思想学生读本》，推进读本修订工作，修订后的读本将于 2023 年秋季学期投入使用。三是按时完成各级各类教材修订和审核任务，督促有关部门和单位按规定安排抓紧推进本领域教材修订送审工作。四是指导教材编写出版单位加强新教材解读培训和配套教学资源开发，帮助师生用好教材。做好党的二十大精神进课程教材工作，既要整体把握、全面系统，又要突出重点、抓住关键。要把着力点聚焦到习近平总书记是党中央的核心、全党的核心，习近平新时代中国特色社会主义思想是党必须长期坚持的指导思想上；聚焦到党的十九大以来的重大成就和新时代 10 年的伟大变革上；聚焦到把握好马克思主义中国化时代化最新成果的世界观和方法论，坚持好、运用好贯穿其中的立场观点方法上；聚焦到中国式现代化在理论和实践的创新突破上；聚焦到贯彻落实党的二十大作出的重大决策部署上。

(二)实施教材建设和管理三年行动计划

三年行动计划是落实党的二十大关于教材工作要求的一项重要举措，也是今后三年教材工作的时间表、路线图、任务书。

三年行动计划的基本思路是以全面贯彻落实党的二十大精神为主题，以全面提高教材质量和管理水平为主线。一是坚持方向，有机融入。加强党的全面领导，始终坚持马克思主义指导地位。贯彻党的教育方针，落实立德树人根本任务，大力推进习近平新时代中国特色社会主义思想进课程教材，确保教材建设的正确方向。遵循教育规律，符合学生认知发展特点，把党中央新精神转化为学生可认知、可理解的语言，有效落实到课程教材中。二是提升质量，打造精品。全面提高教材质量，在编写、审核、出版、印制发行、选用使用、研究等各环节，严格标准，细化要求，规范程序。注重优化教材质量与数量的关系，合理规划同种同类教材数量，扭转同质化倾向，在各学段各领域重点打造一批培根铸魂、启智增慧、适应时代要求的精品教材。三是注重原创，构建体系。系统总结中国实践和中国经验，提炼形成新概念、新范畴、新表述，汇集展示新发现、新发明、新创造，构建中国理论，反映中国智慧，提升国际影响力，推动形成以自主知识体系为核心的中国特色教材体系。四是全面推进，突出重点。加强统筹，注重整体设计，系统推进大中小学教材建设和管理。坚持问题导向，聚焦教材管理主要矛盾，进一步明确各级主体责任，细化、压实责任，强化督导检查，狠抓执行落实，重点解决教材管理、保障等方面存在的突出问题。

(三)打造中国特色高质量教材

一是高质量推进新一轮义务教育各学科国家课程教材编写、修订。义务教育各学科教材修订工作已于 2022 年全面启动。依据规范，进一步强化教材编写修订的全过程管理，压实编写出版单位的责任，强化教材编修质量的内控机制。同时，组织开发义务教育信息科技课程实施指南及配套资源，邀请院士和科学家牵头对中小学科学技术类教材进行全面评估，分析研判教材质量现状，为修订教材提供专业咨询。

二是努力将中职三科统编教材打造为铸魂育人工程的新亮点。组织编写组精心打磨完善中职三科统编教材，做好今年[①]秋季学期在全国统一使用的各项准备工作，加强教材使用培训解读，指导中职学校和广大教师用好教材。

三是打造"中国系列"高等教育教材。启动首批新时代教育部马工程重点教材建设，以建设中国经济学、中国法学、中国新闻学教材为突破口，打造好"中国系列"高水平原创性教材，加快形成以马克思主义为指导、体现中国学科发展要求的高校哲学社会科学教材体系，彰显中国特色、中国智慧、中国价值。

---

① 指 2023 年。——编者注

(四)强化教材全过程管理

一是加强教材编写源头管理。严格编写资质把关,加强对编写单位、出版单位、教材编写人员的前置审核,实现关口前移。开展编写指导培训,督促教材编写单位落实教材编写修订规范,切实把好编写源头关。完善教材日常修订制度,明确教材及时修订的具体情形和要求,推动教材常改常新。

二是完善教材审核工作机制。修订中小学国家课程教材审核工作细则,印发中小学国家课程教材分学科审核要点,完善各类专题审核要点和标准。配合完成国家教材委员会换届,优化国家教材委员会专家委员会结构,设立专委会学科专家组,充实教材审核专家库,加强国家教材委员会专家委员会秘书处和学科秘书队伍建设。推动地方、高等院校和教材出版单位建立健全教材审核机制,提高教材审核专业化水平。建立常态化教材审核重点抽查制度。

三是健全教材使用监测体系。全面开展大中小学教材使用监测。指导各省(自治区、直辖市)和高等学校建立教材选用、使用监测评估机制。督促教材编写出版单位建立健全教材使用跟踪、意见收集处理、周期自查整改机制,做好教材意见收集和处理工作。

(五)打牢教材建设发展基础

一是加强教材队伍建设。遴选聘任一批两院院士、资深教授、国家和地方重大人才工程入选者领衔或参与教材建设,承担教材编写、审核、研究等工作。分级分类组织开展教材编写、编辑、审核及管理人员培训,加强业务交流与合作,不断提升教材队伍的专业化水平。

二是深化教材建设基础研究。完成第二批国家教材建设重点研究基地的遴选认定工作。加强重点研究基地管理,提升研究成果服务决策的水平。持续推进教材重大理论和实践问题研究,加强研究成果交流和应用。

三是强化教材建设激励保障。推进落实教材建设成果与教育教学、科研成果同等认定、同等待遇政策。改进完善教材建设国家奖励制度，鼓励各省（自治区、直辖市）和高等学校建立省校两级教材奖励制度，吸引支持更多优秀人才参与教材建设。

四是营造教材建设良好氛围。加大力度宣传解读教材工作的新举措、新进展、新成效，及时回应社会热点关切，增进公众对教材工作的了解，建设清朗、健康的教材舆论环境。加强教材意见收集反馈机制建设，督促各责任主体认真听取、及时处理各方诉求。

四、对提升教材编研出版质量的几点要求

当前，我们正在全力推进义务教育教材编修，教材战线要以这次教材全面编修为契机，紧紧围绕立德树人根本任务，坚持正确政治方向，强化精品意识，全面提高教材编写出版质量。

(一)贯穿一条主线，坚持用习近平新时代中国特色社会主义思想凝心铸魂

教材建设是铸魂工程，要坚持马克思主义指导地位，充分体现党和国家意志，这是教材工作始终要坚守的政治原则。要将马克思主义中国化时代化最新成果系统有机融入教材，使之成为支撑、凝聚教材的根和魂，让教材充满中国立场、中国价值和时代光辉。

(二)紧扣一个依据，落实课程标准，强化核心素养培育

课程标准是教材编写修订的基本依据。近年来，新修订的中小学课程标准有很多变化，其中非常关键的是明确提出了每门课程要着力培育的学生核心素养，这是课程内容结构设计、学业质量评价的统领。核心素养的本质，是对人的关注，是对教育价值的彰显、育人目标的细化，为解决"培养什么人、怎样培养人、为谁培养人"这一教育的根本问题提供了一条指向清晰的路径。教材编修必须将学生放在视野的中心，把

培养学生核心素养作为出发点和落脚点，准确把握核心素养的基本内涵和整体要求，以此来统领教材的内容选择、逻辑编排和学习效果评价，真正体现育人为本和素养导向。这不是简单地把课标内容、框架照搬过来，而是一个创造性的过程，要在把握本质基础上进行创造性设计。要深刻领会课标的精神实质，对如何全面准确落实课程标准进行深入研究，把怎么导入、怎么展开、怎么深化统筹好，形成点、线、面布局图，勾勒清楚"落什么""怎么落"的教材大逻辑。

(三)把握一个方法，做好科学转化，推动教材守正创新

给中小学生编教材，既要把知识讲对，也要把知识讲好。能够用学生容易接受和理解的方式把教材内容展示好，才能显示编写教材的真本领。这里的核心问题是如何做好科学转化，把政治话语、学术话语转化为教材语言，把学科知识体系转化为教材内容体系，这是教材编修能否取得实效的关键一环。编修教材要拉近编者与学生的距离，时刻思考如何让教材更贴近学生实际，更符合学生认知规律，更能引发学生的共鸣、激发学生学习兴趣，更加适教利学。需要注意的是，转化是有前提、有条件的。一方面，要准确，选材要准、观点要准，形式的转化不能改变观点的实质；另一方面，不能肤浅，转化体现的是创造力，不是搞形式主义，也不是"硬融入""贴标签"。总之，转化是一门科学，也是一门艺术，不能凭感觉、搞形式。要加强深入研究，比较不同方式，找准转化依据和有效路径，切实解决好在教材编修中"坚守什么""创新什么""怎么创新"的问题，让师生切实感受到我们的教材有亲切感。

(四)优化一个流程，建好工作机制，强化教材质量全程保障

教材编修是一项周期性、系统性工程，要完善好贯通教材编修的全流程工作机制。一是建好调研机制。教材编修是个实践问题，从起点开始就离不开与一线的对接。要经常性地深入学校课堂，了解教情学情、听取意见建议，把教材编修扎根在实践大地上。二是建好研究机制。编教材是一门大学问，需要对学科规律、认知规律、教学规律等有深入的把握。要把教材中涉及的规律性问题、遇到的突出难题，及时转化为课

题进行研究，把隐藏在教材每一项设计背后的"理"搞清楚，确保教材编修建立在科学基础之上。三是完善编审机制。编写出版单位是教材的第一责任主体。要统筹好内、外部力量，压实工作责任，加强协调配合，强化教材编写、修订、审核各环节质量全方位把关。四是健全监测机制。加强教材使用调查研究、培训指导、跟踪回访，积极跟进、认真研判教材使用效果和社会评价。畅通读者意见反馈渠道，虚心接纳读者意见建议。

(五)守住一个底线，维护教材安全，及时防范化解风险隐患

要深刻认识做好教材安全工作的特殊重要意义，增强风险意识，树立底线思维，以时时放心不下的责任感，时刻保持对各类风险隐患的政治清醒和高度敏感，深入排查治理各类风险隐患和漏洞短板，健全完善风险防控机制，不断提高风险防范能力。要将舆论批评作为群众监督的重要途径，及时回应群众关切，赢得人民信任，确保各项工作安全稳定。

第三篇　构建有组织科研的长效机制 开展课程教材重大理论和实践问题研究
——以课程教材研究所开展有组织的重大项目研究为例

张国华*

摘要：有组织开展重大理论和实践问题研究，是我国课程教材事业发展的迫切需要。课程教材研究所自2022年组织开展重大项目研究以来，初步构建起目标导向的顶层设计机制、问题导向的项目研究机制、创新导向的保障支撑机制及结果导向的成果转化应用机制，明确科学谋划愿景目标、确定研究内容、优化过程管理、加强支撑保障、强化成果产出等13项举措，形成了研究项目的管理闭环，取得了丰富的阶段性研究成果，确保重大理论和实践研究的顺利推进和高质量成果的产出。

关键词：有组织科研；课程教材；长效机制

课程教材作为学校教育教学的主要依据，是落实立德树人根本任务的重要载体，对培养担当民族复兴大任的时代新人具有重要的基础性、战略性支撑意义。课程教材研究所(国家教材委员会专家委员会秘书处，简称"教材所")作为国家级高水平课程教材专业研究平台，承担为教育行政部门提供支持保障、面向社会提供公益服务以及完成教育部党组交办的其他任务的职责。开展有组织的科研，是其职责使命所在，也是破解课程教材重大理论和实践问题的迫切需要。

教材所以贯彻落实党的二十大精神和国家深化事业单位机构改革的要求为动力，紧扣"十四五"时期主要目标任务，聚焦课程教材重大理论和实践问题开展有组织科研，初步构建起研究的长效机制，取得了丰富的阶段性研究成果。

---

　*　课程教材研究所党委书记、所长。本文系课程教材研究所重点研究项目"教材所内部治理体系建设研究"(项目编号：JCSZDXM2022016)的阶段性研究成果，原文载《人民教育》2023年第21期。

一、构建目标导向的顶层设计机制

科学谋划研究项目，高效推动项目实施，事关单位发展的目标愿景、使命任务及核心价值的实现。古人云："不谋万世者，不足谋一时；不谋全局者，不足谋一域。"教材所举全所之力开展有组织科研，旨在研究解决国家课程教材重大理论和实践问题，构建中国特色高质量课程教材体系，需要高站位谋划、高标准推进、高质量落实。为此，从具体目标任务的确立到单位内部力量的整合，再到统分结合的科学决策，形成了目标牵引、互动赋能、决策科学的顶层设计机制。

(一)确定"十四五"时期具体目标任务

目标是开展有组织科研的前提基础和方向指引，也是衡量项目绩效的基本依据。教材所根据单位性质、职能，结合发展实际，群策群力确立了"十四五"时期的目标任务：组织开展课程教材重大理论和实践问题项目研究，为国家课程教材建设决策提供咨询服务；加快建成覆盖基础教育阶段各学科以及高等教育、职业教育重点学科(专业)的高水平课程教材研究团队，全面提高专业素养；力争经过三至五年系统持续的建设，确保教材所全面担当起国家课程修订、教材审核、课程教学改革、考试评价等重大理论与实践研究使命任务，充分发挥好国家教材委员会专家委员会秘书处的重要作用。

(二)重构"一体两翼"的科研结构体系

教材所是新组建的单位，三分之二的内设机构为新部门，三分之二的人员为近三年新入职的高学历专业人员。必须有整体性、系统性规划，加强各职能部门之间的互动支撑，形成有组织开展科研的合力。

根据《教育部关于印发〈课程教材研究所机构职能编制规定〉〈课程教材研究所章程〉的通知》(教人〔2022〕2号)要求，教材所优化职能体系，设置了16个内部机构，形成了

"一体两翼"三个功能模块的发展格局,明确了开展有组织科研的功能定位和着力点。"一体"是主体功能模块,聚焦服务国家、地方和学校各级各类课程教材建设,包括重在巩固提高传统优势,服务基础教育课程、教材、教学和考试评价的四个传统部门;重在拓展职能和加快发展,服务高教、职教、学前与特殊教育等的四个新设部门。"两翼"是为主体功能助力赋能的两个功能模块,包括重在制度机制建设、面向未来强化战略引领服务的四个部门,侧重研究建立统筹推进和调动激发各主体功能部门积极性、主动性的常态化工作机制;重在落实加强党的全面领导、提供基本运转保障的四个部门,围绕中心和重点工作需要,加快资源优化整合和运行机制建设。"一体两翼"组织结构的建立,为开展有组织科研优化了内部结构,创设了16个内部机构之间互动支撑的大格局,形成协同发展的新动能。

(三)建立统分结合的科学决策模式

科学决策是在调查研究、科学分析论证、风险评估等基础上,按照科学的决策程序进行的符合客观实际的决策活动,是解决实际问题的关键一环。[①] 关系着项目研究总体规划设计的科学性、可行性,关系着组织中人、财、物、时间、信息、技术等管理各要素的全面协调。教材所举全所之力开展课程教材重大理论和实践问题项目研究是一项系统工程,既要充分发挥统一管理中的监督、调控和指导功能,也要充分观照分层分类管理中的个性问题、特殊问题,突出问题解决的针对性、实效性。

为防止项目研究计划与执行"两张皮"现象,教材所建立集体决策与分权管理并行的决策机制。在项目实施过程中,加强党委对有组织科研的决策引领,将项目研究执行情况作为"三重一大"事项列入党委会,每月集中调度,逐一对项目进行集体研究决策,每季度对各处室和研究中心进行考核评议,确保项目研究的组织引领及时、支持保障到位、工作运行高效。为调动项目牵头人的积极性、主动性和创造性,建立了责权明晰的"五大自主"机制,在组织管理中赋予分管副所长牵头负责研究项目人、财、物等资源分配的自主权,明确每个项目的责任部门。在项目运行中推行"五大自主"管理模式,即项目自主设计、专家自主聘请、经费自主使用、工作自主推进、成效自主负责,使项目研究变为多元参与、主动进取、充分展现自我、更好实现全体成员价值

---

① 袁达.科学决策是解决实际问题的关键一环[J].旗帜,2020(11):30.

的舞台，确保项目研究过程中人人都有位有为。

二、构建问题导向的项目研究机制

"必须坚持问题导向"是党的二十大报告提出的"六个必须坚持"之一。只有不断提高解决实际问题的科学决策能力，才能肩负起推动新时代经济社会发展的职责和使命。通过有组织开展科研解决的重大理论和实践问题，往往是课程教材领域的卡点、痛点、堵点问题，具有长期性、系统性和复杂性特点，需要抓住问题的本质和根源，持续发力，久久为功，方可破解。

重大理论与实践问题的确立不是"拍脑袋"拍出来的，也不是闭门造车"编出来的"，而是根据党和国家的大政方针政策，基于基层的广泛调研论证形成的，有其特定的形成过程，主要包括以下三个方面。

（一）确立重大问题研究选题标准

有组织的科研是有目标、有侧重、精准化的科研发展规划，着力提升自主创新能力，要更高质量为服务国家战略需求作出部署。[①] 教材所开展研究要解决的问题，是在参与国家政策制定与实施中遇到的突出问题。基于此，在项目研究选题上我们确定了以下三个标准：一是必须立足于部门自身的职责使命，在教育部相关司局指导下，开展具有全局性和根本性的重大问题研究；二是必须立足于构建长效工作机制，将问题解决的实践探索上升到规律层面，转化成制度性机制性研究成果，可以持续发挥对战线的方向引领攻坚提升作用；三是必须立足于全员参与专业成长研究，将项目研究转变为聚集全国相关领域专家学者，带动教材所学科秘书加快发展的人才队伍建设研究。

---

① 陈霞玲.高校开展有组织科研的组织模式、经验特征与问题对策[J].国家教育行政学院学报，2023，37（7）：78-87.

(二)组织开展严密的科学论证

严密的论证流程是科学决策的重要保证。教材所研制《关于深化机构改革 加强专业研究与人才队伍建设的实施方案》(简称《实施方案》),从初稿到最终定稿先后经历六个阶段。第一阶段是面向教材所全体人员征求意见。第二阶段是每个责任承担部门进行项目研究论证,主要看研究选题是否满足前文所提的"三条标准",以及研究的科学性、可行性。第三阶段是党委会集体研究审议,旨在全方位考虑研究的全局性、战略性和现实针对性。第四阶段是向上级服务对象单位征求指导意见,旨在精准对应满足落实教育部决策部署需要。第五阶段是报请部领导审示阶段,在征求相关司局意见修改完善《实施方案》后,报请部领导审示同意后正式组织实施。第六阶段是项目正式实施阶段,各项目研究承担责任部门根据要求,组织专家团队,形成研究方案,明确时间表、路线图,并按计划组织实施。

(三)确定具体研究的重大问题

基于前文选题的三个标准,结合六个阶段的严密论证,教材所聚焦六个方面,统筹设计了 16 个重大问题研究项目。

一是聚焦课程方案和课程标准落实提升,开展课程建设与课程改革跟踪研究,为推动国家课程政策落地落实探索有效路径,研究总结可复制可推广的课程开发与实施典型案例,全面提升学校课程建设水平,为下一轮课程标准修订提供研究支撑。

二是聚焦基础教育课程教学改革,开展以核心素养为导向的教学实践研究,转变育人方式,落实"双减"要求,提升区域教研、校本教研质量,形成上下联动、指导高效的教研工作机制。

三是聚焦中考和高中学业水平考试命题评估研究,基于落实课程标准,系统研究解决考试命题的突出问题,全面优化素质教育实施环境。

四是聚焦大中小学课程教材一体化建设,开展专题研究,重点解决影响教材质量提高的编审活力不足、监督制约缺乏等突出问题,为加强中小学科学教育、工程教育,加快构建中国自主知识体系、培养拔尖创新人才贡献力量。

五是聚焦教材使用质量，开展大中小学国家教材监测研究，努力实现中小学所有国家课程教材和马工程重点教材监测全覆盖，构建监测、研判、反馈、处置、研究一体化推进机制，持续提高教材编写、审核、选用使用、管理和研究的质量。

六是聚焦推进教育数字化转型，全面加强教材信息与舆情监测研究，建立全国大中小学教材数据统计库，推进课程教材全流程全领域数字化；建立国家、省、地、县、校五级贯通衔接的信息化平台，实现课程、教材、教辅、读物信息数据互联互通、共享共管共用；建立科学规范、系统完备、及时高效的舆情监测与研判、处置、研究一体化推进机制，将社会关注的教材问题有效转化为全面提高教材质量的强大动力。

三、构建创新导向的保障支撑机制

高度"组织化"是有组织科研的首要特征。党的二十大报告明确提出，要"以国家战略需求为导向，集聚力量进行原创性引领性科技攻关，坚决打赢关键核心技术攻坚战"。课程教材重大理论和实践问题研究，需要通过跨学科、跨领域、跨部门协同，形成协作攻关的"共同体"，才能突破创新、破解难题。

(一)组织形成科研攻坚"共同体"

协同攻坚是有组织科研的主要特点。习近平总书记在科学家座谈会上讲话时指出：要"调动各类科研院所的积极性，发挥人才济济、组织有序的优势，形成战略力量"[①]。组织多学科、跨领域、跨部门协作的研究团队，能够弥合不同学科、不同工作领域"单兵作战"的不足，有利于研究的突破创新。教材所在开展大中小学各重点研究领域和关键环节的项目研究过程中，建立了与一流高校、教科研机构和课程改革实验区的合作机制，聘任一批课程、教材、教学、评价等专业领域的资深专家为导师，并协同一线校长、教师的参与，形成了37支专兼结合、融合多方力量的攻坚团队，既确保了各研究团队能够担当起建设高质量课程教材的研究任务，又确保了教材所各职能部门和学

---

① 习近平. 在科学家座谈会上的讲话[N]. 人民日报，2020-09-12.

科秘书在研究中加快成长。

(二)建立稳定的研究团队保障制度

为确保研究高质量推进，教材所与相关一流高校、教科研机构和课程改革实验区签署了合作协议，明确双方的权利和义务。同时，出台《课程教材研究所兼职研究员管理办法（试行）》，聘用学术导师、兼职研究员，明确聘任条件、工作职责、权利和义务等，确保高水平合作机构和研究队伍的稳定性。另外，为了充分发挥项目研究和落实课程标准实验研究团队的作用，教材所将具有学科专业背景的65名研究人员全部聘为相应学科的秘书，实行处室与学科双重领导和管理，制订学科秘书管理办法与专业能力培养实施方案，开展学科秘书成长进步奖评选活动，加快建设专业化、全职化、高素质的学科秘书队伍，更好激发学科秘书和青年干部参与项目研究的积极性，使学科秘书和青年干部成为有组织开展研究的核心力量。

目前，教材所汇聚了全国课程教材研究与实践领域大批优秀的专家学者、教研员、一线教师，共计聘请了24名学术导师、62名兼职研究员。其中，落实基础教育课程标准实验研究项目就聚集了260余名专家、11000名教师参与，教材所20个课程改革实验区全部深度参与学科课程标准的落实落地研究，在破解课程教材重点领域和关键环节瓶颈性问题方面取得明显成效。

(三)构建全过程管理的制度体系

有组织开展科研的过程是建立持续沟通协调的过程。尤其是针对可能出现难以预测、突发的事件，在运作过程中需要建立监控机制，矫枉纠偏，不断调整，以保障项目研究的顺利推进。

为了确保有组织科研的高效运行，教材所专门设立了"教材所内部治理体系建设研究"项目，系统研究项目运行情况，为项目执行提供决策咨询和支持保障。针对制约项目研究实施的突出问题，坚持边实践边开展制度机制创新，先后研制出台了《关于加强项目研究管理的实施意见》《课程教材研究所平时考核工作实施方案》等21个制度文件。

在过程管理中，提出了涉及月度调度、交流研讨、人员考核、业绩考核及共享互鉴等五项刚性要求；在研究队伍组建方面，提出了合作机构标准要求、兼职研究员聘用条件与考核要求、学科秘书专业能力建设要求；在经费方面，提出经费规范、高效使用要求；在监控方面，提出纪检监察、跟踪督办以及年度审计要求；在评价方面，对表现突出的部门和人员进行激励；在成果应用推广方面，制定研究成果支持机制，创办《课程教材研究动态》决策咨询参考，鼓励多出高质量研究成果，并提出展示交流、宣传推广要求。从制度机制上，加强项目研究的全过程管理，形成聚焦重大问题研究和及时发现问题、解决问题的研究生态。

（四）构建持续稳定的经费支持保障机制

为更好履行职责使命，教材所每年将自筹资金节余部分主要用于项目研究。为使这些经费发挥最大功效，先后出台了项目研究经费使用管理办法、内部审计工作暂行规定以及内部控制制度等文件，规范项目研究经费使用，确保每个研究人员能干事、干成事、不出事。

四、构建结果导向的成果转化应用机制

历经一年多的艰辛探索，教材所重大项目研究取得丰富的阶段性研究成果。进一步推动这些阶段性研究成果转化应用，更好地服务决策、变为实践，是发挥教材所为行政部门提供支持保障和面向社会提供公益服务职责的重要体现。

（一）推进研究成果展示交流

为全面展示项目研究的阶段性成果，在研究中积极推进"三个一"行动，即要求各研究项目每学年召开一次具有影响力的研究成果交流研讨会议，在《课程教材研究动态》上刊登一篇决策咨询报告，每年暑期召开一次项目阶段性成果考核评价与展示交流会议。在教材所专门召开的学年度项目研究阶段性成果展示交流会上，各研究项目从研究目标任务、研究过程、研究结果、成果的价值以及深化研究的思路五个方面展示交流项目研究情况，全方位检视项目成效。各个项目如何汇报、由谁汇报以及对参与项目研究的专家怎么奖励，完全由项目研究牵头副所长和责任部门遵循统一的规则要求自主确定，较好实现了责权利的统一，激发了各方面人员参与项目研究的积极性。

(二)强化成果考核评价

教材所有组织开展的项目研究主要以决策咨询服务为目的，在研究项目实施之前，向教育部相关司局征求了指导意见。项目研究阶段性成果产出后，同样需要服务对象来评价和指导。这不仅是研究闭环管理的需要，更是发挥服务决策咨询功能的重要体现。为此，在学年度项目研究阶段性成果展示交流会上，特别邀请教育部有关司局和直属单位领导、评议专家、学术导师、实验区领导、兼职研究员等参加会议，围绕项目研究阶段性成果的决策参考性、实践指导性、问题针对性、学术规范性和时代性五个方面进行评议，并提出项目研究持续改进的意见建议。会后将每个项目的得票情况和评议意见予以反馈，促使各项目主体更加准确把握研究方向、研究重点和突破点，更便于在新的学年度更加富有成效地深化研究；有利于教育部相关司局更加全面了解和指导教材所的研究成果，增强工作的针对性、实效性。

(三)开展研究成果应用转化

为充分发挥项目研究成果服务国家课程教材建设决策咨询作用，教材所对标教育部年度重点任务等，梳理具有典型代表性、示范性的研究成果，加强研究成果的应用转化和广泛推广。通过召开研究成果交流研讨会，发表或上报决策咨询服务成果，推广典型案例；通过《课程教材研究动态》及各种媒体宣传推送项目研究信息等方式，提升教材所的专业引领力和社会影响力。其中，对标教育部《基础教育课程教学改革深化行动方案》，加强教材建设和管理行动计划，梳理遴选了 31 项可转化的代表性研究成果，有力促进了国家课程、教材、教学、评价等政策落实落地。

第四篇 完善高校教材体系
充分发挥中国特色哲学社会科学育人功能

韩　震[*]

2016年5月17日，习近平总书记在哲学社会科学工作座谈会上的讲话中指出："哲学社会科学的特色、风格、气派，是发展到一定阶段的产物，是成熟的标志，是实力的象征，也是自信的体现。"伴随着中华民族的伟大复兴进程，我们"要按照立足中国、借鉴国外，挖掘历史、把握当代，关怀人类、面向未来的思路，着力构建中国特色哲学社会科学，在指导思想、学科体系、学术体系、话语体系等方面充分体现中国特色、中国风格、中国气派。"习近平总书记从战略的高度、全球的广度和历史的深度，阐述了加快构建中国特色哲学社会科学的意义、目标和路径。在这里，作为高校的一位哲学社会科学工作者，我只是从完善中国哲学社会科学教材体系，更好地发挥哲学社会科学的育人功能的角度，谈谈自己的理解和学习体会。

首先，完善哲学社会科学教材体系，对于加快构建中国特色哲学社会科学体系具有非常关键的作用。一是学科体系与教材体系之间是相互支撑的关系。没有完善的教材体系，也就没有完备的学科体系；同样地，没有完备的学科体系，也就难以完善教材体系。正如习近平总书记所说的，"学科体系同教材体系密不可分。学科体系建设上不去，教材体系就上不去；反过来，教材体系上不去，学科体系就没有后劲"。二是教材体系与学术体系和话语体系的关系也是相互支撑的。一方面，学科体系发展、学术研究的成果以及话语体系的创新可以转化为教学资源，并逐渐积淀在教材之中；另一方面，完善的教材体系可以通过师生之间的互动，不仅传播学术研究的成果，形成学术体系的系统形态，而且逐渐勘察特定学科的研究对象，划定学科体系的大体边界，体现话语体系的内涵和功能。由此可见，构建中国特色哲学社会科学的学科体系、学术体系、话语体系，就要构建具有中国特色、中国风格、中国气派的哲学社会科学教

---

　　* 时任北京外国语大学党委书记，北京市中国特色社会主义世界影响力研究协同创新中心主任，教授。原文载《中国大学教学》2016年第8期。

材体系。

其次，培养哲学社会科学的后备人才、提高包括文科、理工科在内的所有大学生的思想文化素养，也需要哲学社会科学"有好的教材"，因此必须重视中国特色哲学社会科学教材体系建设。"高校哲学社会科学有重要的育人功能"，这不仅因为哲学社会科学学科的学生占了在校学生很大比例，有了好的教材就更容易"培养出好的哲学社会科学有用之才"，而且哲学社会科学对理工科的学生的成长也有重要的引导和熏陶作用。一方面，哲学社会科学的"学生是我国哲学社会科学后备军，如果在学生阶段没有学会正确的世界观、方法论，没有打下扎实的知识基础，将来就难以担当重任"。不仅哲学、历史学、文学等人文学科对于重塑和纯化社会的精神世界有着重要的奠基性作用，经济学、金融学、管理学、人类学等社会科学学科对于社会文明发展和现代化治理也具有重要的不可替代的作用。另一方面，马克思主义理论课、哲学社会科学通识课的育人功能，也需要好的教材加以支撑。不仅"文科生"需要学习哲学社会科学，而且理工科学生也需要马克思主义理论、人文精神和社会科学知识的熏陶。由此可见，有了好的教材，才能充分发挥哲学社会科学的育人功能。哲学社会科学对于提高理工科学生的素养，同样具有不可替代的作用。高校哲学社会科学"要面向全体学生，帮助学生形成正确的世界观、人生观、价值观，提高道德修养和精神境界，养成科学思维习惯，促进身心和人格健康发展"。既然要面向全体学生，而且是帮助学生形成对他们今后做人做事来说至关重要的世界观、人生观、价值观，那么就需要一个共同的知识传递和价值引导的基本框架和遵循，中国特色哲学社会科学教材体系就是这样的基本框架或遵循。因此，编好中国特色哲学社会科学教材就成为必不可少的工作。

最后，也是最重要的，即完善中国哲学社会科学教材体系必须坚持以马克思主义为指导，这是立德树人培养社会主义建设者和接班人的根本保障。习近平总书记指出："坚持以马克思主义为指导，是当代中国哲学社会科学区别于其他哲学社会科学的根本标志，必须旗帜鲜明加以坚持。"习近平总书记的话既说到了问题的关键，也说得很重。所谓根本标志，就是一种事物"是其所是"的本质特征，失去了这种特征，这个事物就不是"是其所是"了，就可能成为其他的东西了。不坚持以马克思主义为指导，我们就不可能坚持走中国特色社会主义道路，就可能走错路、走回头路，甚至误入歧途邪路。坚持以马克思主义为指导，就是坚持我们走自己的道路即中国特色社会主义道路的理论指针，就是我们理论自信的思想源泉。正因为如此，我们不仅要坚持，而且要旗帜鲜明地坚持以马克思主义为指导。

教材的编写，之所以要旗帜鲜明地坚持以马克思主义为指导，首先是因为其科学性。教科书既然是立德树人知识传递和价值引导的蓝本，那么就必须坚持以科学正确的理论加以指导。马克思主义深刻揭示了自然界、人类社会、人类思维发展的普遍规律，为人类社会发展进步指明了方向；马克思主义坚持实现人民解放、维护人民利益的立场，以实现人的自由而全面的发展和全人类解放为己任，反映了人类对理想社会的美好憧憬；马克思主义揭示了事物的本质、内在联系及发展规律，是"伟大的认识工具"，是人们观察世界、分析问题的有力思想武器；马克思主义具有鲜明的实践品格，不仅致力于科学"解释世界"，而且致力于积极"改变世界"。实际上，马克思主义不仅指导和推动了国际共产主义运动的发展，而且也大大推动了整个人类社会的文明发展与进步进程。我们编写教材必须坚持以马克思主义为指导，还在于马克思主义是与时俱进开放而发展着的理论。21世纪的马克思主义也就是当代中国的马克思主义，是基于中国特色社会主义伟大实践的理论总结，她伴随着实践步伐的前行而不断丰富、发展。譬如，在马克思主义指导下，自新中国成立以来，我们用短短几十年的时间，创造了令世人瞩目的"中国奇迹"，把一个贫穷落后的发展中国家，一跃推到第二大经济体、第一大贸易国的地位。中国是一个有13亿①之众的大国，人口占世界的1/5，中国的迅速发展和复兴已经且必定将大大改变世界格局。中国发展的事实，充分证明了马克思主义的科学性和强大生命力。我们绝不能让马克思主义被边缘化、空泛化、标签化，更不能让马克思主义在学科中"失语"、教材中"失踪"、论坛上"失声"。我们要把马克思主义特别是中国特色社会主义理论体系即当代中国的马克思主义作为研究重点，以重大现实问题为主攻方向，把马克思主义在中国发展的最新理论成果提炼出来，贯穿到哲学社会科学的学科建设、教材建设中。中国特色社会主义建设的成就，中国的迅速发展崛起的事实本身就大大改变了世界格局，动摇了欧美对世界的绝对支配地位，推动了国际关系的民主化和合理化进程，大大促进了人类文明的发展进步。中国哲学社会科学工作者要对中国社会发展的实际进程加以认识和分析，总结中国经验、描述中国问题、表达中国声音、传播中国价值，并且把研究的精华和结晶吸收到教材之中，变成传递知识和引导价值的新的基石。

---

① 本文发表于2016年，这是当年的数据。——编者注

第五篇　加快构建服务高质量发展的现代职业教育体系

曾天山*

职业教育是培养高素质技术技能人才、能工巧匠、大国工匠的基础性工程，是促进经济社会发展和提高国家竞争力的重要支撑。纵观革命、建设和改革开放各个历史时期，我国经济持续快速发展，职业教育功不可没。但职业教育仍是教育领域的短板，存在投入不足、质量不齐、社会认可度不高等问题。全国职业教育大会的召开，对于破解职业教育发展"瓶颈"问题，助力其进一步改革发展释放了积极信号，明确提出强化类型特色、完善体系建设、推动职业教育高质量发展，契合构建高质量教育体系、建设教育强国的时代主题，标志着我国职业教育迈入了提质培优、增值赋能的高质量发展新阶段，显示出不同以往的新目标、新特征、新模式，科学回答了服务高质量发展的现代职业教育体系是什么和怎么建的问题。

一、优化类型定位增强职业教育适应性

新中国成立后，职业教育支撑起我国独立的工业体系。改革开放以来，通过调整中等教育结构发展中等职业教育，通过"三改一补"发展专科高等职业教育，职业教育占据半壁江山，为各行各业累计培养输送了 2 亿多高素质劳动者，支撑了经济的长期高速增长和高质量就业。党的十八大以来，国家相继颁布了《国务院关于加快发展现代职业教育的决定》《国家职业教育改革实施方案》，使职业教育改革发展走上提质培优、增值赋能的快车道，职业教育面貌发生了格局性变化。目前，我国拥有职业学校 1.13 万所，在校生 3088 万人，规模位居世界前茅；开设了 1300 余个专业和 10 余万个专业

---

　* 时任教育部职业技术教育中心研究所副所长。原文载《国家教育行政学院学报》2021 年第 5 期。

点，基本覆盖了国民经济各领域，年均培养1000万左右的高素质技术技能人才。在现代制造业、战略性新兴产业和现代服务业等领域，一线新增从业人员70%以上来自职业院校，这些人才有力支撑了经济社会高质量发展。职业教育的发展为扩大就业做出了积极贡献。有研究表明，职业教育招生数占比每上升1个百分点，第二、三产业吸纳就业比重就上升约0.5个百分点。同时也要看到，一方面，我国劳动者整体技能素质虽然在不断提高，但与发达国家相比仍然存在较大差距，近9亿劳动者中技能人才占比仅为26%，其中高技能人才超过5000万人，占比仅为6%；另一方面，在经济由高速增长阶段转向高质量发展阶段，人口由年轻化向老龄化发展，传统农业向高品质、绿色化发展，传统制造业向高端化、智能化、绿色化发展，传统服务业向高品质和多样化发展，而目前新型职业农民总量超过2000万人，催生了一千亿元的农民职业教育培训市场。初步测算，到2025年，我国制造业十大重点领域人才需求缺口接近3000万人，服务业的缺口更大，仅家政、养老等领域至少需要4000万人。

因此，要想解决"技工荒、大学生结构性就业难、高技能人才供不应求"的难题，就必须提高技能与经济社会发展的匹配度，实现职业教育从层次向类型的转变。这需要在优化类型教育定位、增强适应性上下功夫。要深刻领会习近平总书记提出的"前途广阔、大有可为"的战略地位，充分认识职业教育在应对百年未有之大变局、实现中华民族伟大复兴、成就人人出彩方面的重要意义，看到职业教育大有作为、大有可为的光明前景；深刻领会习近平总书记在考察闽江学院时提出的"不求最大、但求最优、但求适应社会需要"的要求，瞄准技术变革和产业优化升级的方向，推进产教融合、校企合作，促进教育链、人才链与产业链、创新链有效衔接，推动职业院校特色化发展；深刻领会建设技能型社会的深远意义，加快促进学历社会向技能社会的转变，建设国家重视技能、社会崇尚技能、人人学习技能、全民拥有技能的技能型社会；深刻认识职业教育让每个人都有人生出彩机会的重要意义，加快构建面向全体人民、贯穿全生命周期、服务全产业链的职业教育体系。同时，要牢牢把握职业教育是面向市场的就业教育和注重培养技能的实践教育的本质属性，牢固树立类型教育新发展理念，深刻认识职业教育"不同类型、同等重要"的基本定位，准确把握技能人才成长规律、职业教育办学规律和教学规律，加快实现由参照普通教育办学模式向企业社会参与、专业特色鲜明的类型教育转变，紧盯产业规划和人才需求，动态调整院校建设和专业设置，改革选拔评价制度，完善"文化素质＋职业技能"的分类考试招生办法，健全内外结合的评价制度，畅通人才职业发展通道，就业有门路，升学有活路，真正架起人才培养的立交桥。

二、提高育人质量增强职业教育竞争力

实现职业教育由追求规模扩张向提高质量转变，要解决好"就业率高但就业质量低、可持续发展能力弱"等问题，需要在育人模式创新上下功夫。2021年5月，中国青年报社社会调查中心发布的职业教育专题调查结果显示，要让职业教育成为更多家长的主动选择而非无奈之举，62.6%的受访家长表示要提高职业教育质量。职业教育办学质量的提高有助于增强家长的主动选择。一方面，随着国家的高度重视和学校企业的共同努力，职业教育由兜底教育变成了选择性教育，一批优质高职学校新生录取分数超过普通本科控制线。职业学校的就业率普遍高于普通学校，常态下中职在95%以上、高职在90%以上，毕业生年平均收入约3—5万元，最高的达10—20万元。即使在疫情严重的情况下，2020年应届高职毕业生离校就业率为84.23%，高于普通本科6个百分点。但同时也应看到，9865所中职学校空、小、散、弱的问题还比较突出，半数左右的学校不达标；高职专科社会生源占比达23.38%，质量型扩招任务艰巨；职业本科民办校居多，办学模式正在试点探索。高就业率并不代表职业学校培养的人才多受市场欢迎，事实上，职校毕业生大多都是中、低端就业，且初次就业稳定率并不高，学用一致率低、就业质量低、持续发展能力弱，暴露出来的问题就是职校毕业生不能很好地适应用人单位的需求。

为此，要一体化设计中职、高职、本科职业教育培养体系，从乡村振兴的战略高度巩固中职的基础地位，基础不牢势必影响县域经济发展，急需实施办学条件达标工程，建设一批优质学校和专业。提质培优专科职业教育，实施"双高计划"，发挥示范引领作用。稳步发展本科职业教育，坚持高起点、高标准、高水平，坚持办学类型不变、培养模式不变、特色学校名称不变。职业教育不仅要长个子，破除学历低人一等的局限，更需要长本事，深化"三教"改革，健全"固定岗＋流动岗"的教师管理制度，完善激励机制，增强学校教师的企业经验，拓宽从行业企业吸引技师的渠道，使"双师型"教师占专业教师总数的一半以上，确保学生实践教学比例占总课时一半以上，借鉴发达国家经验，总结推广中国特色学徒制，加强实习实训环节，确保实习实训有岗有量有指导。基于新课标建设立体化教材，及时更新内容与形式，一年一小变，三年一大变,开发新型活页式、工作手册式教材,推动信息化与教育教学的深度融合,发展新形态教材(数字教材),丰富虚实结合的教学资源,全面使用国家规划教材。把产教融合、工学结合作为职业教育的基本模式,强化教学、学习、实训相融合的教育教学活动,推行项目教学、情景教学、案例教学、模块化教学、混合式教学、工作过程导向教学等教学模式,推动职普融通,坚持立德树人、德技并修、育训结合、全面发展,推广"岗课赛证"综合育人,以职业岗位为起点,创设理实一体化课程,对标技能大赛的引领示范,突出行业企业技能等级证书的鉴别评价,充分发挥校企双主体育人作用,大幅提升新时代职业教育现代化水平,培养高素质技能人才,为促进经济社会发展和提高国家竞争力提供优质人才资源支撑。

三、优化环境增强社会认可度和吸引力

实现职业教育从"叫好"向"叫座"的转变,解决好社会存在的"重普轻职、重学历轻能力"问题,需要在增强职业教育的社会认可度和吸引力上下功夫。2021年5月,中国青年报社社会调查中心发布的职业教育专题调查结果显示,有89.6%的受访家长认为要从根本上转变人们对职业教育的观念,需要真正提升技术技能人才的社会地位,让他们获得全社会的尊重。据2021年4月发布的《中国职业教育发展大型问卷调查报告》显示,当前职业教育发展面临的最大困难,排前三位的是社会认可度、人才培养质量和地方政府重视程度,分别达到68.62%、62.22%和52.59%。有研究发现,群众对职业教育尤其是中职教育不认可的原因在于条件差、待遇低。其中,条件差主要表现为职业教育办学基础薄弱(从薄弱普通中学转办职高、从中职升格专科、民办学校和独立学院转设)、成本高(根据联合国教科文组织测算,职业教育办学成本是普通教育的3倍左右)、管理层级低(省市管高职、县管中职)、历史欠账多(经费投入长期不足)。2019年,全国职业教育总投入首次突破5000亿元,但占比低,仅占全国教育经费的10%;增速慢,低于全国教育经费增长水平;差距大,区域间、院校间不均衡问题突出。从区域而言,发达省份经费相对宽裕,中西部省份经费比较紧张;从办学层次而言,中职尚无国家生均拨款标准、投入偏低,高职生均1.2万元国家标准并未全面真正落实;从举办主体而言,公办学校有保障,企业办和民办学校保障能力弱。此外,待遇低表现在社会对职业教育人才在就业招聘、城市落户、薪酬、职称评审、职级晋

升等方面还存在一些歧视性政策，"同等重要"与"同等待遇"尚不能同步落实。

为此，要把加大保障力度改善办学条件作为前提。重视与投入相匹配，开源与节流相结合，全面与重点相统筹，健全政府投入为主、多元多方支持，多渠道筹集教育经费的体制，优化支出结构，新增教育经费向职业教育倾斜，逐步提高中高职生均拨款水平，探索实施基于专业大类的差异化生均拨款办法和学费标准，从人财物、软硬件等方面健全机制，保障所有学校的办学基本需要，重点建设一批中职优质学校和专业，深入实施"双高计划"，稳步发展本科职业教育，形成一批龙头学校和骨干专业，发挥示范引领作用。要把提高技术技能人才待遇作为关键，全面落实《深化新时代教育评价改革总体方案》，清理社会对技能人才在就业招聘、城市落户、薪酬、职称评审、职级晋升等方面的一些歧视性政策，提高技能人才的经济待遇、政治待遇、社会待遇，形成"不唯学历凭能力"的用人机制，营造"不拘一格降人才"的社会氛围。

全国职业教育大会进一步明确了职业教育的类型定位，强调了优化教育结构、突出特色办学、培养技能人才，从突出类型教育特色到类型教育体系化设计，是教育理念走向理论化的重大突破；首次提出了本科层次职业教育从试点走向稳步发展，是健全职业教育体系的历史性进步，是深化人力资源供给侧结构性改革的重大举措；首次提出了建设技能型社会的命题，把技能作为强国之基、立业之本、生存之道，让职业教育"长入经济""汇入生活""融入文化""渗入人心""进入议程"，形成国家重视技能、社会崇尚技能、人人学习技能、全民拥有技能的局面，是传统人才观、教育观的深刻变革。这次大会是统一思想、凝聚共识的会议，是坚定信心、提振精神的会议，是谋划长远、开启新征程的会议，在中国职业教育发展史上具有里程碑意义，进一步弘扬了劳动光荣、技能宝贵、创造伟大的时代风尚，夯实了中华民族伟大复兴的深厚根基。

第六篇 以健全机制推动落实《规划》和 《四个教材管理办法》

王荣华*

原编者按： 2020年1月，国家教材委员会发布《全国大中小学教材建设规划（2019—2022年）》（以下简称《规划》），教育部印发《中小学教材管理办法》《职业院校教材管理办法》《普通高等学校教材管理办法》《学校选用境外教材管理办法》（以下简称《四个教材管理办法》）。这是我国教育改革发展进程中的重大事件，具有重大现实意义和深远历史意义。为此，本刊约请相关领域专家学者，围绕教材规划、管理和建设中的若干问题进行权威阐释，以期引发学界更多关注和讨论。

国家出台《规划》，强化党对教材工作的领导，加强大中小学教材建设整体规划，系统设计对各学段、各学科领域教材建设，对于当前我国教材建设具有重大的指导意义。《规划》明确了教材建设的指导思想、基本原则、建设目标、重点任务和保障举措等，为今后的教材建设描绘了美好的蓝图，是教材建设的纲领性文件，具有划时代的重要意义。

第一，顶层设计指明方向。为了促进教材建设，2016年成立国家教材委员会，明确其指导和统筹全国教材工作等方面的职责。2019年12月，教育部印发《中小学教材管理办法》《职业院校教材管理办法》《普通高等学校教材管理办法》《学校选用境外教材管理办法》，部署推进大中小学教材建设。本次《规划》的出台，按照不同学段和不同层级，完善健全教材建设的规章制度，从国家层面全面落实教材建设的制度设计，为各学段、各层级落实教材建设指明了方向。教材建设的各工作开展开始实现有章可循、依法管理。

第二，体系建设走向完备。教材建设体系是庞大工程，门类繁多，是一揽子的事

---

* 时任上海市政协副主席，上海社会科学院党委书记、院长、教授，国家教材委员会委员。
原文载《教育研究》2020年第3期，系《健全教材管理制度 开创教材建设新局面（笔谈）》的一部分。

情，需要统筹安排。《规划》进行系统设计，落实新时代新要求，加强系统设计，全面推动习近平新时代中国特色社会主义思想进课程进教材，确立教材建设的"魂"。推进思想政治理论课课程教材基本实现一体化。各学科目标明确，重点突出，思路清晰，措施有力。努力做到大中小学教材学段纵向衔接、学科横向关联、门类基本齐全。完善以国家课程教材为主、地方课程教材为补充的中小学教材体系，以满足各类学生的需求，适应社会主义现代化建设的需要。

第三，组织架构逐步明晰。《规划》提出"实行统筹为主、统分结合、分类指导。注重整体规划，明确责任主体，实行国家、地方、学校分级管理。充分调动各方积极性，形成教材建设合力"。以此为指导，以国家教材委员会统筹为主、分级负责的教材建设体制基本形成。各级教材管理主体明确、职责明晰，形成上下贯通、多方联动的教材管理组织架构。

第四，推进机制力求可行。《规划》关注教材建设中的各个环节，包括教材的编写制度、审查制度、研究制度、使用制度、监测制度、培训制度，等等。各项制度要求明确具体，逐步形成可落地、可转化的工作机制。

教材编写之后，审核更加严格，强化了教材审核机制，坚持教材凡用必审，国家统编教材、中小学所有国家课程教材由国家教材委员会及其专家委员会负责审核，其他教材根据国家教材管理有关规定进行审核。

建立教材监测反馈机制，充分发挥一线教师、学生、教材编写单位和专业机构等主体在教材使用跟踪、分析、评估中的作用，依据使用反馈意见，补充缺漏内容，丰富表述不充分内容，及时更新教材，淘汰质量不符合要求的教材。

监测反馈工作机制，有利于提高教材质量。建立工作协调机制，根据重大专题编写审核、教材出版发行管理、舆论宣传引导、经费支持保障、表彰奖励等需要，教育部门牵头，协调有关主管部门，共同做好教材建设工作。通过工作协调机制，保障教材建设工作的顺利进行。

《规划》从教材建设的整体工作出发，建立了完善的机制，要实现《规划》蓝图，让《规划》真正落地，还有很长的路要走。从机制和制度建设上来说，还有一些工作值得我们在推进过程中加以重视。

首先，深化机制，明确职责。《规划》强调"强化职责分工，细化落实国家教材委员会各成员单位、省级教育等部门、学校的管理职责"。从国家和省级教材编写来说，可以设置专门的机构，负责研究和编写教材，组织人力负责教材编写工作，要选用政治素质过硬、专业能力强的专家负责教材编写工作。

20世纪30年代开明书店出版的初中语文课本《国文百八课》，由夏丏尊、叶圣陶两位先生合编；80年代人民教育出版社拥有最优秀的专业人员长期研究教材，从事教材的编写。从当前的教材情况来看，国家统编教材的编写职责明确，省级教育部门教材编写工作基本也可以落实。上海和各省教育厅或教研室设立专门的科室负责课程教材，负责教材的编写，发挥了组织协调的作用。但是市级、区级和校级的教材编写、审核、监测等工作责任主体落实难度较大，缺乏专门的机构编写地方课程，缺乏人力审阅大量的学校课程，更缺乏人员对课程的审核、使用等进行监测。对于地方课程的使用培训基本与教研结合起来，人力、物力和财力都难以保障，迫切需要在机制上进一步厘清，给予编制，设置专业人员负责教材建设工作。

《规划》指出："学校严格落实国家课程方案，开齐开足国家课程，开好地方课程和校本课程，按规定使用教材。"从实践效果看，教师编写校本课程，有利于提升教师对学科教学的认识，促进教师的专业成长，但是如何建立学校校本课程的编写审核机制，明确学校校本课程的审核和监督，显得非常必要，比如可以通过上一级教研机构、成立专家组、发挥家委会力量等。

《中小学教材管理办法》提出："省级教育行政部门牵头负责本地区中小学教材管理，指导监督市、县和学校课程教材工作。"任务要求明确了，具体落实还需花大力气，由于职责尚不够明确，缺乏人力，教材管理工作真正落实不会一蹴而就。

其次，保障机制，落实到位。《规划》提出："执行重大选题备案制度，明确教材编写人员资质要求，完善编写程序，实行周期修订。完善教材审核制度，严格审核标准，规范审核程序，实行编审分离。"这对于教材的编写、审查、使用和监测提出了要求，但是真正落实还需要具体的措施保障。如"周期修订"需要制度保障，明确各级各类教材的使用周期，从而落实教材的更新，及时补充最新内容进入教材，包括最新学科研究成果等。《规划》提出，"打造一批反映世界先进水平的自然科学教材""统筹设计重大主题教育进课程教材"，如为增强中国的国际竞争力，及时反映世界科技新进展、中国科技新创造、人类文明优秀成果，补充生命教育、责任教育等内容，使教材成为培养创新人才的有力支撑。

在教材建设过程中，要特别关注教材的使用和监测，总结教材使用者的经验，从教师、学生、家长、教研员等不同渠道收集教材使用过程中的意见和建议，建立一定的机制将教材使用和监测到的问题真正反馈到教材编写、出版和印刷等各个环节中。

《规划》明确提出，打造高素质专业化教材建设队伍，构建高水平专门化课程教材研究平台，整合优化支撑教材编写的配套资源，实行教材使用全员周期培训，提高教材建设经费保障水平，为落实重点任务提供了人、财、物的全方位保障。《规划》在经费保障方面提出"完善财政投入机制"，还提出"多渠道筹措教材建设经费"，特别是提出"发挥相关基金会作用引导社会资金投入教材建设"。本轮语文、历史、道德与法治三科统编教材编写质量高，有新意，有难度，教材培训做得好，跟得上，解决了教材使用中的问题。但是省级教材和地方教材的培训工作，越往下走，落实难度越大，值得关注。所以，教材建设机制从国家和省级来说，考虑周全，基本可以落实，但是市、区、学校的教材建设制度和机制推进会有一定的困难和问题，需要我们进一步加强和完善。

最后，机制创新，贯通衔接。教材建设需要建立编写制度、审查制度、使用制度、监测制度、研究制度、培训制度等，制度建设需要有"一盘棋"的思想，既要明确管理主体责任，坚持"谁编写谁负责""谁选用谁负责"，又要贯通衔接，不可相互割裂，各自为政。

从编写到审查、使用、监测、研究、培训，各个环节之间要保持有效沟通，需要机制的保障，如果编写者和审查者不了解使用情况，没有很好地监测教材使用中遇到的问题，也很难编好教材。使用者没有研究意识，研究者没有培训意识，等等，都很难将教材建设的整体工作做好，因此，要创新工作机制，保证各个环节的相互贯通。《规划》提出分类分批建设国家教材重点研究基地，对于聚集人才、探索规律、交流成果、提高水平、服务决策、创新发展，以及形成研究新格局将提供强大的智力支持。

国家课程、地方课程和校本课程之间的贯通同样需要机制的保障。国务院的文件和教育部《中小学教材管理办法》强调，原则上不主张学校编写出版教材，确需编写出版的应报主管部门备案，按照国家和地方有关规定进行严格审核。国家目前基本遵循"凡进必审""谁选用谁负责""谁主管谁负责"的原则，建立由学校把关审查、报县级教育主管部门备案审查的双审查制度，要求对主题、形式、内容等进行严格把关，并安排专人负责监管。学校为了教师专业的发展和满足学生的学习需要，编写校本课程，既有国家课程的校本化，也有拓展型课程等，校本课程、地方课程和国家课程之间的关系，各类教材内容各学段、各学科之间如何做到纵向贯通、横向衔接，需要抓分工落实，完善统一领导、分级负责，发挥主管部门的职责，保障教材和课程统整优化，否则各学科之间、各学段之间容易交叉重复，或者这些内容难以形成教育的协同合力。

坚持"党对教材建设的领导权，确保正确的政治方向和价值导向"，是中国特色社会主义最本质的要求，也是中国教材建设体制最根本的原则。这在《规划》中有充分的体现。《规划》和《四个教材管理办法》指引教材建设，为教材建设体制机制的形成奠定了基础。加强党的领导，克难奋进，勇于探索，不断创新，健全机制，一定会让教材建设的各项工作顺利开展，让最好的教材为孩子送去最丰盈的精神财富，为教育开创最美好的明天。

第七篇　新时代高等学校教材的"中国特色"和"世界水平"

张文显[*]

在全面深化教育改革、推进教育现代化的关键时刻，习近平总书记发出"发展具有中国特色、世界水平的现代教育"的号召。"中国特色、世界水平"是对中国教育现代化的目标定位，也为教材建设确立了基本规格。国家教材委员会印发的《全国大中小学教材建设规划（2019—2022 年）》（简称《规划》）和教育部印发的《普通高等学校教材管理办法》（简称《办法》）鲜明地体现了"中国特色、世界水平"两个基本面向，必将对高等学校教材建设起到划时代的引领作用。

一、"中国特色"的科学内涵和核心要义

中国特色是高等学校哲学社会科学教材的本质规定和时代特征。习近平总书记指出："哲学社会科学的特色、风格、气派，是发展到一定阶段的产物，是成熟的标志，是实力的象征，也是自信的体现。……要按照立足中国、借鉴国外，挖掘历史、把握当代，关怀人类、面向未来的思路，着力构建中国特色哲学社会科学，在指导思想、学科体系、学术体系、话语体系等方面充分体现中国特色、中国风格、中国气派。"习近平总书记这一重要论述，深刻揭示出中国特色作为哲学社会科学的历史必然性和现实必要性，既为哲学社会科学的"中国特色"定义，也为哲学社会科学教材如何体现中国特色定格。

第一，坚持中国共产党的领导。

坚持党的领导，要在教材中充分体现党的意志和主张。体现党的意志和主张，集

---

[*] 吉林大学哲学社会科学资深教授，国家教材委员会委员。原文载《教育研究》2020 年第 3 期，系《健全教材管理制度　开创教材建设新局面（笔谈）》中的一部分。

中来说，就是认真贯彻党的教育方针、全方位落实立德树人根本任务，把培养社会主义合格建设者和接班人作为教材建设的根本遵循和基本规范。

坚持党的领导，要求教材要从历史、文化、制度、法理等多个维度，纵览古今、对比论证，深刻阐明中国共产党的领导是历史使然、人民选择，中国特色社会主义制度的最大优势在于中国共产党领导，在理论与实践、历史与现实的结合上讲清讲透中国共产党为什么能够领导人民胜利推进革命、建设和改革，带领全国各族人民从胜利走向胜利。

坚持党的领导，还要服务好党的使命和工作大局。中国共产党作为领导党和执政党的性质和地位，决定了高等教育及其教材建设必须发挥好教育对巩固党的执政地位、提高党的执政能力，实现党的执政使命的保障作用和支撑功能。

第二，坚持中国特色社会主义制度。

坚持中国特色社会主义制度，就要在高等学校教材中深刻揭示中国特色社会主义制度形成发展不断完善的客观规律和历史进程，深刻阐明中国特色社会主义制度的历史文化底蕴和人类文明元素，深刻阐明中国特色社会主义制度的显著优势，深刻全面论述对中国特色社会主义制度起支撑作用的根本制度、基本制度、重要制度，特别是要深刻阐明党的领导制度、人民代表大会制度、中国特色社会主义法律制度（法治体系）、马克思主义在意识形态领域的指导地位等根本制度，阐明坚持和完善中国特色社会主义制度、推进国家治理体系和治理能力现代化的重大意义、指导思想、总体要求、总体目标及其阶段性目标、重点任务等。以此，使全体大学生坚定中国特色社会主义的制度自信和治理自信，提高大学生的制度意识，增强执行和维护制度的理性自觉和行动自觉，积极参与社会主义制度文明建设。

第三，坚持马克思主义在高等学校教材中的指导地位，全面贯彻中国特色社会主义理论。

坚持以马克思主义为指导，贯彻中国特色社会主义理论，核心要义是坚持和贯彻习近平新时代中国特色社会主义思想。习近平新时代中国特色社会主义思想是21世纪的马克思主义，是当代中国的马克思主义，是中国特色社会主义理论的最新成果和集大成者。它以全新的视野深化了对共产党执政规律、社会主义建设规律、人类社会发展规律的认识，从理论和实践结合上系统回答了新时代坚持和发展什么样的中国特色社会主义、怎样坚持和发展中国特色社会主义的重大时代课题，是全面建设社会主义现代化强国的根本指导思想。高等学校教材应把科学精准阐述习近平新时代中国特色社会主义思想、以习近平新时代中国特色社会主义思想指引立德树人作为首要任务。

坚持以马克思主义为指导，贯彻中国特色社会主义理论，最重要的是坚持马克思主义基本原理和贯穿其中的立场、观点、方法。高等学校教材应着力在全面深刻把握马克思主义和中国特色社会主义理论的思想精髓、核心要义、立场方法，力戒对马克思主义采取实用主义、机会主义态度，防止生搬硬套、空泛化、标签化的现象，力戒把作为知识体系和理论体系的高等学校教材语录化，编写成经典作家或党和国家领导人的论述的汇编。

坚持以马克思主义为指导，贯彻中国特色社会主义理论，要着力引导大学生真信真懂真用，深化对马克思主义历史必然性和科学真理性、理论意义和现实意义的认识，深刻认清中国和世界发展大势与时代课题，让学生深刻感悟马克思主义真理力量，为学生成长成才打下科学思想基础，转化为广大师生清醒的理论自觉、坚定的政治信念、科学的思维方法。

第四，善于对中华优秀传统文化进行创造性转化、创新性发展。

历史和现实都表明，中华民族有着深厚的文化传统，形成了富有特色的思想体系，体现了中国人几千年来积累的知识智慧和理性思辨。中华文明延续着我们国家和民族的精神血脉，既需要薪火相传、代代守护，也需要与时俱进、推陈出新。高等学校教材要坚决破除历史虚无主义的影响，加强对中华优秀传统文化的挖掘和阐发，把跨越时空、超越国界、富有永恒魅力、具有当代价值的文化精神弘扬起来，推动中华优秀传统文化创造性转化、创新性发展，使中华民族最基本的文化基因与当代文化相适应、与现代社会相协调，成为中华民族伟大复兴的强大精神力量。

在继承和发展中华优秀传统文化的同时，还应重视对党和人民的革命文化、当代社会先进文化的提炼并融入教材，充分发挥"红船精神""长征精神""抗战精神"等的教育作用，弘扬革命精神，坚定大学生的革命信仰和政治信仰。要发挥教材对那些孕育于中华优秀传统文化、发源于革命文化、引领着中国特色社会主义事业发展进步的社会主义先进文化的传播和教育作用。

第五，立足中国大地，把中国特色社会主义建设的经验和成就转化为知识和理论。

实践是理论的"源头活水"。只有认真总结中国特色社会主义建设的伟大实践，才能不断丰富、创新和发展中国特色社会主义理论，彰显马克思主义的时代性。高等学校教材要真正体现出中国特色，就必须深入"五位一体"总体布局、"四个全面"战略布局、国家治理现代化战略部署，系统总结中国特色社会主义伟大实践所提供的极其丰富、极其鲜活的理论资源，深入研究党在中国特色社会主义新时代的创新理论，将其融入教材，而不能局限于守成的概念和既有的理论，更不能只是充当西方理论的"搬运工"。

第六，全方位深层次融入社会主义核心价值观。

社会主义核心价值观是民族精神的时代精华，是经济改革、政治发展、社会和谐、文明进步、生态文明、党和国家长治久安的精神堡垒。人类社会发展的历史表明，对一个民族、一个国家来说，最持久、最深层的力量是全社会共同认可的核心价值观。因此，习近平总书记在考察北京大学时强调，大学要坚持不懈培育和弘扬社会主义核心价值观，引导广大师生做社会主义核心价值观的坚定信仰者、积极传播者、模范践行者。我国宪法明确规定"国家倡导社会主义核心价值观"，党的十九届四中全会规定"把社会主义核心价值观要求融入法治建设和社会治理，体现到国民教育、精神文明创建、文化产品创作生产全过程"。这些为高等学校教材贯彻社会主义核心价值观提供了政治、法律和政策依据。我们要紧密联系新时代大学生的理想信念、思想倾向、行为习惯、成长规律等实际情况，把社会主义核心价值观全方位、深层次地融入高等学校教材，在引导广大大学生践行社会主义核心价值观的实践中立德树人。

二、"世界水平"的科学内涵和核心要义

立足中国特色、着眼世界水平，是高等学校教材建设的两个基本面向。所说的"世界水平"，是世界范围内可比意义上的高水平、先进水平，而不是各个国家的平均水平。因此，"世界水平"与"世界先进水平""世界一流"是等值的概念。达不到世界一流，就没有必要讲世界水平，也没有资格讲世界水平。编写世界水平的高等学校教材，是培养和造就世界一流人才的必然要求，是建设社会主义现代化强国对高等教育的时代呼唤。

当前，中国高等教育已经站在了新的历史方位，进入了高质量发展新时代，我们的教材必须有国际视野、未来意识、世界水平，直面世界百年未有之大变局的普遍性时代性趋势性问题，善于提炼具有引领作用的标识性概念、命题和理论，引领大学生面向世界、走向未来、融入人类命运共同体。

世界一流与中国特色是有机统一的。习近平总书记指出："我们要在国家发展进程

中办好高等教育，办出世界一流大学，首先要在体现中国特色上下功夫。"衡量教材的"世界一流""世界水平"，应当有中国立场、观点和方法。我们在承认和接受某些共同性、普遍性标准的同时，不能把西方评价体系作为"普适标准"套用到中国一流大学、一流学科、一流教材的评价或认定上，尤其是对哲学社会科学学科来说，不能回避"为谁服务""培养什么人"这类根本问题。由于我国哲学社会科学的绝大部分学科脱胎于西方学科体系、学术体系、概念体系甚至其逻辑体系，西方话语根深蒂固且具有潜在的支配力。在这种情况下，我们更要强调在"中国特色"的前提下来评价哲学社会科学教材的质量。

同时，我们也必须坚持科学精神和开放思维，教材是不是达到了世界水平、世界一流，必须拿到国际上去比较、去评判、去竞争。离开了全球参照系，就没有"世界一流"可言。当代世界处在更加深刻的全球化进程之中。我们所说的"中国特色"正是这种全球化背景下的中国特色，要求教材编写对中国国情和世情、中国文明和世界文明、中国智慧和世界经验、中国理论和世界理论进行比较分析，既继承又借鉴，以我为主、择善而用，提高我国高等学校教材的内在质量、国际认同和全球影响力。

为了创建世界水平的高等学校教材，必须扩大高等教育的开放性，深化国际交流合作。"尺有所短，寸有所长"，我们在弘扬自身传统和优势的同时，要客观理性地审视我国教材体系与发达国家的差距，正视我国高等学校教材的短板和弱项，要善于在科学甄别的基础上吸纳世界一流大学和一流学科的教材资源，借鉴其先进的教育理念、学术思想、知识体系、教学方法、质量规范、技术平台等，以加快教材现代化的步伐，实现高等教育的弯道超车。要探索与国外名校、学术大师、教学名师、著名出版机构联合开展教材研究，共同编写一批具有世界影响的高水平教材，不断增强我国高等学校教材的时代性、融通性、权威性。

创建世界水平的高等学校教材可选择以新兴学科、交叉学科教材为突破口。进入21世纪以来，科学技术进步、经济社会发展、国家制度创新、国家治理现代化、全球治理体系变革等新形势新格局，促生了对国家安全学、国家治理学、网络治理学、生物安全学、数据科学与法律、人工智能伦理与法理、社会心理学等新兴交叉学科的极大需求。发展新兴交叉学科既是教育服务大局的要求，也是教育现代化的当务之急。在新兴交叉学科教材建设上，我国与西方发达国家几乎处于一个起跑线，个别学科可能处于领跑位置，如果我们能够站立学科前沿，创新教材范式，集中优质资源办大事的制度优势，就能够编写出一批世界高水平教材，既满足人才培养的需要，又可以抢占话语权高地。

创建世界水平的高等学校教材，理论创新特别是原始创新是关键。哲学社会科学教材的生命力和影响力在于理论创新和方法创新。我国高等学校哲学社会科学教材仍然存在概念老化、观点固化、内容陈乏、体例僵化的问题，其根本原因在于理论和方法缺乏创新，未能提出具有引领力、主体性、原创性的理论概念、命题、话语和观点。这是我国高等学校教材与世界一流大学教材最突出的差距所在，也是在理论和话语阵地"西强我弱"的根本原因。在创建中国特色、世界水平高等学校教材体系中，我们必须把原始创新摆在重中之重的位置，深入解放思想、求真务实、包容歧见、凝聚共识，加快产生出具有科学解释力、超强穿透力、巨大感召力的思想体系和话语体系，造就出富有创新精神、创新能力和论证能力的思想家群体。

创建世界高水平教材，还必须坚持弘扬科学精神，坚持科学至上，尊重教学规律，遵循教材规范。科学性是高等学校教材的本质属性和基本要求。要通过严谨的逻辑论证、充分的事实说明、准确的规律把握、创新的质量规范，把本领域的专业知识和理论体系创造性地融入教材之中，使高等学校教材具有鲜明的学术品位和时代形象。要以科学性统领教材的先进性、规范性和实用性。先进性体现为教材要有新概念新命题新思想新方法新表述，要与时俱进，适时修订，缩短教材修订周期；规范性体现为坚持教材定位，逻辑严谨，语言标准，修辞考究，层次分明，文风清新；实用性体现为内容精准、深浅适度、简明扼要。此外，要处理好教材与教和学的关系，给教师留下因材施教的空间，给学生留下自由学习的时间。

当代中国正经历我国历史上也是人类历史上最为广泛、深刻而伟大的社会变革，教育现代化是这一伟大变革的"先行者"。让我们乘着教育现代化的浩荡东风，加快新时代高等学校教材体系建设，着力打造一批中国特色、世界一流的精品教材，在人才强国、民族复兴的伟大征程中发挥强大作用。

第八篇　深化教育领域综合改革的行动指南

张　力[*]

党的二十大报告指出："深化教育领域综合改革，加强教材建设和管理，完善学校管理和教育评价体系，健全学校家庭社会育人机制。"这是以习近平同志为核心的党中央在全面部署"实施科教兴国战略，强化现代化建设人才支撑"进程中，对加快推进教育现代化、建设教育强国、办好人民满意的教育提出的最新要求，具有非常重要的全局指导意义。

新时代教育改革继往开来，为实现第一个百年奋斗目标增添强劲动力

教育改革，改革开放和社会主义现代化建设新时期开启序幕，历经 34 年全党全社会的攻坚克难、持续推进，取得了一系列突破性进展，教育系统呈现蓬勃生机，为建立健全中国特色社会主义教育制度体系提供了重要支持。

党的十八大以来，中国特色社会主义进入新时代，根据以习近平同志为核心的党中央确立的"四个全面"战略布局，2013 年召开的党的十八届三中全会全面展开教育领域综合改革，将其融入新的历史起点上全面深化改革的大潮。2014 年召开的党的十八届四中全会部署全面依法治国，对依法治教提出新的更高要求。2015 年召开的党的十八届五中全会以创新、协调、绿色、开放、共享的新发展理念为导向，对"十三五"期间深化教育改革、加快制度创新确定了重点。

2017 年召开的党的十九大确定了新时代加快教育现代化、建设教育强国的战略决

　＊　国家教育咨询委员会秘书长、教育部原教育发展研究中心主任。原文载《中国教育报》2023 年 4 月 27 日 07 版。

策，坚持以人民为中心的发展思想，对"深化教育改革"予以重要定位，重点增强教育服务社会主义现代化建设的能力。2018年召开的党的十九届三中全会在深化党和国家机构改革中对教育体制改革提出新的要求。2019年召开的党的十九届四中全会要求构建服务全民终身学习的教育体系，深化教育领域综合改革，创新教育和学习方式。2020年召开的党的十九届五中全会在对"十四五"规划和2035年远景目标提出建议时，重申坚持教育公益性原则，深化教育改革，促进教育公平，建设高质量教育体系。2021年召开的党的十九届六中全会全面总结党的百年奋斗重大成就和历史经验，对新时代深化教育教学改革创新作出高度概括。

尤为重要的是，习近平总书记在2018年召开的全国教育大会上指出，将"坚持深化教育改革创新"作为党的十八大以来关于教育工作新理念新思想新观点的重要内容之一，并强调这是对我国教育事业规律性认识的深化，来之不易，要始终坚持并不断丰富发展。习近平总书记关于教育的重要论述，为新时代教育改革指明了前进方向。

回顾新时代教育领域综合改革，主要有以下几方面特点：一是坚持党对教育事业的全面领导，优化党中央决策议事协调机构，组建中央教育工作领导小组，加强党中央对教育工作的集中统一领导，更加高度重视学校党的建设和思想政治工作。二是坚持以人民为中心的发展思想，以立德树人为导向创新育人模式，以促进公平为关键缩小教育差距，健全幼有所育、学有所教相关国家基本公共服务制度体系。三是宏观决策层级上移，中央全面深化改革领导小组及委员会统筹考试招生制度改革、现代职业教育体系建设、"双一流"建设等事项，中共中央办公厅、国务院办公厅发布关于教育体制机制改革的文件，跨部门推进改革力度空前加大。四是紧扣法治政府和服务型政府建设，以管办评分离为重点，改革教育管理体制和办学体制，构建政府、学校、社会新型关系，推进教育服务业领域有序开放。

总体上看，新时代教育领域综合改革，大大激发了教育事业发展的动力活力，中国特色社会主义教育制度体系的主体框架基本确立，一些长期制约教育事业发展的体制机制障碍得到破解，一大批基层改革创新的经验做法不断涌现，教育面貌发生格局性变化，为如期全面建成小康社会、实现第一个百年奋斗目标作出了重要贡献。

深化教育领域综合改革，是实现
第二个百年奋斗目标的长期使命任务

站在两个一百年的历史交汇点上，党的二十大锚定2035年基本实现社会主义现代化以及本世纪中叶建成社会主义现代化强国的总体目标，进行新的战略谋划，提出新的战略部署，并对未来五年工作提出新的要求。当前和今后相当时期深化教育领域综合改革，必须在这一宏观背景下确定好基本方位。

深化教育领域综合改革，必须增强教育改革的系统性、整体性、协同性。当前我国教育改革处于"深水区"，面临许多新的挑战和机遇。习近平总书记指出："深化教育体制改革，目的是提高教育质量。要着眼于'教好'，围绕教师、教材、教法推进改革，探索形式多样、行之有效的教学方式方法，切实在素质教育上取得真正的突破。要着眼于'学好'，围绕立德立志、增智健体、成才用才推进改革，促进学前教育普惠发展、义务教育城乡一体化发展、普通高中多样化有特色发展、高等教育内涵式发展，提高职业教育质量，打好教育脱贫攻坚战，提升民族教育、特殊教育、继续教育水平，为每个人成长成才创造条件。要着眼于'管好'，坚持依法治教、依法办学、依法治校，完善办学制度，强化从严治校机制，不断健全教育管理制度体系。"结合学习贯彻党的二十大精神，深刻领悟习近平总书记的重要论述，我们进一步认识到，深化教育领域综合改革是一项系统工程，"教好""学好""管好"涉及教育教学制度、管理体制、办学体制等多个方面，涵盖各级各类教育所有环节。只有坚持系统观念，把握好全局和局部、当前和长远、宏观和微观、主要矛盾和次要矛盾、特殊和一般的关系，才能将党中央关于教育改革的最新部署扎实贯彻到位。

深化教育领域综合改革，必须在加强教材建设和管理方面迈开新步。党的二十大报告围绕培养什么人、怎样培养人、为谁培养人这一教育的根本问题，深刻阐释了新时代教育事业的培养目标、途径、方式，其中教材建设和管理是培养人的重要环节。习近平总书记指出："要注重教材建设。教材是传播知识的主要载体，体现着一个国家、一个民族的价值观念体系，是老师教学、学生学习的重要工具。""要大力加强少数民族文字教材建设。教材建设要加强政治把关。政治上把握不对、不到位的教材，要一票否决。简单贴政治标签，不顾教材体系完整、逻辑完备，断章取义塞入政治内容，搞得不伦不类的教材，也要不得。"按照新时代德智体美劳全面培养的目标，遵循习近平总书记关于教材建设是国家事权的指示，国家设置教材委员会，实施全国大中小学教材建设规划和各学段相关管理办法，在完善基础教育课程标准、推进高校马克思主义理论研究和建设工程重点教材建设等方面取得显著进展。今后贯彻党的二十大精神，必将坚定不移巩固学校主阵地，持续筑牢课程教材关键点，务求立德树人不断收到实效。

深化教育领域综合改革，必须在完善学校管理和教育评价体系上下功夫。学校管理是教育管理的重要组成部分，改革教育管理体制，需要完善学校管理体系加以配套。同时，教育评价事关教育发展方向，有什么样的评价指挥棒，就有什么样的办学导向。习近平总书记明确指出，"人才培养体系涉及学科体系、教学体系、教材体系、管理体系等"，要把立德树人融入思想道德教育、文化知识教育、社会实践教育各环节，贯穿基础教育、职业教育、高等教育各领域，学科体系、教学体系、教材体系、管理体系要围绕这个目标来设计，教师要围绕这个目标来教，学生要围绕这个目标来学。习近平总书记还特别强调，"要抓好深化新时代教育评价改革总体方案出台和落实落地，构建符合中国实际、具有世界水平的评价体系"。按照习近平总书记的系列重要论述与党和国家的重要部署，完善立德树人体制机制，必须完善学校管理体系，提高教育治理现代化水平，从教育评价体系上扭转不科学的导向，坚决克服唯分数、唯升学、唯文凭、唯论文、唯帽子的顽瘴痼疾。为此，根据中共中央、国务院印发的《深化新时代教育评价改革总体方案》，教育部等部门陆续印发《义务教育质量评价指南》《普通高中学校办学质量评价指南》《幼儿园保育教育质量评估指南》《特殊教育办学质量评价指南》，就重点内容、关键指标、考查要点提出细化操作方案。2022年1月，教育部、财政部、国家发展改革委颁发《关于深入推进世界一流大学和一流学科建设的若干意见》。国务院教育督导委员会依法压实督政、督学、评估监测责任，教育系统和社会各方继续汇聚合力、多措并举，切实将党和国家的重要决策部署落到实处。

深化教育领域综合改革，必须在健全学校家庭社会育人机制上开创新局。教育是对中华民族伟大复兴具有决定性意义的事业，推动教育发展，深化教育改革，都需要全党全社会通力合作。习近平总书记指出，"办好教育事业，家庭、学校、政府、社会都有责任"，"要健全全员育人、全过程育人、全方位育人的体制机制，不断培养一代又一代社会主义建设者和接班人。这是教育工作的根本任务，也是教育现代化的方向目标"。根据习近平总书记的重要论述，党的十九届四中全会要求，建立全员、全程、全方位育人体制机制，构建覆盖城乡的家庭教育指导服务体系；党的十九届五中全会要求，健全学校家庭社会协同育人机制；第十三届全国人民代表大会常委会第三十一次会议通过了《中华人民共和国家庭教育促进法》。在此基础上，党的二十大报告再次明确，健全学校家庭社会育人机制的总体要求。要将德智体美劳"五育并举"与全员全程全方位"三全育人"紧密结合，通过体制机制改革创新，促使学校幼儿园、家庭家长、社会社区、职场机构、网络及媒体等相互协调，为落实立德树人根本任务、发展素质教育凝聚高度共识、形成一致行动，注重培养学生爱国情怀、社会责任感、创新精神、实践能力，在加快推进教育现代化、加快建设教育强国的新征程中，着力培养担当民族复兴大任的时代新人。

后　记

　　书稿成而天色青。时至今日，将这份研究报告拿到手中，是厚重的，是沉甸甸的，是带着墨香，也是带有一丝学术味的。回顾它的形成过程，再转目这一篇篇报告文章、一页页文字图表、一句句真知灼见，让人欣喜且无比欣慰。书稿杀青的喜悦总是特别期待与大家一起分享。

　　道阻且长行则至。查阅电脑中关于这份研究报告的文档，文件夹的创建日期始于2023年8月24日，报告研制方案的第一稿就是从这一天开始的。课程教材研究所高校教材研究中心在搜集参考了部分高等教育和教材建设相关研究报告、历经多次内部讨论的基础上，形成了研制方案的征求意见稿，在田慧生教授、江嵩副所长指导下，进一步修改完善研制方案，至10月底基本确定了报告的框架目录、章节提纲、工作思路和分工安排。自11月起，高校教材研究中心分别联络相关省教育厅、高校和部分国家教材建设重点研究基地，详细沟通撰写各篇分报告的目标定位、重点内容、体例格式及进度要求。与此同时，我们在加紧年终收尾工作的间隙，利用下班后和周末的时间，加快推进总报告、哲学社会科学分报告、重点学科报告、发展报告和大事记等报告的研制，于春节过后形成报告初稿。此后，潘信林主任对研究报告进行逐字逐句的审读把关，并针对每篇分报告提出具体修改意见。修改完善后，田慧生教授又进行了全面、细致的整体统稿，提出许多宝贵意见。根据田慧生教授的指导意见，我们组织编写组再次打磨完善。经过如此多轮反复的统稿修改后，最终定稿提交至出版社进行审稿加工。虽然过程有艰辛、有苦累，但是看到报告中呈现的每一段文字、每一组数据、每一条建议、每一个结论，都映射出我们对教材研究坚持严谨科学、求是求真的态度，也印刻着地方和高校对教材建设和管理不断探索与勇于前行的足迹，我们体会到了收获与满足。我们深知，研究之路从无坦途，正是这些挑战，成就了这份研究报告。

　　汇集众智铸精品。毫无疑问，这份报告凝聚了团队的集体智慧。这里的"团队"至少包含了三个战斗集体。首先是以课程教材研究所党委书记、张国华所长带领的领导团队对这项工作的高度重视和大力支持，特别是曾天山副所长、江嵩副所长的支持指导。其次是以田慧生教授为首的编写团队，汇聚了来自18家单位的30余人的专业团队，凝心聚力、合力共举，形成了这份包含19篇专题报告、50余万字的研究成果。田慧生教授对报告的研究撰写全程指导把关，他的智慧和经验是本报告得以填补高校教材研究领域空白、实现推动教材研究不断深化的重要保障。各报告撰写团队的协作和付出为报告的成功推出奠定了极其牢固的基础。北京大学、首都师范大学、中国传媒大学、浙江大学、中山大学对于报告的研制给予了莫大的支持。北京大学刘建波教授、于瑞霞女士亲自起草报告，并按要求多次修改，不厌其烦，他们工作的严谨、学者的风范、卓越的成绩为整个研究报告添上了浓墨重彩的一笔。报告的研制还得到了上海市教育委员会、四川省教育厅、陕西省教育厅、甘肃省教育厅以及高等教育出版社国家高等教育教材综合研究基地的大力支持。上海市教育委员会联系此项工作的孔莹莹同志，不仅热心组织，还亲自参与报告的研制，兢兢业业，一丝不苟，令人肃然起敬。另有部分单位的同志在过程中帮忙联络协调，在此一并致谢。特别要感谢的是北京师范大学出版社。编辑们精益求精的工作态度，确保了出版流程的每一个环节和每一处细节，既快马加鞭又保质保量地向前推进，让这份研究报告的最终呈现臻于精致、完美。

行稳致远开新局。研究永无止境，知识永远更新。本报告是我们对2023年高校教材建设和管理研究情况的总结。这是一个很好的尝试，也是一个重要的开端。高校教材研究中心作为课程教材研究所专门负责高校教材工作的职能部门，把年度研究报告置于极其重要的位置，因为我们深知报告的持续推出是我们立足做好高校教材研究工作，对未来高校教材建设和管理发展趋势作出研判、规划和提出建设性意见的重要基础。报告之中纰漏或在所难免，敬请大家批评指正！我们相信，随着研究的深入，更多高水平的专家学者、更多关注教材建设的学校、同仁能够有兴趣加入，为加快建设体现中国原创性的高校教材体系带来更多的价值和贡献。

课程教材研究所高校教材研究中心潘信林、袁帅于富盛大厦

2024年6月18日

图书在版编目（CIP）数据

高校教材建设和管理研究报告. 2023/田慧生主编. 北京：北京师范大学出版社，2025.4. -- ISBN 978-7-303-30434-9

Ⅰ.G642.33

中国国家版本馆 CIP 数据核字第 2025FT7768 号

GAOXIAO JIAOCAI JIANSHE HE GUANLI YANJIU BAOGAO（2023）

出版发行：北京师范大学出版社 https://www.bnupg.com
北京市西城区新街口外大街 12-3 号
邮政编码：100088

印　　刷：北京虎彩文化传播有限公司
经　　销：全国新华书店
开　　本：787 mm×1092 mm　1/16
印　　张：31.25
字　　数：570 千字
版　　次：2025 年 4 月第 1 版
印　　次：2025 年 4 月第 1 次印刷
定　　价：198.00 元

策划编辑：李　明　　　　　责任编辑：吴纯燕
美术编辑：李向昕　　　　　装帧设计：李向昕
责任校对：段立超　陈　民　　责任印制：马　洁